CLAUDIEN

ŒUVRES

LE RAPT DE PROSERPINE

COLLECTION DES UNIVERSITÉS DE FRANCE
publiée sous le patronage de l'ASSOCIATION GUILLAUME BUDÉ

CLAUDIEN

ŒUVRES

TOME I

LE RAPT DE PROSERPINE

TEXTE ÉTABLI ET TRADUIT

PAR

JEAN-LOUIS CHARLET

Professeur à l'Université de Provence

Cinquième tirage

PARIS

LES BELLES LETTRES

2023

Conformément aux statuts de l'Association Guillaume Budé, ce volume a été soumis à l'approbation de la commission technique, qui a chargé M. Y.-M. Duval d'en faire la révision et d'en surveiller la correction en collaboration avec M. J.-L. Charlet.

95 boulevard Raspail, 75006 Paris
www.lesbelleslettres.com

Premier tirage 1991

ISBN : 978-2-251-01356-5
ISSN : 0184-7155

AVANT-PROPOS

L'édition des œuvres complètes de Claudien comprendra quatre volumes. Les trois premiers couvriront ce que l'on appelle les *Carmina maiora*: le présent tome 1 est consacré à l'épopée mythologique *De raptu Proserpinae*; les deux suivants regrouperont les poèmes politiques dans l'ordre chronologique de leur composition et de leur récitation (tome 2: 395-398; tome 3: 399-404). Les *Carmina minora*, dont l'édition avait été primitivement confiée à Jean Crocis, constitueront le quatrième et dernier tome.

Dans chaque volume seront présentés les problèmes spécifiques aux poèmes considérés: contexte historique et politique, problèmes littéraires et bibliographie particulière. Mais l'introduction de ce premier volume comporte aussi la biographie de Claudien et la bibliographie générale, ce qui permettra de citer ensuite les critiques sous une forme abrégée (nom et année de publication). La tradition manuscrite des grands poèmes politiques et le genre littéraire (nouveau?) du panégyrique épique, où se rejoignent politique et poésie, seront présentés au tome 2; le style de Claudien, au tome 3; la survie de l'œuvre de Claudien, avec un complément de bibliographie générale, au tome 4 (dans les notes, les références aux auteurs qui se sont inspirés de Claudien ne seront données que jusqu'au XIIe siècle compris); les aspects particuliers de la tradition manuscrite des *Carmina minora*, au tome 4.

Il est difficile de traduire les poètes, et Claudien en particulier: en cette époque maniérée que J. Fontaine a coutume de présenter comme la plus alexandrine de toute la littérature latine, la poésie se délecte au jeu subtil des allusions littéraires savantes et elle recherche avec complaisance les images et les figures baroques avant la lettre[1]. Claudien pratique en outre l'insinuation et la déformation politiques. Il est donc difficile de rendre dans la traduction toutes les intentions d'un poète aussi complexe. À ces difficultés, j'en ai ajouté une autre: selon la recommandation de Jacques Perret dans le petit chapitre de son Virgile («Écrivains de toujours», Le Seuil, Paris 1959) intitulé «L'art de traduire les poètes», je me suis efforcé de donner un rythme à ma traduction. Les exigences d'une traduction précise et fidèle ne permettent pas de rendre les hexamètres latins, dont le nombre de syllabes varie de 13 à 17, par des alexandrins, ni même par des vers blancs un peu plus amples *uniformes* (8 + 6 ou 6 + 8 syllabes, par exemple). Le nombre de syllabes de mes stiques peut donc varier de 12 à 18, voire exceptionnellement 20. Je me suis parfois autorisé la licence admise dans la versification médiévale qui consiste à ne pas compter un e muet à la césure ou après une pause rythmique. Il m'a semblé important d'essayer de conserver le mouvement de la phrase poétique latine, notamment les enjambements et les rejets, si fréquents et si caractéristiques chez Claudien.

La relecture critique d'Y.M. Duval m'a permis d'améliorer sensiblement le premier jet de ce travail. Je lui en exprime ici toute ma gratitude.

Jean-Louis Charlet
Aix-en-Provence, décembre 1990

1. Pour une approche de l'esthétique de la poésie latine au IVe siècle, voir mon article «Aesthetical Trends of Late Latin Poetry», *Philologus* 132, 1988, p. 74-85.

INTRODUCTION

Vie de Claudien

Nous disposons de très peu de renseignements sur la vie de Claudius Claudianus[1], et ces renseignements proviennent essentiellement de son œuvre. Le poète est originaire d'Égypte[2] — devenue au IVe siècle le centre poétique le plus important de l'Empire[3] —, très vraisemblablement d'Alexandrie[4]. Il ne parle pas de sa famille, ce qui laisserait supposer qu'elle n'était pas illustre; mais elle devait être suffisamment riche pour avoir pu lui assurer une formation rhétorique. Certains ont vu en lui le fils (ou le petit-fils) d'un certain Claudianos, frère de Maxime d'Éphèse, qui enseigna la rhétorique à Alexandrie[5]; cette hypothèse est séduisante, mais invérifiable.

1. Sur la vie de Claudien, voir le chapitre 1 de la thèse de P. Fargues (p. 5 à 38), qui donne une bibliographie de la question pour les études antérieures à 1933 (p. 5, n. 1) et surtout Cameron 1970. Le nom *Claudius* est attesté par l'inscription de la statue qui lui avait été érigée sur le Forum de Trajan (voir n. 26) et par deux manuscrits carolingiens (le codex Santenianus et le Veronensis 163).

2. *C. min.* 19,3: *Nostro Nilo*; et 22,56: *commune solum*, à propos de l'Égypte.

3. Cameron 1965.

4. Le *C. min.* 22,20 évoque Alexandre *conditor hic patriae*, fondateur de la patrie d'Hadrien et de Claudien; voir aussi le témoignage d'Hésychius de Milet, d'après la Souda (1707, éd. Adler, p. 125). Selon Sidoine Apollinaire, Claudien serait né à Canope: *Pelusiaco satus Canopo* (*carm.* 9, 274); mais cette expression ne doit pas être prise au pied de la lettre, car c'est une métonymie empruntée à Lucain (7,543) pour désigner l'Égypte. Quant au surnom de paphlagonien dont l'affuble Joannes Lydos (*de mag.* 1,47), il n'indique nullement une origine ethnique, quoi qu'en pensent, après Bücheler (1884, p. 282-283), J. Turcevic (1934, p. 1-9) et D. Romano 1 (1958, p. 10, n. 3): c'est un terme d'injure, les Paphlagoniens ayant une réputation de légèreté et de bavardage (cf. BIRT, *proleg.*, p. III-IV et Cameron 1970, p. 3 et 245).

5. Eunape, *uit. soph.* 7,1,4. L'hypothèse qui rattache notre poète à ce Claudianos a été avancée pour la première fois par Gesner (*proleg.*, p. III).

La date de sa naissance n'est pas connue. Mais, dans la mesure où il se présente lui-même comme le *sodalis* d'Olybrius, le jeune consul de 395[6]; où il déclare à Probinus, le frère et collègue d'Olybrius, que le panégyrique écrit à l'occasion de leur consulat est son premier poème politique latin[7]; et où, dans la *Deprecatio ad Hadrianum*, qu'il faut probablement dater de 397, il parle de sa jeunesse[8], on est en droit de le supposer né entre 370 et 375.

On ne sait rien de sa jeunesse. Mais son œuvre prouve qu'il avait reçu une excellente formation rhétorique (à Alexandrie?), et le passage de l'épigramme à Probinus cité plus haut laisse entendre qu'il avait commencé par s'essayer à la poésie dans sa langue maternelle, le grec[9]. Nous avons conservé deux fragments de sa *Gigantomachie* grecque; or la préface de ce poème indique clairement qu'il a été lu à Alexandrie[10]. Par ailleurs, l'*Anthologie grecque* attribue sept épigrammes à un certain Claudien[11]. Trois d'entre elles ne sont sûrement pas de notre poète[12]; mais, sur les quatre autres, deux au moins

6. *C. min.* 40,19. Olybrius semble né vers 376 (Fargues 1933, p. 7).

7. *C. min.* 41,13-14. Claudien s'était vraisemblablement exercé à la poésie latine avant le *Panégyrique d'Olybrius*, mais ce panégyrique est son premier poème latin officiel récité et publié, et rien ne prouve, contrairement à ce que dit E. Castorina (1967, p. 91-97) que le poème du *Phoenix* (*c. min.* 27) soit antérieur à 394.

8. *C. min.* 22,6: *lubrica aetas*. Pour la date de *C. min.* 22, voir plus loin.

9. Qu'il ait étudié le latin à Alexandrie ne doit pas surprendre: les découvertes de papyri latins en Égypte montrent la diffusion de la langue et de la littérature latines dans cette province orientale de l'Empire.

10. Frag. 1,11.

11. *Anth. pal.* I,19; 20; V,86; IX,139; 140; 753; 754.

12. *Anth. pal.* I,19 et IX,139 sont postérieures à Nonnos qu'elles imitent. *Anth. pal.* I,20 présente une métrique fautive qui n'est pas dans la manière de Claudien (Cameron 1970, p. 7 sqq.).

semblent devoir lui être attribuées[13]. Le fait que Claudien a écrit des poèmes grecs et que dans l'un d'entre eux, celui qui a été lu à Alexandrie, il se présente non comme un débutant, mais comme un δεινὸς ἀοιδός[14], incite à placer la date de sa naissance plus près de 370 que de 375[15]: en effet, rien ne permet de supposer qu'il soit revenu en Égypte après son séjour en Italie.

À quel moment précis Claudien a-t-il quitté Alexandrie? S'est-il rendu directement d'Alexandrie à Rome? Aucune réponse certaine ne peut être apportée à ces deux questions. A. Cameron pense qu'avant de venir à Rome Claudien s'est rendu à Constantinople par l'Asie Mineure et que le païen qu'il était a dû quitter Alexandrie au plus tard en 391, au moment des attaques menées par le patriarche Théophile et ses moines fanatiques contre les païens et leurs temples. Mais cette hypothèse

13. *Anth. pal.* IX,753 et 754, qui traitent le même sujet que sept des *C. min.* (33 à 39): «Sur un cristal qui renfermait de l'eau». Il est en effet peu probable, comme le remarque Cameron 1970 (p. 12) que deux poètes différents *portant le même nom* aient écrit sur un même sujet aussi particulier, d'autant qu'il existe des parallèles entre ces épigrammes grecques et certains *C. min.* (Birt, *prol.* p. LXXIII et Cameron 1970, p. 13-14). Birt (*prol.* LXXIII) et Fargues (1933, p. 8, n. 4) ont voulu attribuer à Claudien l'anonyme *Anth. pal.* V,49 (50) en raison de la similitude de cette épigramme avec *C. min.* 15. Mais cette ressemblance ne prouve pas que les deux poèmes aient été écrits par la même main: selon un usage bien connu, Claudien a pu adapter en latin une épigramme grecque qui n'était pas de lui. De même, il n'est pas du tout certain, en dépit de l'ingénieuse argumentation de Cameron 1970 (p. 8 sqq.), qu'il faille lui attribuer les Πάτρια sur Tarse, Anazarba, Bérytos et Nicée qu'une scholie à *Anth. pal.* I,19 donne à l'auteur de cette épigramme, dont nous avons dit plus haut qu'elle ne pouvait être de notre Claudien. Les raisons pour lui restituer le poème conservé par le papyrus Heitsch XXXIII, p. 142, comme le voudrait E. Griset (*Contributi a Claudiano Alessandrino poeta graeco*, Pinerolo Chiantore 1930), sont encore moins probantes.

14. *Gig. gr.* 1,13.

15. C'est aussi l'avis d'E. Castorina (1967), qui pense même que la date de naissance du poète est plus proche de 369 que de 371.

ingénieuse ne repose que sur de fragiles indices[16]. Sa description du port de Smyrne (*c. min.* 2) est précise. Mais dénote-t-elle nécessairement une observation personnelle? Claudien a pu recueillir, en particulier à Alexandrie, les impressions d'un marin. L'invective *Contre Eutrope* dénote une bonne connaissance de l'Asie Mineure, mais celle-ci peut être indirecte. L'épigramme *Anth. pal.* IX,140, si elle est de notre Claudien, amènerait à penser qu'il a donné une lecture publique à Constantinople. Mais ce point n'est pas acquis, et, en tout cas, on ne peut croire, avec Birt et Romano, que l'inscription de l'obélisque érigé sur l'hippodrome de Constantinople par Théodose en 390 ait été écrite par Claudien[17]. Cette pièce maladroite, qui n'offre pas de parallèles textuels probants avec l'œuvre authentique, ne peut être attribuée à un poète aussi habile que Claudien et, s'il avait été le protégé de Théodose dès 390, Claudien n'aurait pas manqué de consacrer au moins un panégyrique à cet empereur, ou d'écrire un poème épique autonome pour célébrer la victoire du Frigidus[18].

Toujours est-il que Claudien se trouve à Rome au plus tard à l'automne 394, puisqu'au premier janvier 395 il y récite son premier poème officiel, le *Panégyrique pour le consulat d'Olybrius et Probinus*. Il serait étonnant qu'un étranger se soit vu confier dès son arrivée dans la ville le redoutable honneur d'écrire et de réciter le panégyrique des deux jeunes fils de Probus, l'un des plus célèbres

16. Cameron 1970, p. 27-29. La présence à Constantinople est supposée par *Anth. pal.* IX,140 (cf. *supra*) et le voyage en Asie Mineure serait attesté par les Πάτρια mentionnés à la n. 13. Nous soutiendrons plus loin, comme A. Cameron, que Claudien était païen; mais était-il un païen suffisamment convaincu et militant (*peruicacissimus*, comme le dit Orose) pour avoir à craindre les agissements des moines d'Alexandrie?

17. Birt et Romano 1958 (réfutés par Cameron 1966, p. 32-33 et 1970, p. 27-29).

18. De plus, le v. 17 de la préface de *3 cons.* suggère que Claudien récite pour la première fois un poème devant un souverain.

représentants de l'illustre famille sénatoriale chrétienne des Anicii[19]. Aussi A. Cameron suppose-t-il avec vraisemblance que Claudien avait été recommandé aux Anicii par un patron grec[20]. Mais si, comme je le supposerai plus loin dans l'introduction spécifique à ce poème, Claudien avait déjà écrit auparavant le chant 1 de son épopée mythologique *De raptu Proserpinae*, le choix des Anicii s'explique encore plus facilement.

Ce panégyrique dut plaire, car, dans le courant de l'année 395, Claudien est appelé à la cour de Milan, où il devient le poète officiel d'Honorius et de son «tuteur» Stilicon. Désormais, sa production poétique va suivre l'actualité politique et militaire de l'Empire. En janvier 396, il récite à Milan le *Panégyrique pour le troisième consulat d'Honorius* ; peu après, selon Cameron[21], le premier livre de l'invective *Contre Rufin* (avec sa préface); à la fin de l'été 397, le livre II, avec une préface. L'année 398 est particulièrement féconde pour lui, puisqu'il récite, à Milan, le *Panégyrique pour le quatrième consulat d'Honorius* (début janvier), l'*Épithalame* et les *Fescennins pour le mariage d'Honorius et de Marie* (début février), et peut-être aussi en avril, si l'on en croit Cameron, la *Guerre contre Gildon*[22].

Au début de janvier 399, toujours à Milan, Claudien prononce le *Panégyrique pour le consulat de Manlius*

19. Il n'était pas facile pour un étranger de se faire accepter à Rome: Ammien Marcellin en a fait la cruelle expérience (14,6; 28,4).

20. Cameron 1970, p. 31, qui note que, depuis la République, des poètes grecs cherchent le patronage d'aristocrates romains.

21. Cameron 1970, p. 78 (qui corrige le tableau de sa page 15). Pour S. Döpp (1980, p. 85-101), la préface du livre 1 et les livres 1 et 2 du *Contre Rufin* formeraient un tout écrit de 396 à l'été 397, la préface au livre 2 ayant été ajoutée durant l'été 397. Les arguments de S. Döpp ne m'ont pas convaincu: voir mon introduction particulière à ce poème.

22. Mais il n'est pas sûr du tout que le *De bello Gildonico*, inachevé, ait été récité publiquement: voir Döpp (1980, p. 102-115 et 133-149), pour qui ce poème a été écrit pendant l'été 398, et mon introduction particulière à ce poème.

Theodorus, le philosophe néoplatonicien qui avait été l'ami d'Ambroise. Sans doute y récite-t-il aussi au printemps le premier livre de l'invective *Contre Eutrope*, et, en septembre, le second livre avec sa préface[23]. L'année 400 est celle du premier consulat de Stilicon. Claudien semble l'avoir célébré en deux temps: d'abord à Milan, au début de janvier (livres 1 et 2 du *Panégyrique pour le consulat de Stilicon*); puis à Rome, en février (livre 3 et préface)[24]. À la suite de cette dernière récitation, le sénat de Rome lui fait ériger au Forum de Trajan une statue de bronze dont nous avons conservé l'inscription[25]. Particulièrement élogieuse pour le poète, qu'elle présente comme unissant «l'esprit de Virgile et la Muse d'Ho-

23. Selon Cameron 1970. Pour Döpp (1980, p. 159-174), les deux livres du *Contre Eutrope* auraient été composés ensemble, du mois d'août à la fin de l'année.

24. Selon Cameron 1970. Döpp (1980, p. 175-198) a sans doute tort de considérer les trois livres comme faisant un tout composé de novembre 399 à février 400, et récité à Rome au mois de mars.

25. CIL VI,1710 et L. Moretti (*Inscriptiones Graecae Urbis Romae* I, 1968, n° 63, p. 56-58):

> [Cl.] Claudiani u(iri) c(larissimi)
> [Cla]udio Claudiano u. c. tri-
> [bu]no et notario inter ceteras
> [. .]centes artes praecloriosissimo
> [po]etarum, licet ad memoriam sem-
> piternam carmina ab eodem
> scripta sufficiant, adtamen
> testimonii gratia ob iudicii sui
> <f>idem dd. nn. Arcadius et Honorius
> <f>elicissimi ac doctissimi
> imperatores senatu petente
> statuam in foro diui Traiani
> erigi collocarique iusserunt.
> Εἰν ἑνὶ Βιργιλίοιο νόον καὶ μοῦσαν Ὁμήρου
> Κλαυδιανὸν Ῥώμη καὶ βασιλῆς ἔθεσαν.

Fo (1982, p. 179-180) croit retrouver dans ce distique grec la rhétorique de Claudien et émet l'hypothèse que Claudien lui-même pourrait en être l'auteur. Mais, comme le dit Fo lui-même, c'est là une «pure hypothèse»: Claudien a-t-il une rhétorique particulière de l'épigramme?

mère», elle nous apprend qu'il était clarissime, tribun et notaire.

Grâce à Sérène, l'épouse de Stilicon, Claudien peut faire un mariage avantageux en Libye (cf. *C. min.* 31 = *epist. Ser.*). Ce mariage, et la lune de miel qui a suivi, doivent se placer en 400-401, période où le poète semble absent d'Italie: Honorius obtient son cinquième consulat en 402, sans que nous ayons de panégyrique de Claudien pour ce consulat[26]. Claudien n'a dû rentrer en Italie qu'au début de l'année 402 (au plus tard en mars?), puisqu'en mai-juin il récite à Rome son poème sur la *Guerre contre les Gètes*, qui célèbre la victoire de Stilicon à Pollentia (6 avril 402)[27].

Les dernières années de la vie de Claudien sont mal connues. Cameron (1970, p. 414) a supposé qu'il s'était retiré au moins quelque temps près de Trèves, dans la villa de son ami Florentinus, et qu'il y aurait écrit les livres II et III du *De raptu Proserpinae*. Comme je le montrerai plus loin, cette hypothèse a peu de vraisemblance. La seule certitude que nous ayons, c'est qu'en janvier 404, à l'occasion du séjour à Rome de l'empereur, Claudien y récite le *Panégyrique pour le sixième consulat d'Honorius*. Sans doute l'*Éloge de Sérène*, inachevé, date-t-il aussi de 404. Mais, à partir de cette date, nous perdons toute trace de Claudien: en particulier, nous n'avons pas de panégyrique pour le second consulat de Stilicon, en 405, ni de poème célébrant la bataille

26. Cameron 1970, p. 411-412.

27. Pour Döpp (1980, p. 211-214), ce poème aurait été composé entre avril et l'été 402. La chronologie de Cameron s'accorde mieux avec le fait que Prudence a écrit partiellement ou totalement le second livre de son *Contre Symmaque* après le poème de Claudien, auquel, en un sens, il répond, et avant la bataille de Vérone (fin de l'été 402). Récemment, J. B. Hall (« Pollentia, Verona and the Chronology of Alaric's First Invasion of Italy», *Philologus* 132, 1988, p. 245-257) a proposé de retarder d'un an la bataille de Pollentia (29 mars 403); son argumentation ne m'a pas convaincu (voir mon introduction particulière au *Get.*).

de Fiésole en 406. Tout porte donc à croire que Claudien est mort en 404[28].

28. C'est l'opinion communément admise depuis Birt (*prol.*, p. LIX, sq.). Certains ont voulu retarder la mort de Claudien, par exemple en 408, au moment de la disgrâce de Stilicon (Gibbon); mais ils n'ont avancé aucun argument probant. Voir la réfutation de ces hypothèses par Merone 1954, p. 309-320.

La religion de Claudien

L'œuvre de Claudien respire un paganisme culturel diffus. Son contemporain Augustin le qualifie, en citant de façon tronquée deux de ses vers, de *a Christi nomine alienus* (*ciu.* 5,26). Cette formulation, qu'Augustin reprendra en un autre contexte dans son *Enchiridion* (4: «his qui contradicit aut omnino *a Christi nomine alienus* est aut hereticus»), signifie clairement que Claudien est en dehors du Christianisme, et donc païen. Orose a même renchéri sur Augustin en qualifiant Claudien de *paganus peruicacissimus* (*hist.* 7,35) et, à supposer que le témoignage d'Orose dépende de celui d'Augustin[1], ce témoignage contemporain sur un poète aussi célèbre, imité de son vivant[2], n'aurait pas pu être porté s'il avait été manifestement contraire à la réalité.

Pourtant, si la plupart des critiques conviennent du paganisme de Claudien[3], il s'en trouve pour lui prêter une position ambiguë[4], incertaine[5], ou même pour

1. Comme le pense Cameron 1970, p. 191-192; mais, même si Orose s'inspire du passage d'Augustin, cela n'exclut pas qu'il ait personnellement connu l'œuvre de Claudien.

2. L'influence de l'œuvre poétique de Claudien sera étudiée dans l'introduction au dernier tome. Je rappellerai seulement ici les deux premiers imitateurs de Claudien: Licentius, dès 395 (voir t. 2, introduction à *Ol.*) et Prudence (O. Höfer, *De Prudentii poetae Psychomachia et carminum chronologia*, Marburg 1895; Cameron, p. 469-473; J.L. Charlet *La création poétique dans le Cathemerinon de Prudence*, Paris 1982, p. 193; «La poésie de Prudence dans l'esthétique de son temps», *BAGB* 1986, p. 368-386 [383-384].

3. Fargues 1933, p. 156-163; R. Helm, «Heidnisches und christliches bei spätlateinischen Dichtern», *Mélanges J. Geffcken*, Heidelberg 1931, p. 1-46 [27-46]; Martin 1960; F.F. Schwarz 1978, p. 202; Potz, p. 35-39.

4. Paschoud 1967, p. 134-136, qui pense que Claudien a pu se montrer chrétien à Milan et païen à Rome.

5. Les critiques ont noté l'ambiguité, voire les contradictions sur ce point d'A. Cameron (1970), en dépit de son titre «The pagan at a christian court» (p. 189) et de l'attribution à Claudien (hypothèse à mes yeux séduisante) de deux poèmes païens à Isis (p. 202-205). J'ai eu

affirmer son christianisme[6]. Les tenants de cette dernière thèse ont cherché à relativiser la portée des affirmations d'Augustin et Orose, et ont avancé trois types d'arguments: le poète officiel de la cour très chrétienne d'Honorius ne pouvait pas être païen; la mythologie qu'il pratique serait soit un ornement poétique conventionnel, soit un registre allégorique et, en tout cas, n'engagerait pas les convictions personnelles du poète; Claudien a écrit un poème chrétien, le *De Saluatore*[7].

Nous avons vu qu'en fait les deux témoignages quasi contemporains d'Augustin et Orose gardent fondamentalement toute leur force, même si le superlatif d'Orose semble quelque peu outré. Par ailleurs, C. Gnilka a montré que chez Claudien la mythologie n'était pas une simple convention littéraire ou un procédé de style[8]: comment un chrétien aurait-il pu écrire qu'il a prié les dieux de la mer et qu'il en a été secouru (*gig. gr.* 1,3)? Quant au *De Saluatore*, je pense avoir montré ailleurs qu'il s'agissait d'un poème aulique dans la lignée des *Versus Paschales* d'Ausone, et qu'il n'engageait donc pas la foi de son auteur[9]. En revanche, je relèverai au fil du texte un certain nombre de passages de connotation

l'occasion de rencontrer A. Cameron en décembre 1981 à Erice, lors du V° Corso della scuola superiore di archeologia e civiltà medievali. Lors d'un entretien privé, il m'a déclaré que s'il avait été ambigu sur ce point c'est parce qu'à ses yeux Claudien l'était, et que, en définitive, Claudien lui-même ne savait peut-être pas s'il était chrétien ou non.

6. Birt, p. LXIII-LXVII; Rolfe 1919; et surtout Döpp 1980, p. 24-41.

7. *C. min.* 32, dont l'authenticité n'est plus aujourd'hui contestée. En revanche, l'attribution à Claudien d'autres poèmes chrétiens (*c. min. app.* 20-21, ainsi que les pièces grecques AP I,19 et 20) est à juste titre repoussée par la quasi totalité des critiques, sauf Lo Cicero 1978 (voir Charlet 1984, p. 274 n. 59).

8. Gnilka 1973 et 1977, p. 41-42; appréciation analogue chez Y.M. Duval 1984, p. 185, n. 130.

9. Charlet 1984, p. 277-279.

païenne[10]. Il se trouve même dans le corpus des œuvres de Claudien qui nous est parvenu un poème qui attaque vivement le culte des saints: *c. min.* 50; toutefois, ce poème est une exception liée à un contexte militaire et politique bien précis: celui de l'invasion de l'Italie par Alaric[11]. En dehors de cette circonstance exceptionnelle, le poète officiel de la cour d'Honorius ne pouvait s'en prendre à la nouvelle religion d'état. Mais l'aurait-il seulement voulu s'il l'avait pu? Claudien ne me semble pas avoir des convictions religieuses très profondes: la manière dont il traite le mythe de Proserpine l'atteste à suffisance, et le qualificatif d'Orose, même s'il repose sur une vérité incontestable, est exagéré. Rien dans l'œuvre de Claudien, et surtout pas le *De raptu Proserpinae*, n'atteste un militantisme païen virulent[12]. À mon sens, le paganisme de Claudien est beaucoup plus culturel que religieux. Dans ces conditions, Stilicon et la Cour très chrétienne de Milan pouvaient fort bien s'accommoder d'un poète discrètement païen, dont les qualités littéraires, uniques en leur temps, leur rendaient de si éminents services.

10. Édifiante à ce sujet est la comparaison entre la célébration de la victoire de Pollentia par Claudien et celle par Prudence dans le deuxième livre du *Contra Symmachum*; et significatif, le fait d'avoir masqué le christianisme militant et agressif de Sérène, épouse de Stilicon: voir respectivement *Get.* et *Ser.* (t. 4).

11. Voir Charlet 1984, p. 279 et n. 71.

12. U. Knoche («Über die Dea Roma. Ein Sinnbild römischer Selbstauffassung», *Mélanges J. Kroll*, Köln 1949, p. 143-162) a voulu lier Claudien au cercle des Symmaques en se fondant sur *6 cons.* 597-602 (p. 159). Mais cette hypothèse a peu de fondement (Schmid 1957, p. 160). Le fait que Claudien, païen culturel, célèbre la déesse Victoire en son «temple» de la Curie ne prouve pas un attachement *précis* à l'entourage de Symmaque, même si ce dernier a été la figure de proue du paganisme dans la célèbre controverse sur l'autel de la Victoire.

Date et circonstances de composition du *Rapt*

Les poèmes politiques de Claudien peuvent être assez facilement datés par leurs allusions historiques. Il n'en va pas de même pour le *Rapt*, épopée mythologique pour laquelle les hypothèses les plus contradictoires ont été avancées: poème de jeunesse antérieur à 395 (Cremona 1948, Romano 1958) ou au contraire poème tardif, postérieur à la bataille de Fiésole en 406 (Wedekind 1868; Jeep 1876; Fabbri 1927). Les dernières mises au point (Hall 1969, p. 93-105; Cameron 1970, p. 452-466; Tardioli, p. 2-48; Fo 1979; Potz, p. 18-34) n'ont pas encore, ce me semble, abouti à une solution indiscutable et définitive.

En dehors de critères stylistiques ou thématiques, sur lesquels nous reviendrons, la discussion tourne autour de trois textes, d'interprétation délicate: la préface qui précède le premier livre; celle qui précède le deuxième; un passage de l'épître à Probinus (*c. min.* 41,13 sqq.), probablement écrite peu après le *Panégyrique d'Olybrius et Probinus*, donc en 395 ou 396.

Les navigations de Claudien

La première préface, sous forme allégorique, compare implicitement le poète au marin qui commence par naviguer le long des côtes avant de s'éloigner des terres et de gagner la haute mer pour vaincre les tempêtes. En clair, elle signifie qu'après avoir écrit de petits poèmes (v. 5-6: navigation le long des côtes), puis des poèmes de moyenne importance (v. 7-8: traversée des golfes en s'écartant de la terre), le poète entreprend une œuvre audacieuse (v. 9-12: navigation en haute mer qui affronte les tempêtes et les surmonte). Sur cette analyse, tout le monde est d'accord, même si, me semble-t-il, les critiques n'ont pas suffisamment souligné les *trois* étapes fortement marquées par Claudien (v. 5 *primum*; v. 7

mox; v. 9 *ast ubi*). Mais les divergences apparaissent quand il s'agit d'interpréter ce texte en fonction de l'œuvre de Claudien. Pour Dempster, Claudien veut dire que le *Rapt* est sa première œuvre poétique. Pour Parrhasius, Delrio, Jeep et Fabbri, Claudien signifie qu'après ses poèmes historiques et politiques il entreprend l'œuvre poétique la plus ambitieuse: une épopée mythologique. La plupart des critiques modernes adoptent des positions intermédiaires entre ces deux extrêmes. Birt, suivi par Fargues et Hall, pense que le *Rapt* est postérieur au *Panégyrique d'Olybrius*, mais qu'il serait impensable que Claudien se présentât comme un débutant après ses premiers grands poèmes politiques: l'*In Rufinum* en deux livres, plusieurs panégyriques de l'empereur, l'*In Eutropium* en deux livres, et surtout le panégyrique pour le consulat de Stilicon en trois livres, qui compte plus de 1200 vers. Ce à quoi A. Cameron répond qu'il est banal pour les poètes de l'époque d'écrire des panégyriques en vers, voire des épopées en l'honneur des généraux victorieux, mais qu'une épopée mythologique en plusieurs livres manifeste une ambition et une audace poétiques hors du commun; pour des raisons stylistiques sur lesquelles nous reviendrons, A. Cameron suppose que le premier livre du *Rapt* a été écrit peu après l'*In Rufinum*, c'est-à-dire à partir de l'été 397. M. Tardioli trouve invraisemblable que cette préface ait pu être écrite après le *Panégyrique d'Olybrius*, car cela reviendrait à présenter ce panégyrique comme un simple exercice de rhétorique; en tout cas, il juge impossible d'en placer la composition après 404, c'est-à-dire après l'ensemble des poèmes historiques et politiques. Pour A. Fo (1978), Claudien ne peut pas se présenter comme un débutant après son premier panégyrique officiel: de fait, ce poème a connu un succès qui a valu à son auteur d'être appelé à la Cour de Milan pour en devenir le poète officiel.

À mon avis, on ne peut tirer aucun argument décisif

de ce premier texte. Les trois étapes fortement marquées par Claudien peuvent correspondre à des *Carmina minora* (navigation le long des côtes), puis à une partie (thèse d'A. Cameron) et peut-être même à tous les poèmes politiques (les v. 7-8 ne présentent pas une activité si modeste que cela, puisque le navigateur quitte les terres, met à la voile et affronte *longos sinus*), enfin au couronnement de son œuvre poétique, la grande épopée mythologique qui, selon les canons esthétiques des anciens, se situe bien au-dessus des poèmes de circonstance, même si ces derniers ont une certaine ampleur et sont adressés, de par leur nature même, aux personnages les plus puissants. Mais les tenants de la thèse de Birt peuvent interpréter les deux premières étapes comme correspondant à des *Carmina minora*, puis au *Panégyrique d'Olybrius*. Et ceux qui placent le premier livre (Tardioli) ou l'ensemble du *Rapt* (Cremona et Romano) avant 395 peuvent faire concorder cette thèse avec les données de cette préface: à l'intérieur de ses *Carmina minora* et de ses poèmes grecs qui ne nous sont vraisemblablement pas tous parvenus, Claudien pourrait distinguer certaines pièces très courtes et très modestes d'autres compositions poétiques d'une certaine ampleur: certains poèmes comme le *Phoenix* ou *Aponus* atteignent ou dépassent 100 vers. Mais la chronologie des *Carmina minora* est, elle aussi, très difficile à établir.

Florentinus Le deuxième texte en discussion est la préface à un certain Florentinus, que tous les manuscrits placent devant le livre II, même si, dès le XIIIe s. certains d'entre eux portent des annotations qui la présentent comme déplacée (O_2, P_2 du XIIIe; R_{26} du XVe). Heinsius, Gesner, Jeep, Gramlewicz, Fabbri et, plus récemment Romano (1958) ont repris cette suggestion: cette préface aurait été composée pour un panégyrique de Florentinus. De fait, certaines préfaces de Claudien se trouvent *parfois* déplacées dans la tradition manuscrite (*pr. Ruf.* 2 et *pr. 6 cons.*). Mais ici, en dépit des annotations marginales des trois manuscrits mentionnés, toute la tradition place cette préface devant le livre II, et l'existence d'un panégyrique de Florentinus n'est qu'une supposition gratuite. De plus, l'expression *placidos choros* (v. 52) convient mieux à un poème mythologique qu'à un poème politique et, comme l'a observé E. Bernert (1938, p. 376), l'évocation d'Orphée en prologue à un poème fondé, au moins en partie, sur des sources orphiques, n'est assurément pas déplacée. Que dit cette longue préface de 52 vers, qu'il faut donc bien considérer comme la préface du livre II? Orphée avait délaissé sa lyre et ne chantait plus (v. 1-8), mais, après l'intervention d'Hercule contre Diomède, voyant la Thrace heureuse, il reprit son chant (v. 9-28) pour célébrer les exploits d'Hercule (v. 29-48). Claudien se compare à Orphée, Florentinus étant pour lui *Tirynthius alter*, «qui secoue les antres des Muses d'un long somme engourdis» (v. 49-52). Cette préface pose trois problèmes. Qui est Florentinus? Faut-il voir des allusions historiques dans l'énumération des travaux d'Hercule? Comment interpréter le *long sommeil* du poète?

Après Wedekind, Jeep et Fabbri ont considéré que Florentinus désignait Stilicon et que ce surnom ferait allusion à sa victoire contre Radagaise en 406 à Fiésole, près de Florence. Les exploits d'Hercule chantés par Orphée renverraient aux victoires de Stilicon: Diomède (v. 2) serait Radagaise; la mention du mont Pholoé, à propos des centaures vaincus (v. 44) évoquerait la victoire (?) de Stilicon sur Alaric près du mont Pholoé dans le Péloponnèse en 397; celle de la Libye (v. 45), l'expédition africaine contre Gildon. Mais cette thèse se heurte à des objections majeures: Claudien est vraisemblablement mort en 404 et il serait tout à fait invraisemblable que, s'il avait vécu, il se fût contenté d'une allusion aussi discrète et sibylline pour célébrer une victoire comme celle de Fiésole. En outre, on n'a pas d'exemple dans l'onomastique latine de surnom donné à un général ou à un empereur vainqueur d'après le lieu de sa victoire, quand ce nom de lieu ne se confond pas avec celui du peuple vaincu: *Macedonius*, *Parthicus*, *Germanicus*, *Dacius*... De plus, le *Rapt* n'a pas été lié aux poèmes politiques qui concernent Stilicon[1]. Enfin, pourquoi interpréter allégoriquement certains travaux d'Hercule et pas d'autres? On ne peut pas non plus forcer l'interprétation des v. 44-45: la localisation de la bataille contre les centaures au mont Pholoé est traditionnelle.

Il convient donc de voir en Florentinus le nom réel de l'ami ou protecteur de Claudien. Or, pour la période 395-404, nous ne connaissons qu'un seul Florentinus, qui fut préfet de Rome du 14 septembre 395 au 26 décembre 397, et dont parle à plusieurs reprises Symmaque dans sa correspondance (*epist.* 4,30; 6,47; 9,124). Stilicon le démit de ses fonctions parce qu'il s'opposait aux projets de conscription en vue de la campagne contre Gildon[2]. On a peut-être encore une trace de lui en 402 (SYMM. *epist.* 4,56). La majorité des critiques s'accordent, avec vraisemblance, pour identifier celui qui a réveillé la Muse de Claudien avec ce préfet de Rome. Est-ce à dire, comme le pense Birt suivi par Fargues, qu'il faille placer cette dédicace pendant la préfecture de Florentinus et voir un lien entre le sujet du *Rapt* et les événements survenus durant cette préfecture? Le comte d'Afrique Gildon avait retardé les envois de blé ou en avait diminué la quantité, avant d'interrompre complètement le ravitaillement de Rome à la fin de l'automne 397. Le récit des exploits d'Hercule constituerait une métaphore de la carrière de Florentinus, et ferait notam-

1. Sur ce point et sur l'hypothèse de Birt (p. LXXVIII) selon laquelle les poèmes politiques concernant Stilicon auraient été regroupés et édités après la mort de Claudien à l'instigation de Stilicon lui-même, voir l'introduction au t. 2: «La tradition manuscrite des poèmes politiques de Claudien».

2. A. Chastagnol, *Les Fastes de la préfecture de Rome au Bas-Empire*, Paris 1962, p. 248-249.

ment allusion à son action pour ravitailler Rome en blé, en dépit du blocus imposé par Gildon. Fargues (1933, p. 17 n. 3) glose ainsi les v. 45-46: «L'Afrique qui tel Atlas de la légende soutenait Rome sur ses épaules a été stupéfaite de voir que le nouvel Hercule, Florentinus, a été capable de la remplacer». De fait, le ravitaillement de Rome a été assuré par des arrivées de blé en provenance de Gaule et de Germanie. Fargues ajoute: «La question de l'annone était pour ainsi dire à l'ordre du jour, et comme Florentinus réussit à approvisionner en blé ses administrés, notre poète a cru se faire l'interprète de Rome toute entière en célébrant les dons de Cérès». Pour Birt et Fargues, l'état d'inachèvement du poème s'expliquerait par la disgrâce du préfet: Claudien ne pouvait achever un poème dédié à un personnage démis par Stilicon.

Cette thèse n'a pas fait l'unanimité des critiques. L'interprétation des v. 45-46 comme faisant allusion à la rébellion de Gildon est forcée: pourquoi, dans la liste des travaux d'Hercule, seul le remplacement d'Atlas ferait-il allusion à l'action de Florentinus et à l'occasion immédiate du poème? Birt suppose (p. XVI) que les autres exploits d'Hercule doivent faire allusion à la carrière de Florentinus. Mais aucun témoignage ne peut être invoqué à l'appui de cette supposition. De plus, l'approvisionnement de Rome en blé à partir de la Gaule et de la Germanie allait au-delà de la compétence légale du préfet de la Ville, dont l'action a dû se limiter à éviter les troubles qu'a pu faire naître le manque d'approvisionnement; ce dernier relevait de la compétence de Stilicon lui-même (*Eutr.* 1,401-409; *Stil.* 1,306-309; 314; 2,392-395; 3,93-96 — à moins que Claudien ait attribué après coup à Stilicon des mérites qui, primitivement, seraient revenus à Florentinus). Enfin, l'idée d'écrire une épopée sur le rapt de Proserpine est en tout état de cause antérieure à la dédicace à Florentinus, comme le montrent les v. 49-52 sur lesquels nous reviendrons.

A. Cameron (1970, p. 455) conclut que la préface du deuxième livre s'adresse sans doute au Florentinus dont nous avons parlé, mais qu'il n'y a pas de raison pour que cette dédicace ait un rapport avec sa préfecture. On objectera toutefois qu'un poète de cour comme Claudien devait choisir comme dédicataires des hommes puissants et en mesure de lui apporter en retour quelque aide ou quelque faveur: il est donc plus vraisemblable de supposer que la dédicace date de la période où Florentinus était en possession de sa charge (ou s'apprêtait à la recevoir), et en grâce. C'est sans doute au préfet de la ville plus qu'à l'homme Florentinus que s'adressait Claudien, même s'il faut écarter l'hypothèse selon laquelle le choix du sujet épique aurait un rapport avec l'action de ce préfet. En tout état de cause, contrairement à ce que dit A. Cameron, j'estime peu vraisemblable que le protégé de Stilicon ait pu dédier une œuvre à quelqu'un qui avait été démis de ses fonctions, et la préface du livre II me paraît donc antérieure à décembre 397.

Les derniers vers de cette préface font allusion au sommeil de la Muse (v. 49-52). Ici encore, plusieurs interprétations contradictoires ont été avancées. On peut, semble-t-il, écarter l'interprétation de Birt (p. XVIII) pour qui ce sommeil serait celui de la poésie épique, endormie depuis Stace. Un poète de langue grecque comme Claudien ne pouvait pas s'exprimer ainsi: que l'on songe au renouveau de l'épopée homérique à partir du IIIe siècle (Quintus de Smyrne, Triphiodore...)[3]. Il est plus naturel de penser à un réveil de la Muse de Claudien (v. 50 «*mea* plectra moues»), et le parallèle entre Orphée et Claudien impose cette interprétation. Mais s'agit-il d'une interruption dans la composition du *Rapt* ou, plus généralement, d'une interruption de la production poétique de Claudien? Il y a eu interruption dans la composition du *Rapt*, comme l'atteste l'introduction d'une nouvelle préface[4].

3. Cameron 1965, p. 470 sqq.

4. Sur cette pratique, assez fréquente chez Claudien, de marquer les

Certains (Parrhasius, Claverius, Barth, Gesner...) pensent que le *longus somnus* ne concerne de fait que le *Rapt*. Mais A. Cameron penche plutôt pour une interruption totale de la production poétique de Claudien et il n'y relève qu'une seule interruption supérieure à une année: entre la récitation du *Panégyrique de Stilicon* (janvier, puis février 400) et celle du *De bello Getico* (mai-juin 402). C'est durant cette période qu'il place le mariage de Claudien et sa lune de miel en Libye. C'est à cette interruption que ferait allusion le *longus somnus*. A. Cameron croit trouver une confirmation de cette hypothèse dans le parallèle avec les premiers vers de la préface du *De bello Getico*: «Post resides annos *longo* uelut excita *somno* / Romanis fruitur nostra Thalia choris». Le parallèle est intéressant. Mais il subsiste une grosse difficulté: si Claudien se remet à écrire le *Rapt* à peu près en même temps qu'il écrit le *De bello Getico*, est-ce Florentinus qui est responsable de cette reprise d'activité? Dans le cas du *De bello Getico* qui célèbre Stilicon et sa victoire à Pollentia (6 avril 402), il semble naturel de supposer que Stilicon lui-même a demandé cette célébration à Claudien. Or, d'après A. Cameron, que je suis sur ce point, Claudien récite ce poème en mai-juin: a-t-il eu le temps depuis le 6 avril de composer et les 648 vers du *De bello Getico* (sans compter la préface) et le livre 2 du *Rapt*? Claudien a dû réserver tout son temps de travail à la composition de l'épopée panégyrique. En ce cas, il faut placer le deuxième livre du *Rapt* et sa préface soit avant avril 402 (mais alors Claudien peut-il encore parler en mai-juin de son «sommeil», alors qu'il a repris la composition d'une épopée mythologique, c'est-à-dire le poème par excellence pour les anciens?), soit après mai-juin 402: mais alors, peut-il

deux moments séparés dans la composition d'une œuvre en plusieurs livres par l'introduction d'une nouvelle préface (*pr. Ruf.* 2; *pr. Eutr.* 2; *pr. Stil.* 3), voir Cameron, p. 77-78 et 463 et Fo 1979, p. 387.

parler une seconde fois de son sommeil poétique, après la récitation d'un poème aussi important que le *De bello Getico*? Ces considérations nous ramènent à l'interprétation qui ne voit dans le «long sommeil» que l'interruption de la rédaction du *Rapt*. Et, *a priori*, aucun indice ne permet de la situer.

Les *Romani fontes*

Reste le troisième texte, les v. 13-14 de l'épître à Probinus: «Romanos bibimus *primum* te consule, fontes / et latiae cessit Graia Thalia togae». Birt lit *accessit*, avec R, et comprend ainsi le v. 14: «ma Muse grecque s'est approchée de la toge latine». Claudien ferait allusion à son arrivée à Rome pour le consulat d'Olybrius et Probinus. Mais la leçon *accessit* est isolée dans la tradition manuscrite et elle impose une élision particulièrement rude et contraire aux habitudes de Claudien. Il reste donc deux manières de comprendre ce v. 14: Postgate, Cremona, Romano, Hall et Tardioli, en s'attachant à la valeur concrète des images, interprètent *Romanos fontes* comme «les sources romaines d'inspiration»; *Graia Thalia*, la Muse grecque, comme l'inspiration grecque, la poésie inspirée par la mythologie grecque; et *Latia toga* désignerait le sénat romain (cf. *Stil.* 1,330 et *6 cons.* 598). Claudien voudrait donc dire: sous ton consulat, pour la première fois, ma poésie a cherché son inspiration dans un sujet romain; elle a abandonné les thèmes mythologiques grecs pour se consacrer aux sénateurs romains. Dans cette hypothèse, le *Rapt*, ou du moins son premier livre, a pu être écrit *avant* 395. Mais rien n'exclut, contrairement à ce que dit D. Romano, que Claudien soit revenu par la suite à une poésie d'inspiration mythologique. Un poète se limite rarement à une seule source d'inspiration et Claudien a très bien pu, «parallèlement» à certains poèmes politiques, écrire ou se remettre à écrire un poème mythologique. Cependant, pour Fargues et Cameron, Claudien voudrait dire qu'il s'est détourné de la poésie grecque pour se consacrer à la poésie latine; il aurait abandonné sa langue maternelle, le grec (de fait, nous avons, on l'a vu, quelques poèmes grecs de lui) pour écrire désormais en latin. À l'appui de cette interprétation, A. Cameron (p. 458) cite le v. 37 de la préface de la *Johannide* de Corippe, poète qui, au demeurant, connaît Claudien: *rustica Romanis dum certat Musa Camenis*. La *Rustica Musa* désignerait ici la *langue* punique (voire libyenne), et les *Romanae Camenae*, le latin; ces deux expressions seraient à mettre en parallèle avec *Graia Thalia* et *Latia toga*. Mais le contexte impose de donner au vers de Corippe une interprétation beaucoup plus simple et naturelle: le passage est un *locus humilitatis*. La «Muse rustique» désigne les faibles capacités du poète qui rivalise avec les grandes épopées romaines[5]. Le texte de Corippe ne prouve donc nullement que Claudien ait donné un sens particulier à *fontes, Thalia* et *toga*: aussi la première interprétation (abandon des thèmes mythologiques grecs pour des poèmes politiques romains) me semble-t-elle à la fois plus fidèle au texte de Claudien et plus vraisemblable.

Arguments stylistiques ou thématiques

On a avancé aussi des arguments d'ordre stylistique ou thématique. Mais de tels arguments sont souvent subjectifs, et le fait que les conclusions obtenues soient contradictoires en montre la fragilité. Pour Cremona, le premier livre de l'*In Rufinum* reprend le parallèle avec Hercule, mais le corrige en montrant que Stilicon, lui, surpasse Hercule; l'*In Rufinum* serait donc postérieur au *Rapt*. À l'inverse, Cameron, posant en principe que quand Claudien reprend le même thème, il le fait de façon plus concise, conclut que le *Rapt* est postérieur à l'*In Rufinum*. En réalité, si Claudien reprend souvent les mêmes thèmes, la manière de les traiter dépend du contexte: il peut être utile de développer un thème dans

5. Sur le thème du *rusticus poeta*, voir PRVD. *perist.* 2,574 et le commentaire; avec de nombreux parallèles, de Kl. Thraede, *Studien zu Sprache und Stil des Prudentius*, Göttingen 1965, p. 61-65.

tel contexte; dans un autre, le poète pourra se contenter d'une allusion. Peut-on dire avec Cremona que le *Rapt* est lié au climat intellectuel païen d'Alexandrie à la fin du IVe s.? Ou bien, avec Tardioli, que la thématique du *Rapt* correspond dans le livre I à l'obsession d'un conflit, d'une menace universelle, et qu'à partir du livre II le poète abandonne progressivement le thème fondamental du conflit pour s'occuper des gracieux ébats de jeunes filles, ce qui manifesterait l'apaisement provoqué dans l'âme du poète par son contact physique avec Rome et la découverte rassurante de Stilicon? En réalité, le ton adopté par Claudien change selon le thème qu'il traite: dans le *Rapt*, les moments de tension et de conflit alternent avec des moments de détente. Mais la violence est présente dans tout le poème, et j'ai pu montrer l'importance de la thématique du sang dans les livres II et III (ceux qui témoigneraient de l'«apaisement» de Claudien)[6]. Tardioli affirme en outre que la technique de composition du livre III se rapprocherait de celle des grands poèmes historiques de 402-404: les discours l'emportent sur l'ekphrasis. Mais tous les critiques ont noté que discours et ekphrasis constituent le deux éléments constitutifs dominants des poèmes «épiques» de Claudien; le dosage de ces deux formes d'expression dépend des circonstances. Les livres I et II se prêtent plus que le livre III aux longues ekphraseis (description de la Sicile, de l'Etna; cueillette des fleurs ...), ce qui y abaisse en pourcentage le volume des discours. On ne peut pas non plus tirer argument de la fréquence des élisions: Tardioli en relève une pour 57,6 v. dans le livre I; une pour 23,2 v. dans le livre II et une pour 7,8 v. dans le livre III, chiffre qu'il compare à celui du *De bello Getico* (une pour 11,3 v.) ou du *Panégyrique pour le 6ème consulat* (une pour 13,7 v.). Mais l'*In Rufinum* I, écrit en 396-397

6. Charlet 1987.

en compte une pour 14,3 v.: sur ce point, il n'y a pas d'évolution linéaire dans l'écriture de Claudien[7].

Enfin, avec beaucoup d'ingéniosité, A. Fo (1979) a émis l'hypothèse que Claudien, après avoir conçu l'ensemble de son poème en quatre livres et avoir rédigé une première version, purement littéraire, avec l'actuelle préface, du livre I, aurait laissé sommeiller son poème; puis, sur l'invitation de Florentinus (entre 400 et 404, peut-être près de Trèves, dans la villa de Florentinus comme l'avait déjà suggéré Cameron, p. 414), Claudien aurait repris l'ensemble de son poème, dans un sens plus «orphique», pour s'adapter à son destinataire et à un public de lettrés païens; et il aurait remanié la première version du livre I et ajouté les livres II et III avec la nouvelle préface. Certaines contradictions ou discordances (I,118 sqq. et 217 sqq.) seraient le signe d'une mauvaise intégration d'éléments rédigés antérieurement. L'absence du livre IV s'expliquerait par la mort du poète. A. Fo a raison de souligner la cohérence d'un poème manifestement conçu dans son ensemble dès le départ, vraisemblablement en quatre livres[8]. Mais son hypothèse se heurte à une objection majeure: dans la perspective d'une refonte, pourquoi la première préface aurait-elle été conservée? La seconde préface devrait se substituer à elle en tête du *premier* livre. En outre, une dédicace à Florentinus après 397 est fort peu vraisemblable. Quant aux contradictions, elles me semblent beaucoup moins fortes que ne le dit A. Fo. Et, sur le plan religieux, je pense avec Fargues (1933, p. 168-169) et Cameron (1970, p. 210), ainsi que Fo lui-même (p. 406), que le *Rapt* n'est pas un poème orphique engagé. Seulement, pour traiter un tel thème, Claudien ne pouvait pas ne pas prendre en compte un certain nombre d'éléments de la tradition orphique, relevés par Fargues

7. Voir Hall 1969, p. 110-111 n. 4.

8. Voir la n. compl. 3 de la page 10.

(p. 268-274) et sur lesquels nous reviendrons plus loin: je pense que ce «saupoudrage» orphique n'a pas été ajouté après coup, dans une seconde rédaction, mais voulu dès le départ.

Concluons. Dresser l'état de la question, c'est montrer qu'on ne peut, en l'état actuel de notre information, arriver à une certitude quant à la date de composition des trois livres du poème. L'hypothèse qui me paraît la moins invraisemblable est la suivante. Claudien aurait conçu son poème et rédigé le livre I avec sa préface avant 395, à Alexandrie s'il s'y trouvait encore, ou à Rome, s'il s'y trouvait déjà, comme me le suggère Y.M. Duval qui propose la fourchette 392-394. Il aurait pu acquérir ainsi une notoriété littéraire qui expliquerait pourquoi les Anicii lui demandent d'écrire le panégyrique d'Olybrius et Probinus. À la fin de 395 ou au début de 396, sous la préfecture de Florentinus et à l'instigation de ce dernier, il aurait remis son œuvre en chantier et rédigé le livre II, avec la nouvelle préface, et le livre III[9]. Cette rédaction serait quasiment contemporaine de celle du premier livre *In Rufinum*, ce qui expliquerait les ressemblances thématiques relevées plus haut. Pourquoi le poème est-il resté inachevé? Faut-il invoquer la disgrâce de Florentinus? Mais Claudien pouvait changer de dédicataire. Faut-il supposer qu'absorbé par la rédaction de ses poèmes politiques Claudien n'a pas pu (ou n'a plus eu envie) d'achever son poème? Peut-être aussi ne lui était-il plus possible *politiquement* de continuer son poème à partir de 397: en 396, Alaric saccage le sanctuaire d'Éleusis et détruit les édifices où se célébraient les mystères. Claudien pouvait-il dans ces conditions aller

9. Le livre III est achevé: tel qu'il est, avec ses 448 v., il est déjà sensiblement plus long que le livre II, et, a fortiori, que le livre I. De plus, comme les deux précédents, il s'achève sur la tombée de la nuit: il semble que Claudien ait cherché à donner une unité temporelle à chacun de ses livres, dont l'action semble se limiter à une journée, et dont la fin est annoncée par la mention de la tombée de la nuit.

jusqu'au bout de son poème, célébrer Déméter Thesmophoros et les rites d'initiation, lui le poète officiel de la cour chrétienne de Milan? À un moment où les chrétiens s'installaient sur le sanctuaire ruiné pour en empêcher la restauration[10] et où personne n'essayait de faire revivre les Éleusinies, une telle célébration n'aurait-elle pas été interprétée comme une incitation à restaurer un culte qui, entre tous, symbolisait le paganisme[11]?

10. G.E. Mylonas, *Eleusis and the Eleusinian Mysteries*, London 1961, p. 8.
11. Voir Asterios, PG 40, c. 321-324.

Le mythe du rapt de Proserpine et ses sources chez Claudien

De nombreux auteurs grecs et latins font allusion au mythe de Déméter/ Cérès et Perséphone/ Coré/ Proserpine. On attribuait au poète mythique Pamphos un hymne à Déméter[1]. Homère ne semble pas se référer à cette légende, sauf peut-être en *Iliade* 11,445; mais Hésiode mentionne le rapt de Perséphone par Aidoneus (*Theog.* 913-914), et l'on possède de nombreux récits de ce mythe dès l'époque archaïque. Parmi tous les documents antiques conservés, on peut distinguer trois versions: à côté de l'*Hymne homérique à Déméter* (= *Hymne*), témoignage le plus ancien (VII-VIe siècle?), un ensemble de textes se rattache à une inspiration «orphique»[2], et d'autres rapportent une version «sicilienne»[3]. Cette dernière tradition s'est largement répandue dans le monde romain et y est devenue la version quasi officielle[4]. Il serait vain, en l'état actuel de notre documentation, de chercher à déterminer si Claudien dépend d'un modèle unique[5]. Mais la confrontation du

1. Voir Pausanias 1,39,1; 8,37,9; 9,31,8.

2. Inscriptions; papyri; *Argonautiques orphiques*; *Hymnes orphiques*; Euripide, *Hel.* 1301 sqq. et témoignages de Pausanias (*ibid.*) et Clément d'Alexandrie (*protrept.* 2,13 sqq.): voir L. Malten, «Altorphische Demetersage», *ARW* 12, 1909, p. 417 sqq.; G. Dottin, *Argonautiques orphiques*, Paris 1930; W. Quandt, *Orphei Hymni*, Berlin 1955; O. Kern, *Orphicorum fragmenta*, Berlin 1963.

3. La Sicile, terre agraire, a très vite honoré Déméter et Perséphone, en continuation de certains cultes à des divinités féminines pré-indo-européennes, comme en témoigne la numismatique, notamment celle d'Henna.

4. Elle nous est essentiellement connue par Cicéron (*Verr.* II,4, 105 sqq.), Diodore de Sicile (livre 5, qui s'appuie sur Timée de Tauromenium et incorpore certains éléments orphiques), Ovide (*met.* 5,341-661 et *fast.* 4,395-620) et Hygin (*fab.* 146).

5. Voir à ce sujet les justes critiques de J.B. Hall (1969, p. 106-108) à l'égard de Foerster. Sur les sources de Claudien dans le *Rapt*: R. Foerster, *Der Raub und die Rückkehr der Persephone*, Stuttgart

poème de Claudien avec les différentes versions de la légende permettra de déterminer son degré d'originalité et de préciser la signification qu'il donnait au mythe.

Le lieu du rapt

Les divergences entre les traditions portent d'abord sur le lieu du rapt. L'*Hymne* le situe dans la plaine (mythique?) de Nysa (v. 17); les *Argonautiques orphiques*, au bord de l'Océan (v. 1196; cf. Schol. Hes. *Theog.* 914); Bacchylide, en Crète (frg. 47); le scholiaste de Sophocle, à Éleusis (*ad Oed. Col.* 1592); celui de Théocrite, à Cos (*ad Id.* 7,5); Appien, à Krenides (*bell. ciu.* 4,105); Properce, aux environs de Cyzique (3,22, 1-4; cf. A.P. 6,77,11 et 12)...

Mais la localisation la plus fréquente, surtout à partir de l'époque romaine, est la Sicile, avec une hésitation entre la région d'Henna, près du lac Pergus[6], et les contreforts de l'Etna[7]. Les éditeurs de Claudien ont parfois hésité entre les leçons *Henna(eus)* et *Aetna(eus)*. Mais la tradition manuscrite et les autres données du poème imposent le choix de cette seconde leçon, lourde de signification. L'Etna n'est pas un simple décor, longuement décrit au livre I (v. 153-178), mais un acteur à part entière du rapt: il annonce l'enlèvement par un présage (2,8); il observe les jeunes déesses cueillant les

1874, Cerrato 1881; A. Zimmermann, *De Proserpinae raptu et reditu fabulas uarias inter se comparauit A. Z.*, Lingen 1882; Fargues 1933, p. 262-284; Bernert 1938; H. Herter, «Ovids Persephone-Erzählungen und ihre hellenistischen Quellen», *RhM* 90, 1941, p. 236-268; Tardioli, p. 49-129 (mise au point bien documentée). Sur l'interprétation du mythe: G.E. Mylonas, *Eleusis and the Eleusinian Mysteries*, London 1961, p. 287-316.

6. Ps. ARIST. *Mir. ausc.* 82, 836 B; CIC. *Verr.* II,4,106; DIOD. SIC. 5,3; OV. *met.* 5,385-386 et *fast.* 4,422-423; SOLIN. 5; LACT. *inst.* 2,44,28; FIRM. *err.* 7; ARN. *nat.* 5,37...

7. Sur ce point, voir Charlet 1987, p. 25-29 (p. 28 liste des attestations de cette localisation chez Moschos, Oppien, Plutarque, un scholiaste de Pindare et Lydus chez les Grecs; Hygin, Lactantius Placidus et Ausone chez les Latins), dont les lignes suivantes résument l'argumentation.

fleurs (2,71-72). De nature, il est par excellence le lieu de communication et de confrontation entre le monde d'en haut et le monde d'en bas. Par ses prairies ensoleillées, il participe au monde de la lumière; mais par la lave bouillonnant dans ses entrailles, il appartient à la ténèbre infernale. Aussi était-il le lieu le mieux approprié à l'enlèvement de la jeune déesse céleste par le dieu des enfers.

La mention du lac Pergus, en référence précise à Ovide (2,112: voir n. compl. 5 au v. 102), est une approximation géographique de poète qui intègre de façon syncrétiste un élément de l'autre version sicilienne. Parallèlement, Claudien semble avoir incorporé un détail de la tradition orphique: le thème de la retraite et de la cachette de Proserpine, si important pour lui, n'apparaît nulle part dans la forme sicilienne du mythe. En revanche, le rapprochement de plusieurs textes orphiques[8] permet de supposer que dans cette version Coré avait été cachée par sa mère dans un palais construit à cet effet, mais qu'elle fut abusée «par ses sœurs»: à la lumière du texte de Claudien, on pense à la ruse de Vénus, involontairement aidée par Diane et Minerve. L'origine orphique du thème de la cachette dans un palais est d'autant plus probable que ce thème apparaît ici lié à celui de la virginité de Proserpine. C'est parce qu'elle repousse les prétendants à la main de sa fille et qu'elle craint leur audace que Cérès décide de cacher Proserpine (1,130-142). Or ce thème de la virginité de Coré apparaît aussi dans des textes d'inspiration orphique[9].

La dénonciation du ravisseur

En ce qui concerne la dénonciation du ravisseur, Claudien se différencie de toutes les versions connues du mythe.

8. Kern 43 et 195; *Arg. orph.* 1187 sqq. et 1197 sqq.

9. Proclus, *ad* Plat. *Crat.* 406 b; *ad Rep.* 2,62 (213) (Aphrodite ne peut tolérer la virginité de Perséphone et dirige ses traits contre la jeune fille).

Dans l'*Hymne*, le Soleil révèle à Déméter, accompagnée d'Hécate, que Perséphone a été enlevée par Hadès, selon la volonté de Zeus (v. 77-87). Dans la version orphique, le retour de Pluton aux enfers après le rapt se situe à Éleusis[10]; Triptolème et Eubule ont assisté à l'enlèvement et dénoncent Hadès à Déméter[11]. Ovide hésite entre deux versions: dans les *Fastes* (4,583 sqq.), comme dans l'*Hymne*, le Soleil dénonce le ravisseur; dans les *Métamorphoses* (5,487 sqq.), Aréthuse informe Cérès. Chez Claudien, Jupiter interdit aux dieux de renseigner Cérès (3,55 sqq.), et l'état d'inachèvement du poème ne permet pas de savoir de quelle façon la mère devait apprendre l'enlèvement de sa fille[12].

Cybèle et Cérès

L'*Hymne* nomme Rhéa «aux beaux cheveux» (v. 60; 75) et lui fait même jouer un rôle dans l'intrigue: Zeus l'envoie comme messagère auprès de sa fille Déméter pour l'inciter à revenir sur l'Olympe (v. 441 sqq.). Claudien présente Cybèle comme la mère de Cérès, mais lui fait jouer un autre rôle: c'est chez elle que va Cérès après avoir caché Proserpine en Sicile (1,181); elle reçoit Cérès (1,201 sqq.) et s'efforce de la rassurer (3,133 sqq.). Cybèle apparaît donc comme distincte de Cérès. Toutefois, dans certains passages, Claudien donne à Cérès des attributs de la Grande Mère phrygienne (2,267-270; 3,102-103; 3,130-131; 3,422-424). Il semble donc que chez lui, comme chez Euripide (*Hel.* 1342 sqq.), il y ait un certain syncrétisme de Cérès-Déméter et de Cybèle-Grande Mère phrygienne. Mais

10. *Hymn. orph. Plut.* 18,12 sqq. (Kern p. 115); Pausanias 1,38,5; Schol. Soph. *Oed. Col.* 1592.

11. Pausanias 1,14,3; Schol. *ad* Aristid. *Panathen.* 105,11 (voir aussi Kern 49, p. 123, v. 119); Clément d'Alexandrie (*protrept.* 2,20) cite aussi Eumolpe, fondateur des mystères d'Éleusis.

12. Les v. 3,51-54 impliquent-ils que Claudien avait l'intention de faire révéler la vérité à Cérès par Triptolème? Ce n'est pas sûr, et on ne saurait en tirer argument pour rapprocher Claudien sur ce point de la version orphique (Fargues 1933, Bernert 1938).

Claudien ne va pas aussi loin qu'Euripide dans la fusion des deux déesses, et ce syncrétisme n'a pas forcément une origine orphique: il peut tout simplement refléter les tendances du paganisme tardif[13].

Dans le mythe, Cérès donne aux hommes les céréales. Mais deux versions s'opposent. Dans l'*Hymne*, suivi avec quelques variantes par les poètes alexandrins et Ovide, les céréales sont connues avant le rapt; mais Déméter, dans la douleur d'avoir perdu sa fille, rend le sol stérile, et ce n'est qu'après l'avoir retrouvée qu'elle «fait lever le grain» (*Hymn.* 471) ou qu'elle le donne à Triptolème. Claudien semblerait suivre plutôt la version orphique: l'invention des céréales a lieu après le retour de Proserpine[14].

Le poème de Claudien étant inachevé, on ne peut savoir quelle version des errances de Cérès il aurait suivie. La présence des torches pour éclairer les recherches de la déesse (3,330 sqq.) est un thème traditionnel qui remonte à l'*Hymne* (v. 47 et 61; cf. v. 52); dans la version sicilienne, comme chez Claudien, ces torches sont allumées à l'Etna (CIC. *Verr.* II, 4, 106; OV. *met.* 5,441 sqq.; *fast.* 4,493-494; Diod. Sic. 5,4,3; 20,7,1 sqq.). Mais Claudien semble innover en choisissant pour elles des cyprès et non des pins. Par le choix de cet arbre funèbre, il accentue le caractère sinistre d'un tableau

13. Contrairement à la tradition orphique (*Arg. orph.* 1190 sqq.; Kern 151; 191; 195), Claudien ne donne pas pour gardiens à Proserpine les Curètes et les Corybantes: Fargues 1933, p. 270 et 274 n. 1; Tardioli, p. 92.

14. Dans la version orphique, Déméter donne le grain à Triptolème pour le récompenser de lui avoir révélé l'identité du ravisseur. On relève chez Claudien une petite contradiction: en 1,187 sqq., le char de Cérès fait lever des moissons en Sicile, et la déesse promet à l'île une fertilité spontanée (1,197-200). Or les céréales n'ont pas encore été données à l'homme! Claudien essaie-t-il de concilier deux sources différentes (Fargues 1933, p. 281; Bernert 1938, p. 259-260)? Ou développe-t-il, sans se soucier de la chronologie mythique, le lieu commun traditionnel de la fertilité de la Sicile? Même anachronisme chez Ovide (*fast.* 4,617).

auquel il confère une ampleur cosmique: c'est pour lui l'occasion de faire jouer un rôle actif à l'Etna, de souligner la révolte prométhéenne de Cérès qui porte la main sur un bois consacré à Jupiter, et de donner à ces flambeaux une valeur symbolique: torches antinuptiales, mais prémonitoires des noces souterraines de Proserpine, dont Cérès n'est pas encore informée (v. 407 sqq.).

Sur un point précis, Claudien semble suivre la version d'Ovide: la mention des Syrtes et de Scylla au début des courses de Cérès (3,446-447 et *fast.* 4,499). Un passage de l'*Hymne* a pu suggérer la «conjecture» *culmina* de l'Isengriniana en 1,8: aux v. 188-189, Déméter pose le pied sur le seuil de la demeure de Célée et touche le faîte de la salle (mégaron): la porte s'illumine alors de sa présence.

Claudien dote Cérès, comme les autres dieux, d'une psychologie humaine: c'est d'abord une mère attentive et jalouse (1,122-129), puis inquiète (1,192 sqq.) et angoissée par l'apparition de sa fille en songe, et qui regrette d'avoir oublié de l'embrasser (3,107-141). Quand elle constate la disparition de sa fille, sa douleur est d'abord muette (3,149-150); puis elle laisse éclater ses plaintes devant la nourrice, ses invectives contre Vénus (3,273 sqq.), Diane et Pallas (3,279 sqq.), avant de prendre le ton de l'humble supplication (3,295 sqq.), puis celui de la résolution et du défi quand elle se dirige vers l'Etna.

Pluton

Dans l'*Hymne*, Hadès-Pluton est rarement nommé (Aïdoneus); le plus souvent, il est désigné par des périphrases qui témoignent d'une certaine appréhension à formuler son nom. Ses deux chevaux (duel au v. 379) sont immortels (v. 18-19; 375-376; 431), et son char, en or.

Il existe un point commun important entre l'*Hymne* et le poème de Claudien: aux v. 363-369, Hadès dit à Perséphone qu'elle trouvera en lui un époux digne d'elle, le frère de Zeus, et qu'elle règnera sur tous les êtres. De la même façon chez Claudien, Pluton insiste sur sa puissance pour montrer à Proserpine qu'il n'est pas indigne d'elle et qu'elle sera une reine puissante. Mais ce thème se trouve aussi chez Ovide, dans la bouche de Jupiter qui défend son frère et nouveau gendre (*met.* 5,526-529).

Globalement pourtant, l'image que Claudien donne de Pluton n'est pas celle de l'*Hymne*. D'abord, comme pour les autres dieux, il a «humanisé» son personnage: Pluton apparaît au début du chant 1 (v. 32 sqq.) comme un célibataire révolté de n'avoir ni femme ni enfant[15]; puis, au chant 2, comme un violeur prêt à tout pour se procurer une femme; enfin, touché par les pleurs de sa victime, il en tombe amoureux (2,273-276). Mais, tout en ayant la psychologie d'un humain, Pluton incarne une force redoutable et même, par certains aspects, repoussante. Il est présenté comme un tyran sombre (2,264 *Stygio tyranno*; 2,275 *ferrugineo... amictu*); tout ce qui l'entoure est obscur, noir, enténébré, sent mauvais et se trouve associé à l'idée de mort (1,55-56; 7980); en particulier ses chevaux. En poète alexandrin érudit, Claudien mentionne le nom (évocateur!) des *quatre* chevaux qui tirent son char (1,282 sqq.), mais surtout il les présente comme cruels (1,284 *crudele*; 1,287 *saeuum*; 1,279 *toruos*); ils sentent mauvais et empoisonnent l'atmosphère (2,202-203 *spiritus letifer*). De même, Claudien ne dit pas, comme dans l'*Hymne*, que le char de Pluton est en or; il en qualifie seulement, par métonymie, l'origine (1,1-2 *curru Taenario*).

Pourquoi cette présentation dépréciative de Pluton et de ce qui le concerne? Parce qu'il incarne la force symbolique de tous les éléments situés sous la lune (1,57-62; 2,294-299), qui menacent de provoquer un conflit

15. La requête de Pluton à Jupiter semble être une innovation de Claudien, mais a peut-être son point de départ dans une remarque de Cyané chez Ovide (*met.* 5,415-418): «*roganda*, non rapienda fuit» (Fo 1979, p. 398).

cosmique en se rebellant contre le monde céleste. Dans sa présentation du monde infernal, Claudien associe en effet des images de l'Hadès traditionnel (1,20-24; 37-47; 55-62; 2,283 sqq.; cf. *Ruf.* 2,423-425) au thème, d'origine pythagoricienne, du cycle des réincarnations dans la région sublunaire (1,57-62; 2,294-306; cf. *Ruf.* 2,491-493 plus précis). La sphère de la lune marque la séparation entre le monde des dieux célestes et celui des hommes; Pluton est celui qui règne sur ce monde sublunaire, c'est-à-dire sur le monde de la naissance et de la mort. Il est donc le symbole des lois naturelles de la croissance et du dépérissement.

Vénus, Diane et Minerve L'*Hymne* cite incidemment Aphrodite (au v. 102), mais ne lui donne aucun rôle. L'idée de faire intervenir Vénus a peut-être été suggérée à Claudien par Ovide. Le récit des *Métamorphoses* (5,363 sqq.) lui attribue en effet l'amour de Pluton pour Proserpine: la déesse de l'Eryx aperçoit Pluton qui parcourt les fondements de la Sicile et elle demande à Cupidon de le transpercer d'un de ses traits pour étendre son pouvoir du ciel et de la terre jusqu'aux enfers. Mais Claudien transpose ce motif et l'intègre à sa lecture personnelle du mythe: pour faire exécuter l'arrêt du Destin, Jupiter charge Vénus d'attirer Proserpine en dehors du palais où elle est recluse; pour la convaincre, il l'incite à étendre ses feux aux royaumes souterrains (1,212-226).

Afin de masquer son entreprise, Vénus se fait accompagner des deux déesses vierges, Diane et Minerve. Pallas et Artémis étaient déjà nommées dans l'*Hymne*, à la fin de l'énumération des Océanides qui accompagnaient Perséphone au moment du rapt (v. 424, après 21 autres noms); mais elles n'y jouaient aucun rôle. En revanche, leur présence dans le poème de Claudien n'est pas sans importance: elles servent involontairement de caution de moralité à Vénus, permettant ainsi à la ruse de réussir. Elles tentent bien de défendre Proserpine au moment de l'agression; mais l'ordre de Jupiter les arrête et les empêche de répondre aux questions de Cérès. Claudien se rapproche ici de la version orphique. Chez Ovide, les deux déesses ne sont citées que comme exemples de virginité dans le discours de Vénus à Cupidon (*met.* 5,372 sqq.): elles ne jouent aucun rôle dans l'intrigue. Diodore (5,3,4), Stace (*Ach.* 1,825) et Valérius Flaccus (5,343 sqq.) les mentionnent seulement comme compagnes de jeux de Proserpine. En revanche, dans le chœur de l'*Hélène* d'Euripide restitué par Wilamowitz, Athéna et Artémis sont présentes lors de l'enlèvement et s'opposent au ravisseur; comme chez Claudien, Zeus intervient et, par ses éclairs, met fin à la lutte (*rapt.* 2,205-208 et 223-231). L'origine probablement orphique du chœur d'*Hélène* permet de rattacher à la version orphique le thème de la résistance des deux déesses (et de l'intervention de Zeus). Mais ce motif a inspiré de nombreuses représentations figurées[16]: Claudien ne dépend donc peut-être pas d'une source orphique précise. En tout cas, l'opposition des deux déesses «célestes» au roi des enfers s'intègre bien à la thématique générale du poème.

Proserpine Proserpine est présentée, elle aussi, comme un être humain. Au chant 1, c'est une jeune fille à peine nubile, timide et pleine de pudeur (1,130 sqq.), qui exerce l'activité traditionnelle des femmes romaines: le tissage. Au chant 2, insouciante, elle se laisse séduire par la bigarrure des fleurs printanières. Au moment du rapt, elle se désespère à l'idée de perdre la lumière du jour en même temps que sa virginité, avant de devenir, à la fin du chant, la jeune épouse de Pluton et la puissante reine des enfers.

Comme dans la tradition sicilienne, Proserpine est accompagnée de Nymphes (2,55 sqq.) et de Sirènes (3,190; 205; 254-259). La Naïade la plus en vue est

16. Fargues 1933, p. 271 n. 3 et p. 292 sqq.

Cyané, mentionnée par Diodore (5,4,2) et surtout par Ovide (*met.* 5,409 sqq. et *fast.* 4,469), chez qui elle tente de s'opposer à Pluton au moment où il veut retourner aux enfers: de désespoir, elle se liquéfie en l'étang qui portera son nom, et ne peut, quand Cérès arrive, lui révéler le nom du ravisseur. Claudien modifie son rôle: il lui accorde la prééminence sur les autres Naïades (2,61); mais elle ne s'oppose pas à Pluton (3,190) et n'est métamorphosée en source que lorsqu'on l'interroge après le rapt, pour ne pas enfreindre l'interdiction de Jupiter (3,246-253). Apollonios de Rhodes, Ovide et Hygin mentionnent eux aussi les Sirènes comme compagnes de Proserpine[17]. Mais, dans cette tradition sicilienne, les plumes ne poussent aux Sirènes qu'après l'enlèvement de leur compagne. Or Claudien les représente déjà ailées avant le rapt (3,190). Ici encore, il a voulu reprendre un élément traditionnel du mythe, mais à sa façon, en mettant l'accent sur la mutation *morale* des Sirènes, dont le chant désormais «se change en fléau» (3,255-259).

Mais, pour Claudien, Proserpine est avant tout un symbole: elle est la victime vierge[18] qui doit être sacrifiée à la sauvegarde des *foedera mundi* qui maintiennent l'équilibre et la paix du cosmos. C'est précisément le monde en harmonie qui est représenté sur la toile qu'elle tisse pour sa mère. Bernert a voulu voir dans ce motif un emprunt à la version orphique où Coré, «surveillante de tout ce qui se sème», tisse un voile, une tunique, image du ciel, «manteau des dieux anciens»[19]. Mais l'ekphrasis de Claudien, dans la tradition alexandrine, exprime moins ces spéculations orphiques que le thème central de son poème: Proserpine reproduit l'harmonie du cosmos

17. OV. *met.* 5,552 sqq.; Apoll. Rhod. 4,896 sqq.; Hygin *fab.* 141.

18. Sur ce thème de la virginité de Proserpine, lié à celui de la cachette, et ses possibles harmoniques orphiques, voir *supra* et n. 9.

19. 1938, p. 361-362; Kern 192 (Porphyre, *antr. nymph.* 14,15).

que son sacrifice va préserver; et elle interrompt son travail au moment précis où elle brode le royaume de Pluton, représentation qui lui fait venir les larmes au visage (cf. 1,247 et n. compl. 4). Ce détail, comme tant d'autres, prend sa place dans une longue suite de présages (v. 267 *omen*) qui orientent le récit. C'est son propre destin qu'exprime à son insu Proserpine.

Les fleurs: la rose

Il reste à présenter un dernier *acteur* important du drame: les fleurs. L'*Hymne* accordait déjà une place importante aux fleurs dans le mythe: Perséphone est enlevée au cours d'une «anthologie». Six variétés y sont mentionnées: dans le premier récit, la rose, le crocus, la violette, l'iris, la jacinthe et le narcisse (v. 6-14); dans le second récit fait par Perséphone elle-même à la fin du poème[20], on retrouve la rose, le crocus, l'iris, la jacinthe et le narcisse; le lis a remplacé la violette. Le poète a voulu exprimer la totalité du monde floral en choisissant des espèces appartenant aux trois types de fleurs attiques. Mais il fait une place privilégiée au narcisse miraculeux que la terre fait pousser pour tromper Perséphone: c'est au moment où elle arrache cette fleur chthonienne à bulbe que la terre s'ouvre pour laisser passer le char du ravisseur (v. 8-20 et 428-430).

La version sicilienne présente une très grande diversité de fleurs (OV. *fast.* 4,435-442), en donnant le premier rôle au lis virginal, ou surtout à la violette funèbre: c'est généralement cette dernière fleur que cueille Proserpine quand la terre s'ouvre[21]. Chez Ovide, Proserpine cueille

20. V. 425-430. Claudien a repris ce procédé intéressant du double récit qui permet de présenter les faits sous deux points de vue différents et complémentaires; mais il a placé le second (au chant 3) dans la bouche de la nourrice Électre (dont le nom a peut-être été suggéré par le v. 418 de l'*Hymne*).

21. Diodore 5,3,2 sqq.; Nicandre, *georg. frg.* 74,60-61 (jacinthe — fleur associée à Déméter — et violette); Pausanias 9,31,9; Plutarque, *mor.* 917-918.

des lis ou des violettes (*met.* 5,392), des crocus et des lis (*fast.* 4,442) quand Pluton s'éprend d'elle.

Chez Claudien, le rôle des fleurs est encore plus important[22]. C'est leur beauté, tant vantée par Vénus (3,220-225) et si longuement décrite au chant 2, qui attire Proserpine hors de sa retraite: cette culpabilité des fleurs n'échappe ni à Proserpine elle-même (2,265 *o male dilecti flores*), ni à sa mère (3,439 *exitiique reos flores*). Claudien reprend la bigarrure polychromique de la version sicilienne. Mais ce n'est plus le narcisse, le lis ou la violette, même si ces trois fleurs sont mentionnées parmi d'autres, qui jouent le premier rôle, mais la rose, fleur de Vénus, associée au rite des noces et image de la jeune mariée. Ne peut-on voir dans l'expression *stellata rosis* (2, 130) l'image d'une couronne prénuptiale, surtout quand Claudien lui-même dit un peu plus loin que Proserpine se tresse le fatal présage de son hymen (2,137-141 *augurium fatale tori*)? Une rose toutefois particulière: une rose rouge ou, plus exactement, *sanglante* ; à sa première apparition, la rose est qualifiée de *sanguineo splendore* (2,92). Cette fleur revient souvent dans le récit (2,130; 3,85; 3,223) et, quand Proserpine est enlevée, la nourrice voit pâlir les troènes, se flétrir les lis et *les roses expirer* (3,241 *exspirare rosas*). Ce verbe anthropomorphique renforce l'impression que la rose représente Proserpine elle-même. Aussi ai-je choisi en 2,122 la leçon *cruoris* (et non *doloris*), qui renvoie non à l'anémone, mais à la rose, fleur teinte du sang de Vénus: Vénus elle-même commence l'anthologie en cueillant de façon symbolique une rose sanglante: c'est l'image de Proserpine, **rose** cueillie dans le **sang** par son ravisseur[23].

22. Charlet 1987, p. 29-44, dont je résume ici les conclusions.

23. Le sang, par ailleurs associé à la rose, accompagne le premier présage du rapt (1,233 *sanguineo igne*) et encadre l'enlèvement (2,202 *sanguine* et 2,212 *sanie*).

De cette confrontation avec les différentes versions du mythe, il ressort que Claudien a butiné de façon éclectique là où il trouvait *son* miel. Un poète de langue grecque comme lui devait connaître l'*Hymne homérique*; toutefois, les rapprochements précis avec lui ne sont pas très nombreux. Quelques éléments du récit semblent bien provenir des traditions orphiques. Claudien lui-même atteste par ailleurs l'existence de textes orphiques que lit Marie (*nupt.* 234) et que d'autres attaquent (*c. min.* 23,11); et il place la préface de son deuxième livre sous le patronage d'Orphée. Mais on ne saurait voir dans le *De raptu* un hymne païen opposant les mystères d'Éleusis au christianisme triomphant[24]. L'état d'inachèvement du poème ne permet pas de dire dans quelle mesure les doctrines orphiques et initiatiques auraient trouvé leur place à la fin de l'épopée, au terme des courses de Déméter. Cependant les scènes infernales fournissaient à Claudien, s'il l'avait voulu, l'occasion d'introduire la doctrine orphique. Or on n'y relève aucune allusion au bonheur des initiés dans l'autre monde. En dépit du ton mystique des premiers vers, les quelques références aux traditions orphiques dans le *Rapt* donnent l'impression d'un saupoudrage: poète éclectique, Claudien a mis dans sa composition la petite pincée de sel orphique nécessaire pour donner un goût de mystère... mais le condiment ne fait pas l'essentiel du plat! Les rapports de Claudien avec la version sicilienne, et plus particulièrement avec Ovide, sont évidents. Toutefois, les éléments que Claudien a pu glaner dans les diverses traditions sont repensés pour s'intégrer à la lecture personnelle qu'il fait du mythe; et, à travers ce mythe, c'est une certaine vision du monde que, consciemment ou non, le poète a projetée.

Ce grec d'Alexandrie qui vient à Rome au moment où le monde romain est ébranlé par les invasions barbares

24. Lipari 1936, p. 11.

et où il va se fracturer par la division — irrémédiable, mais Claudien ne le savait pas — entre la partie occidentale et la partie orientale de l'Empire, exprime la hantise d'une harmonie à préserver dans un équilibre hiérarchique où chaque élément reste à sa place et où chacun, comme les divinités du *concilium deorum* au début du chant 3, garde son rang. Claudien montre un univers qui risque de retourner au chaos si le monde d'en bas et le monde d'en haut, l'enfer et le ciel, l'ombre et la lumière, la mort et la vie ne restent pas à leur place, et, partant, entrent en conflit. Le sacrifice de la vierge Proserpine est le prix à payer pour la sauvegarde des *foedera mundi*, du pacte sur lequel repose l'ordre du monde, comme les souffrances imposées à sa mère volontairement laissée dans l'inquiétude sont la condition du bonheur de l'humanité. Finalement, le monde gardera son harmonie et l'homme pourra commencer une nouvelle vie par le don des céréales: Jupiter, ou plutôt la Nature, mère providentielle[25], y veille. Les idées de Claudien, on le voit, sont en définitive beaucoup plus stoïciennes qu'orphiques, et sa lecture du mythe de Proserpine, à travers tout un symbolisme qu'il nous faut décrypter (l'Etna, la rose, le sang...) exprime sa vision personnelle du monde.

25. Voir 1,250 et n. compl. 5. Fo 1979 insiste à juste titre sur l'orientation providentialiste que Claudien donne au mythe.

La tradition manuscrite du *de Raptu*

L'étude de la tradition manuscrite du *Rapt*, distincte de celle des autres poèmes de Claudien, est particulièrement difficile. Le nombre des témoins conservés est considérable: plus de 130, dont un peu moins de soixante antérieurs à la fin du XIVe siècle (= *uetustiores*). Nous possédons plusieurs catalogues de bibliothèques carolingiennes, dont le fameux Santenianus (Berol. Diez B. Santen 66), catalogue de la bibliothèque de Charlemagne, qui atteste le titre *De raptu proserpinae* et la division en trois livres. Mais aucun des manuscrits conservés n'est antérieur au XIIe siècle, et tous, y compris les plus anciens, sont assez fortement contaminés. On ne peut donc les classer par des fautes communes. C'est pourquoi Jeep (1871, 1872 et éditions de 1874 et 1879), Birt (édition de 1892) et Hall (éditions de 1969 et 1985; *Prolegomena* 1986)[1] ont proposé des classements d'après la présence ou l'absence de certaines lacunes.

Les lacunes Trois grandes lacunes ont été prises en compte: 1,139/141-214 (lacune 1); 3,280-360 (lacune 2); 3,438-448 (lacune 3). Selon Birt, il aurait existé dès la fin de l'Antiquité une «recension longue» (un peu moins de 1200 vers) et une «recension courte» d'environ 1000 vers, correspondant à ce que le critique allemand considère comme le volume idéal d'un livre poétique antique. Les trois lacunes correspondraient donc à l'intervention volontaire d'un réviseur antique qui aurait supprimé des parties jugées inutiles (lacunes 1 et 3) ou inauthentique (lacune 2, remplacée par un vers de liaison entre 3,279 et 361). Mais cette hypothèse se heurte à des difficultés: les v. 1,139-140, qui ne sont pas transmis par tous les manuscrits, ne sont vraisemblable-

1. Excellent état de la question dans l'édition de 1969, p. 3-93.

ment pas authentiques[2], et il n'y a pas de continuité de sens entre 1,138 et 215. Le vers de liaison qui remplace 3,280-360 ne se lit pas sur tous les manuscrits qui comportent cette lacune: il ne remonte donc pas à l'apparition de cette lacune, mais lui est postérieur. Enfin, la préface du *Panégyrique pour le 6e consulat d'Honorius*, interpolée sur certains manuscrits en tête du livre 3[3], se lit sur certains représentants de la recension courte, ce qui contredit l'hypothèse d'une révision volontaire pour raccourcir le poème.

Comme Hall[4], je pense que ces trois lacunes peuvent résulter d'une cause fortuite: la lacune 3 correspond aux derniers vers du poème tel qu'il nous est parvenu. Les lacunes 1 et 2 comptent respectivement 76 (moins parfois 1 ou 2 vers de liaison rajoutés) et 81 vers, ce qui pourrait correspondre à la perte de deux feuillets, compte-tenu du fait que le nombre de vers par page n'est pas toujours rigoureusement identique: ainsi, dans le manuscrit J_2, le texte de la lacune 2, omis par la première main, a été recopié par une autre main contemporaine très exactement sur un folio (f° 49), qui a été inséré entre les v. 250 et 251. À partir de là, par le jeu des contaminations latérales, les deux versions ont pu s'influencer: certains scribes ont pu, comme Martinus de Vicomercato (J_4), rejeter comme interpolé un passage du texte long qui ne se trouve pas dans la version courte. À l'inverse, d'autres scribes ont pu compléter partiellement ou totalement leur texte court par un exemplaire de la version longue[5].

2. Hall 1969, p. 202-203.

3. Comme Hall, et contre I. Gualandri, je pense que cette préface est bien celle du panégyrique: outre des arguments thématiques sur lesquels je reviendrai au t. 4, *ad loc.*, on doit noter que tous les manuscrits du panégyrique comportent cette préface, alors que seuls certains manuscrits du *Rapt* (essentiellement de la classe a: voir plus loin) l'insèrent en tête du livre 3: c'est donc là qu'elle est interpolée, et non l'inverse.

4. 1969, p. 43 sqq.

5. C'est sans doute le cas pour L_2 (Hall 1969, p. 58).

La version longue La version longue est appelée classe I par Jeep et Birt, α par Hall; nous la nommerons a. Elle compte 79 manuscrits, dont 20 *uetustiores.* Tous les *uetustiores* de cette classe ont la préface interpolée en tête du livre 3[6]. Comme cette préface ne se rencontre que dans 8 manuscrits de la classe b sur 23[7], on peut supposer que cette préface figurait sur l'ancêtre commun de la classe a, et que, de là, elle s'est introduite par contamination latérale dans quelques manuscrits de la classe b. Toutefois, quelques représentants de la classe a descendent peut-être d'un original non interpolé, mais ont été contaminés par des exemplaires interpolés: l'introduction de la préface déplacée était beaucoup plus facile dans des manuscrits de la classe a que dans ceux de la classe b, ces derniers présentant, du fait des lacunes, une version raccourcie qui a pu préserver plus facilement son originalité. Si cette seconde hypothèse était juste, la classe a ne serait pas homogène. Étant donné la contamination de la tradition manuscrite, on ne peut trancher entre ces deux hypothèses, et, s'il faut distinguer des sous-classes au sein de la classe a, c'est sur d'autres critères.

Hall a peut-être tort de ne pas prendre en compte, comme le fait Birt, la présence ou l'absence du vers interpolé 2,118 (1969, p. 54). En fait, dans son commentaire (1969, p. 219), il remarque très finement que 7 des 10 *uetustiores* qui donnent ce vers dans le texte avant le v. 119 sont des *libri Catoniani*, c'est-à-dire des recueils où

6. Sur un manuscrit du XVIe s. de cette classe (G_4 Hall), toutes les préfaces, y compris les deux authentiques (aux livres I et II) ont été omises.

7. D'après Hall (1969, p. 56), 24 manuscrits de sa classe γ sur 29 ont la préface interpolée. Mais une proportion importante de manuscrits de cette «classe» (dont je conteste plus loin l'existence en tant que telle) sont issus soit de la classe a par athétèse de passages jugés interpolés, soit d'un modèle de la classe b complété par un témoin de la classe a. Aussi ne peut-on les prendre ici en considération.

le *Rapt* est associé à d'autres ouvrages scolaires en vue d'une utilisation à l'école; et il suggère que ce vers a dû être ajouté par quelque professeur [ce qui revient à dire au XIIe siècle, date où le *Rapt* recommence à être lu]. Or, 9 des 10 *uetustiores* qui donnent ce vers à sa place appartiennent à la classe a: C_3, D, K_1, L_5, M_2, M_3, R_5, R_6, R_{11} (sur F_1, A_1et M_1, il est ajouté par une autre main — celle de Pulmannus pour A_1). Aucun manuscrit de la recension courte ne le donne dans le texte (il est ajouté en marge sur G_1, d'une main récente, et sur L_4); un seul d'une recension intermédiaire le donne à sa place: R_{13} (U l'introduit de manière aberrante — indice d'une insertion postérieure — après le v. 119; et O_3 le donne en marge). Dans ces conditions, est-il invraisemblable de supposer que ce vers a été ajouté par un maître d'école à un manuscrit scolaire de la classe a, puis a donné naissance au XIIe siècle (finissant?) à un rameau de cette classe que j'appellerai a': 6 *libri Catoniani*, M_2 et les deux manuscrits très liés (Hall 1969, p. 56) D et K_1? De là, il a pu être introduit par contamination dans quelques manuscrits extérieurs à cette classe.

La version courte La recension courte (trois lacunes) correspond aux classes IV et V de Jeep, II de Birt, et β de Hall; nous l'appellerons b. Elle compte 24 manuscrits, dont 17 *uetustiores*. On peut distinguer:

— ceux qui n'ont pas de vers de liaison après 3,279: F_4, G_1, R_{12}; ou ne l'ont qu'en marge: L_4 et O_2;

— le manuscrit O_1, qui a cancellé le v. 279 pour le remplacer par *hec ait et lectura faces altum nemus intrat* (sans doute n'avait-il originellement aucun vers de liaison);

— ceux qui ont le vers de liaison *Omnis honor...* (parfois passé par contamination dans la classe a)

— soit avec la leçon *recedit*: C_1, E_2, F_2, P_2, R_9

— soit avec la leçon *recessit*: B, b_1, L_1, R_8.

Mais cette classification n'implique pas l'existence de véritables sous-classes.

Hall range dans une troisième classe γ les manuscrits qui comptent une ou deux des trois lacunes, soit 29 manuscrits, dont 17 *uetustiores*. Mais, de son propre aveu, il s'agit d'une «anti-classe» plutôt que d'une véritable classe, puisqu'elle associe des manuscrits qui portent des lacunes différentes. Cette notion de classe γ ne peut, à mon sens, qu'induire en erreur le lecteur non spécialiste de la tradition manuscrite de Claudien. Cependant, à y regarder de près, 7 de ces 17 *uetustiores* semblent former une classe cohérente, puisqu'il leur manque les lacunes 2 et 3, ainsi qu'une même partie de la lacune 1 (1,203-214): A (= A_2 Hall; où 1,203-214 et 3,438-448 ont été rajoutés par une main plus tardive); E_2; L_3; P_3; P_4; Pm (= Z Hall; où 1,203-214 et 3,438-448 ont été rajoutés par une autre main); R_4. Pour moi, ces manuscrits forment la classe c. Quels liens entretient-elle avec les classes a et b? On peut supposer, en reprenant partiellement l'analyse de Jeep, qu'elle constituerait un état intermédiaire entre a et b. Mais on peut tout aussi bien imaginer, à l'inverse, que cette classe remonterait à un type b partiellement complété par un type a. Cette dernière hypothèse irait dans le sens des analyses de Hall.

Quant aux 10 autres *uetustiores* disparates qu'Hall range dans sa classe γ et qui présentent des cas particuliers intermédiaires entre a et b, je préfère les laisser dans l'indétermination, avec les manuscrits trop lacunaires pour pouvoir être classés (8, dont 3 *uetustiores*). Le manuscrit J_4 semble être un exemplaire de la classe a «expurgé» par son scribe Martinus de Vicomercato. Ses leçons s'apparentent de très près à celles de D (maintenant difficilement lisible) et K_1 (sous-classe a') et le texte donné par ce groupe de manuscrits a fortement influencé les *recentiores*, surtout de type a (de loin les plus nombreux) et (par eux?) les premières éditions imprimées, jusqu'à l'*Isengriniana*.

Cette édition, imprimée chez Isengrin à Bâle, en 1534, fut commencée par M. Bentinus et achevée, après la mort de ce dernier, par Jo. Honterus. Elle occupe une place particulière dans la tradition du texte de Claudien, puisqu'elle comporte des leçons originales et même, pour certains panégyriques, des vers qui n'apparaissent pas dans les manuscrits que nous avons conservés. La valeur de cette édition est controversée: si les vers supplémentaires qu'elle donne sont authentiques, il faut supposer que l'éditeur a eu à sa disposition un ou plusieurs manuscrits d'une valeur exceptionnelle. La tradition manuscrite du *Rapt* étant à part, je n'aborderai que dans le second volume le problème des vers originaux et de la valeur de l'Isengriniana pour l'établissement du texte des panégyriques de Claudien (notamment ceux d'Olybrius et du quatrième consulat d'Honorius). Dans le *Rapt*, Hall relève 40 leçons propres à l'*Isengriniana* : 10 dans son texte et 30 dans ses variantes marginales[8]. Un peu plus de la moitié seraient mauvaises, 9 possibles et 7 sûrement ou probablement vraies, et une permettrait de retrouver le texte original de Claudien. Globalement, le manuscrit utilisé par Bentinus serait meilleur que n'importe lequel de ceux qui nous sont parvenus. Après Birt, je pense qu'aucune des leçons originales de l'Isengriniana ne mérite d'être retenue (sauf certains *orthographica*): elles sentent la correction ou la conjecture érudite, parfois sans aucun rapport paléographique avec le reste de la tradition manuscrite. Pour permettre au lecteur de se faire une opinion, j'ai donné dans l'apparat toutes les variantes de cette édition et je discute dans les notes bon nombre d'entre elles. La très grande diversité de ces variantes me fait supposer que Bentinus avait collationné, outre les éditions antérieures, un nombre impor-

8. 1969, p. 79-81.

tant de manuscrits. Peut-être aussi Honterus n'a-t-il pas su ou pu distinguer, dans les papiers de son prédécesseur, les conjectures des variantes collationnées sur des manuscrits.

Reste l'irritante question de l'archétype[9]. Tous nos manuscrits remontent-ils à un ancêtre commun autre que le manuscrit de Claudien? Jeep le pensait, parce qu'il supposait des lacunes dans le texte qui nous a été transmis; il supposait aussi, contre le témoignage du *Santenianus* et des manuscrits conservés, qu'originellement un quatrième livre commençait à partir du vers 332 de l'actuel livre 3. Hall critique à juste titre les hypothèses gratuites de Jeep; mais il croit pouvoir relever au moins quatre passages où, à ses yeux, l'ensemble de la tradition manuscrite serait fautive (1,284; 2,23; 3,137 et 3,359), et donc, tout en hésitant, il pencherait plutôt pour l'existence d'un archétype au moins antérieur au XIe siècle. Il ajoute toutefois que cet archétype pourrait même être la première édition du poème, ou du moins un exemplaire antique, dans la mesure où les corruptions communes ne sont ni nombreuses ni compliquées. Pour ma part, en dehors des *orthographica*, le seul cas où aucun manuscrit ne me semble avoir conservé une leçon acceptable est en 1,284... où il s'agit d'un nom propre original, celui d'un cheval du char de Pluton. Encore la correction à apporter au texte est-elle minime. Je ne vois donc aucun indice probant qui permette de conclure à l'existence d'un archétype commun. En outre, la contamination entre manuscrits de classes différentes empêche de déterminer les relations exactes entre ces classes, qu'on ne saurait considérer comme des familles indépendantes.

Dans ces conditions, l'établissement du texte doit se faire de manière éclectique, essentiellement sur des critères de critique interne, mais sans faire abstraction des

9. Hall 1969, p. 49-54.

données de la tradition manuscrite: j'ai conservé les leçons bien attestées chaque fois qu'elles étaient possibles et qu'elles donnaient un sens satisfaisant. Je n'ai pas cru pouvoir m'arroger le droit de choisir une leçon très nettement minoritaire sans motif sérieux indiqué en note, si bien qu'au total le texte de mon édition est plus «conservateur» que celui de Hall.

Les règles de la collection des Belles Lettres — et la lisibilité de l'apparat — imposaient de faire un choix parmi les *uetustiores*. Fort de son incomparable connaissance d'une tradition manuscrite étudiée pendant plusieurs dizaines d'années, Hall a donné dans ses deux éditions un apparat éclectique signalant presque toutes les variantes des *uetustiores*. Ce travail m'a grandement aidé. Sans idée préconçue, j'ai regardé les différentes leçons et retenu tous les manuscrits permettant de retrouver ce qui me semblait être le texte de Claudien. J'ai abouti à un choix de douze manuscrits qui constituent un échantillon représentatif et équilibré des diverses classes: 4 pour la classe a; 4 pour la classe b (représentant les trois types par rapport à la présence ou à l'absence du vers de liaison à la place de la lacune 2); 2 pour la classe c, et 2 manuscrits indéterminés, dont J_4, qui donne un texte apparenté à D et K_1 (sous-classe a'). J'ai personnellement revu sur l'original ou sur microfilm le texte de ces 12 manuscrits.

Au total, mon choix ne s'écarte que légèrement de celui de Hall dans son édition de 1985: g ne m'a pas paru indispensable, et, dans la même classe, mais représentant les manuscrits sans vers de liaison entre 3,279 et 361, j'ai préféré F_4, que Hall n'avait retenu que dans la partie du texte qui manque sur C_1. J'ai ajouté J_2, que Hall n'avait retenu que pour le texte de la lacune 2: bien que souvent fautif, ce manuscrit me semble avoir été copié, parfois inintelligemment, mais assez scrupuleusement, sur un manuscrit dont les *orthographica* se rapprochent souvent de ceux de F_1, et qui a conservé quelques leçons intéressantes.

Ces manuscrits seront cités dans l'apparat par catégories (classe a, puis b, puis c, puis indéterminés), et, à l'intérieur de chaque catégorie, dans l'ordre chronologique. Mon apparat sera à la fois plus complet et moins complet que celui de Hall: plus complet, parce que je donne, sauf pour les *orthographica* (y compris certains noms propres), toutes les variantes des manuscrits retenus: Hall n'en donne qu'un choix éclectique (contestable comme tous les choix). Mais, inversement, mon apparat se limite à douze manuscrits et à l'*Isengriniana*. Le cas échéant, certaines leçons ou attestations d'autres manuscrits seront indiquées et discutées dans les notes. L'orthographe la plus classique (en particulier les formes non assimilées) a été adoptée chaque fois qu'elle était attestée par au moins un *uetustior*.

Pour la bonne lisibilité d'un apparat assez lourd, j'ai dû user du système suivant. Selon une coutume bien établie, quand la plupart des manuscrits donnent la leçon retenue, l'absence de sigles entre cette leçon et les deux points indique qu'elle est attestée par tous les manuscrits (les plus nombreux) qui ne sont pas cités après les deux points. Mais, pour éviter toute ambiguïté dans une tradition contaminée où les manuscrits donnent souvent, à côté de la leçon choisie, une variante (avec l'abréviation de *uel*) ou une leçon supralinéaire (sans l'abréviation de *uel*, et parfois difficile à distinguer d'une glose), j'ai mis entre parenthèses le ou les sigles des manuscrits qui donnent à la fois la leçon retenue et une variante. Ainsi, en 1,1, l'unité critique «**1** curru (P_5): cursu P_5 *u.l.*» doit se comprendre: la leçon *curru* est donnée par les douze manuscrits retenus, y compris P_5: mais ce dernier manuscrit porte aussi la variante *cursu*. En revanche, j'ai cru pouvoir être elliptique dans le cas des corrections. Ainsi l'unité critique «**3** alnum: -os F_2 *a.c.*» signifie que *alnum* est donné par tous les manuscrits (y compris F_2 après correction) et l'*Isengriniana*, alors que F_2 porte avant correction *alnos*.

Manuscrits retenus, dans l'ordre de citation[10]:

F_1 (= F, Birt): Florence, Biblioteca Medicea Laurentiana, S. Crucis 24. sin. 12; XIIe (descend peut-être d'un des quatre manuscrits de Claudien conservés à Bobbio au Xe siècle, dans la mesure où il est associé à Sédulius et où cette association apparemment unique est attestée dans le catalogue de Bobbio). 25, 26 ou 32 vers à la page. *Rapt.*: f° 70r-91v. Classe a.

J (= J_3, Hall): Leyde, Bibliotheek der Rijksuniversiteit, Voss. lat. O. 39 (précédemment 294); première moitié du XIIIe (origine française?). 37 vers à la page. *Rapt.*: f° 117r-132r (le bas du f° 131 est effacé au recto comme au verso, si bien que le v. 3,365 est presque illisible et que les vers 3,366-378 d'une part et 407-418 d'autre part ont complètement disparu). Classe a.

P_5 (= S, Birt): Paris, Bibliothèque Nationale, lat. 15005; XIII-XIVe (provenance: Saint-Germain des Prés). 35 ou 36 vers à la page. *Rapt.*: f° 303r-319v. Classe a.

A_1 (= V, Birt): Anvers, Museum Plantin-Moretus, M 85 (Denucé 71); XIVe (provenance: Saint-Jacques de Liège; manuscrit corrigé par Pulmannus). 33 vers à la page. *Rapt.*: f° 18v-37r. Classe a.

L_1: Londres, British Library, Egerton 2627; fin XIIe. 27 ou 28 vers à la page. *Rapt.*: f° 149v-166v. Classe b, avec le vers *Omnis honor... recessit* (manquent aussi 2,114-184).

F_2: Florence, Biblioteca Medicea Laurentiana, S. Marco 250; XII-XIIIe (origine italienne? a appartenu à Niccolò de'Nic-

10. Sauf avis contraire explicite, les sigles retenus sont ceux de Hall: pour faciliter la tâche de ceux qui consulteront nos deux éditions, je n'ai introduit qu'un minimum de changements, à mes yeux indispensables, pour des raisons de clarté et d'interprétation: la numérotation se veut chronologique, dans la mesure du possible: aussi n'ai-je pu suivre Hall quand il nomme F_5 un manuscrit du XVe siècle, et F_{17} un manuscrit du XIIIe. J'ai aussi indiqué entre parenthèses les sigles de Birt pour les manuscrits retenus par cet éditeur.

coli). 36 vers à la page. *Rapt.*: f° 118r-132v. Classe b, avec le vers *Omnis honor... recedit.*

F_4 (= F_3, Hall): Florence, Biblioteca Medicea Laurentiana, plut. 33. 4; XIIIe (a appartenu à Pietro de' Medici). 31 vers à la page. *Rapt.*: f° 141-157. Classe b, sans vers de liaison.

C_1 (= C, Birt): Cambridge, Corpus Christi College 228; XIIIe (a appartenu à Daniel Rogers). 36 vers à la page. *Rapt.*: f° 116r-128v. Classe b, avec le vers *Omnis honor... recedit* (la fin du texte après 3,370 a disparu).

L_3 (= D, Birt): Londres, British Library, Additional 6042; début du XIIIe (provenance: Canterbury, abbaye de Saint-Augustin). 39 ou 40 vers à la page. *Rapt.*: f° 1r-14r. Classe c, avec le vers *Omnis honor... recedit.*

Pm (= Z, Hall): Parme, Biblioteca Palatina 2504; XIIIe (pour la première partie du manuscrit). 39 vers à la page. *Rapt.*: f° 1r-11r. Classe c, avec le vers *Omnis honos... recedit* (manquent aussi 3,45-278).

J_2: Leyde, Bibliotheek der Rijksuniversiteit 395 (Gronov. 87); XIIIe. Environ 30 vers à la page. *Rapt.*: f° 33r-51v. Indéterminé (un folio [49] contenant 3,280-360, écrit par une autre main contemporaine, a été inséré entre 3,250 et 251; les vers 3,438-448 ont été ajoutés par une troisième main presque contemporaine qui a détruit l'*explicit* original après le v. 437).

J_4: Leyde, Bibliotheek der Rijksuniversiteit, BPL 105 A; XIVe (écrit par Martinus de Vicomercato, près de Milan, qui a explicitement rejeté comme inauthentiques les vers 3,280-360, remplacés par le vers *Omnis honos... recedit*, mais les a recopiés à la fin du texte). Ce manuscrit comporte à la vingt-quatrième et dernière ligne du f° 10v, après le v. 91 du chant 2, et avant le v. 92 (en haut du f° 11r), un vers qui, à ma connaissance, n'a été signalé par aucun éditeur. J'en discute l'authenticité à la n. compl. 8 de la p. 34. 24 vers à la page. Indéterminé (classe a?).

Manuscrits *uetustiores* non retenus, mais éventuellement cités en note:

A (= W, Birt; A_2, Hall): Anvers, Museum Plantin-Moretus, M 17. 1 (Denucé 193); XIVe; classe c.

B: Berne, Bürgerbibliothek 398; XIIe; classe b (très lacunaire).

b_1: Bologne, Biblioteca Universitaria 2221; XIVe; classe b.

C_2: Cambridge, Peterhouse 2.1.8 (James 215); fin XIIIe; indéterminé.

C_3: Cambridge, Peterhouse 2.1.0 (James 207); XIII-XIVe; classe a'.

D: Dresde, Sächsische Landesbibliothek, Dc. 157; XIIIe; classe a' (endommagé lors de la Seconde Guerre Mondiale).

E_1: El Escorial, O. III. 25; XIIIe; classe b.

E_2: El Escorial, S. III. 29; XIIIe; classe c.

F_8 (= F_4, Hall): Florence, Biblioteca Medicea Laurentiana, Ashburnham L 977; XIII-XIVe; indéterminé.

G_1:Berlin, Staatsbibliothek Preussischer Kulturbesitz, Ms. lat. 4° 740; XIIIe; classe b.

g: Cracovie, Biblioteka Kapituly Krakowskiej 71 (précédemment LX); XIIIe; classe b.

H: Worcester, Chapter Library F. 147; XIVe; indéterminé.

J_1: Leyde, Bibliotheek der Rijksuniversiteit 385 (Voss. Bet. 4); XIIIe; indéterminé (lacunaire).

K_1: Milan, Biblioteca Ambrosiana, H 73 sup.; XIVe; classe a'.

L_2: Londres, British Library, Additional 21213; XIIIe; indéterminé.

L_4: Londres, British Library, Harley 2753; XIIIe; classe b.

L_5: Londres, British Library, Royal 15. A. 7; XIIIe; classe a'.

L_7 (= L_6, Hall): Londres, British Library, Additional 12021; XIVe; classe a.

M_1: Munich, Bayrische Staatsbibliothek 597; XIVe; classe a.

M_2: Munich, Bayrische Staatsbibliothek 631; XIVe; classe a'.

M_3: Munich, Bayrische Staatsbibliothek 391; XIVe; classe a'.

N: Nottingham, University Library Aln. 130/2; XIIIe; indéterminé (très lacunaire).

O_1 (= B, Birt; O_3, Hall): Oxford, Bodleian Library, Ms. auct. F. 2. 16 (SC 2077); XII-XIIIe; classe b.

O_2 (= A, Birt): Oxford, Bodleian Library, Ms. auct. F. 2. 16 (SC 2077) (relié avec O_1); XII-XIIIe; classe b (apparenté à P_2).

O_3 (= O_1, Hall): Oxford, Bodleian Library, Ms. auct. F. 5. 6. (SC 2195); fin XIIIe; indéterminé.

O_4: Oxford, Bodleian Library, Ms. lat. class. e 47; fin XIIIe; classe a.

O_6 (= L_{10}, Hall): Oxford, Bodleian Library, Ms. lat. class. c. 12; XIII-XIVe; classe a (avec le commentaire de Geoffrey de Vitry).

P_1: Paris, Bibliothèque Nationale, lat. 8080; XIIIe; indéterminé.

P_2: Paris, Bibliothèque Nationale, lat. 8082; XIIIe; classe b (ms. de Pétrarque; apparenté à O_2).

P_3: Paris, Bibliothèque Nationale, lat. 8295; XIIIe; classe c.

P_4: Paris, Bibliothèque Nationale, lat. 8296; XIIIe; classe c.

R_4 (= R_2 Hall): Vatican, Reginensis lat. 1440; XIIIe; classe c.

R_5: Vatican, Vaticanus lat. 1663; milieu XIIIe; classe a'.

R_6 (= R_1 Hall): Vatican, Barberianus lat. 41; XIIIe; classe a'.

R_8 (= R_3 Hall): Vatican, Reginensis lat. 1540; XIII-XIVe; classe b.

R_9 (= R_4 Hall): Vatican, Vaticanus lat. 2807 et Reginensis lat. 2080; XIII-XIVe; classe b.

R_{11} (= R_7 Hall): Vatican, Reginensis lat. 1556; début XIVe; classe a'.

R_{12} (= R_6 Hall): Vatican, Vaticanus lat. 3290; XIVe; classe b.

R_{13} (= R_{25} Hall): Vatican, Palatinus lat. 1573; milieu XIVe; indéterminé.

T: Venise, Biblioteca Nazionale Marciana, class. XII cod. 10 (3973); XIII-XIVe; classe a.

U: Copenhague, Kongelige Bibliotek, Gl. Kgl. S. 1905; XII-XIIIe; indéterminé.

V: Vienne, Österreichische Nationalbibliothek, cod. ser. nov. 9363; XIIe; indéterminé (lacunaire).

W: Wolfenbüttel, Herzog August Bibliothek, Gudianus lat. 228 (4533); XIII-XIVe; classe a.

w: Lincoln, Cathedral Library 132 (C. 5. 8); XIII-XIVe; classe a.

δ: Darmstadt, Landesbibliothek 2640; XIII-XIVe; classe b.

BIBLIOGRAPHIE

Éditions complètes

(Sur les éditions de Claudien, nombreuses indications dans les notes dé Charlet 1987)

1. Barnabas Celsanus, *Cl. Claudiani carmina*, Jacobus Dusensis, Vicenza 1482. [sans les *c. min.*] = *Vic.*
2. Thadaeus Ugolet, *Claudiani opera emendata*, Angelus Ugoletus, Parme 1493. [*ed. princ.* pour les *c. min.*] = *Vg.*
3. Thadaeus Ugolet, *Claudiani opera emendata*, Joannes de Tridino, dit Tacuinus, Venise 1495. [n° 2 revu et augmenté]
4. Thadaeus Ugolet, *Claudiani opera emendata*, Christophorus de Pensis, Venise 1500. [réimpression du n° 3]
5. Joannes Camers, *Claudiani opera novissime per D. Io. C. accuratissime recognita*, Hieronymus Victor Philovallis et Joannes Singrenius, Vienne 1510. [*ed. princ.* pour *c. min. app.* 1,2,20 et 21] = *Cam.*
6. Franciscus Asulanus, *Cl. Claudiani opera quam diligentissime castigata* ..., Aldus et Andreas Asulanus, Venise 1517.
7. Antonius Francinus Varchiensis, *Hoc volumine haec continentur: Claudii Claudiani in Rufinum lib. II... Omnia nuper diligentissime recognita*, per haeredes P. Iuntae, Florence 1519. = *Iunt.*
8. Franciscus Asulanus, *Cl. Claudiani opera quam diligentissime castigata* ..., Aldus et Andreas Asulanus, Venise 1523. [cf. n° 6] = *Ald.*
9. *Claudii Claudiani Alexandrini poetae illustrissimi quotquot nostra hac tempestate extant opuscula...*, Simon de Colines dit Colinet, Paris 1530. = *Col.*
10. Michael Bentinus et Joannes Honterus, *Cl. Claudiani poetae celeberrimi omnia quae quidem extant opera, ad veterum exemplariorum fidem... excusa, versibus etiam aliquot... sparsim locupletata*, sub palma Ioh. Bebelii, Michael Isengrin, Bâle 1534. [comme l'indique le titre, quelques vers inédits] = *Ise.*

11. *Cl. Claudiani poetae celeberrimi opera quorum catalogum post eius uitam e P. Crinito ac Volaterrano pagina ab hac sexta reperies*, Sébastien Gryphe, Lyon 1535. [dépend du n° 10] = *Gry*.
12. Réimpression du n° 11, Sébastien Gryphe, Lyon 1548.
13. *Cl. Claudiani poetae celeberrimi opera quorum catalogum post eius uitam ex P. Crinito ac Volaterrano reperies*, apud Theobaldum Paganum, Lyon 1551. [dépend étroitement de *Gry*., mais sans note]
14. *Cl. Claudiani poetae celeberrimi opera quorum catalogum post eius uitam ex P. Crinito ac Volaterrano reperies*, apud Godefridum et Marcellum Beringos fratres, Lyon 1551.
15. Réimpression du n° 11, apud haeredes Seb. Gryphi, Lyon 1561.
16. Theodorus Pulmannus, *Cl. Claudianus Theod. Pulmanni Craneburgii diligentia et fide summa e uetustis codicibus restitutus*, Christophe Plantin, Anvers 1571; avec les notes de Martin-Antoine Del'Rio, ajoutées en 1572 (t.II). [*première* édition des notes de Del'Rio, *contra* Birt]
17. Réimpression du n° 16, Christophe Plantin, Anvers 1585.
18. Réimpression du n° 11, Antoine Gryphe, Lyon 1589.
19. Réimpression du n° 16, Plantin — I. Moretus, Anvers 1596.
20. Réimpression du n° 11, Antoine Gryphe, Lyon 1598.
21. Réimpression du n° 16, Plantin — I. Moretus, Anvers 1602.

22 a. Stephanus Claverius, *Cl. Claudiani poetae in suo genere principis opera cum annotationibus perpetuis St. Claverii*, N. Buon, Paris 1602. = *Clav*.

22 b. = *Clav*., R. Foüet, Paris 1602.

22 c. = *Clav*., veuve G. Chaudière, Paris 1602.

23. Réimpression du n° 22 c, Paris 1603.
24. [Josephus-Justus Scaliger] *Cl. Claudiani quae exstant, ex emendatione virorum doctorum*, Plantin-Raphelengh, s.l. [Leyde], 1603. = *Scaliger*
25. Petrus Bassaeus, *Corpus omnium veterum poetarum latinorum secundum seriem temporum... distinctum*, Lyon 1603.
26. Réimpression du n° 11, J. Pillehotte, Lyon 1603.
27. Réimpression du n° 11, J. Roussin, Lyon 1606.
28. Réimpression du n° 24, Plantin-Raphelengh, s.l. [Leyde], 1606.

29. Réimpression du n° 16, Pierre de la Rouière, Genève 1606.
30. Réimpression du n° 16, Plantin — I. Moretus, Anvers 1607.
31. Réimpression du n° 24, Plantin-Raphelengh, s.l. [Leyde], 1607.
32. Thomas Dempster, *Cl. Claudiani quae exstant: ex emendatione virorum doctorum*, J. Rezé, La Flèche 1607. [dépend surtout de *Scaliger*]
33. Réimpression du n° 16, J. Pillehotte, Lyon 1608.
34. Réimpression du n° 16, Plantin-Verdusen, Anvers 1611.
35. Réimpression du n° 25, Genève 1611.
36. Caspar von Barth, *Cl. Claudiani... quae extant C. Bartius recensuit*, Willier, Hanovre 1612.
37. = n° 36, Heusman, Brême 1612. [cf. Gesner, p. XVII]
38. 1612, in 24°, Genève. [cf. Gesner, p. XVII]
39. Réimpression du n° 16, P. Rigaud, Lyon 1615.
40. *Chorus poetarum classicorum duplex sacrorum et profanorum*, Lud. Muguet, Lyon 1616 (1615). [col. 2901 à 3074; dépend du n° 16]
41. *Cl. Claudiani quae exstant ex emendatione virorum doctorum*, Lud. Sevestre, Paris 1616. [dépend du n° 24]
42. *Cl. Claudiani quae exstant ex emendatione virorum doctorum*, I. Richer, Paris 1616.
43. *Cl. Claudiani quae exstant ex emendatione virorum doctorum*, Olivier de Varennes, Paris 1616.
44. Réimpression du n° 24, Plantin-Raphelengh, s.l. [Leyde], 1616.
45. Réimpression du n° 16, Plantin-Verdusen, Anvers 1616.
46. Réimpression du n° 16, Plantin-Verdusen, Anvers 1617.
47. *Cl. Claudiani poetae opera quae exstant omnia et Aviani Aesopicarum fabularum liber ex emendatione virorum doctorum*, Balthasar Bellerus, Douai 1618.
48. *Cl. Claudianus Theod. Pulmanni Craneburgii et aliorum diligentia et fide summa e uetustis codicibus restitutus*, Joannis Bogardus, Douai 1619.
49. *Cl. Claudiani opera quae exstant omnia... Iulii Caes. Scaligerii, Adriani Turnebi & Martini Antonii Del Rio observationibus illustrata*, Ludwig Koenig, Bâle 1620.
50. *Cl. Claudianus Theod. Pulmanni Craneburgii. Diligentia et fide summa è uetustis codicibus restitutus*, J. Pain, Rouen 1620.

51. *Cl. Claudianus ex optimorum codicum fide*, G. Janssonius, Amsterdam 1620.
52. Réimpression du n° 16, Sam. Crispin, Genève 1622.
53. Réimpression du n° 16, Hier. Verdussius, 1622.
54. Réimpression du n° 11, Vincent De Crucili, Lyon 1626.
55. Réimpression du n° 25, Genève 1627.
56. Réimpression du n° 51, J. Janssonius, Amsterdam 1628.
57. Réimpression du n° 11, Pierre Roussin, Lyon 1628.
58. Réimpression du n° 51, Guil. Blaeuw, Amsterdam 1630.
59. *Cl. Claudiani poetae celeberrimi opera diligentia et fide summa e uetustis codicibus restituta*, Adam Cavelier, Caen 1631.
60. *Cl. Claudianus ex optimorum codicum fide iuxta exemplar Amstelodami*, s.l., 1635. [réimpression «pirate» du n° 24, avec une lacune entre les p. 12 et 13; ex. BN: Yc 7467]
61. Réimpression du n° 51, J. Janssonius, Amsterdam 1639.
62. Copie du 51 (56; 58; 61), Ludovicus Montia, Milan, s.d.
63. Cl. Claudianus, Venise (?) 1642.
64. Réimpression du n° 11, Jean Guillermet, Lyon 1649.
65. *Cl. Claudianus ex optimorum codicum fide*, I. Amati Candy, Lyon 1650.
66. Caspar von Barth, *Cl. Claudiani principum heroumque poetae praegloriosissimi quae exstant C. Barthius ope XVII mss. exemplarium restituit, commentario multo locupletiore illustrauit*, Jo. Naumann, Francfort 1650.
67. *Cl. Claudiani quae exstant ex emendatione uirorum doctorum*, Lud. Elzevir, Amsterdam 1650.
68. Nicolaus Heinsius, *Cl. Claudiani quae exstant ex emendatione N. H. Dan. F.*, Lud. Elzevir, Amsterdam 1650.
69. Nicolaus Heinsius, *Cl. Claudiani quae exstant Nic. H. Dan. F. recensuit ac notas addidit. Accedunt quaedam hactenus non edita*, Elzevier, Leyde 1650. [270 p. + 276 p. de notes + 1 p. errata; édition de base de toutes les suivantes, jusqu'à Jeep 1876] = *Heinsius*
70. *Cl. Claudiani... opera, optimorum codicum fide pristinae lectioni restituta*, J.P. Cardi, Milan 1653.
71. *Correctissimus Cl. Claudianus*, Zacharias Gonzatti, Venise (1654?).
72. Nicolaus Heinsius, *Cl. Claudiani quae exstant Nic. H. Dan. F. recensuit ac notas addidit, post primam editionem altera*

fere parte nunc auctiores. Accedunt selecta variorum commentaria accurante Cornelio Schrevelio, Elzevir, Amsterdam 1665. [917 p.]

73. *Cl. Claudiani... opera omnia quae exstant ex emendatione virorum doctorum*, Richard Lallemant, Rouen 1668.
74. *Cl. Claudiani quae exstant ex emendatione virorum doctorum*, Sébastien Hyp, Vendôme 1670.
75. Réimpression d'*Heinsius*, Daniel Elzevir, Amsterdam 1677.
76. Guillaume Pyrrho, *Cl. Claudiani opera quae extant. Interpretationibus et annotationibus illustrauit Gul. Pyrrho in usum Serenissimi Delphini*, Frédéric Léonard, Paris 1677.
77. Réimpression d'*Heinsius*, Nic. Pezzana, Venise 1683.
78. Réimpression d'*Heinsius*, Daniel Elzevir, Amsterdam 1688.
79. Daniel Hartnack, *Opera Claudiani quat* [sic] *extant e Claverii, Dempsterii et Barthii praecipue scriptis, maximam uero partem notis D. H. illustrata*, S. Otto & Jo. Wiedemayer, Lübeck 1691.
80. Réimpression du n° 79, Jo. Wiedemayer, Lübeck 1701.
81. *Cl. Claudiani emendatissima poemata, nunc recens accuratissime expurgata*, Dominicus Lovisa, Venise 1701.
82. *Cl. Claudiani opera ex emend. Nic. Heinsii*, Florence 1702.
83. *Cl. Claudianus ex optimorum codicum fide*, ex typographia seminarii ap. Joannem Manfrè, Padoue 1713.
84. Michael Maittaire, *Opera et fragmenta veterum poetarum latinorum tam prophanorum quam ecclesiasticorum*, J. Nicholson, B. Tooke & J. Tonson, Londres 1713. [Claudien dans le t. 2]
85. Georgius Walchius, *Cl. Claudiani opera quae supersunt...*, J.L. Gleditsch & M.G. Weidmann, Leipzig 1715.
86. Réimpression du n° 77, Nic. Pezzana, Venise 1716.
87. Niccola Beregani, *Opere di Cl. Claudiano tradotte dal signor N.B.*, in *Corpus omnium veterum poetarum latinorum*, t. XI-XII-XIII, G.G. Ertz, Venise 1716.
88. Réimpression du n° 84, Londres 1721.
89. *Claudius Claudianus, ex optimorum codicum fide*, J.A. Remondini, Bassano 1722.
90. *Cl. Claudii opera ex optimorum codicum fide*, Padoue 1729.
91. *Cl. Claudii opera quae exstant Nic. Heinsius recensuit ac notas addidit, quibus accedunt varii commentarii. Addita sunt ad calcem poemata incerti auctoris*, Padoue 1734. [2 volumes]

92. Réimpression du n° 87, Palais ducal, Milan 1736.
93. Johann Matthias Gesner, *Claudiani Claudii quae extant varietate lectionis et perpetua adnotatione illustrata a I.M.G.*, Fritsch, Leipzig 1759. [contient un catalogue des éditions antérieures]
94. Pieter Burman secundus, *Claudii Claudiani opera quae exstant omnia ad membran. vet. fidem castigata...*, Schouten, Amsterdam 1760. [édition qui rassemble la plupart des notes des éditions précédentes et donne en appendice les variantes des manuscrits collationnés par Heinsius]
95. P. Amati, *Collectio Pisaurensis omnium poematum... latinorum*, t. 3, Pesaro 1766.
96. Johann Albert Fabricius, *Cl. Claudiani opera quae exstant, ad optimas editiones collata ex J. A. F. bibliotheca latina*, Studiis Societatis Bipontinae editio accurata, ex typographia societatis, Strasbourg 1784. = *Bipontine*
97. *Claudiani Claudii opera*, Bulmer, Londres 1793-1796. [2 volumes]
98. Souquet de la Tour, *Œuvres complettes de Claudien traduites en françois pour la première fois*, A.J. Dugour et Durand fils, Paris an VI (= 1798). [2 volumes]
99. Georg Ludwig Koenig, *Cl. Claudiani quae extant recensuit, perpetuaque adnotatione illustrauit G. L. K.*, H. Dieterich, Göttingen 1808. [seul le t. I a été publié]
100. *The Whole Works of Claudianus*, transl. by A. Hawkins, J. Porter Langdon & Son, Londres 1817. [2 volumes]
101. *Cl. Claudiani opera ex editione P. Burmanni II...*, sumptibus Rodwel & Martin, T. Davison, Londres 1819.
102. *Cl. Claudiani opera omnia ex editione P. Burmanni II...*, coll. A.J. Valpy, t. 27-29, Londres 1821.
103. N.L. Artaud, *Cl. Claudiani opera omnia ex optimis codicibus et editionibus... recensuit N.L.A.*, Bibliotheca Classica Latina N.E. Lemaire, Firmin-Didot, Paris 1824. [2 volumes; contient une liste des éditions antérieures]
104. William S. Walker, *Corpus poetarum latinorum edidit G.S.W.*, Londres 1828.
105. *Cl. Claudiani ex editione Bipontina I, ad optim. lect. ut ad exemplar Burmannianum...*, Treuttel et Würtz, Paris 1829.
106. Héguin de Guerle et Alphonse Trognon, *Œuvres complètes de Claudien*, Collection latine-française Panckoucke, Paris 1830-1833. [2 volumes]

107. Wilhelm Ernst Weber, *Corpus poetarum latinorum*, Broenner, Francfort sur le Main 1831-1833.
108. *Œuvres diverses de Claudien traduites en vers français par A.M. Delteil, avec le texte latin en regard*, A. Delalain, Paris 1832.
109. *Cl. Claudiani opera ex recensione Richardi Heber*, G. Bulmer, Londres 1836. [2 volumes]
110. E. Doullay, *Cl. Claudiani opera quae suis variorumque notis illustrauit E.D.*, Bibliotheca Nova Scriptorum Latinorum... colligente J. Charpentier, 16-19, C.L.F. Panckoucke, Joh. Ambr. Barth, Leipzig 1837-1838.
111. *Lucain, Silius Italicus, Claudien*, trad. par Souquet de la Tour et Geruzez, Collection Désiré Nisard, J. J. Dubochet, Paris 1837.
112. Réimpression du n° 104, Londres 1840.
113. Réimpression du n° 106, Panckoucke, Paris 1840.
114. Réimpression du n° 110, Plon, Paris 1845.
115. Réimpression du n° 104, Londres 1849.
116. Réimpression du n° 111, J.J. Dubochet, Le Chevalier et Cie, Paris 1850.
117. Réimpression du n° 111, Firmin-Didot, Paris 1855.
118. Réimpression du n° 111, Firmin-Didot, Paris 1862.
119. *Œuvres complètes de Claudien, trad. en français par M. Héguin de Guerle et Alphonse Trognon; trad. de la coll. Panckoucke revue avec le plus grand soin*, Garnier frères, Paris 1865.
120. Ludwig Jeep, *Cl. Claudiani carmina*, B.G. Teubner, Leipzig 1876-1879. [2 volumes] = *Jeep*
121. Réimpression du n° 111, Firmin-Didot, Paris 1878.
122. Theodor Birt, *Claudii Claudiani carmina recensuit T.B.*, M.G.H. A.A. 10, Weidmann, Berlin 1892. = *Birt*
123. Julius Koch, *Claudii Claudiani carmina recognouit J.K.*, B.G. Teubner, Leipzig 1893. = *Koch*
124. Réimpression du n° 104, G. Bell & Sons, Londres 1904.
125. M. Platnauer, *Claudianus*, with an english transl. by M.P., Loeb Classical Library, Londres Heinemann — New-York Putnam, 1922. [2 volumes] = *Platnauer*
126. Victor Crépin, *Claudien, œuvres complètes*, trad. nouvelle avec notes par V.C., Garnier, Paris 1933. [2 volumes] = *Crépin*

127. Réimpression du n° 125, Londres Heinemann & Cambridge Harvard Univ. Pr., 1956.
128. Réimpression anastatique du n° 122, Berlin 1961.
129. Réimpression du n° 127, 1963.
130. Réimpression anastatique du n° 93, Georg Olms Verlag, Hildesheim 1969.
131. Réimpression du n° 127, 1972.
131. J.B. Hall, *Claudianus*, *Carmina*, Teubner, Leipzig 1985. = *Hall.*

Éditions du *De raptu Proserpinae*

1. Claudius Claudianus, *De raptu Proserpinae*, Valdarfer?, Venise (après 1471).
2. *Claudiani siculi uiri in primis doctissimi de raptu Proserpine tragedia prima heroica incipit feliciter*, s.l. n.d. (N. Ketelaer et G. de Leempt, Utrecht, vers 1473/1475) (texte remanié).
3. *De raptu Proserpinae*, Iohannes Schurener, de Bopardia, Rome (vers 1475).
4. *De raptu Proserpinae* (Ferrare, Stazio Gallo, vers 1480).
5. Claudius Claudianus, *De raptu Proserpinae*, Matthias von Olmütz, Naples (vers 1480).
6. *Claudii Claudiani Alexandrini poetae de raptu proserpine*, Stephanus Arndes, Pérouse (vers 1481).
7. (Marcellinus Verardus), *Claudii Claudiani de raptu Proserpinae*, Eucharius Argenteus (= Silber), Rome 1493.
8. *Claudii Claudiani opusculum de raptu Proserpinae*, Konrad Kachelofen, Leipzig (vers 1495).
9. Aulus Ianus Parrhasius, *Claudii Claudiani de raptu Proserpinae*, cum commento Auli Iani P., s.l. n.d. (Milan, 1500). [très important commentaire souvent réimprimé] = *Parrhasius*
10. Réimpression du n° 9, Lutius Cotta, Milan 1501.
11. Réimpression du n° 9, J.A. Scinzenzeler, sub impensis I.I. & fratrum de Lignano, Milan 1505.
12. Réimpression du n° 9, A., B. & J. Vercellenses, Venise s.d. (1505 / 1510?).
13. *Cl. Claudiani prefatio in raptum proserpinae*..., Jehan Petit, Robert Gourmont, Paris s.d. [après 1500, puisque cette

édition se réfère à Parrhasius, mais sans en reprendre le commentaire]

14. Réimpression du n° 9, Jean Gourmont, Paris 1509.
15. Réimpression du n° 9, (Venise, Albertino, Bernardino et Giovanni Rosso, vers 1510?).
16. Réimpression du n° 9, Quentel, Cologne 1510.
17. Réimpression du n° 9, Antoine Bonnemere, Paris 1511.
18. Réimpression du n° 9, Hieronymus Baptista Platonicus, Bologne 1511.
19. Réimpression du n° 9, J. Cnappius, Erfurt 1514.
20. *Cl. Claudiani Proserpinae raptus*, cum Hermanni Buschii Pasiphili... commentario, quem nuper ex latissima et fusissima Iani Parrhasii... enarratione, strictim carptimque collegit in gratiam tyrunculorum et eorum qui breuitate delectantur, M. Werdenanus, Cologne 1514.
21. Réimpression du n° 9, Jean Gourmont, Paris 1517.
22. Philomusus, *Hoc in uolumine infrascripta continentur... opus aureum Clau. Claudiani De raptu Proserpinae, cum quibusdam declaratoriis glossematibus in margine paginarum locatis... Eiusdem Philomusi argumenta in singulos libros...*, F. Peypus, Nuremberg 1518.
23. *Cl. Claudiani poetae de raptu Proserpinae libri tres, lectu dignissimi*, Serv. Bruftanus, Cologne 1520.
24. Réimpression du n° 9, Bâle 1534.
25. Réimpression du n° 9, R. Winter, Bâle 1539.
26. *Claudii Claudiani poetae illustriss. De raptu Proserpinae lib. III*, Prigentius Calvarinus, Paris 1543.
27. J. Praevosteau, *Cl. Claudiani liber primus de raptu Proserpinae*, cum argumento et allegoria fabulae per Jacobum Praevosteau descriptae, D. a Prato, Paris 1569.
28. *Cl. Claudiani De raptu Proserpinae libri tres*, Sébastien Cramoisy, Paris 1627.
29. Nic. Biffio, *In Claudii Claudiani libros de Raptu Proserpinae commentaria*, auctore Nic. Biffio, L. Montia, Milan 1684. [commentaire «monstrueux»]
30. Nic. Biffio, *Cl. Claudiani opus de raptu Proserpinae, perpetuis commentariis et italica versione versibus tradita*, illustratum a... Nicolao Biffio, A. Baldelli, Lucques 1751.
31. L. Jeep, *Cl. Claudiani Raptus Proserpinae* rec. Dr. Ludov. J., A. Loescher, Turin 1874.

32. V. Lanfranchius, *Claudii Claudiani de Raptu Proserpinae libri III* recensuit et variis lectionibus auxit Vincentius L., ex off. ascet. sales., Turin 1884.
33. Luigi Garces de Diez, *Il Ratto di Proserpina di Claudio Claudiano* con commenti, critica e traduzione in versi par L. G. d. D., Tip. frat., Messine 1889.
34. V. Paladini, *Claudianus Minor (Il ratto di Proserpina)*, testo e trad. a cura di P. V., Opuscula XIII-XIV, Gismondi, Rome 1952. = *Paladini*
35. J.B. Hall, *Claudian. De raptu Proserpinae*, edited with an introduction and commentary by J.B.H., Cambridge Classical Texts and Commentaries 11, Cambridge at the University Press 1969. = *Hall 1969*
36. Marcel Tardioli, *Claudien. De Raptu Proserpinae*, introduction (texte) et commentaire, thèse de 3ème cycle dirigée par M. Ruch, Nancy, octobre 1971. [2 volumes dactylographiés, 627 p. — mais toutes les pages ne sont pas numérotées] = *Tardioli*

Études bibliographiques

E. Bährens, «Zur Litteratur des Claudianus», *JKPh* 105, 1872, p. 499-504.
JAW 1, 1875, p. 217-220; 3, 1877, p. 225-228; 10, 1879, p. 54-58.

L. Bieler, «Nachaugusteische nichtchristliche Dichter II: Römische Dichter von Hadrian bis zum Ausgang des Altertums», *Lustrum* 2, 1957, p. 258-273 [1926-1935].

F. Casaceli, «Recenti studi claudianei», *BStudLat* 2, 1972, p. 318-326.

A. Fo, «La tecnica poetica e lo stile di Claudiano nell'ultimo secolo di critica», *C & S* 68, 1978, p. 39-50.

O. Güthling, *JAW* 63, 1890, p. 97-99 [1885-1889]; 76, 1893, p. 252-262 [1889-1892].

L. Jeep, *JAW* 84, 1895, p. 153-154 [1884-1889].

R. Keydell, *JAW* 230, 1931, p. 82-83 [jusqu'en 1929]. [poèmes grecs de Claudien]

J. Martin, *JAW* 221, 1929, p. 87 [1900-1927].

M. Schuster, *JAW* 217, 1928, p. 25-29 [1915-1925].

J. Tolkiehn, *JAW* 134, 1907, p. 231 [1903-1906]; 158, 1912, p. 71-73 [1907-1910]; 171, 1915, p. 67-68 [1911-1914].
K. Weyman, *JAW* 93, 1897, p. 176 et 212 [1894-1897]; 105, 1900, p. 61 [1897-1899].

Études générales ou portant sur plusieurs poèmes

A. Alberte, «Consideraciones en torno al carácter épico de los poemas de Claudiano de bello Gildonico y De bello Gothico», *Durius* 6, 1978, p. 29-49.
L. Alfonsi, «Sulla militia di Prudenzio», *V.Chr.* 13, 1959, p. 181-183.
«Ancora sulla militia dei poeti», *Aevum* 37, 1963, p. 527.
D. Alonso, «Antecedentes latinos de la poesía correlativa moderna», *Mélanges Menéndez Pidal* 4, Madrid 1953, p. 3-25.
E. Arens, *Quaestiones Claudianeae*, Diss. inaug. Monasterii Guestf., Leipzig 1894.
«Claudianea», *JKPh* 153, 1896, p. 430-432.
«Claudian, Christ oder Heide?», *Historisches Jahrbuch im Auftrag der Görres-Gesellschaft herausgegeben* 17, 1896, p. 1-22.
St. Axelson, *Studia Claudianea*, Diss. Uppsala 1944.
F. Bährens, *Quaestiones Claudianeae*, Diss. inaug. Monasterii, 1885.
D.R.S. Bailey, «Echoes of Propertius», *Mnemosyne* 4a Ser. V, 1952, p. 307-333.
N.I. Barbu, «De Claudiani carminis arte», *StudClas* 5, 1963, p. 259-268. [en roumain avec résumé en latin]
W. Barr, *The Panegyrics of Claudian in the third and 4th consulates of Honorius*, Thesis London 1954. [dactyl.]
W.N. Bayless, «The Visigothic Invasion of Italy in 401», *CJ* 72, 1976, p. 65-67.
J. Bernays, «Scaligers Ausgabe des Claudianus», *RhM* 15, 1860, p. 163-165.
R. Bertini, «Il canone della bellezza femminile in Claudio Claudiano», *QC* 6,1984, p. 161-172.
Th. Birt, *De moribus christianis quantum Stilichonis aetate in aula imperatoria occidentali valuerint disputatio*, Marburg 1885.

«Verbalformen vom Perfektstamme bei Claudian», *ALLG* 4, 1887, p. 589-594.
Zwei politische Satiren des alten Rom. Ein Beitrag zur Geschichte der Satire, Marburg 1888.
M. Boas, «Zur Orthographie der Veroneser Handschr. 163», *PhW* 48, 1928, p. 61-63.
G. Boissier, «Le poète Claudien», *La fin du paganisme* 2, Paris 1891 [6ème édition 1909], p. 274-293.
M. Bonnet, *RC* 27, 1875, p. 5-9. [recension de Jeep 1874]
L.K. Born, «Claudian and the Divinity of the Emperor», *TAPhA* 69, 1938, p. XXXI. [résumé]
«Fate and Fortune in Claudian», *TAPhA* 70, 1939, p. XXIX. [résumé]
E.W. Bowen, «Claudian, the Last of the Classical Roman Poets», *CJ* 49, 1953-1954, p. 354-358.
A. Bozzi, A. Nikolova, G. Cappelli, G. Giuliani, «Il trattamento delle varianti nello spoglio elettronico di un testo. Una prova sui Carmina di Claudiano», *MD* 16, 1986, p. 155-179.
L. Bracelis (Calatayud), «El mundo de Virgilio y el de Claudiano», *REC* 9, 1965, p. 75-95.
«Virgilio y Claudiano, poetas aulicos», *REC* 9, 1965, p. 97-119.
«La influencia literaria de Virgilio sobre Claudio Claudiano. Imitación formal», *REC* 10, 1966, p. 37-100.
«La influencia literaria de Virgilio sobre Claudio Claudiano. Imitación del contenido», *REC* 11, 1967, p. 65-105.
G. Braden, «Claudian and his Influence. The Realm of Venus», *Arethusa* 12, 1979, p. 203-231.
C. Brakman, «Observationes criticae ad Claudianum», *Mnemosyne* 58, 1930, p. 371-384.
R.T. Bruère, «Lucan and Claudian. The Invectives», *CPh* 59, 1964, p. 223-256.
Fr. Bücheler, «Coniectanea» (VI), *RhM* 39, 1884, p. 274-292.
E. Burck, *Das römische Epos*, Darmstadt 1979. [p. 359-378]
A. Cameron, «A Vatican Manuscript of Claudian», *Scriptorium* 17, 1963, p. 316.
«Wandering Poets. A Literary Movement in Byzantine Egypt», *Historia* 14, 1965, p. 470-509.
«A Biographical Note on Claudian», *Athenaeum* 44, 1966, p. 32-40.

«Notes on Claudian's Invectives», *CQ* 18, 1968, p. 387-411.
Claudian. Poetry and Propaganda at the Court of Honorius, Oxford Clarendon Press, 1970.
«Claudian», *Latin Literature of the Fourth Century*, ed. by J.W. Binns, London / Boston 1974, p. 134-159.
«Paganism and Literature in Late Fourth Century Rome», *Christianisme et formes littéraires*... Entretiens de la Fondation Hardt 23 (1976), Vandœuvres 1977, p. 1-40.

E. Castorina, «Sull'età di Claudiano», *GIF* 20, 1967, p. 91-97.

J.L. Charlet, «Théologie, politique et rhétorique: la célébration poétique de Pâques à la cour de Valentinien et d'Honorius, d'après Ausone (*Versus Paschales*) et Claudien (*De Saluatore*), *La poesia tardo-antica: tra retorica, teologia e politica*, Messine 1984, p. 259-287.
«Claudien dans le *Cornu copiae* de N. Perotti: citations inédites?», *RPL* 12, 1989, p. 17-26.
«Humanus chez Claudien», *Homo sapiens. Homo humanus*, t. 1, Florence 1990, p. 143-149.

A. Chastagnol, «Le poète Claudien et l'Histoire Auguste», *Historia* 19, 1970, p. 444-463.

E. Chatelain et Pret C.A., «Fragments de scholies sur Claudien», *RPh* 8, 1884, p. 81-99.

H. Chotard, *Quid ad historiam conferat Claudianus*, Thèse Paris, 1860.

P.G. Christiansen, «Claudian versus the Opposition», *TAPhA* 97, 1966, p. 45-54.
The Use of Images by Claudius Claudianus, Stud. in Class. lit. VII, La Haye 1969. [publication d'une dissertation de l'université du Wisconsin soutenue en 1963: *DA* 24, 1963, p. 2468]
«Claudian and the East», *Historia* 19, 1970, p. 113-120.
«Claudian and Eternal Rome», *AC* 40, 1971, p. 670-674.

P.G. Christiansen et J.L. Sebesta, «Claudian's Phoenix. Themes of Imperium», *AC* 54, 1985, p. 204-224.

O. Ciardelli, *Claudiano quale fonte storica de' suoi tempi*, Ariano 1897.

P.L. Ciceri, «De Claudiani in Nilo describendo fontibus», *Athenaeum* 1, 1913, p. 295-298.

A.K. Clarke, «Claudian and the Augustinian Circle of Milan», *Mélanges Capanaga* II, Madrid 1968, p. 125-133.

E. Cocchia, *De Claudii Claudiani patria deque carminibus quae «de tertio consulatu Honorii» ac «de IV consulatu Honorii» vulgo inscribuntur*, Naples 1882. [repris dans *Studi latini*, Naples 1883, p. 51-88]
Saggi filologici V, Naples 1915.

P. Courcelle, *Histoire littéraire des grandes invasions germaniques*, Paris 1964 (3ème éd.).
«Les lecteurs de l'Énéide devant les grandes invasions germaniques», *RomBarb* 1, 1976, p. 25-56.

J. Cousin, «Nature et mission du poète XVII: la décadence antonine. Conclusion», *RCC* 40,2, 1939, p. 739-753.

J.H.E. Crees, *Claudian as an Historical Authority*, Cambridge Univ. Press, 1908.

V. Cremona, «Originalità e sentimento letterario nella poesia di Claudiano», *Studi pubbl. dall'Ist. di Filol. class. di Bologna* I, Bologne 1948, p. 37-70.

St. Cristo, «The Relationship of Symmachus to Stilicho and Claudian», *A & R* 21, 1976, p. 53-59.

A. Degen, *De Cl. Claudiani poetae codice Vratislaviensi membranaceo saec. XII vel XIII quaestio cum indice variarum lectionum*, Progr. d. Progymn. Rogasen 1869-1874.

E. Demougeot, «La théorie du pouvoir impérial au IVe s.», *Mélanges de la société toulousaine d'études classiques* I, Toulouse Privat, 1946, p. 191-206.
De l'unité à la division de l'empire romain 395-410, Paris 1951.
«Saint Jérôme, les oracles sibyllins et Stilicon», *REA* 54, 1952, p. 83-92.

O.A.W. Dilke, *Claudian. Poet of Declining Empire and Morals. An Inaugural Lecture*, Leeds Univ. Press 1969.

E. Donadoni, *Claudio Claudiano. La guerra getica. Epitalamio per le nozze di Onorio e Maria. Studio e versione*, Palerme 1896.

S. Döpp, *Zeitgeschichte in Dichtungen Claudians*, Hermes, Einzelschriften 43, Wiesbaden 1980.

Y.M. Duval, «La figure de Théodose chez Claudien», *La poesia tardo-antica: tra retorica, teologia e politica*, Messine 1984, p. 133-185.

A.H. Eaton, *The Influence of Ovid on Claudian*, diss. Washington 1945.

W. Ernest, *Die Laudes Honorii Claudians. Die Beispiele poetischer Konsulatspanegyrik im Vergleich*, Diss. Ratisbonne 1987.

G. Ettig, *Ein vergessener Dichter*, Progr. des Gymn. Zittau.

P. Fabbri, «Il genio del malo nella poesia di Claudiano», *Athenaeum* 6, 1918, p. 48-61.
«L'oriente nella poesia di Claudiano», *Atti IV congr. naz. St. Rom.* 1, Rome 1938, p. 545 sqq.
«Del vero Claudiano», *Athenaeum* 17, 1939, p. 27-40.

P. Fargues, *Claudien. Études sur sa poésie et son temps*, Paris 1933.

O. Ferrari, «Il mondo degl'inferi in Claudiano», *Athenaeum* 4, 1916, p. 335-338.

G.B.A. Fletcher, «Imitationes vel loci similes in poetis latinis», *Mnemosyne* 1, 1933-1934, p. 196-201.

A. Fo, *Studi sulla tecnica poetica di Claudiano*, Catania 1982.

S. Gabe, *Die Stellung von Substantiv und Attribut im Hexameter des Claudian*, Primitiae Czernovicienses II, 1911, p. 83-115.

A. Galanti, «I tempi e le opere di Claudiano», *Atti congr. di scienze storiche* II, Rome 1903, p. 125-128.

M. Galdi, *Note sulla vita e sulle opere di Claudio Claudiano*, Salerne 1904.

R. Gandeva, «Das Bild von Thrakien bei einem spätrömischen Dichter», *Actes VIIe congr. FIEC* II, Budapest 1984, p. 105-111.

C. Gnilka, «Götter und Dämonen in den Gedichten Claudians», *A & A* 18, 1973, p. 144-160.
«Beobachtungen zum Claudiantext...», *Mélanges W. Schmid*, Antiquitas 1, Bonn 1975, p. 45-90.
«Dichtung und Geschichte im Werk Claudians», *FMS* 10, 1976, p. 96-124.
Gnomon 49, 1977, p. 26-51. [compte-rendu de Cameron]

St. Gramlewicz, *Quaestiones Claudianeae*, Diss. inaug. Bratislava 1877.

I. Gualandri, «Aspetti della tecnica compositiva in Claudiano», Coll. di testi e docum. per lo studio dell'antichità 23, Milan 1968.
RFIC ser. 3a 101, 1973, p. 235-243. [compte-rendu de Hall 1969]
Paideia 32, 1977, p. 277-280. [compte-rendu de Simon]

C. Günther, *De Claudii Claudiani comparationibus*, Diss. inaug. Erlangen, Ratisbonne 1894.

I. Hahn, «Die soziale Utopie der Spätantike», *Wissensch. Zeitschrift der Martin-Luther Univ. Halle*, Ges.-Sprachw. Kl. XI, Okt. 1962, p. 1357-1362.

J.B. Hall, «Manuscripts of Claudian in the U.S.S.R. and Poland», *PACA* 14, 1978, p. 15-20.

Prolegomena to Claudian, BICS Suppl. 45, Londres 1986.

Ch. Hallet, «Claudien, poète animalier», *LEC* 56, 1988, p. 49-66.

M. Haupt, «Joannis Schraderi emendationes carminum Claudiani», *Hermes* 5, 1871, p. 326 sqq.

Fr. Haverfield, «Scholia on Claudian», *JPh* 17, 1888, p. 271-273.

L. Havet, «Notes critiques sur les poètes latins IV», *REA* 18, 1916, p. 19-26.

K. F. Heck, *De vita Claudii Claudiani poetae*, Progr. des Progymn. Donaueschingen Tübingen, 1896.

R. Helm, «Heidnisches und christliches bei spätlateinischen Dichtern», *Natalicium Geffcken*, Heidelberg 1931, p. 1-46.

I.F. Herelius, «Ad Claudianum», *Epistula critica ad Meuselium*, 1767, p. 66-68.

A. Hermann, «Der letzte Apisstier», *JbAC* 3, 1960, p. 34-50.

H. Herrera Cajas, «Temas de Claudiano», *Semanas de estudios romanos*, III-IV (1986), Valparaiso 1987, p. 187-208.

Th. Hertel, *Disputatio de nonnullis Claudiani carminum locis*, Gymn. Progr. Torgau 1848.

J.G.F. Hind, «The British Provinces of Valentia and Orcades», *Historia* 24, 1975, p. 101-111.

Th. A. Hodgkin, *Claudian the Last of the Roman Poets,* two lectures, Newcastle et Londres 1875.

A. Holder, «Zur Claudianhandschrift B», *Hermes* 12, 1877, p. 503-507.

C. Hosius, «Symbola ad poetas latinos», Claudianus Codex monacensis 1891, *RhM* 46, 1891, p. 296-298.

A. Hudson-Williams, «Additional Notes on Claudian», *CQ* 9, 1959, p. 193-196.

W. Huebner, «Das Sternbild der Waage bei den römischen Dichtern», *A & A* 23, 1977, p. 50-63.

H.H. Huxley, «Imitation and Interpretation in Claudian», *PCA* 50, 1953, p. 28-29. [résumé]

O. Janssen, «Claudius Claudianus, een heidensdichter aan het hof van een christelijke Keizer», *Uit de romeinse keizertijd*, Collectanea Franciscana Neerlandica VI,3 1951, p. 5-45.

L. Jeep, *Quaestiones criticae ad emendationem Claudiani panegyricorum spectantes*, Diss. inaug. Lipsiens., Nuremberg 1869.

«Die älteste Textesrecension des Claudian», *RhM* 28, 1873, p. 291-304.

«Die Excerpta Monacensia des Claudianus», *RhM* 29, 1874, p. 74-80.

WKPh 10, 1893, p. 1258-1261. [compte-rendu de Birt]

J. Jortin, «Critical Remarks on Claudian», *Tracts* 2, 1790, p. 178-182.

L. Kákosy, «Zu einer Etymologie von Philä. Die Insel der Zeit», *AAntHung* 16, 1968, p. 39-48.

O. Kehding, *De panegyricis Latinis*, Diss. Marburg 1899. [p. 28-44]

A. Ker, «Notes on Claudian», *CQ* 51, 1957, p. 151-158.

R. Klein, «Das spätantike Romverständnis vor Augustinus», *BJ* 185, 1985, p. 97-142.

«Die Romidee bei Symmachus, Claudian und Prudentius», *Colloque genevois sur Symmaque* ..., Paris 1986, p. 119-144.

F. Klingner, *PhW* 34, 1923, p. 793-796. [compte-rendu de Platnauer]

W. Kirsch, *Die Anfänge der Entwicklung des spät- und mittellateinischen Epos im 4. Jahrhundert*, Diss. Halle 1981.

J. Koch, *De codicibus cuiacianis quibus in edendo Claudiano Claverius usus est*, Diss. inaug. Marburg 1889.

«Claudian und die Ereignisse der Jahre 395 bis 398», *RhM* 44, 1889, p. 575-612.

«Claudianea», *Philologus* 49, 1890, p. 567-570 et 744-748.

H. Kraffert, *Beiträge zur Kritik und Erklärung lateinischer Autoren*, Progr. des Gymn. Aurich 1883.

C.Fr. Kretschmann, *Literarischer Briefwechsel an eine Freudin 1 Bdchen. Claudian*, Zittau 1797 (et 1811).

A. Kurfess, «Zu Claudius Claudianus'Invektiven», *Hermes* 76, 1941, p. 93-95.

H. Labuske, «Die Barbarenproblematik in Ideologie und Propaganda der Spätantike», *Mélanges W. Hartke*, Berlin 1982, p. 99-108.

R. Laqueur, «Das Kaisertum und die Gesellschaft des Reiches», Exkurs 5: «Klaudian und die Philosophie des Theodoros», *Probleme der Spätantike, Vorträge auf dem 17. Deutschen Historikertag*, Stuttgart 1930, p. 37-38.

H.L. Levy, «Claudian's Neglect of Magic as a Motif», *TAPhA* 79, 1948, p. 87-91.

«Themes of Encomium and Invective in Claudian», *TAPhA* 89, 1958, p. 336-347.

A. Loyen, «L'Albis chez Claudien et chez Sidoine Apollinaire», *REL* 11, 1933, p. 203-211.

V. Lundström, «Zu Claudian», *Eranos* 1916, p. 201-207.

N.I. Lvov, «La lutte pour l'unité de l'empire romain et pour l'hégémonie de Rome dans les œuvres de Claudius Claudianus», *VDI* 65, 1958, p. 156-166. [en russe]

Th. Maguire, «Miscellanea», *Hermathena* 6 (1888), n° 13, 1887, p. 159-175.

M.I. Majstrenko, «Orphée dans la poésie de Cl. Claudien», *InFil* 60, 1980 = *PKFil* 17, p. 131-137. [en ukrainien, résumé en russe et en allemand]

M. Manitius, «Beiträge zur Geschichte römischer Dichter im Mittelalter», *Philologus* 49, 1890, p. 554-564.

A. Marsili, «Roma nella poesia di Claudiano. Romanità occidentale contrapposta a quella orientale», *Antiquitas* 1,2 1946, p. 3-24.

«Personificazioni e quadri allegorici in Claudiano», *Antiquitas* 1,3-4 1946, p. 49-55.

G. Martin, «Claudian and the Pervigilium Veneris», *CJ* 30, 1935, p. 531-543.

«Claudian, an Intellectual Pagan of the Fourth Century», *Mélanges Ullmann*, Saint Louis Missouri, 1960, p. 69-80.

C.A. Martindale, «Absalom and Achitophel and Claudian's Invectives», *LCM* 3, 1978, p. 241-248.

S. Mazzarino, «La politica religiosa di Stilicone», *RIL* 71, 1938, p. 235-262.

Stilicone, la crisi imperiale dopo Teodosio, Rome 1942.

L.C. Meijer, «De plundering van Rome door Alaric (410). Enige contemporaine getuigenissen», *Lampas* 12, 1979, p. 193-207.

E. Merone, «La morte di Claudiano», *GIF* 7,4 1954, p. 309-320.

M. Miller, «Stilicho's Pictish War», *Britannia* 6, 1975, p. 141-145.

H.R. Minn, «Stilicho and the Demise of the Western Empire», *Prudentia* 4, 1972, p. 23-32.

R. Moes, *Les hellénismes de l'époque théodosienne (recherches sur le vocabulaire d'origine grecque chez Ammien, Claudien et dans l'Histoire Auguste)*, Strasbourg, Publications de l'Université, 1980.

G. Monaco, «Bonus Ancus», *GIF* 24, 1972, p. 245-250.

C.H. Moore, «Rome's Heroic Past in the Poems of Claudian», *CJ* 6, 1910, p. 108-115.

K. Morawski, «Adnotationes poetarum romanorum carminibus adscriptae (Tibullus, Petronius, Claudianus, Prudentius)», *Eos* 22, 1917, p. 1-10.
«De scriptoribus romanis III et IV post Chr. n. saeculi observationes», *Rozprawy PAU* 60,2 1921.

B. Moroni, «Tradizione letteraria e propaganda; osservazioni sulla poesia politica di Claudiano», *Scr Phil* 3, 1982, p. 213-239.

L. Müller, «Kritische Beiträge zu römischen Autoren», *RhM* 17, 1862, p. 181-184.
«Sammelsurien», *JKPh* 93, 1866, p. 391-392; 95, 1867, p. 497-498.

C. Müllner, *De imaginibus similitudinibusque quae in Claudiani carminibus inveniuntur*, Diss. Vienne 1893.

R. Nani, *Alcune riflessioni sopra Claudio Claudiano e il suo secolo con saggio di traduzione del ratto di Proserpina*, Lettura dell'Ateneo, Bergame 1875.

R.F. Newbold, «Space and Scenery in Quintus of Smyrna, Claudian and Nonnus», *Ramus* 10, 1981, p. 53-68.
«Sensitivity to Shame in Epic, with Particular Reference to Claudian and Nonnos», *Ramus* 14, 1985, p. 30-45.

J.H. Ney, *Vindiciae Claudianeae sive de Cl. Claudiani fide historica commentatio*, Gymn. Progr. Meseritz 1865.

T. Nissen, «Historische-Epos und Panegyrikus in der Spätantike», *Hermes* 75, 1940, p. 298-325.

J.F. Nolan, *Claudian. Poet of Peace and Unity in the Later Empire*, Diss. univ. of Washington, Seattle 1973.

I. Opelt, «Schimpfwörter bei Claudian», *Glotta* 60, 1982, p. 130-135.

Fr. Osann, *Claudius Claudianus*, Commentariorum semin. philol. Gissensis Spec. III, 1857 n° 5.

A. Parravicini, *Studi di retorica sulle opere di Cl. Claudiano*, Milan, 1905.

I Panegirici di Claudiano e i panegirici latini, Milan 1909.

«Le prefazioni di Claudio Claudiano», *Athenaeum* 2, 1914, p. 183-194.

F. Paschoud, *Roma aeterna. Études sur le patriotisme romain dans l'Occident latin à l'époque des invasions*, Bibl. Helvetica Romana VII, Rome 1967.

«D'Ammien, de Claudien, et d'une signification actuelle possible des études latines», *EL* 3e Ser. 3, 1970, p. 130-148.

C. Paucker, «De latinitate Claudiani poetae observationes», *RhM* 35, 1880, p. 586-606.

Th. G. Paul, *Quaestionum Claudianearum Particula* I, Progr. d. ev. Gymn. Glogau 1857; II, Progr. d. Soph. Gymn. Berlin 1866.

Z. Pavlovskis, «Statius and the Late Latin Epithalamia», *CPh* 60, 1965, p. 164-177.

J.M. Pawlikowski, «De Claudiani codice Cracoviensi P commentatio critica», *Rozprawy AU* 12, 1887, p. 193-267.

A. Perelli, «Suggestioni claudianee nel Carmen contra paganos», *Disiecti membra poetae* III, Foggia 1988, p. 209-225.

R. Perrelli, «Claudiano e il Carmen contra paganos», *Vichiana* 16, 1987, p. 135-150.

H. von Petrikovits, «Troiae lusus», *Klio* 1939, p. 209-220.

R. Pichon, *Les derniers écrivains profanes*, Paris 1906.

Ks. J. Polkowski, «Kodeks rzymskiego poety Klaudyana z XII wiekn», *Rozprawy AU* 9, 1882, p. 360-369.

J.P. Postgate, *CR* 9, 1895, p. 162-169. [compte-rendu de Birt et Koch]

«A Supplement to the Apparatus Criticus of Claudian», *JPh* 23, 1895, p. 202-204.

«Emendations of Claudian», *CQ* 4, 1910, p. 257-262.

K. Purgold, *Archäologische Bemerkungen zu Claudian und Sidonius*, Gotha 1878.

J.C. Rolfe, «Claudian», *TAPhA* 50, 1919, p. 135-149.

D. Romano, *Claudiano*, Biblioteca di cultura moderna 49, Palerme 1958.

A. de Rooy, «Ad Claudianum», *Spicilegia crit.*, 1771, p. 111-113.

D. Roques, «Synesios de Cyrène et les migrations berbères vers l'Orient (398-413)», *CRAI* 1983, p. 660-677.

C. Rosa, *Claudio Claudiano, saggio critico-storico*, Ancône 1873.

R. Sabbadini, «Sallustius, Ovidius, Plinius, Germanicus, Claudianus cum nouis codicibus conlati atque emendati», *Museo di Antichità classica* 1890, p. 69-122.

C.A.Chr. Scheffler, «Cl. Claudianus», *Wiedeburgs Humanist. Mazarin*, 1789, 3, p. 204-227.

W. Schmid, «Ein verschollener Kodex des Cuias und seine Bedeutung für die Claudiankritik», *SIFC* 27-28, 1956, p. 498-518.

«Claudianus I», *RAC* 3, 1957, p. 152-167.

M. Schmidt, «Lesefrüchte», *Zeitschrift für d. Gymnasialw.* 9, 1855, p. 421-422.

P.L. Schmidt, *Politik und Dichtung in der Panegyrik Claudians*, Konstanzer Univ.-Reden 55, Constance Univ. Verl. 1976.

M. Schneider, *Curae criticae in epicos Graecos (Numenium, Aratum, Claudianum*), Progr. Gotha 1891.

I. Schrader, «Ad Claudianum», *Liber emendationum*, Leov. 1776, p. XLIV; 143-144; 179-180.

P. Schutz, *De Stilichonte iisque qui de eo agunt fontibus Claudiano et Zosimo*, Diss. inaug. Königsberg 1864.

W.H. Semple, «Notes on some Astronomical Passages of Claudian», *CQ* 31, 1937, p. 161-169; 33, 1939, p. 1-8.

C.J. Simpson, «Claudian and the Federation of the Bastarnae», *Latomus* 34, 1975, p. 221-223.

H. Steinbeiss, *Das Geschichtsbild Claudians*, Diss. Halle 1936.

J. Steiner, *Das geographische Weltbild des Claudius Claudianus*, Diss. Graz 1950. [dactyl.]

E. Stöcker, *De Claudiani poetae veterum rerum romanarum scientia quae sit et unde fluxerit*, Diss. inaug. Marburg, Leipzig 1889.

J. Straub, «Die Wirkung der Niederlage bei Adrianopel auf die Diskussion über das Germanenproblem in der spätrömischen Literatur», *Philologus* 49, 1943, p. 255-286.

L.B. Struthers, «Quo modo Claudius Claudianus praeceptis rhetoricis in laudationibus scribendis usus sit quaeritur», *HS* 27, 1916, p. 171-172. [résumé d'un PhD]

«The Rhetorical Structure of the Encomia of Claudius Claudian», *HS* 30, 1919, p. 49-87.
M. Swoboda, «De Ausonii et Claudiani fragmentis hymno-precatoriis», *Eos* 69, 1981, p. 83-95.
R.G. Tanner, «The Evolution of Roman Epic», *PACA* 12, 1973, p. 15-22.
Fr. Trump, *Observationes ad genus dicendi Claudiani eiusque imitationem vergilianam spectantes*, Diss. inaug. Halle, Bratislava 1887.
J. Turcevic, «Cl. Claudianus und Joannes Lydos. Zur Frage der HerkunftClaudians», *ByzZ* 27, 1934, p. 1-9.
B.L. Ullman, «A List of Classical Manuscripts in a eight-century Codex perhaps from Corbie», *Scriptorium* 8, 1954, p. 24-37.
G.Fr. Unger, «Frühlings Anfang», *JKPh* 141, 1890, p. 153-183; 377-404; 473-512.
R. Unger, «Zu Claudian», *Philologus* 19, 1863, p. 151-154.
De locis quibusdam Claudiani, Ammiani et Martialis, Gymn. Progr. Friedland 1869.
M.A. Vinchesi, «Servio e la riscoperta di Lucano nel IV-V secolo», *A & R* 24, 1979, p. 2-40.
Edm. Vogt, *De Cl. Claudiani carminum, quae Stiliconem praedicant, fide historica ex comparatione ceterorum fontium recensetur*, Diss. inaug. Bonn 1863.
Fr. Vollmer, «Claudianus 9», *RE* 3,2 1899, c. 2652-2660.
O. Vollrath, *De metonymiae in Cl. Claudiani carminibus usu*, Diss. Iéna, Weide 1910.
K. Weitzmann et S. Schultz, «Zur Bestimmung des Dichters auf dem Musendiptychon von Monza», *JDAI* 1934, p. 128-138.
A. Welzel, *De Claudiani et Corippi sermone epico*, Breslau 1908.
C. Weyman, *Beiträge zur christlischen lateinischen Poesie*, Munich 1926. [p. 87-90]
J. Willis, *Mnemosyne* 27, 1974, p. 96-98. [compte-rendu de Hall 1969]
P. de Winterfeld, *Schedae criticae in scriptores et poetas romanos*, Berlin 1895.
J.G. Zeiss, *Claudius Claudianus und das römische Reich von 394-408*, Gymn.-Progr. Landshut 1863.
G. Zurek, «Le motif de l'âge d'or chez Claudien», *Meander* 28, 1973, p. 288-306. [en polonais, avec résumé en latin]

O. Zwierlein, *Senecas Hercules im Lichte kaiserzeitlicher und spätantiker Deutung. Mit einem Anhang über tragische Schuld sowie Seneca-Imitationen bei Claudian und Boethius*, AAWM 1984,6, Wiesbaden 1984.

Lexiques

M. Wacht, *Lemmatisierter Index zu den Carmina maiora Claudians mit statistischen Anhängen zu Sprache und Metrik*, Regensburger Microfiche Mater. IX, Nuremberg 1980.

P.G. Christiansen, *Concordantia in Claudianum*, Hildesheim-Zürich-New York 1988.

Traductions complètes

A. Hawkins, *Cl. Claudian, The whole Works*, Londres 1817 (2 volumes).

G.B. Gaudo, *Cl. Claudiano. Opere*. Volgarizzamento e note di G.B.G., t. 1, Florence 1867; t. 2, Oneglia 1869; t. 3, Oneglia 1870 (deuxième édition, Oneglia 1871).

G. Freiherr von Wedekind, *Dichtungen des Cl. Claudianus*, übersetzt von G.F.v.W., Darmstadt 1868. = *Wedekind*

Traductions, adaptations et commentaires du *Rapt*

Geoffrey of Vitry, The Commentary on Claudian De raptu Proserpinae, transc. by Clarke A. K. & Gilles P.M., with an introd. & notes, Mittellat. Stud. & texte 7, Leyde 1973.

M. Gio. Battista Barbo, *Tradutione di Claudiano, del Ratto di Proserpina*, in versi sciolti dell' eccelente M. G.B.B. Padouano, Padoue, Lorenzo Pasquati (s.d.).

L. Sanuto, *Al reverendissimo et illustrissimo signor il cardinal di Terento La Rapina di Proserpina di L.S.*, Vinegia 1551 (puis 1553).

A. Nozzolini, *Del Rapto di Proserpina*, dans *Rime* 1560.

Desroches, *Le Ravissement de Proserpine*, Paris 1586.

A. Cingale, *Il Ratto di Proserpina di Claudiano, da Giovan*

Domenico Benilacqua, in ottava rima tradotto... con gli argomenti & allegorie di A.C...., Palerme 1586.

Fr. Faria, *Cayo Lucio Claudiano, Robo de Proserpina*, traduzido por il doctor Don Fr. F., Madrid 1608 (réédition, 1806).

L. Digges, *The Rape of Proserpine*, translated by L.D., Londres 1617 (réédition Londres 1628; Liverpool Univ. Press 1959).

G. Aldibert, *Le Ravissement de Proserpine de Cl. Claudien*, traduit en prose françoise. Avec un quatriesme livre. Ensemble la mythologie ou explication naturelle de la fable, par G.A., advocat en Parlement, Toulouse 1621.

M. D'Assoucy, *Le Ravissement de Proserpine de M. D.*, poème burlesque d'après Claudien, Paris 1653 (rééditions 1659 et 1664).

C. Nicole, *Proserpine, poëme de Claudien*, traduit en vers héroïques et achevé par C.N., dans *Les Œuvres de Monsieur le président Nicole*, Paris 1658; rééditions 1662; 1693; édition du premier livre seul, Paris 1651.

Fr. Balducci, *Parafrasi nei due primi libri di Claudiano del Ratto di Proserpina*, Rime del Sign. F.B., 1663.

Jabez Hughes, *The Rape of Proserpine, from Claudian*, in three books..., translated by Mr. J.H., Londres 1714 (réédition 1723).

Marcantonio Cinuzzi, *Il Rapimento di Proserpina di Claudio Claudiano*, tradotto di latino in volgare toscano sanese da M. M.C. etc., Venise-Sienne 1714.

J.B. Merian, *L'enlèvement de Proserpine, poëme de Claudien*, traduit en prose françoise avec un discours sur ce poëte et des remarques par M.M., Berlin 1767 (réédition 1777).

R. Klotz, *An den Herrn Geheimden R. K., aus des Claudianus Eingange zum zweyten Buche von Raube der Proserpina*, Halle 1769.

B.G. Walch, *Uberioris commentationis de Claudiani carmine de raptu Proserpinae inscripto specimen*, Göttingen 1770.

A. Wincentego et U. Ustrzyckiego, *Klaudyusza Klaudyana...*, Varsovie 1772. [traduction polonaise]

J.Fr. Schütze, *Raub der Proserpina. Gedicht in 3 Gesängen*, metrisch frei von J.F.S. Hambourg 1784.

Messerschmidt, *Raub der Proserpina*, Übers. von M., *Monatsschrift für Deutsche* 1800 (janvier et février).

J. Michaud, *L'Enlèvement de Proserpine*, poème en trois chants, 5ème édition Paris 1808 (8ème édition, 1827).

J.D. von Bordelius, *Raub der Proserpina*, erster Gesang metr. übers. mit einigen Anmerkungen von J.D.v.B., Hambourg 1811.

Schulze, «Raub der Proserpina Uebers. von S.», *Seebodes Archiv*. 1824, p. 152-158.

The Proserpine of Claudian, transl. into English Verse, *Horae poeticae* 1841.

R. Nani, *Alcune reflessioni sopra C. Claudiano e il suo secolo con saggio di trad. del ratto di Proserpina*, da R.N., Bergame 1875.

G. Morsolin, *Il Ratto di Proserpina di Claudio Claudiano*, volgarizzato da G.M. con note, Trapani 1882.

S. Stella, «Il ratto di Proserpina», *A & R* 10, 1929, p. 120-128.
Il ratto di Proserpina, l. III, vers. esametr., Palerme 1930 (et Ann. Liceo-ginn. Meli, 1929-1930).
«Il ratto di Proserpina», libro IV, trad. ital., *MC* 1932, p. 77-79.

R.M. Pope, *The Rape of Proserpine*, trans. into engl. verse by R.M.P., Londres 1934.

J. Fiser, *L'enlèvement de Perséphone*, traduit en tchèque par F.J., Vydala Ml. fronta 1968.

F.F. Schwartz, «De raptu Proserpinae», eingel. 1 erkl. von S.F.F., *Litterae Latinae* 29, Vienne 1974-1975, p. 9-27.

M. de Angelis, «Dal verso alla prosa poetica. Il Rapimento di Proserpina di Claudiano», *Tradurre poesia* a cura di R. Copioli, Brescia 1983, p. 174-182. [traduction de 2,1-306]

E. Potz, *Claudian. Kommentar zu De raptu Proserpinae Buch I*, Diss. Gratz 1985. = *Potz*

Cl. E. Gruzelier, *A Literary Commentary on Claudian's De raptu Proserpinae*, Thesis, Oxford Balliol College 1985 (microfilm que je n'ai pu consulter).

Traduction du *Rapt* avec d'autres poèmes de Claudien

J.G. Strutt, *The Rape of Proserpina with other Poems from Claud.*, translated into English Verse with occasional Notes by J.G.S., Londres 1814.

H.E.J. Howard, *The Rape of Proserpine:* a poem in three books. Incomplete. To wich are added The Phoenix: an idyll. And the Nile: a fragment. Translated by H.E.J.H., 1854.

U.A. Amico, *Claudio Claudiano. Versioni di U.A.A. Il Ratto di Proserpina. Le nozze di Palladio e Celerina. Un epigramma*, Palerme 1877.

Fr. Serpa, *Claudio Claudiano, Il rapimento di Proserpina. La guerra dei Goti*, introduzione, traduzione e note di F.S., testo latino a fronte, BUR Rizzoli L 113, Milan 1981.

Études sur le *Rapt*

U.A. Amico, *Il Ratto di Proserpina di Cl. Claudiano con commenti, critica e traduzione in versi per L. G. de Diaz*, Caltanisseta 1891. [recension]

Torkill Baden, *Spec. Lectt. var. ad Claudianum de raptu Proserpinae duobus Codd. Ital.*, Kilon 1796.

E. Bährens, «Kritische Satura», *JKPh* 105, 1872, p. 634-636. [*rapt.* 1, 137 sqq.]

E. Bernert, «Die Quellen Claudians ins De raptu Proserpinae», *Philologus* 93, 1938, p. 352-376.

L. Cerrato, «De Claudii Claudiani fontibus in poemate de raptu Proserpinae», *RFIC* 9, 1881, p. 273-395.
Animadversiones criticae in Cl. Claudiani poema de raptu Proserpinae, Turin 1882.

J.L. Charlet, «L'Etna, la rose et le sang. Critique textuelle et symbolisme dans le De raptu Proserpinae de Claudien», *InvLuc* 9, 1987, p. 25-44.

A.K. Clarke, «Claudian's De raptu Proserpinae», *PCA* 27, 1930, p. 38-41. [résumé]
«Parrhasius'edition of Claudian's De raptu Proserpinae Milan 1500», *PCA* 44, 1947, p. 10-11. [résumé]
«Claudian's Methods of Borrowing in De raptu Proserpinae», *PCPhS* 181, 1950-1951, p. 4-7.

R.E. Colton, «Echoes of Propertius in Claudian's *De Raptu Proserpinae* », *RPL* 11, 1988, p. 97-105.

E. Courtney, «A Miscellany on Latin Poetry», *BICS* 29, 1982, p. 49-54.

V. Cremona, «La composizione del De raptu Proserpinae di Claudio Claudiano», *Aevum* 1948, p. 231-256.

E. Curcio, *Sul De raptu Proserpinae*, Syracuse 1921.

O.A.W. Dilke, «Patterns of Borrowing in Claudian's De raptu Proserpinae», *RBPh* 43, 1965, p. 60-61.

T. Duffey, «The Proserpinean Metamyth. Claudian's *De raptu Proserpinae* and Alan of Lille's *Anticlaudianus* », *Florilegium* 5, 1983, p. 105-139.

P. Fabbri, «Claudiano in Sicilia e il Ratto di Proserpina», *Mélanges F. Ramorino*, Milan 1927, p. 91-100.

W. Fauth, «Concussio Terrae. Das Thema der seismischen Erschütterung und der vulkanischen Eruption in Claudians De raptu Proserpinae», *A & A* 34, 1988, p. 63-78.

A. Fo, «Osservazioni su alcune questioni relative al De raptu Proserpinae di Claudiano», *QC* 1, 1979, p. 385-415.

P. Galand, «Les «fleurs» de l'ecphrasis. Autour du rapt de Proserpine (Ovide, Claudien, Politien)», *Latomus* 46, 1987, p. 87-122.

Cl. E. Gruzelier, «Temporal and Timeless in Claudian's De raptu Proserpinae», *G & R* 35, 1988, p. 56-72.

Fr. Gustafsson, «Claudianea (*rapt.* I 4-6-73-101; II 24)», *RhM* 33, 1878, p. 480-481.

J.B. Hall, «Notes on three New Manuscripts of Claudian, de raptu Proserpinae», *PACA* 12, 1973, p. 13-14.

S. Hammer, «De Ovidii memoria in Claudiani carmine De raptu Proserpinae», *Mélanges Th. Sinko*, Varsovie 1951, p. 91-105.

Fr. Haverfield, «Miscellanea», *JPh* 14, 1885, p. 132. [*rapt.* 2,317]

H.H. Huxley, «Claudian, De raptu Proserpinae II 163-169», *CR* 10, 1960, p. 8-9.

«Statius Theb. 10.935-939 and Claudian Rapt Pros. 3.349-352», *CPh* 56, 1961, p. 253-254.

L. Jeep, «Die Handschriften von Claudians Raptus Proserpinae», *Acta Soc. Philol. Lips.* 1,2, 1871, p. 345-387; 2, praef. VII.

«Nachträgliches über die Handschriften von Claudians Raptus Proserpinae», *RhM* 27, 1872, p. 618-624.

«Die Kritik des Claudianus mit Ausschluss des Raptus Proserpinae», *RhM* 30, 1875, p. 1-25.

A. Lipari, *Il De raptu Proserpinae di Claudio Claudiano e il mito del rapimento nelle sue origini e nel suo sviluppo*, Trapani 1936.

A. Ludwich, «Paraphrase eines Gedichtes über den Raub der Persephone, von A.L.», *BPhW* 1919, p. 999-1008; 1029-1032.

E. Malcovati, «Un codice pavese inedito del De raptu Proserpinae», *RIL* 71, 1938, p. 161-172.

A. Masetti, *De Claudii Claudiani Raptu Proserpinae disputatio*, Bologne 1894.

E.L.B. Meurig-Davies, «Note on Claudian», *CR* 1950, p. 95. [*rapt.* 1,171-172]

F. Minissale, «Il poeta e la nave. Claud. rapt. Pros. I,1-14», *Helikon* 15-16, 1975-1976, p. 496-499.

A.I. Penzel, «Explicatio vers. XXX prior. Claudiani in libro de raptu Proserpinae primo», in Stosch, *Mus. crit.* 1774, p. 153-167.

Platz, «Zergliederung und krit. Würdigung d. Ged. Raptus Proserpinae von Claudian», *Seebodes Neu. Arch. für Philol.*, 1827,3, p. 80-88.

F.F. Schwartz, «Nigra maiestas. Bryaxis, Sarapis, Claudian», *Mélanges E. Diez*, Graz 1978, p. 189-210.

Io. Svedborg, *De Claudii Claudiani quod de raptu Proserpinae inscribitur carmine epico quaestiones*, Diss. acad. Uppsala 1860.

P. Tordeur, *Répertoires prosodiques et métriques: Claudien, L'enlèvement de Proserpine*, éd. de l'Université de Bruxelles, Faculté de Philosophie et Lettres, Sources et Instruments, s.d.

R. Unger, *Subsicivorum capita tria*, Progr. Friedland 1854. [*rapt.* 3,359]

J. Vahlen, «De distinctionis usu critico», *J.l. aest. Berolini* 1880, p. 3-18 (= *Opuscula academica* 1, Leipzig 1907, p. 103-120). [*rapt.* 3,297-299]

S. Viarre, «Les digressions dans le *De raptu Proserpinae* de Claudien; *dispositio* et *elocutio* », *La rhétorique à Rome* (Colloque Paris 1977), Caesarodunum 14 bis, Calliope I, Paris 1979, p. 161-170.

CONSPECTVS SIGLORVM

Abréviations pour désigner les œuvres de Claudien

c. min. 1-53: Carmina minora 1-53
c. min. app. 1-24: Carminum minorum appendix 1-24
pr. 3 cons.: Panegyricus de tertio consulatu Honorii Augusti, praefatio (= 6)
3 cons.: Panegyricus de tertio consulatu Honorii Augusti (= 7)
4 cons.: Panegyricus de quarto consulatu Honorii Augusti (= 8)
pr. 6 cons.: Panegyricus de sexto consulatu Honorii Augusti, praefatio (= 27)
6 cons.: Panegyricus de sexto consulatu Honorii Augusti (= 28)
epigr. 1-7: Epigrammata graeca 1-7
epist. Ser.: Epistula ad Serenam (= *c. min.* 31)
pr. Eutr. II: In Eutropium, lib. II, praefatio (= 19)
Eutr. I, II: In Eutropium, lib. I, II (= 18; 20)
fesc. I, II, III, IV: Fescennina de nuptiis Honorii Augusti (= 11; 12; 13; 14)
pr. Get. : De bello Getico, praefatio (= 25)
Get.: De bello Getico [De b. Gothico; De b. Pollentino] (= 26)
gig.: Gigantomachia (= *c. min.* 53)
gig. gr. 1-2: Gigantomachia graeca, frag. 1-2
Gild.: De bello Gildonico (= 15)
pr. nupt.: Epithalamium de nuptiis Honorii Augusti, praefatio (= 9)
nupt.: Epithalamium de nuptiis Honorii Augusti (= 10)
Ol.: Panegyricus dictus Olybrio et Probino coss. (= 1)
Pall.: Epithalamium dictum Palladio V.C. tribuno et notario et Celerinae (= *c. min.* 25)
pr. rapt. I, II: De raptu Proserpinae, lib. I, II, praefatio (= 32; 34)
rapt. I, II, III: De raptu Proserpinae, lib. I, II, III (= 33; 35; 36)
pr. Ruf. I, II: In Rufinum, I, II, praefatio (= 2; 4)
Ruf. I, II: In Rufinum, I, II (= 3;5)
Ser.: Laus Serenae (= *c. min.* 30)

pr. Stil. III: De consulatu Stilichonis, lib. III, praefatio (= 23)
Stil. I, II, III: De consulatu Stilichonis [Laus Stilichonis], lib. I, II, III (= 21; 22; 24)
pr. Theod.: Panegyricus dictus Manlio Theodoro consuli, praefatio (= 16)
Theod.: Panegyricus dictus Manlio Theodoro consuli (= 17)

Abréviations employées dans l'apparat critique

a.c.: ante correctionem
add.: addit, addunt
cett. mei: omnes codices a me selecti praeter eos qui ante allati sunt
def.: deficit
m.a.: manus altera
mg. : in margine
m.r.: manus recentior
m.tert.: manus tertia
om.: omittit, omittunt
p.c.: post correctionem
s.l.: supra lineam
u.l.: uaria lectio
?: lectio incerta

LIVRE PREMIER

LIVRE 1: analyse

Préface: l'inventeur de la navigation a ouvert des routes qu'interdisait la nature (v. 1-4). Mais, avant d'affronter la haute mer et ses tempêtes, il navigua d'abord le long des côtes, puis traversa les golfes (v. 5-12).

Livre 1: origine et préliminaires du drame (286 + 2 = 288 vers)

Prologue (v. 1-31): le poète annonce son sujet (v. 1-4). Possédé par Apollon, il voit s'avancer, pour célébrer les mystères, le cortège sacré d'Eleusis: Triptolème, Hécate, Iacchus (v. 5-19). Il demande aux dieux infernaux de lui dévoiler leurs secrets: l'amour de Pluton, le rapt de Proserpine, les courses errantes de Cérès et le don du blé aux humains (v. 20-31).

La requête de Pluton: présentation des acteurs du drame (v. 32-142)

Furieux d'être privé d'épouse, Pluton se prépare à attaquer les dieux d'en haut; les divinités infernales se rassemblent pour la guerre (v. 32-41). Le conflit est imminent, mais les Parques, soucieuses de l'ordre du monde, interviennent auprès de Pluton: Lachésis le prie de ne pas rompre la paix, mais de demander une épouse à Jupiter (v. 42-67). Pluton s'adoucit, fait venir Mercure et lui confie un message pour Jupiter (v. 67-88): comme les autres dieux, il a besoin d'une épouse et d'une descendance; si Jupiter n'accède pas à sa requête, les ténèbres de l'enfer recouvriront la lumière du ciel (v. 89-116).

Mercure transmet le message et Jupiter reste perplexe: qui voudra épouser Pluton (v. 117-121)? Il songe à Proserpine, fille unique de Cérès, qui a atteint l'âge nuptial et que les dieux commencent à courtiser (v. 122-137). Mais Cérès les repousse et, craignant un rapt, met sa fille à l'abri en Sicile (v. 138-142).

Description de la Sicile: le théâtre du drame (v. 142-178)

Le poète décrit la Sicile (v. 142-152), avec, en son centre, un volcan: l'Etna (v. 153-178).

Les préliminaires du rapt: départ de Cérès; complot de Jupiter exécuté par Vénus; préparatifs de Pluton (v. 179-288).

Cérès quitte sa fille pour rejoindre Cybèle en Phrygie, non sans pressentiments funestes; elle dit adieu à la Sicile, en lui promettant une fécondité spontanée; puis elle gagne l'Ida, où l'accueille Cybèle (v. 179-213).

Jupiter dévoile à Vénus le fond de sa pensée: Proserpine est promise par les destins à Pluton; Vénus doit descendre en Sicile pour faire sortir Proserpine de sa retraite et enflammer d'amour Pluton (v. 214-228). Vénus obéit et part avec Pallas et Diane (v. 229-236); les déesses gagnent le palais de Cérès, où Proserpine brode une tapisserie pour sa mère (v. 237-275).

La nuit tombe: Pluton se dispose à gagner le monde d'en haut (v. 276-288).

Préface du livre 1

Comme la plupart des grands poèmes de Claudien (voir l'introduction à *pr. 3 cons.*, t. 2), le premier livre du *Rapt* est précédé par une préface en distiques élégiaques, à valeur allégorique. La partie narrative, souvent mythologique, est généralement suivie d'une partie interprétative plus courte, qui en explicite la signification (*pr. 3 cons.*, *pr. Ruf.* 1...). Mais cette pratique n'est pas constante chez Claudien (voir *pr. nupt.*), et il n'y a donc pas lieu de supposer, contre la tradition manuscrite unanime, une lacune après le v. 12, comme le voulaient Gesner, Gramlewicz et, non sans hésitations, Koch. Burman (p. 538) cite en note deux vers qu'il dit ajoutés à cette préface dans un *codex Sangallensis* qui semble avoir disparu: «Sic ego qui rudibus scripsi praeludia uerbis / ingredior Stygii nobile Ditis opus». Ces vers sont manifestement une interpolation médiévale (Hall 1969, p. 122 apparat: *praeludium* n'est pas un mot antique).

Claudien part du thème de la première navigation (v. 1-4: cf. le σχετλιασμός, plainte contre l'audace de celui qui inventa la navigation, c'est-à-dire Jason: HOR. *carm.* 1,3, 9 sqq.; PROP. 1,17, 13 sqq.; TIB. 1,3,35 sqq.; OV. *am.* 2,11,1 sqq.; PHAEDR. 4,7,6 sqq.; SEN. *Med.* 301 sqq.; *Phaedr.* 530; LVCAN. 3,192 sqq. et 6,400 sq.; STAT. *silu.* 3,2,61 sqq. et

Ach. 1,64 sq.; MART. 7,19; OPP. *hal.* 1,354), mais il insiste ici sur le caractère *progressif* de l'audace du premier navigateur et il distingue nettement trois étapes: v. 5 *primum* (navigation le long des côtes), v. 7 *mox* (navigation à la voile qui s'écarte légèrement des terres pour traverser les golfes), et v. 9 *ast ubi...* (navigation en haute mer, qui affronte les tempêtes). Le thème du poète assimilé à un navigateur est tellement traditionnel (v. 5-12: VERG. *georg.* 2,41-45; PROP. 3,3,22-24; OV. *fast.* 1,4...) que Claudien n'éprouve pas le besoin de le formuler explicitement pour donner la clé de sa préface: il sait que son lecteur en aura compris le sens symbolique (pour la signification de ce passage, voir *Intr.* p. XX-XXII).

Sur ce point, il suit de près Némésien qui, avant d'aborder son exposé didactique sur la chasse, écrit à propos de son entreprise poétique (*cyn.* 58-62): «talique placet dare lintea curae / dum non magna ratis, *uicinis* sueta moueri / *litoribus tutosque sinus* percurrere remis, / nunc *primum dat uela Notis* portusque fideles / *linquit* et *Hadriacas* audet *temptare procellas*». Némésien est manifestement la source principale de Claudien; mais ce dernier a procédé par contamination, en s'inspirant aussi d'une comparaison épique de Stace qui décrivait précisément comment les marins se préparent *progressivement* à affronter les tempêtes de la haute mer (*Theb.* 6,16-24): «Ceu *primum ausurae* trans alta ignota biremes, / seu *Tyrrhenam hiemem* seu stagna *Aegaea* lacessant, / *tranquillo prius* arma lacu clauumque leuisque / explorant remos atque ipsa pericula discunt; *at cum* experta cohors, tunc *pontum inrumpere* fretae / longius ereptasque oculis non quaerere *terras* ». En prose, à la même époque que Claudien: RVF. *praef. Orig. Rom.* (CC 20, p. 273). Après Claudien, et non sans lien avec lui, le thème revient assez souvent dans la poésie latine tardive: PS. PROSP. *prou.* 8-9 et 97 sqq. (notamment 100 sqq.: «sed quoniam rudibus metus est intrare profundum, / in tenui primum discant procurrere riuo...»; ce poème date de 416); PAVL. PETR. *Mart.* 2, 1-14 (notamment v. 3-6: «ac dum placati rapiunt me gaudia ponti, / *inrupit* — irrumpit *PL* — uastum temeraria cumba *profundum* / uix uel uicinis bene *radens litora terris* / nunc quid ago et dubiam *trepidus* quo dirigo proram?»); VEN. FORT. *Mart.* 1 *pr.* 1 sqq. (v. 1 «nauta rudis tumido cum uult dare uela profundo»; v. 21-22 «afficitur *tremulis* temerarius arbiter *undis* / et stupet inplicitas quas petat *arte uias*», avec un commentaire explicatif qui a pu inspirer les deux vers cités par Burman, v. 27 sqq.: «sic ego de modicis minimus...») et 3,1-23; cf. IORD. *Get.* 1 sqq. (introduction).

On notera le caractère très travaillé de cette préface: recherche des effets (anaphore du pronom relatif, nombreuses allitérations, rimes croisées des quatre premiers vers, parallélisme *primus* et *primum* en même position métrique aux v. 1 et 5) et style oratoire (recherche des rythmes binaires ou ternaires; ampleur du mouvement: comme J.B. Hall, je considère que cette préface ne forme qu'une seule phrase).

[RAPT DE PROSERPINE][a]
LIVRE 1

[PRÉFACE]

Le premier qui inventa un navire,[1] fendit l'abîme
Et tourmenta les eaux de ses rames novices,[2]
Qui, osant livrer un bois d'aune[3] aux souffles incertains,
Eut l'art d'ouvrir des voies que dénie la nature,[4]
Se confia d'abord en tremblant à des ondes tranquilles[b]
Et par un chemin sûr longea le bord des côtes;[5]
Puis il se mit à braver d'amples golfes,[c] à quitter le rivage,
À déployer sa voile aux brises du Notus.
Mais, lorsque peu à peu s'accrut son audace emportée,[d]
Que son cœur désapprit les langueurs de la crainte,
Voici qu'à l'aventure il envahit le large:[6] il suit le ciel,
Il dompte la tempête en mer Égée[7] ou Ionienne.[8]

a. Comme pour les autres poèmes de Claudien, aucun titre inscrit par la première main (ou par une main contemporaine de la première) ne se lit sur la plupart des manuscrits anciens (ici, plus des deux tiers). Quand il existe, le titre varie selon les manuscrits, avec néanmoins un retour assez fréquent de la forme *de raptu proserpin(a)e* (voir apparat critique). Cette forme se retrouve aussi dans certains catalogues médiévaux (catalogue de la bibliothèque de Charlemagne; mais *Claudianus de proserpina* dans des catalogues carolingiens de Saint-Gall et de Reichenau). Je reprends donc ce titre traditionnel, mais en considérant qu'il ne remonte pas à Claudien lui-même. En tout état de cause, la correction proposée par Heinsius (*Raptus Proserpinae*) est arbitraire.

b. *Se credere undis*: expression et thème analogues chez Ovide (*trist.* 2,329-330): «non ideo debet *pelago se credere* si qua / audet in exiguo ludere cumba lacu».

c. Pour *longus* épithète de la mer, HOR. *carm.* 3,3,37 (*pontus*); 3,27,42-43 (*fluctus*).

d. La correction de Swart et Barth (*in praeceps*) est inutile. *Praeceps* est une épithète de nature d'*audacia* (*Ruf.* 1,34: «caeco *praeceps Audacia* uultu»; cf. OV. *hal.* 75; AMM. 30,4,10; 20,11,16).

[DE RAPTV PROSERPINAE]
LIBER I

[PRAEFATIO]

Inuenta secuit primus qui naue profundum
   et rudibus remis sollicitauit aquas,
qui, dubiis ausus committere flatibus alnum,
   quas natura negat, praebuit arte uias,
tranquillis primum trepidus se credidit undis
   litora securo tramite summa legens;
mox longos temptare sinus et linquere terras
   et leni coepit pandere uela Noto;
ast ubi paulatim praeceps audacia creuit
   cordaque languentem dedidicere metum,
iam uagus irrumpit pelagus caelumque secutus
   Aegaeas hiemes Ioniumque domat.

claudius claudianus P_5 claudii claudiani de raptu proserpine primus liber incipit A_1 *m.r.* incipit liber claudii eloquentissimi hominis de raptu proserpinae L_1 liber primus de raptu proserpinae F_2 incipit I praefatio claudii claudiani C_1 prologus claudiani in libro de raptu proserpine L_3 **1** secuit primus qui F_1 P_5 F_4 *Pm* J_2 J_4 *Ise*: s. q. pr. *J* A_1 F_2 L_3 pr. s. q. C_1 primum s. q. L_1 || **4-3** P_5 || **3** qui: quis F_4 || flatibus (P_5): fluctibus P_5 *u.l.* F_2 || alnum: -os F_2 *a.c.* || **5** tranquillis: transquillis A_1 tranquillus J_2 *a.c.* || trepidus (P_5 *u.l.*): -um F_2 -ans P_5 || credidit: tradidit J_2 || **6** securo: secreto F_1 || **7** longos: -as L_1 || **8** et leni c(o)epit: et cepit leui J_2 || pandere: tendere L_1 tradere J_2 || **10** dedidicere: dedicere C_1 *a.c.* J_4 *a.c.* || **11** iam uagus: iam uagis *Pm* *a.c.* Altius J_4 || irrumpit F_1 *J* P_5*?* *a.c.* L_1 C_1 F_4 : irrupit P_5 *p.c.?* A_1 F_2 L_3 *Pm* J_2 J_4 *Ise* exultat *Ise mg.* || *post* irrupit *del.* siluis J_2 || pelagus *J* C_1 *a.c.* : -go F_1 P_5 A_1 L_1 F_2 F_4 C_1 *p.c.* L_3 *Pm* J_2 J_4 || **12** ioniumque [y-]: -asque F_2 J_2

LIVRE I

Les chevaux du ravisseur infernal, le char qui jusqu'aux astres
Porta les exhalaisons du Ténare, la noce enténébrée de la Junon
Des profondeurs, d'un chant audacieux[1] mon esprit trop plein
Ordonne de les mettre au jour. Profanes, détournez vos pas[a]:
Voici que le délire a chassé de mon cœur tout sentiment humain;
C'est Phébus tout entier que respire mon sein[b].
Voici que j'aperçois le temple chanceler sur sa base tremblante,
Et les feux disperser une claire lumière,
Attestant l'arrivée du dieu. Voici que du fond de la terre
Se fait entendre un grondement immense; le sanctuaire de Cécrops
Répond par un mugissement, Éleusis brandit ses torches sacrées.[2]
En sifflant[c], les serpents de Triptolème élèvent leur cou écailleux
Vsé par le joug recourbé; paisiblement, ils glissent
Et dressent leur crête vermeille pour écouter mes vers.[3]
Alors au loin paraît Hécate, diverse en ses trois formes;
Et l'aimable Iacchus s'avance en même temps.
Ses cheveux sont fleuris de lierre; il est couvert d'un tigre parthe
Dont les griffes dorées sont réunies en nœud;

a. Recommandation traditionnelle: les profanes sont toujours écartés des mystères réservés aux seuls purs et initiés. Callimaque, *hymn. Apoll.* 2: ἑκὰς, ἑκας ὅστις ἀλιτρός; VERG. *Aen.* 6,258: *procul o, procul este profani.*

b. Liés par l'identité de leur schéma métrique, les v. 5-6 développent *congesta*: dans le délire poétique, Claudien est possédé par le dieu qui a chassé de son cœur tout sentiment humain: comparer Euripide, *Hipp.* 141; AVIEN. *orb. terr.* 6-7; et surtout LVCAN. 5,167-169 «Paean *mentem priorem* / *expulit* atque *hominem toto* sibi cedere iussit / *pectore*», qui a pu inspirer Claudien. La reprise de *iam* en anaphore (v. 5; 7; 9) confère au passage une grande solennité. — Pour le sens de *totum*, comparer HOR. *carm.* 1,19,9 *in me tota ruens Venus* (Racine, *Phèdre* I,3: «C'est Vénus tout entière à sa proie attachée») et STAT. *Theb.* 10,927-928 «talia dicentem *toto* Ioue fulmen adactum / corripuit».

c. Bien que *stridunt* soit ici moins bien attesté que *strident*, Hall a sans doute raison de préférer la forme de troisième conjugaison (virgilienne et, plus généralement, poétique): bon nombre de scribes ont dû avoir tendance à normaliser *stridunt* en *strident*, et la forme *stridunt* est encore mieux attestée en 3,399, ainsi qu'en *Ol.* 101 et *Eutr.* 2,106.

LIBER I

Inferni raptoris equos afflataque curru
sidera Taenario caligantesque profundae
Iunonis thalamos audaci promere cantu
mens congesta iubet. Gressus remouete, profani:
iam furor humanos nostro de pectore sensus
expulit et totum spirant praecordia Phoebum;
iam mihi cernuntur trepidis delubra moueri
sedibus et claram dispergere lumina lucem
aduentum testata dei; iam magnus ab imis
auditur fremitus terris templumque remugit
Cecropium sanctasque faces extollit Eleusis.
Angues Triptolemi stridunt et squamea curuis
colla leuant attrita iugis lapsuque sereno
erecti roseas tendunt ad carmina cristas.
Ecce procul ternis Hecate uariata figuris
exoritur lenisque simul procedit Ia<c>chus
crinali florens hedera, quem Parthica uelat
tigris et auratos in nodum colligit ungues;

Claudiani de raptu proserpine liber primus incipit L_3

1 curru (P_5): -su P_5 *u.l.* || **2** t(a)enario (J_4 *u.l.*): tenatrio P_5 *a.c.* ternario F_1 *a.c.* trinacrio J_4 tartareo J_2 || caligantes-: -gentesL_1 || **3** promere: -dere *J* F_4 C_1 || **4** congesta F_1 A_1 L_1 F_2 F_4 L_3 *Pm* J_4 *u.l.* : coniesta *J u.l.* P_5 J_2 coniecta J_4 concreta *J u.l.* augusta *J* angusta C_1 concussa *Ise* || profani: -fundi L_1 *a.c.* || **5** nostro de pectore sensus: de n. p. s. *Pm* || **8** lumina: li- L_3 culmina *Ise* || **9** aduentum: -us F_4 || testata: testa J_4 *a.c.* || dei (*Pm*): dee *Pm u.l.* || **10** fremitus (P_5): strepitus P_5 *u.l.* J_2 || templum-: celum- F_1 *a.c.* || **11** cecropium [-i/y-]: -pidum F_1 A_1 J_2 J_4 || extollit: at- A_1 F_2 || e(u)leusis [-ys]: -in F_4 || **12** stridunt *J* C_1 *Ise*: -ent *cett. mei* || squamea [-ia] (F_2 *u.l.*): flammea F_2 || **13** attrita F_1 *J* A_1 C_1 L_3 *Pm*: astricta P_5 L_1 F_2 *p.c* F_4 J_2 J_4 || iugis: iubis C_1 || lapsu- (P_5 *a.c.*): plausu P_5 *p.c.* || **14** erecti: erepti L_1 || **15** ternis... figuris: terris... f. *Pm a.c.* -as... -as L_1 || **16** lenis- F_1 *J* P_5 L_1 F_4 *u.l.* L_3 *Pm* J_4 *Ise mg.*: leuis- C_1 l(a)etus- P_5 *u.l.* A_1 F_2 F_4 J_2 *Ise* || **17-18** tigris / uelat J_2 J_4 || **18** auratos in nodum: a. in nodis P_5 a. in nodos L_1 in nodos a. A_1 || ungues: an- L_1

Aidé de thyrses méoniens, il fixe ses pas enivrés[1].
Vous[2], dieux que sert l'innombrable foule engourdie
Peuplant le vide de l'Averne, dont la richesse insatiable reçoit
Tout ce qui périt sur la terre[a], que le Styx enveloppe
Dans les replis de son onde livide, devant qui le Phlégéthon passe,
Roulant des eaux qui fument en des tourbillons haletants,
Découvrez-moi les arcanes de vos mystères[3]
Et les secrets de votre monde: par quel flambeau l'Amour
Fléchit Pluton; comment fut enlevée l'inexorable Proserpine,
Qui reçut en dot le Chaos; à travers combien de contrées
Sa mère anxieuse erra dans sa course angoissée[b]; comment
Furent données aux peuples les moissons[c] et fut abandonné le gland,
Quand à l'invention des épis céda le chêne de Dodone[4].
Jadis, gonflé par le courroux[5], le maître de l'Érèbe s'enflamma
Pour porter guerre aux dieux d'en-haut: lui seul était privé d'épouse;
Depuis longtemps ses années se perdaient dans la stérilité;
Il ne supportait plus de ne pas connaître l'hymen et d'ignorer
Le plaisir d'être époux et le doux nom de père.
Déjà tous les monstres que cache le gouffre des enfers[6]
Se ruent en bataillons, en ligne de combat, et les Furies se liguent

a. Les v. 21-22 (*opibus... perit*) sont cités au XIIe siècle par Pierre Cantor, évêque de Paris (PL 205, c. 76).

b. Noter les adjectifs de tonalité affective *sollicito* et *anxia*: Claudien insiste sur le thème de la *mater dolorosa* (cf. 3,269). La graphie *genetrix* est attestée par le plus ancien manuscrit de Claudien en *c. min.* 17,10 et 53,13: Δ (VIIIe s.); aussi l'ai-je généralisée.

c. Bien qu'approuvée par Heinsius, la conjecture de Claverius *leges* est inutile. Plusieurs auteurs antiques attribuent à Cérès le don des moissons et des *lois* (VERG. *Aen.* 4,58 *leges et fruges*; OV. *met.* 5,342-343 *prima dedit fruges... prima dedit leges*; PLIN. *nat.* 7,191). Mais, la tradition manuscrite étant unanime, il vaut mieux garder *fruges* et considérer que Claudien, selon une habitude que nous allons souvent relever, exprime deux fois la même idée (le thème et sa variation); de plus, dans le reste du poème, Claudien revient sur le thème des *fruges* (2,138 et 3,52), sans jamais mentionner les *leges*. L'ordre *populis fruges*, mieux attesté dans la tradition manuscrite, est préférable aussi pour des raisons stylistiques (mise en valeur du terme important entre les césures P et H).

ebria Maeoniis figit uestigia thyrsis.
Di, quibus innumerum uacui famulatur Auerni
uulgus iners, opibus quorum donatur auaris
quidquid in orbe perit, quos St*y*x liuentibus ambit
interfusa uadis, et quos fumantia torquens
aequora gurgitibus Phleget<h>on perlustrat anhelis,
uos, mihi sacrarum penetralia pandite rerum
et uestri secreta poli: qua lampade Ditem
flexit Amor; quo ducta ferox Proserpina raptu
possedit dotale Chaos quantasque per oras
sollicito gen*e*trix errauerit anxia cursu;
unde datae populis fruges et glande relicta
cesserit inuentis Dodonia quercus aristis.
Dux [h]Erebi quondam tumidas exarsit in iras,
proelia moturus superis quod solus egeret
conubiis sterilesque diu consumeret annos,
inpatiens nescire torum nullasque mariti
illecebras nec dulce patris cognoscere nomen.
Iam quaecumque latent ferali monstra barat<h>ro
in turmas aciemque ruunt, contraque Tonantem

19 maeoniis [mac(h)-]... t(h)yrsis [-i-] F_1 P_5 A_1 L_1 J_4 *Ise*: -ius... -us *J* F_2 F_4 C_1 L_3 *Pm* J_2 || figit: firmat F_2 fulcit L_3 *Ise* || **20** innumerum: in nimium J_2 || famulatur *J* P_5 A_1: -antur F_1 F_2 F_4 C_1 L_3 *Pm* J_2 J_4 *Ise* simulatur L_1 *p.c.* simulantur L_1 *a.c.* || **22** orbe: ore L_1 || liuentibus: humen- F_4 || ambit (J_4 *u.l.*): angit J_4 || **23** fumantia: spu- J_4 || **24** gurgitibus: uorticibus *Ise* || perlustrat: proturbat C_1 || (h)an(h)elis: amenis C_1 || **26** uestri: nostri A_1 *a.c.* || **27** ducta: dicta *Pm a.c.* || raptu: -o J_2 curru *Ise* || **28** (h)oras (P_5 *s.l.*): auras P_5 || **29** genetrix *Heinsius*: geni- *codd.* || cursu (J_4 *u.l.*): curru A_1 J_4 || **30** populis fruges *J* P_5 L_1 F_4 C_1 L_3 *Pm*: fr. populis F_1 J_4 populo fr. A_1 F_2 J_2 || et(J_4 *u.l.*): cum J_4 || **31** dodonia [-ea]: -nida F_4 -ne L_1 *(p.c.?)* || **32** (d)ux herebi: *om.* J_2 *add. m.a.* || tumidas: ti- J_2 || **33** moturus (F_1 *p.c.*): mu- F_1 *a.c.* || quod: quia F_2*?* L_3 || **34** co(n)nubiis: -ii *J* C_1 J_4 *a.c.? Ise* || consumeret: -mpserit F_1 C_1 J_2 || **35** nullasque: -amque C_1 *a.c.* || mariti: minanti C_1 || **36** aciem-: acies- P_5 L_3 J_2

Contre le Maître du Tonnerre[a]; coiffée d'hydres nocives,
Tisiphone brandit un pin à la lueur sinistre;
Elle appelle aux armes les Mânes, au camp de la pâleur.
Les éléments faillirent reprendre leur combat[1]
Contre le monde en lutte, rompre leur pacte; détruisant sa prison
De fond en comble, la race des Titans aurait défait ses liens
Et vu l'éclat du ciel; pour la seconde fois, le sanglant Égéon
Aurait gonflé son corps[b] et desserré ses nœuds; d'un mouvement
Centuple il aurait malmené les foudres lancés contre lui.
Mais à ces menaces s'opposent les Parques. Inquiètes pour la terre,
Devant les pieds, le trône de leur maître, elles ont répandu
Leurs inflexibles cheveux blancs et ont porté la main à ses genoux.
Les voici en pleurs, suppliantes, elles qui tiennent tout
Sous leur juridiction, qui filent de leur pouce la suite des destins,
Dont la trame de fer[2] déroule la longueur des siècles
  Lachésis la première[3], les cheveux épars, en désordre,
Criait au roi farouche: «Prince souverain de la nuit[4],
Maître des Ombres, pour qui travaillent nos fuseaux,
Toi qui donnes fin et semence à tous les êtres,

a. *Tonans*: épithète, puis désignation rituelle de Jupiter. Auguste vouait un culte particulier à Jupiter Tonnant (SVET. *Aug*. 91,2). *Tonans* est employé comme substantif depuis Ovide (*epist*. 9,7; *met*. 1,170; 11,319...; cf. *rapt*. 2,76 et 367; 3,134 et 183).

b. La bonne leçon est *aucto*, qui ne signifie pas que le géant se redresse immense (Tardioli) et qui ne renvoie pas non plus à ses 100 bras et 50 têtes (Potz, qui met en parallèle SIDON. *carm*. 15,27: «plurimus hic Briareus *populoso corpore* pugnat»), mais qui indique qu'il a gonflé son corps pour distendre ses liens (dans un autre contexte: STAT. *Ach*. 1,90 *membra augere* et VAL. FL. 4,552 *uigor nouus auxerat artus*). Mal compris, *aucto* a pu susciter les corrections ou les fautes *acto*, *ar(c)to* (peut-être sous l'influence de STAT. *Theb*. 4,535 *angustam centeni Aegaeonis umbram*; mais ici *arcto*, comme *uincto*, n'apporterait pas grand-chose à côté de *nodis*), *alto* (parce que le scribe savait qu'il s'agit d'un géant... mais il est couché!)... La conjecture d'Heinsius *ancto* (participe d'*ango* qui n'est attesté que chez les grammairiens) est elle aussi inutile. V. 47: noter le *uersus aureus* conclusif (cf. v. 19 et n. compl. 1 de la page 10).

coniurant Furiae, crinitaque sontibus <h>ydris
Tesiphone quatiens infausto lumine pinum
armatos ad castra uocat pallentia Manes.
Paene reluctatis iterum pugnantia rebus
rupissent elementa fidem penitusque reuulso
carcere laxatis pubes Titania uinclis
uidisset caeleste iubar rursusque cruentus
Aegeon positis aucto de corpore nodis
obuia centeno uexasset fulmina motu,
sed Parcae uetuere minas orbique timentes
ante pedes soliumque ducis fudere seueram
canitiem genibusque suas cum supplice fletu
admouere manus, quarum sub iure tenentur
omnia, quae seriem fatorum pollice ducunt
longaque ferratis euoluunt saecula pensis.
Prima fero Lachesis clamabat talia regi,
incultas dispersa comas: «O maxime noctis
arbiter umbrarumque potens, cui nostra laborant
stamina, qui finem cunctis et semina praebes

39 ydris: -as F_4 || **40** infausto: infesto J_2 *Ise* || lumine: nu- C_1 || pinum (J_4 *u.l.*): primum J_4 || **41** uocat: -ant F_4 C_1 manet A_1 *a.c.* || pallentia (J_2 *m.a.*): polentia J_2*?* || **42** p(a)ene: pena J_2 *a.c.?* || **43** reuulso: recluso L_1 remisso *Pm* J_2 || **46** aucto F_1 *J p.c.* P_5 *u.l.* A_1 *u.l.* F_4 L_3 J_2 *Ise mg.*: ar(c)to J_4 *Ise* acto *J a.c.* F_2 C_1 alto P_5 A_1 L_1 F_4 *u.l. Pm* J_4 *p.c.* || **47** fulmina: flu- C_1 J_4 *a.c.?* || **48** uetuere: metuere L_1 F_2 *a.c.* || timentes: tu- J_2 || **49** seueram (L_1 *u.l.*): serenam L_1 || **50** canitiem (J_2 *m.a.*): uictricem J_2 || suas: -is A_1 || sup(p)lice (J_2 *m.a.*): publice J_2 || fletu (P_5): uultu P_5 *u.l.* A_1 *Pm* || **51** tenentur *om.* L_1 *add. mg.* || **52** *om.* F_4 || fatorum (J_2 *m.a.*): *om.* J_2 || pollice (L_1 *u.l.*): publice L_1 || ducunt: -um J_2 || **53** ferratis: -ti C_1 *a.c.* || euoluunt: adducunt F_1 || pensis: fusis F_1 *J* C_1 || **54** fero: ferox J_4 || clamabat: conclamat *J* C_1 proclamat L_3

Et, tour à tour[a], par le trépas compenses la naissance,
Qui règles la vie et la mort (car tout ce que partout
Engendre la matière, c'est toi qui le crées de tes dons,
C'est à toi qu'il est dû: par les cycles fixés au temps,
Toute âme est renvoyée[b] dans les membres d'un corps),
Ne cherche pas à délier les lois confirmées de la paix[1],
Données par nous et filées par notre quenouille; ne bouleverse pas[c]
En sonnant la guerre civile les traités des trois frères. Que lèves-tu
Des enseignes impies et ouvres-tu la brise à ces Titans impurs?
Demande à Jupiter[d]: il te donnera une épouse.» À peine il se contint[2],
Il rougit de telles prières: son âme sombre s'apaisa,
Si inflexible qu'elle fût. Ainsi, quand d'un tourbillon rauque
Le rude Borée s'arme, hérissé de glace et de neige,
Les ailes épaissies par la grêle gétique:
Il veut souffler, d'un souffle à emporter avec fracas
La mer, les forêts et les plaines; mais s'il advient qu'Éole[e]
Lui a opposé des barrières d'airain, sa force impétueuse
S'évanouit en vain: la tempête brisée rentre dans son cachot.
Alors il fait venir le fils engendré par Maïa, pour rapporter

a. Il y a peut-être ici un écho de Prop. 4,4,58 (Colton 1988, p. 98).

b. *Mittuntur* est préférable à *mutantur*, moins bien attesté dans la tradition manuscrite, même si Stace a écrit: *tot mutare animas* (*Theb.* 7,206). On lit chez Jérôme (*epist.* 126,1,2): «an cotidie a deo fiant et *mittantur in corpora* [animae]». Pour le thème, voir Platon, *Menon* 81 B; CLAVD. *Ruf.* 2,482-493 et n. compl. *ad loc.*

c. *Conuertere* a ici le sens de «bouleverser, détruire»: CIC. *Flacc.* 38,94 *conuersam rem publicam*; cf. aussi *Sest.* 46,99; TAC. *ann.* 3,27.

d. *Posce... coniunx*: le rythme se fait plus pressant en fin de prière (raccourcissement des phrases et parataxe à valeur conditionnelle). C'est peut-être Ovide (*met.* 5,415-418) qui a suggéré à Claudien d'introduire dans le mythe la demande d'une épouse à Jupiter.

e. Dans son édition de 1969, Hall avait adopté la forme grecque *Aeolos* attestée ici par un seul ms. du XVe s. (*d*; cf. aussi Δ à *c. min.* 22,35). En 1985, il a eu raison de revenir à la forme latine *Aeolus*. Noter aux v. 73-74 les récurrences phoniques appuyées: *aduersus aenos* / *Aeolus* et *uanescit inanis* (pour cette dernière expression, cf. TAC. *ann.* 2,40 *inanis credulitas uanescit*).

nascendique uices alterna morte rependis,
qui uitam letumque regis (nam quidquid ubique
gignit materies, hoc te donante creatur
debeturque tibi; certis ambagibus aeui
rursus corporeos animae mittuntur in artus),
ne pete firmatas pacis dissoluere leges
quas dedimus neuitque colus, neu foedera fratrum
ciuili conuerte tuba. Cur inpia tollis
signa? Quid incestis aperis Titanibus auras?
Posce Iouem: dabitur coniunx.» Vix ille pepercit
erubuitque preces, animusque relanguit atrox
quamuis indocilis flecti: ceu turbine rauco
cum grauis armatur Boreas, glacieque niuali
hispidus et Getica concretus grandine pennas
flare cupit, pelagus siluas camposque sonoro
flamine rapturus; si forte aduersus aenos
Aeolus obiecit postes, uanescit inanis
inpetus et fractae redeunt in claustra procellae.
   Tunc Maia genitum, qui feruida dicta reportet,

58 uices: modos J C_1 || **59** letum uitamque L_1 || regis (*J*): geris A_1 *a.c.* seris *J s.l.* || **59-60** nam — materies *om.* P_5 *add. in mg.* || **61** certis F_1 J P_5 A_1 F_4 C_1 J_2 : certisque L_1 F_2 L_3 *Pm* cunctisque J_4 || **62** corporeos: -eis F_4 *a.c.* || mittuntur (F_2 *u.l.*): mutantur F_2 J_4 || artus (*Ise*): arctus *Pm a.c.* ortus F_2 *a.c. Ise mg.* || **63** firmatas (J_2 *m.a.*): primatas J_2 || **64** neuitque: uenitque A_1 nenitque J neuit F_1 || neu: ne F_2 L_3 ncc J_4 || f(o)edera: proelia J_4 || **65** conuerte: committe F_4 || **66** quid: cur C_1 || incestis (*Pm u.l.*): -as *Ise* illicitas J C_1 *Pm* J_4 *u.l. Ise mg.* moestis J_4 || auras: orbem F_2 || **67** posce: posse P_5 || **68** preces: preceps *Pm a.c.* || animusque: -oque J_4 || **69** rauco (*Pm u.l.*): rapto *Pm* || **70** grauis: -uus P_5 || **71** *om.* L_1 || getica (F_2 J_4 *u.l.*): -as F_4 *a.c.* gelida F_1 F_2 *s.l.* J_4 || concretus: contritus J_2 || **72** flare cupit: flore c. J_2 *a.c.* disrumpit J C_1 || sonoro: sono C_1 *a.c.* sonoros F_2 || **73** *om.* L_1 *post 75* A_1 *a.c.* || flamine: -na C_1 *a.c.* || aduersus: auersus J F_4 || **74** obiecit: obiectis J_2 obiceat F_1 adiecit C_1 || uanescit: obiecit C_1 || inanis: in auras P_5 *a.c.* L_3 || **75** redeunt: -ant J_2 || in claustra (A_1 *u.l.*): ad c. A_1 L_1 in castra J_4 || **76** tunc F_1 P_5 F_2 *p.c.* C_1 L_3 *Pm* J_2 J_4: tum J A_1 L_1 F_2 *a.c.* F_4 || genitum (L_1 *mg.*): gemunt L_1

Ses bouillantes paroles[a]. Le dieu ailé du mont Cyllène[1] arrive,
Agitant la baguette qui porte le sommeil, coiffé de son bonnet.
Sur un trône grossier Pluton est assis[2], redoutable
En sa majesté sombre; une rouille hideuse ternit
Son sceptre monstrueux, et un nuage de tristesse
Rembrunit son front altier; il se raidit, d'un air sévère et rude.
Sa douleur le rend plus terrible[b]. Alors, de sa bouche hautaine[3]
Éclate le tonnerre (quand parle le tyran, sa cour tremble et se tait:
Son énorme portier étouffe son triple aboiement;
Le Cocyte tarit la source de ses larmes, le voici qui reflue;
L'Achéron perd la voix et son onde se tait;
Et les rives du Phlégéthon calment leur grondement):
«Dieu de Tégée et petit-fils d'Atlas[4], divinité commune
À l'abîme et au ciel, qui seul as droit de franchir les deux seuils[c],
Qui fais communiquer les deux parties du monde,
Va-t-en vite[d] et fends les Notus[e]; redis mes volontés
À Jupiter le fier[5]: auras-tu de tels droits sur moi,
Toi le plus cruel de mes frères? Avec le ciel, la Fortune mauvaise
M'a-t-elle ainsi ôté les forces? Si le jour m'a été ravi,
Ai-je perdu ma vigueur et mes armes? Me crois-tu faible et lâche

a. Le v. 76 est une manière de centon virgilien: l'expression *Maia genitum* est empruntée à *Aen.* 1,297 (cf. PRVD. *c. Symm.* 1,87); la clausule reprend *Aen.* 2,115 *dicta reportat* (cf. STAT. *Theb.* 2,427); et l'alliance *feruida dicta* vient d'*Aen.* 12,894-895. L'attaque du v. 77 vient de Stace, *Theb.* 1,532 (cf. DRAC. *Orestes* 382).

b. *Dirae* donnerait un sens au moins aussi satisfaisant que *durae*: «son air sinistre» (la *iunctura* avec *forma* semble originale dans les deux cas). Mais, contrairement à Birt et à Hall, je préfère conserver la leçon de loin la mieux attestée par la tradition manuscrite. De même pour *terrorem*, préféré à *horrorem*.

c. L'expression très concise *fas per limen utrumque /... habes* a pour modèle Virgile, *Aen.* 9,96 «mortaline manu factae immortale carinae / *fas habeant*» (cf. AVSON. *eph.* 3,7).

d. *Celer* est une épithète traditionnelle de Mercure: HOR. *carm.* 2,7,13; OV. *met.* 2,838; PRIAP. 75,10.

e. Même image chez Virgile, *Aen.* 4,257-258 *uentos... secabat /... Cyllenia proles*; cf. STAT. *Theb.* 8,717.

imperat acciri. C*y*llenius adstitit ales,
somniferam quatiens uirgam tectusque galero.
Ipse rudi fultus solio nigraque uerendus
maiestate sedet; squalent inmania foedo
sceptra situ; sublime caput maestissima nubes
asperat et durae riget inclementia formae.
Terrorem dolor augebat. Tunc talia celso
ore tonat (tremefacta silent dicente tyranno
atria: latratum triplicem conpescuit ingens
ianitor et presso lacrimarum fonte resedit
Cocytos tacitisque Acheron obmutuit undis
et *Ph*leget<h>onteae requierunt murmura ripae):
«Atlantis Teg<e>aee nepos, commune profundis
et superis numen, qui fas per limen utrumque
solus habes geminoque facis commercia mundo,
i celer et proscinde Not[h]os et iussa superbo
redde Ioui: tantumne tibi, saeuissime frater,
in me iuris erit? Sic nobis noxia uires
cum caelo Fortuna tulit? Num robur et arma
perdidimus, si rapta dies? An forte iacentes

77 acciri: asciri F_2 || a(d)stitit: affuit A_1 *a.c.* F_2 || **79** fultus rudi *J a.c.* || solio fultus J_4 || **80** inmania [im-]: ina- L_1 *a.c.* || **82** dur(a)e: dire F_1 dyre J_2 || **83** terrorem: hor- *J* C_1 || augebat: aud- L_1 || tunc: tum J_4 || **84** dicente: du- F_4 do- C_1 *a.c.* || tyranno [-i-] (F_4 *u.l.*): magistro F_4 || **85** atria (A_1): tartara A_1 *u.l.* || latratum triplicem: -us -es *Pm* || **86** ianitor(A_1 C_1 *s.l.*): ambitus C_1 cerberus A_1 *s.l.* || **87** co(h)c(h)itos F_1 L_1 F_4 L_3 J_2: colchitos P_5 coc(h)ytus [i] *J* P_5 *s.l.* A_1 C_1 *Pm* colchitus F_2 cociton J_4 || tacitisque a.: -disque a. P_5 tacitis a. J_4 *a.c.* tacitas a. F_1 acha. tacitis L_3 || obmutuit (F_1 *mg.* L_1 *mg.*): conpescuit F_1 L_1 || undis (F_1 *mg.*): undas F_1 || **88** *om. add. mg.* F_2 || murmura: -re J_2 || **89** tegaee J_2 tegee *cett. mei* || **90** limen: lu- F_1 || **91** facis (J_2 *m.a.*): uocis J_2 || **92** i celer et proscinde (J_2 *m.a.*): i c. et pre(s)cinde $A_1 F_1$ i sceler et proscinde *Pm a.c.* i c. pro(s)cinde P_5 J_4 i celeres proscinde J_2*? a.c. Ise* || **93** tantumne tibi: tantum tibi ne P_5 C_1 || frater (A_1 F_4 *u.l.*): fratrum A_1 *u.l.* F_4 J_2 *p.c.* J_4 *Ise* || **94** erit: habes J_4 || sic nobis noxia uires: si n. n. u. J_4 *a.c. Ise* si n. anxia u. P_5 uires sic noxia nobis *Pm* || **95** tulit: dedit L_1 *a.c.* || num F_1 P_5 A_1 *p.c.* L_3 J_2 J_4 *p.c.*: non *J* C_1 L_1 F_2 F_4 *Pm* J_4 *a.c. Ise* || arma: armas F_2 *a.c.* aura F_1 *a.c.* || **96** dies: quies L_1

Parce que je ne saisis pas les traits forgés par les Cyclopes[1],
Que je n'abuse pas les airs[2], en vain, par le tonnerre?
N'est-ce pas assez à tes yeux[3] que je subisse,
Frustré de la douce lumière, les préjudices du tiers et dernier lot,
Une étendue sans forme, tandis que le riant zodiaque
T'embellit et que te couronne l'éclat bigarré des deux Ourses?
Tu veux encor m'interdire l'hymen? Sur son sein glauque[a]
Amphitrite la Néréide étreint Neptune.
Quand tu es fatigué d'avoir lancé tes foudres, Junon t'accueille
Sur son giron de sœur. Pourquoi évoquer tes amours furtives
Avec Latone, Cérès, Thémis la grande? Pour procréer
Tu as tant de ressources; l'heureuse troupe de tes enfants t'entoure.
Mais moi[4], dans mon palais désert, triste et sans gloire,
Je n'aurai pas de fils pour adoucir mes soucis implacables?
L'oisiveté ne m'est plus supportable. Par les principes de la nuit,
Les eaux inviolées du terrible marais que je prends à témoins,
Si tu refuses d'obéir à ma parole[b], j'ouvrirai le Tartare
Et je l'exciterai; je déferai les vieilles chaînes de Saturne[c];
Je voilerai le soleil de ténèbres[d], et je disjoindrai l'assemblage:

a. *Glaucus* est une épithète traditionnelle des nymphes (VERG. *Aen.* 12,885), et en particulier des Néréides: STAT. *silu.* 3,2,34; 4,2,28; *Theb.* 9,351.

b. Les deux leçons *dicto* et *dictis* donnent le même sens et sont toutes deux possibles. Je préfère le singulier, moins facile et moins banal, et donc *lectio difficilior*.

c. Allusion au fait que Cronos-Saturne, détrôné par Zeus-Jupiter, avait été enchaîné, avec les Titans, dans le Tartare: Homère, *Il.* 8,479; Hésiode, *theog.* 453-506 et 617-735; OV. *met.* 1,113... Pour une interprétation symbolique de ce mythe, voir Macrobe, *sat.* 1,8.

d. De fait, quand le dieu des enfers pénètre dans le monde d'en haut pour enlever Proserpine, la nuit obscurcit la clarté du jour (3,235-243, récit de la nourrice).

ignauosque putas quod non Cyclopia tela
stringimus aut uanas tonitru deludimus auras?
Nonne satis uisum grati quod luminis expers
tertia supremae patior dispendia sortis
informesque plagas, cum te laetissimus ornet
Signifer et uario cingant splendore Triones,
sed thalamis etiam prohibes? Nereia glauco
Neptunum gremio conplectitur Amphitrite.
Te consanguineo recipit post fulmina fessum
Iuno sinu. Quid enim narrem Latonia furta,
quid Cererem magnamque Themin? Tibi tanta creandi
copia; te felix natorum turba coronat.
Ast ego, deserta maerens inglorius aula,
inplacidas nullo solabor pignore curas?
Non adeo toleranda quies. Primordia testor
noctis et horrendae stagna intemerata paludis:
si dicto parere negas, patefacta ciebo
Tartara, Saturni ueteres laxabo catenas,
obducam tenebris solem, conpage soluta

97 quod (P_5): quia P_5 *u.l.?* quid L_1 quae J_2 || tela (J_4 *u.l.*): tecta J_4 || **98** stringimus (J_4): spar- *Pm* J_4 *u.l.* || aut: et *J* L_1 C_1 || uanas (J_2 *m.a.*): uenas J_2 uacuas F_1 *Pm* || tonitru (J_2 *m.a.*): contra J_2 hominum *Ise* || auras: -a J_2 -es *Ise* || **99** uisum: u. est A_1 J_2 *p.c.* J_4 uisus J_2 *a.c.* || quod grati F_1 *Pm* || **100** sortis: -es F_2 || **101** cum te: cuncte P_5 || l(a)etissimus (*J a.c.*): lat- *J p.c.* clarissimus A_1 || **102** signifer: sangni- J_2 || cingant: -unt F_1 P_5 || triones (J_2 *m.a.*): coneste J_2 || **103** thalamis (J_2): -os F_1 A_1 J_2 *m.a.* o P_5 || nereia: -ida [-y-] *J a.c.* C_1 J_2 nerca J_4 *a.c.* || glauco (J_2 *m.a.*): -e J_2 -us C_1 || **104** neptunum: -us C_1 || gremio: gremiuo *Pm a.c.* || conplectitur [com-] (J_2 *m.a.*): complector et J_2 || amphitrite F_1 L_1 L_3 J_4: -em *J* P_5 A_1 F_2 F_4 C_1 *Pm* J_2 *m.a.* amphitrione J_2 || **105** recipit: rece- F_2 || fulmina: flu- L_1 || **106** narrem latonia furta (L_1 *mg.* J_2 *m.a.* J_4 *u.l.*): n. l. freta L_1 n. l. furto J_2? n. latitantia f. J_4 referam l. f. P_5 l.f. referrem F_2 || **107** themin [-ī] *J* F_2 F_4 C_1 L_3 *Pm* : Themim J_4 t(h)et(h)im [-ī] F_1 P_5 A_1 L_1 L_3 *u.l.* J_2 || **108** natorum te felix *J* C_1 J_2 || coronat: -ant P_5 -et J_2 || **109** ast: at F_2 || **112** *om.* L_1 || et *om.* J_2 *add. m.a.* || sta(n)gna F_1 P_5 *u.l.* A_1 F_2 L_3 *Pm* J_2: signa *J* P_5 F_4 C_1 J_4 || paludis: -di J_2 || **113** dicto: -is F_1 P_5 A_1 *Pm* || negas: -es *J* C_1 || **115** obducam: obductam P_5 || solem (*Ise mg.*): lucem *Ise* || *post* solem *add.* et *Pm*

Alors se mêleront la lumière du ciel[1] et l'ombre de l'Averne.»
À peine avait-il dit, déjà le messager touchait les astres[2].
Le Père avait entendu le message. En lui-même il médite[a],
Passant d'une intention à l'autre: quelle femme suivra un tel époux
Et, à la place du soleil, voudra des retraites du Styx[3]?
Il s'interroge, et il arrête enfin une décision ferme[4].
Déesse de l'Etna[5], Cérès voyait dans sa verdeur[b]
Sa fille chérie et unique[c], seul enfant donné par Lucine:
Après ses premières couches, son sein s'arrêta, épuisé.
Bien que stérile, pourtant elle se dresse plus haut que toute mère:
Proserpine compense l'infériorité du nombre[d].
Elle la choie, elle la suit: la mère au regard torve[6] n'entoure pas
Plus tendrement le veau dont le sabot ne foule pas encor les prés,
Qui n'a pas courbé en croissant les fraîches pousses de son front.
Sa fille avait grandi, et sa virginité, dans la plénitude de l'âge,
S'approchait déjà de l'hymen[7]; déjà la flamme nuptiale[8]
Alarme sa jeune pudeur; au vœu se mêle un tremblement de crainte.
Ses prétendants font retentir la Cour[e]: Mars et Phébus[9] pour elle
S'affrontent; l'un gagne par le bouclier, l'autre l'emporte par son arc.
Mars offre le Rhodope, Phébus fait cadeau d'Amyclées,

a. La fin de vers *secumque uolutat* rappelle l'expression qui caractérise les pensées de Junon au début de l'*Énéide* (1,50): «talia... *secum* dea corde *uolutans*». Le pluriel *diuersos ... animos* exprime bien l'indécision de Jupiter: à rapprocher de STAT. *Ach.* 1,200 *diuersa mente uolutat*; TAC. *hist.* 4,84.

b. La «verdeur» est le signe de l'épanouissement de la jeunesse: CATVLL. 17,14 *uiridissimo nupta flore puella*; VERG. *Aen.* 5,295 *uiridique iuuenta*; OV. *ars* 3,557...

c. Le rejet d'*unica* souligne l'importance, pour Cérès, du caractère unique de sa fille (μουνογένεια Θεά, *hymn. orph.* 29,2; cf. *rapt.* 2,138; 3,100 et 309). Les v. 123-124 constituent deux variations successives sur le thème posé par *unica*; le v. 124 peut rappeler LVCAN. 2,340 (à propos de Marcia): «*uisceribus lassis* partuque exhausta reuertor». Lucine est la déesse qui préside aux accouchements (cf. 3,307).

d. Même fierté de Cérès en tant que mère en 3,413-414. Faut-il voir un écho de Claudien en DRAC. *Orest.* 304 «uitae *damna repensant*» (à propos de Castor et Pollux)?

e. *Personat aula procis* peut rappeler STAT. *Theb.* 2,226-227 «et *sonat aula* tumultu / femineo», à propos des Argiennes qui entourent les deux futures mariées Argie et Déipyle.

lucidus umbroso miscebitur axis Averno.»
Vix ea fatus erat, iam nuntius astra tenebat.
Audierat mandata Pater secumque uolutat
diuersos ducens animos, quae tale sequatur
coniugium Stygiosque uelit pro sole recessus.
Certa requirenti tandem sententia sedit.
Aetnaeae Cereri proles optata uirebat
unica, nec tribuit s*u*bolem Lucina secundam
fessaque post primos haeserunt uiscera partus;
infecunda quidem, sed cunctis altior extat
matribus et numeri damnum Proserpina pensat.
Hanc fouet, hanc sequitur: uitulum non blandius ambit
torua parens, pedibus qui nondum proterit arua
nec noua lunatae curuauit germina frontis.
Iam uicina t[h]oro plenis adoleuerat annis
uirginitas, tenerum iam pronuba flamma pudorem
sollicitat mixtaque tremit formidine uotum.
Personat aula procis: pariter pro uirgine certant
Mars clipeo melior, Phoebus praestantior arcu.
Mars donat Rhodopen, Phoebus largitur Am*y*clas

116 axis (*Ise*): aer *Vic Ise mg.* || **117** fatus: factus L_1 || **118** uolutat: -ptat *J* F_2 C_1 *Pm a.c.* uolutans F_1 || **119** ducens: -cebat F_1 -cit F_1 *s.l.* || qu(a)e (L_1 *mg.*): qui L_1 || sequatur: -antur L_1 *mg.* F_4 secuntur L_1 *Pm a.c.* || **120** stygiosque [sti-]: -ue F_2 -ne L_1 F_4 J_2 *a.c.* || pro sole recessus: persoluere census L_1 F_4 || **121** sedit: -et L_1 *a.c.* creuit P_5 || **122** (a)et(h)n(a)e(a)e (P_5): ennee C_1 etheree P_5 *u.l.* || cereri *om. add. mg.* C_1 || optata: operata J_2 *a.c.?* || uirebat (P_5 *u.l.*): nit- P_5 || **123** unica: uinca L_1 *a.c.* || sobolem: pro- L_3 || lucina (J_2 *m.a.*): natura J_2 || **124** que *om.* C_1 || **125-126** matribus extat alcior J_2 || **126** pensat: reddit J_2 || **127** uitulum F_1 P_5 L_1 *Pm*: -am *J* P_5 *u.l.* A_1 F_2 F_4 C_1 L_3 J_2 J_4 *u.l.* nullam J_4 || non: nec J_4 || ambit: inquit *J a.c.* || **128** torua (J_2 *m.a.*): tema J_2 || qui F_1 P_5 L_1 *Pm* : quae P_5 *u.l. cett. mei* || n. proterit (F_1*? a.c.?* P_5 *a.c.*): n. pre- F_1*? p.c.?* P_5 *p.c.* n. poterit J_4 *a.c.* non protriuerit F_2 proterit L_3 || arua: -o J_2 -um P_5 || **129** curuauit: -antur P_5 *a.c.* || germina *J* A_1 *u.l.* L_1 F_2 F_4 C_1 L_3 *Pm*: cornua F_1 P_5 A_1 F_2 *s.l.* J_2 J_4 || **130** thoro: -is J_2 || plenis — tenerum *om. add.* P_5 || adoleuerat: -it *Ise* || **131** flamma: fama J_4 || **133-137-134** J_2 || **134** clipeo (J_2 *m.a.*): -um J_2 || ph(o)ebus: -bi C_1 || pr(a)estantior: const- J_2

Délos et Claros, son foyer. Rivales, Junon et Latone
La veulent chacune pour bru. Cérès la blonde a dédaigné[1]
Ces deux partis: craignant un rapt (aveugle, hélas! sur l'avenir)
[Secrètement elle confie sa chère enfant aux terres de Sicile;
Elle remet à un foyer peu sûr sa fille à élever;][2]
Elle quitte l'éther et relègue sa fille sur les rivages de Sicile:
La nature du lieu lui inspire confiance.
Jadis la Trinacrie[3]
Faisait partie de l'Italie[4], mais les vagues marines[a]
Ont modifié son site. Nérée[b], victorieux, a brisé ses limites
Et baigne de ses flots les deux monts qu'il a séparés;
Une faible étendue sépare[c] ces terres parentes.
La nature à présent l'oppose à la mer avec ses trois pointes[5],
L'ayant ravie au sol qui lui fut joint; d'ici, le cap de Pachynum
Avance ses rochers pour rejeter les fureurs ioniennes[d].
De là, aboie la Thétis des Gétules[6]; elle se dresse pour frapper
Les bras de Lilybée. De là, indignée d'être retenue,
La rage tyrrhénienne ébranle l'obstacle du Pélore.

a. Hall préfère la leçon *aetas*, qui n'est pas impossible (pour l'association du temps et des vagues de la mer dans un contexte similaire: VAL. FL. 2,614-620). Mais *aestus* est mieux attesté dans la tradition manuscrite, et le rapprochement avec VERG. *Aen*. 3,417-418 (bien qu'il y soit fait aussi allusion à l'action du temps au v. 415) va plutôt dans le sens de l'hendiadyn *pontus et aestus*: «uenit medio ui *pontus et undis* / Hesperium Siculo latus abscidit».

b. *Nereus* est le nom d'un dieu de la mer (VERG. *Aen*. 8,383). Mais ici, comme en 3,11 et *Ruf*. 2,303, il désigne par métonymie la mer elle-même.

c. *Prohibere* a ici le sens de *dirimere*, *separare* (OV. *met*. 3,448-450 à propos de Narcisse: *exigua prohibemur aqua*).

d. La mer Ionienne est agitée par le vent du sud-est, et ses tempêtes sont célèbres (*c. min*. 23,4; 28,39): VERG. *Aen*. 1,85; 6,355; HOR. *carm*. 1,1,15; *epod*. 10,19; OV. *epist*. 2, 12; STAT. Theb. 2,729 *Ionias procellas*; 3,23; 6,52 *trucis Ionii rabies*; *silu*. 4,4,99 *Ioniis periclis*. Voir *pr. rapt*. 1,12 et n. compl. 8 de la page 8.

et Delon Clariosque lares. Hinc aemula Iuno,
hinc poscit Latona nurum. Despexit utrumque
flaua Ceres raptusque timens (heu caeca futuri!)
[commendat Siculis furtim sua pignora terris
infidis laribus natam commisit alendam]
aethera deseruit Siculasque relegat in oras,
ingenio confisa loci. Trinacria quondam
Italiae pars una fuit, sed pontus et aestus
mutauere situm. Rupit confinia Nereus
uictor et abscissos interluit aequore montes,
paruaque cognatas prohibent discrimina terras.
Nunc illam socia raptam tellure trisulcam
opponit natura mari: caput inde Pachyni
respuit Ionias praetentis rupibus iras;
hinc latrat Gaetula Thetis Lilybaeaque pulsat
bracchia consurgens; hinc, indignata teneri,
concutit obiectum rabies Tyrrhena Pelorum.

136 delon: delion F_1 || clarios-: claros- L_1 *a.c.* C_1 J_2 || hinc (F_1 ?): hunc C_1 *a.c.* hanc J_2 || iuno: uino P_5 *a.c.* || **137** hinc: huic F_1 *p.c.* huc F_1 *a.c.* hanc P_5 J_2 || nurum latona *J a.c.* || nurum (L_1 *mg.*): uirum P_5 *a.c.* L_1 || utrumque (A_1?): -amque *J* P_5 A_1 *u.l.* || **138** flaua: flamma F_2 *a.c.* || timens: tu- J_2 || heu c(a)eca (J_2 *m.a.*): h. certa J_2 en ceca L_1 hec c. J_4 || **139** *om.* F_1 *(add. mg. m.a.)* A_1 *(habet post 145)* L_1 F_4 C_1 *Pm* J_2 *(add. mg. m.a.) habet post 140* F_2 || pignora F_1 *m.a.* P_5 *p.c.* A_1 F_2 J_2 *m.a.* J_4: gaudia *J* L_3 sydera P_5 *a.c.* || terris *om.* F_1 *m.a.* || **140** *om.* *J* L_1 F_4 C_1 L_3 || natam laribus J_4 *Ise* || alendam P_5 A_1 *Pm* J_2 J_4: ituram A_1 *u.l.* F_2 *a.c.* itura F_1 F_2 *p.c.* || **141-214** *om.* L_1 F_2 F_4 C_1 || **141** -que *om.* P_5 || relegat in (P_5 *a.c.*): relegerat P_5 *p.c.* relegebat J_2 || **142** trinacria (J_2 *m.a.*): trinataque J_2 || **143** (a)estus (F_1 *u.l.* J_2 *m.a.* J_4 *u.l.* *Ise*): estu J_2 (a)etas F_1 L_3 J_4 || **144** situm: -us L_3 || rupit: rapuit J_4 *a.c.* || nereus: uectu J_2 *a.c.* || **145** interluit *J* L_3 *Pm*: -fluit F_1 P_5 *p.c.* A_1 J_2 J_4 || **146** -que: et P_5 || cognatas (J_2 *m.a.*): -os J_2 || prohibent (*Pm u.l.*): per- *Pm* || **147** socia $F_1$$L_3$: -am *J* P_5 A_1 *Pm* J_2 J_4 -ae *Ise* || raptam *J a.c.* P_5 *a.c.* L_3: -a P_5 *p.c.* *Pm* J_4 ruptam F_1 J_2 rupta *J p.c.* A_1 || trisulcam F_1: -a *J* P_5 A_1*Pm* J_2 *m.a.* J_4 *Ise* -o L_3 || **148** opponit [ob-]: opposuit F_1 P_5 obtinuit J_4 || **149** respuit (*Ise mg.*): respicit *Ise* || pr(a)etentis: pro- *Ise* || **150** hinc: hic F_1 J_2 || latrat: labitur J_2 || lilyb(a)ea-: libeia- J_2 lilibea J_4 *a.c.* || **151** hinc: hic J_2 || indignata (*Ise*): dedignata J_4 *Ise mg.* || teneri (*Ise*): moueri *Ise mg.*

En son milieu s'étend l'Etna[1] aux roches calcinées,
L'Etna qui jamais ne taira le triomphe sur les Géants,
Sépulcre brûlé d'Encélade, qui, enchaîné, le dos meurtri[2],
Exhale de sa plaie brûlante un soufre inépuisable[3];
Et chaque fois que sa nuque rebelle repousse ce fardeau
Sur son flanc gauche ou droit[a], l'île à sa base est alors arrachée,
Les villes, ébranlées, chancellent avec leurs remparts[4].
Les sommets de l'Etna, l'œil seul peut les connaître:
On ne peut aller les toucher. Tout le reste est couvert
De frondaisons: mais nul paysan ne foule sa cime[b].
Tantôt il pousse les nuages qu'il fait naître, souille le jour[5]
En le chargeant d'une nuée de poix; tantôt il harcèle les astres[c]
De terribles poussées[6], et nourrit l'incendie à son propre dommage.
Mais bien qu'il bouillonne et déborde d'un excès de chaleur,
Il sait garder sa foi[d] à la neige tout comme aux cendres[7]:
La glace se durcit, à l'abri d'une telle ardeur,
Défendue par un gel secret; d'une fumée loyale,
La flamme lèche, inoffensive, les frimas qui la touchent.
Quelles balistes font tournoyer ces blocs? Quelle force amoncelle
Ces cavernes de rocs? De quelle source court le feu de Vulcain[8]?
Soit que le vent furieux, élancé çà et là[e] contre les verrous clos,

a. L'ordre *dextrum laeuum* est mieux attesté dans la tradition manuscrite. On peut hésiter entre *-que* et *-ue*; j'ai préféré *-que*, moins banal que *-ue*, qui a donc plus de chance d'être la correction.

b. *Apex* en poésie désigne souvent le sommet d'une montagne: VERG. *Aen.* 4,246; STAT. *Theb.* 3,175; SIL. 12,709. Celui de l'Etna, lieu divin, ne peut être foulé par les mortels: seul le regard y a accès (*Aetna* 92; 194-195; Strabon 6,2,8). Ce caractère sacré de la montagne contribue au climat de mystère religieux qui prépare le rapt. Les contreforts verdoyants et fleuris où se situent l'anthologie et le rapt correspondent à la *pars cetera.*

c. Allusion à la hauteur des projections du volcan (VERG. *Aen.* 3,574 «attollitque globos flammarum et *sidera* lambit»); mais le verbe *lacessit* peut suggérer la menace des géants sur le ciel (v. 154; Dion Cassius 66,23): voir Potz, p. 108.

d. *Scit seruare fidem*: l'Etna, toujours personnifié, observe l'engagement qu'il a conclu dans son pacte entre le feu et la glace (v. 169 *fumo fideli*). Claudien se souvient peut-être d'un passage de Tacite qui présente le Liban *inter ardores... fidum niuibus* (*hist.* 5,6,9-10).

e. La conjecture d'Heinsius *decurrens* (à partir d'*Aetna* 328) est inutile.

In medio scopulis se porrigit Aetna perustis,
Aetna Giganteos numquam tacitura triumphos,
Enc[h]eladi bustum, qui saucia terga reuinctus
spirat inexhaustum flagranti uulnere sulphur
et, quotiens detractat onus ceruice rebelli
in laeuum dextrumque latus, tunc insula fundo
uellitur et dubiae nutant cum moenibus urbes.
Aetnaeos apices solo cognoscere uisu,
non aditu temptare licet. Pars cetera frondet
arboribus; teritur nullo cultore cacumen.
Nunc mouet indigenas nimbos piceaque grauatum
foedat nube diem, nunc motibus astra lacessit
terrificis damnisque suis incendia nutrit.
Sed, quamuis nimio feruens exuberet aestu,
scit niuibus seruare fidem pariterque fauillis:
durescit glacies tanti secura uaporis,
arcano defensa gelu; fumoque fideli
lambit contiguas innoxia flamma pruinas.
Quae scopulos tormenta rotant? Quae tanta cauernas
uis glomerat? Quo fonte ruit Vulcanius ignis?
Siue quod obicibus discurrens uentus opertis

154 giganteos: -is J_2 || triumphos: tropheo J_2 || **155** saucia (*J4 u.l.*): saxo J_4 || terga (J_4 *u.l. Ise mg.*): membra J_4 *Ise* || **156** spirat: s. et P_5 || uulnere (*Ise mg.*): pectore J_4 *Ise* || sulphur F_1 P_5 L_3 J_4 *Ise*: fulmen *J* A_1 *Pm* J_4 *u.l.* uirus J_2 *Ise mg.* || **157** et: cum F_1 || detractat: detrectat P_5 L_3 *Is* deiectat *J Ise mg.* || **158** l(a)euum dextrumque F_1 $A_1 L_3$: l. dextrumue *J* *Pm* dextrum leuumque P_5 J_2 J_4 || **159** nutant: mu- P_5 J_2 || **160** (a)et(h)n(a)eos: henneos F_1 || **161** aditu: -um L_3 || **162** teritur nullo: tegitur n. J_2 n. teritur A_1 || **163** mouet (*Ise*): uomit *Ise mg.* || indigenas (F_1 *p.c.* J_2 *m.a.*): indignos P_5 *a.c.* J_2 || grauatum: grando L_3 || **165** terrificis: fumificis *Pm* || nutrit: mittit F_1 miscet *J* || **166** exuberet: -at J_2 || (a)estu: astu P_5 *a.c.* || **167** fidem: diem L_3 || **168** uaporis (P_5 A_1): caloris P_5 *u.l.* A_1 *s.l.* *Pm* || **169** arc(h)ano: -a J_2 || **170** pruinas: ruinas L_3 || **171** scopulos (*J u.l.*): -is *J* L_3 -i *Pm?* || rotant (*Pm u.l.*): -ent F_1 *Pm* J_4 *Ise* || **172** glomerat: -et F_1 J_4 || quo: qua J_2 || ruit: ruat J_4 *Ise* || **173** obicibus: obicimus J_2 || opertis: a- *Ise*

Heurte sur son passage les fentes des rochers
En cherchant son chemin, qu'il réclame sa liberté
Et de ses souffles vagabonds ravage des grottes friables;
Soit qu'infiltrée aux flancs de cette montagne de soufre[a],
La mer, sous la pression, s'embrase et projette ces masses[1].
Lorsque, pour la sauver, la mère si fidèle a caché là[b]
Sa fille, elle gagne sans crainte ses Pénates phrygiens,
Rejoint Cybèle tourelée[2], guidant les membres sinueux
De ses dragons: ceux-ci impriment un trait vif à travers la nuée
Et imprègnent leur mors de venins adoucis[c]:
Une crête couvre leur front et leur dos moucheté est peint
De taches vertes; l'or étincelle et brille au milieu des écailles[d].
Tantôt leurs spires traversent les Zéphyrs; tantôt leur vol
S'abaisse et ils rasent les champs. Dans la poussière blanche,
La roue glisse et féconde la terre sillonnée[3]: l'ornière
Blondit d'épis; la moisson[e] qui se lève cache ces traces;
Le blé qui l'accompagne tapisse son chemin. Déjà l'Etna s'éloigne,
Toute la Trinacrie décroît à son regard qui fuit[f].
Ah! que de fois, présageant son malheur, elle a souillé ses joues
De larmes avortées[4]! Que de fois elle a retourné les yeux
Vers le palais, en s'exprimant ainsi: «Adieu, terre chérie[5]
Qu'au ciel j'ai préférée: je te confie et la joie de mon sang,

a. La clausule *uiscera montis* est empruntée à Virgile, *Aen.* 3,575. La terre est souvent décrite par les anciens comme un corps humain: SEN. *nat.* 6,14,1; OV. *met.* 1,138 *uiscera terrae*; 15,342 sqq.

b. L'interprétation la plus naturelle est de rapporter l'adverbe *hic* à l'Etna, qui vient juste d'être décrit.

c. *Vmectant uenenis*: SIL. 3,209-210 «serpens... *umectat* terras spumante *ueneno*».

d. Venance Fortunat s'est inspiré du v. 185: *aurum si intermicat* (*carm.* 6,1,108). — *Rutilus* est une épithète habituelle pour l'or (*Stil.* 3,230): LVCAN. 9,364; IVV. 14,299.

e. Contrairement à Hall, je ne retiens pas la leçon (conjecture?) de l'Isengriniana *culmi*: le terme *fruges*, remplacé dans quelques manuscrits par la glose *messes*, donne un sens tout à fait satisfaisant (Potz, p. 119-120); pour sa jonction avec *surgere*: LVCR. 1,252.

f. Cette description du départ de l'Etna et du paysage qui décroît aux yeux de celui qui s'en va s'inspire peut-être de Stace (*Ach.* 1,676-678): «*iam* Paros Olearosque latent; *iam... decrescit* Bacchica Naxos».

offenso rimosa furit per saxa meatu,
dum scrutatur iter, libertatemque reposcens
putria multiuagis populatur flatibus antra;
seu mare sulphurei ductum per uiscera montis
oppressis ignescit aquis et pondera librat.
Hic ubi seruandum mater fidissima pignus
abdidit, ad Phrygios tendit secura penates
turrigeramque petit Cybelen sinuosa draconum
membra regens, uolucri qui peruia nubila tractu
signant et placidis humectant frena uenenis:
frontem crista tegit; pingunt maculosa uirentes
terga notae; rutilum squamis intermicat aurum.
Nunc spiris Zephyros tranant, nunc arua uolatu
inferiore secant. Cano rota puluere labens
sulcatam fecundat humum: flauescit aristis
orbita; surgentes condunt uestigia fruges;
uestit iter comitata seges. Iam linquitur Aetna
totaque decrescit refugo Trinacria uisu.
Heu quotiens praesaga mali uiolauit aborto
rore genas, quotiens oculos ad tecta retorsit
talia uoce mouens: «salue, gratissima tellus
quam nos praetulimus caelo: tibi gaudia nostri

174 offenso: -a P_5 *a.c.* J_2 -us F_1 || rimosa: rimata F_1 per saxa A_1 J_4 *Ise* || furit: ruit J L_3 J_2 J_4 || per saxa: rimosa A_1 J_4 *Ise* || **175** reposcens: -it J_2 || **176** putria F_1 J L_3 *Pm*: putrida P_5 A_1 J_2 J_4 *Ise* || populatur: -antur J_2 || **180** abdidit: ad- L_3 || ad: et J_2 || tendit *om. add. mg.* J_4 || **181** tur(r)igeram- (L_3): terrigeram- L_3 *u.l.* || cibelē L_3 *Pm* J_2 -em F_1 J P_5 A_1 J_4 || sinuosa: spumosa J_4 || **182** membra (P_5): colla P_5 *u.l.* || qui (J_4 *u.l.*): que J_4 || peruia: per auia J_4 *a.c.* || **183** uenenis *om.* P_5 *add. m.a.* || **184** tegit: gerit J_2 *a.c.* || pingunt: pungunt *Pm* *a.c.* || maculosa: maculaosa P_5 || **185** not(a)e (J_2 *m.a.*): rote J *a.c.* *om.* J_2 || **186** spiris (*Ise*): spirant J_2 *a.c.* leues *Ise mg.* || zephiros spiris A_1 || tran(n)ant (J_4): tractant P_5 turbant J_4 *u.l.* || arua: aura J_2 *a.c.* || **187** labens: tabens J_2 *a.c.* || **189** condunt (F_1 *u.l.* *Ise mg.*): scindunt F_1 J_4 || fruges (*Ise*): messes J *p.c.* comes J *a.c.* culmi *Ise mg.* || **192** aborto F_1 P_5 A_1: ab ortu J_2 oborto J L_3 *Pm* J_4 || **195** pr(a)etulimus: protulimus J_2 || tibi (P_5 *u.l.*): cui P_5

Et le travail si précieux de mon ventre.
Je laisse le prix qui convient: sans subir le hoyau,
Sans être retournés d'un coup de soc rigide,
Tes champs d'eux-mêmes fleuriront; ses taureaux en repos,
L'habitant enrichi s'étonnera devant ces récoltes offertes[a].»
Ainsi parle Cérès; sur ses fauves serpents elle touche l'Ida.
C'est là qu'est l'auguste séjour de la déesse, et la pierre sacrée
Du temple vénérable[1]; un pin aux denses frondaisons
La couvre de son ombre; nul ouragan n'agite ces bosquets
Et les rameaux du conifère rythment des chants stridents[2].
Dedans, thyases redoutables et lieux saints en furie
Gémissent d'un concert mêlé[3]; l'Ida hurle la bacchanale
Et le Gargare incline ses forêts apeurées.
À la vue de Cérès, les tambourins cessent de retentir[4];
Les chœurs se taisent[b]; le Corybante ne heurte plus son glaive[5];
Ni le buis ni l'airain ne sonnent, et les lions abaissent
Une crinière caressante[c]. Joyeuse, Cybèle bondit
De l'adyton, elle incline ses tours, les tend pour un baiser.
Déjà Jupiter a tout vu: du sommet de sa citadelle[d]

a. La fécondité spontanée (*sponte*) que Cérès promet à la terre de Sicile est celle de l'âge d'or: Hésiode, *erg.* 117-118; VERG. *ecl.* 4,39 sqq.; OV. *met.* 1,101 sqq. ... Encore un *uersus aureus* en fin de discours au v. 200. L'expression *oblatas messes* peut rappeler Prop. 2,16,7 (Colton 1988, p. 99).

b. L'attaque de vers *conticuere chori* est empruntée à Stace, *Theb.* 5,195.

c. Selon la tradition, des lions sont attelés au char de Cybèle, ou l'accompagnent: Sophocle, *Phil.* 400-401; LVCR. 2,600-601; CATVLL. 63,76: VERG. *Aen.* 3,113; OV. *met.* 10,704; *fast.* 4,215 sqq.; CLAVD. *rapt.* 3,49 et 424; *Gild.* 119-120; *c. min.* 42,3... Sur l'orthographe et la scansion de *Cybele*, voir la note pertinente de Hall 1969, p. 206-207.

d. Attitude traditionnelle de Jupiter dans l'épopée, qui observe les hommes depuis la citadelle céleste: OV. *met.* 1,163 «Quae pater ut *summa uidit* Saturnius *arce*». Le tableau a été christianisé dans le poème *De prouidentia* (v. 83: *cura Dei celsa spectaret ab arce*).

sanguinis et caros uteri commendo labores.
Praemia digna manent: nullos patiere ligones
et nullo rigidi uersabere uomeris ictu;
sponte tuus florebit ager; cessante iuuenco,
ditior oblatas mirabitur incola messes.»
Sic ait et fuluis tetigit serpentibus Idam.
Hic sedes augusta deae templique colendi
religiosa silex, densis quam pinus opacat
frondibus et, nulla lucos agitante procella,
stridula coniferis modulatur carmina ramis.
Terribiles intus thiasi uaesanaque mixto
concentu delubra gemunt; ululatibus Ide
bacchatur; timidas inclinant Gargara siluas.
Postquam uisa Ceres, mugitum tympana frenant;
conticuere chori; Corybas non inpulit ensem;
non buxus, non aera sonant blandasque leones
summisere iubas. Adytis gauisa Cybele
exilit et pronas intendit ad oscula turres.
Viderat haec dudum summa speculatus ab arce

196 uteri: F_1? || **197** digna: nulla *J a.c.* || manent: mo- J_2 *a.c.?* || ligones: ligante J_2 || **198** rigidi: re- P_5 || uersabere (*J*): uexabere *J u.l.* || **199** tuus: -is J_2 *a.c.* || florebit: -at J_2 || **200** oblatas: a- J_2 *a.c.* || mirabitur (J_2 *m.a.*): inubitur J_2 || **201** ait: agit J_2 *a.c.* || fuluis: fluuius J_2 *a.c.* || tetigit serpentibus: tegit s. J_2 *a.c.* s. attigit J_4 *Ise* || idam [y-] (J_2 *m.a.*): idyam *Pm a.c.* yde J_2 iden *Ise* || **202** hic: hec J_2 || augusta (*Ise mg.*): an- F_1? *Pm* J_2 *Ise* || templique: -umque P_5 *Pm* || colendi: -um *Pm* || **203-214** *om.* L_3 *Pm (add. mg. inf. m.a.)* || **203** opacat *J* P_5 A_1 J_2: obumbrat F_1 *Pm m.a.* J_4 obscurat P_5 *u.l.* || **204** frondibus (P_5 *u.l.*): floribus *J* P_5 || **205** coniferis… ramis: corn-… r. J_2 J_4 coniferi… rami *Pm m.a.* || modulatur *J* A_1J_2: -antur F_1 P_5 *Pm m.a.*J_4 || carmina ramis (P_5): -e rami P_5 *u.l.* || **207** gemunt (J_2 *m.a.*): gerunt J_2 J_4 || ide [y-]: yda P_5 *p.c.* ydam P_5 *a.c.* idae *Ise* || **208** timidas: tu- F_1 J_2? || siluas: -a J_2 || **209** postquam: post J_2 || frenant: cernam J_2 || **210** *post* chori *del.* celestes J_2 || inpulit [im-] (J_4): intulit J_2 J_4 *u.l.* || ensem: -es A_1 || **211** non… non: nec… nec J_2 || blandasque: -isque A_1 || **212** adytis [-i-]: ditis J_2 || **213** pronas… turres: -os… currus *Pm m.a.* J_4 *a.c.?* || intendit P_5 *Pm m.a.* : ex- F_1 A_1 J_2 con- *J* os- J_4 *p.c.* || summa dudum A_1

Il observait. Il dévoile à Vénus le fond de ses pensées[a]:
«O Cythérée[b], je t'avouerai le secret de mes peines.
Depuis longtemps la blanche Proserpine est destinée
À être mariée au roi du Tartare: ainsi veut Atropos,
Ainsi l'a chanté Thémis au grand âge[c]. Voici sa mère loin:
Il est temps de conclure[1]. Gagne la terre des Sicanes;
Pousse la fille de Cérès à folâtrer dans la campagne ouverte[d],
Demain, quand la lumière aura montré son lever empourpré[e];
Arme-toi de tes ruses[f]: elles savent tout embraser[2],
Et moi-même souvent. Pourquoi ce calme en l'ultime royaume?
N'exempte aucune région: que nul cœur chez les ombres
N'échappe aux flammes de Vénus. Que désormais la funeste Erinnys
Ressente tes ardeurs; que l'Achéron et que le cœur de fer
De Dis le rigoureux se fassent tendres sous tes flèches lascives[g].»
Vénus s'empresse d'obéir. Sur l'ordre de leur père[3],
Pallas et la déesse dont l'arc en corne terrifie le Ménale
Viennent l'accompagner. Sous leurs pas divins le sentier
S'illumine[4]: ainsi tombe, apportant un présage hostile
La comète rapide à la flamme de sang,

a. L'expression *penetralia mentis* est fréquente dans la poésie latine tardive: IVVENC. 1, 505 (*mentis penetralia tanget*: même position métrique); AVIEN. *Arat.* 14; PAVL. PELL. *euchar.* 20; PAVL. PETR. *Mart.* 1,211.

b. L'épithète *Cytherea* remonte à Homère, *Od.* 8,288 et 18,193; l'île de Cythère était consacrée à Vénus. Comme nom propre pour désigner la déesse: VERG. *Aen.* 1,257; voir J.B. Carter, *Epitheta deorum*, Leipzig 1902, p. 100-101.

c. Atropos et Themis (1,107) incarnent l'enchaînement des destins. Thémis est de la race des Titans (d'où *longaeua*). Avant Apollon, elle tenait l'oracle de Delphes: Eschyle, *Eum.* 1 sqq.; Euripide, *Iph. Taur.* 1259 sqq.; Ovide mentionne lui aussi sa fonction oraculaire (*met.* 1,321: *fatidicam Themin, quae tunc oracla tenebat*).

d. *Patulis campis* (*6 cons.* 218): SIL. 4,136 «*patuli* longe per inania *campi*»; TER. MAVR. 2062; AVIEN. *orb. terr.* 424.

e. Évocation traditionnelle du lever du jour: VERG. *Aen.* 4,118-119 «Vbi primos crastinus ortus / extulerit Titan radiisque retexerit orbem»; 12,76-77 «cum primum crastina caelo / puniceis inuecta rotis Aurora rubebit».

f. L'alliance *armata dolis* sera reprise par Dracontius à propos de Clytemnestre (*Orest.* 162; cf. *Romul.* 2,111).

g. Vers cité par Hélinand (XIIe s.): PL 212,648 = 753.

Iup<p>iter ac Veneri mentis penetralia nudat:
«Curarum, Cytherea, tibi secreta fatebor.
Candida Tartareo nuptum Proserpina regi
iam pridem decreta dari; sic Atropos urget,
sic cecinit longaeua Themis. Nunc, matre remota,
rem peragi tempus. Fines inuade Sicanos
et Cereris prolem patulis illudere campis,
crastina puniceos cum lux detexerit ortus,
coge tuis armata dolis, quibus urere cuncta,
me quoque saepe soles. Cur ultima regna quiescunt?
Nulla sit immunis regio nullumque sub umbris
pectus inaccensum Veneri. Iam tristis Erin*y*s
sentiat ardores; Acheron Ditisque seueri
ferrea lasciuis mollescant corda sagittis.»
  Adcelerat praecepta Venus iussuque parentis
Pallas et inflexo quae terret Maenala cornu
addunt se comites. Diuino semita gressu
claruit, augurium qualis laturus iniquum
praepes sanguineo delabitur igne cometes

215 ac F_1*? p.c.* *J* P_5 F_4 J_4 *u.l.* : at A_1 L_1 F_2 C_1 L_3 *Pm* J_2 J_4 et F_1 *a.c.? Ise?* || mentis ueneri P_5 || nudat (P_5 *u.l.*): nuda J_2 pandit F_1 P_5 monstrat J_4 || **216** curarum · -tum *J a.c.* || cit(h)erea [-area] tibi secreta F_1 *J* L_3: s. t. c. *cett. mei Ise* || **217** nuptum: -am F_2 *a.c.* nutum *J a.c.?* || *post* regi *add.* est J_4 || **218** pridem: pr. est F_1 primum C_1 dudum J_4 *Ise* || **219** cecinit P_5 *p.c.* || themis (L_1 *mg.*): thetim L_1 || nunc (L_1 *mg.*): nec L_1 || matre: marte C_1 *a.c.* || **220** peragi *Pm u.l.*: -it *Pm cett. mei Ise* || **221** patulis: pastus L_1 placidis L_1 *mg.* || illudere (J_4): inducere J_4 *u.l.* || **222** puniceos: purpureos F_1 *p.c.* || detexerit: detexit C_1 || **223** coge (*Ise*): falle *Ise mg.* || armata: armenta C_1 *a.c.* || **224** soles: uales L_1 F_4 C_1 || quiescunt (F_2): -ent L_1 F_2 *s.l.* || **225** umbris: undis L_1 || **226** pectus (*Ise*): corpus *Ise mg.* || inaccensum (*J u.l.* F_2 *u.l. Ise mg.*): inaccessum *J* F_2 C_1 *Pm* J_2 *Ise* || **227** ditis-: dictis- *J* digitis- J_2 *a.c.* || seueri: -e J_2 *a.c.?* superbi C_1 || **230** terret quae J_2 *Ise* || m(a)enala: menela P_5 *u.l.* menia P_5 || cornu (L_1 *mg.*): corpus L_1 || **231** gressu (P_5 *u.l.*): passu P_5 || **232** claruit (*Ise*): canduit *Ise mg.* || augurium (L_1 *mg.*): argumentum L_1 || iniquum (J_2*? p.c.* J_4 *u.l.*): -us C_1 in equus J_2*? a.c.* in orbem J_4 *Vic Ise* || **233** pr(a)epes: pr(a)eceps A_1 J_4 || sanguineo: -a J_2 || delabitur: di- A_1

Prodige rougeoyant! Ni le marin ne la voit sans danger,
Ni les peuples, impunément: ses cheveux menaçants
Annoncent du vent aux esquifs, aux villes l'ennemi.
Elles arrivent à l'endroit[a] où resplendit le palais de Cérès[1],
Fortifié par la main des Cyclopes[2]. De hauts murs s'élèvent en fer;
En fer, les jambages des portes; l'acier enchaîne
L'immense enceinte. Pyragmon ni Stérope[b] n'ont rien construit
Avec tant de sueur[3]; jamais leur soufflet
N'expira de tels vents, ni le métal fondu
Ne s'amollit en un tel flot, fatigue pour leur nuque!
L'ivoire entoure l'atrium[c]; des poutres d'airain consolident
Le toit; et l'électrum s'élance en colonnes altières.
  Proserpine elle-même charmait de chants[d] doux la demeure;
Et, pour le retour de sa mère, elle tissait un vain présent[4].
Son aiguille y marquait l'ordre des éléments,
Le séjour de son père, et par quelle loi la Nature Mère[5]
Disposa le désordre ancien, et les semences s'en allèrent[6]
Au lieu qui leur revient: tout corps léger se porte vers le haut;
Ce qui est plus lourd tombe au centre. L'air s'embrasa;
Le feu poussa le ciel[e]; la mer coula, la terre fut suspendue.
Il y avait[f] plusieurs couleurs[7]: par l'or, elle allume les astres;

a. L'attaque de vers *deuenere locum* est empruntée à Virgile, *Aen.* 1,365, à propos des Troyens qui arrivent à Carthage: «*deuenere locos* ubi nunc ingentia cernes...».

b. Pyragmon et Steropes sont des cyclopes (VERG. *Aen.* 8,425; CLAVD. *3 cons.* 195). Sur l'orthographe *Pyragmon* plutôt que *Pyracmon*, voir Hall 1969, p. 207-208. Steropes est déjà mentionné par Hésiode, à côté d'Argès et Brontès (*theog.* 140).

c. Réminiscence probable de Lucain (10,119): «*ebur atria* uestit». Mais la leçon *uestit* n'est attestée chez Claudien que par W et une variante de A: un scribe connaissant Lucain a dû l'y introduire; mais le poète n'avait pas plagié son modèle.

d. Virgile emploie l'expression *mulcere cantu* à propos des oiseaux à l'embouchure du Tibre (*Aen.* 7,34; cf. STAT. *silu.* 5,1,28; CLAVD. *Pall.* 106). *Mulcere carmine*: *georg.* 4, 510; OV. *fast.* 2,116; STAT. *Theb.* 6,355).

e. La variante *legit* a pu être inspirée par OV. *met.* 1,27 «ignea uis / emicuit, summaque locum sibi *legit* in arce».

f. Contrairement à Hall, je préfère la leçon *erat*, bien mieux attestée dans les manuscrits qu'*inest*. Cette dernière a pu être suggérée par Ovide, *fast.* 4,489: *iam color unus inest rebus*.

prodigiale rubens: non illum nauita tuto,
non inpune uident populi, sed crine minaci
nuntiat aut ratibus uentos aut urbibus hostes.
Deuenere locum, Cereris quo tecta nitebant
Cyclopum firmata manu: stant ardua ferro
moenia, ferrati postes, inmensaque nectit
claustra chalybs. Nullum tanto sudore Pyragmon
nec Steropes construxit opus; non talibus umquam
spirauere Notis animae nec flumine tanto
incoctum maduit lassa ceruice metallum.
Atria cingit ebur; trabibus solidatur aenis
culmen et in celsas surgunt electra columnas.
Ipsa domum tenero mulcens Proserpina cantu
inrita texebat rediturae munera matri.
Hic elementorum seriem sedesque paternas
insignibat acu, ueterem qua lege tumultum
discreuit Natura parens et semina iustis
discessere locis: quidquid leue, fertur in altum;
in medium grauiora cadunt. Incanduit aer;
egit flamma polum; fluxit mare; terra pependit.

234 tuto: -e P_5 J_2 *m.a.* -a J_2*?* || **235** crine: trine *Pm a.c.* **236** *om.* J_2 *add. m.a.* || uentos ratibus J_2 *m.a.* || urbibus hostes (*Ise*): nubibus ignes *Vic Ise mg.* || **237** quo (J_2): qua *J* L_1 F_2 *a.c.* F_4 J_2 *m.a.* J_4 || nitebant *J* A_1 *u.l.* F_2 F_4 C_1 J_4: uirebant P_5 A_1 L_1 L_3 uirebam J_2 manebant F_1 *Pm* || **238** firmata (*Ise*): for- *J a.c.* L_1 F_4 C_1 fabricata P_5 *Pm* || **239** ferrati: ferrat J_2 || **240** *om.* J_2 *add. m.a.* || claustra: castra F_1 || **241** construxit: coniunxit F_2 *a.c.* instruxit L_1 || opus: opes F_4 *a.c.* || non: nec *Ise* || **242** anim(a)e: flammae *Pm mg. (glos.?)* || flumine *J* A_1 *u.l.* L_1 *p.c.* F_2 L_3 *a.c.* *Pm* : fla- F_1 P_5 A_1 L_3 *p.c.* J_2 J_4 *Ise mg.* fulmine L_1 *a.c.* F_4 C_1 || **243** incoctum (F_2 *p.c.*): ind- F_2 *a.c.* incaptum C_1 || lassa: -xa J_4 -psa *J* C_1 || ceruice (*Ise*): fornace *Ise mg.* || metallum: -is J_2 || **244** atria *om.* L_3 *add. mg. m.a.* || cingit: -xit C_1 || aenis: -i J_2 || **245** colum(p)nas: -is J_2 || **246** tenero mulcens: m. t. J_4 t. miscens C_1 || **247** texebat: texabat F_1 *a.c.* || munera: uolnera J_2 || **248** seriem: -es J_4 || **249** insignibat: -abat P_5 *a.c.* C_1 || **250** discreuit: -cernit C_1 L_3 || iustis (A_1): uinclis A_1 *u.l.* || **251** discessere: de- P_5 || locis: thoris C_1 || quidquid [-c-]: quicquam J_2 || *post* leue *add.* est F_2 *s.l.* *Pm* || **252** aer (A_1 *u.l.*): (a)ether A_1 L_1 J_2 J_4 *Ise* || **253** egit: legit P_5 *a.c.* L_1 || fluxit: fulsit L_1

Elle répand sur l'eau la pourpre, dresse des gemmes sur les rives.
Déjà la broderie des fils gonfle avec art les vagues
Qu'elle simule: on croirait voir les rocs battus par l'algue,
L'eau se glisser, bue par le sable, en un bruit sourd[1].
Elle y ajoute les cinq zones[2]: d'un fil rouge elle marque
La zone médiane assiégée de chaleur, sillon brûlé,[a]
Aride; un soleil persistant assoiffait le tissu.
Des deux côtés, les deux zones de vie, traversées de douceur
Tempérée, habitable à l'homme. Puis, à l'extrémité,
La double zone engourdie s'étirait; un hiver permanent
La souille et un froid éternel attriste[b] ici la toile.
Elle brode même les lieux consacrés à son oncle Dis[3],
Et son destin, les Mânes. Ce ne fut pas sans un présage:
Car son visage qui pressent soudain s'est humecté de pleurs.
   Elle avait déjà commencé, au bord supérieur de la toile[c],
À courber l'Océan et ses flots de cristal. Mais le gond tourne[d]:
Elle voit entrer les déesses, et laisse son travail inachevé;
Son visage de neige s'infuse d'une pourpre[4]

a. Pour cet emploi d'*inustus* (bien mieux attesté qu'*adustus* dans la tradition manuscrite), comparer LVCAN. 9,852-853: «zona rubens atque axis *inustus*».

b. L'expression *contristat frigore* est empruntée à Virgile (*georg.* 3,279), chez qui, en même position métrique, elle décrit l'action de l'Auster. Bel exemple de réappropriation par transfert dans un autre contexte (Cameron 1970, p. 280).

c. L'Océan ourle la broderie: pour Homère, l'Océan est un fleuve immense qui entoure le disque de la terre (*Od.* 11,639). *Vitreus* qualifie traditionnellement l'eau en poésie: VERG. *Aen.* 7,759; HOR. *carm.* 4,2,3; OV. *met.* 5,48...

d. *Cardine uerso*: clausule d'hexamètre empruntée à VERG. *Aen.* 7,621, et reprise en 2,6.

Nec color unus erat: stellas accendit in auro,
ostro fundit aquas. Attollit litora gemmis
filaque mentitos iamiam caelantia fluctus
arte tument. Credas illidi cautibus algam
et raucum bibulis inserpere murmur harenis.
Addit quinque plagas: mediam subtegmine rubro
obsessam feruore notat; squalebat inustus
limes et adsiduo sitiebant stamina sole;
uitales utrimque duas, quas mitis oberrat
temperies habitanda uiris; tum fine supremo
torpentes traxit geminas brumaque perenni
foedat et aeterno contristat frigore telas.
Nec non et patrui pingit sacraria Ditis
fatalesque sibi Manes. Nec defuit omen:
praescia nam subitis maduerunt fletibus ora.
  Coeperat et uitreis summo iam margine texti
Oceanum sinuare uadis; sed cardine uerso
cernit adesse deas inperfectumque laborem
deserit et niueos infecit purpura uultus

254 nec: non J_4 || unus (C_1 *s.l.*): ullus C_1 || erat: inest J_4 || **256** iamiam (*Ise mg.*): subter J_4 *Ise* || c(a)elantia (*Ise*): calentia J_4 curuantia *Ise mg.* || **257** illidi: illudi L_1 *a.c.* || cautibus: can- J_2 || algam (*Ise*): -as *Pm* J_2 alnos *Ise mg.* || **259** rubro: -a J_2 || **260** *post* obsessam *del.* feruebat C_1 || feruore: spartiora J_2 *a.c.?* || notat: notos J_2 *a.c.* || inustus: inius- L_1 *a.c.* adus- J_4 *Ise* || **261** sitiebant: sa- P_5 *a.c.* || stamina: fla- J_2 || **262** utrimque: -umque P_5 || oberrat: ab- J_2 || **263** tum L_3: cum *J* L_1 F_4 C_1 *Pm* J_2 J_4 con- F_2 in F_1 P_5 *p.c.* A_1 J_2 *m.a.* || **264** traxit (J_4 *u.l.*): texit L_1 J_2 *m.a.* J_4 || geminas (L_3 *s.l.* J_2 *m.a.*): gemmas L_1 L_3 J_2 gemmis *J a.c.* gemas F_1 *a.c.* || bruma- (C_1 *mg.*): gemma- C_1 || **265** constristat (A_1 *u.l.* L_3 J_2 *Ise mg.*): -stringit P_5 A_1 J_2 *m.a.* J_4 *Ise* -strinxit L_3 *mg.* || telas: -am P_5 L_3 -a J_2 || **266** patrui: -trii C_1 || pingit (F_2 *p.c.? Ise*): f- *Ise mg.* || dit(t)is: -i J_2 || **267** nec: non A_1 || *post* defuit *del.* unquam C_1 || omen: omne J_2 || **268** fletibus (P_5): fla- P_5 *s.l.* F_2 *a.c.* || **269** summo iam: s. de J_4 suprema F_1 || texti (F_1 *u.l.* P_5): texit J_2 tel(a)e F_1 P_5 *u.l.* L_1 || **270** sinuare (*Ise*): simulare C_1 *Ise mg.* || cardine (C_1 *mg.*): carmine C_1 || **271** cernit: sensit J_4 || deas: -os J_2 || laborem (C_1 *u.l.*): dolo- C_1 || **272** infecit: con- F_2

Qui enflamme ses joues limpides. Les chastes feux de la pudeur
Ont brillé: l'éclat de l'ivoire ne flamboie pas ainsi
Quand une femme de Lydie l'a teint de pourpre sidonienne[a]. [1]
La mer a englouti le jour; de son bige azuré, la nuit humide
A semé le sommeil et apporte les langueurs du repos[2]:
Déjà Pluton[b] prend le chemin vers les brises d'en-haut[c],
Selon le conseil de son frère. L'odieuse Allecto
Lie au timon les farouches coursiers[3] qui broutent les pâquis
Du Cocyte, qui errent dans les prés sombres de l'Érèbe
Et boivent la nappe alanguie du paisible Léthé[d],
Avec, sur leur langue assoupie, l'écume du mal de l'oubli.
C'est Orphnée aux éclairs cruels, et Cthonius plus rapide
Qu'une flèche, et Nyctée, la haute gloire des troupeaux[e]
Du Styx, et Alastor qui porte la marque de Dis[f].

a. La pourpre de Sidon était célèbre: HOR. *carm.* 2,16,35 sqq.; TIB. 2,4,28; OV. *ars* 3, 170; *met.* 10,267; 11,166; *trist.* 4,2,27...

b. Seule mention du nom de *Pluto* dans le poème. Claudien préfère généralement le nom de *Dis* (1,26; 227; 266; 286; 2,13; 160; 365) ou des périphrases comme *dux Erebi* (1,32), *Tartareus rex* (1,217), *tertius heres Saturni* (2,167), *Saturni proles* (2,280), *germanus Tonantis* (2, 367); ou encore, il désigne le dieu par son lien de parenté avec Proserpine: *patruus* (1,266; 2, 207).

c. La leçon *arces* peut s'appuyer sur Valerius Flaccus 4,73 (*superas... ad arces*); mais *auras* a un précédent virgilien (*Aen.* 6,128 «*superas*que euadere ad *auras*; et CIL 3, 737, v. 5 «*superas* elatus *ad auras*). Même hésitation de la tradition manuscrite chez Stace (*Theb.* 1,295 *superas senior se tollat ad arces* [*auras*]). Ici, outre le contexte qui plaide plus en faveur d'*auras* que d'*arces* (Pluton n'a pas l'intention de se rendre dans le palais céleste de son frère), le caractère très virgilien du vers (*uiam... molitur*: *Aen.* 10,477 *uiam molita per oras*) incite à préférer la leçon *auras*.

d. Le Léthé est le fleuve de l'oubli (VERG. *Aen.* 6,704 sqq.). Comme l'observe Hall (1969, p. 211), la correction de Goodyear *pigra* est ingénieuse (*pigra obliuio* se lit chez STAT. *Theb.* 10,89 et *silu.* 1,4,57), mais inutile: *aegra* renvoie à la condition maladive de ceux qui sont soumis à la loi de l'oubli (VERG. *georg.* 1,237 *aegros mortales*), et donne donc un sens satisfaisant.

e. OV. *ars* 1,290 «candidus, *armenti gloria*, taurus».

f. Quelle est cette marque? Claverius, suivi par Gesner, pense qu'il s'agit de la lettre Π (Πλούτωνα). Tardioli (*ad loc.*) propose de voir l'α de Aΐδης dans la première lettre du nom *Alastor*.

per liquidas succensa genas castaeque pudoris
illuxere faces: non sic decus ardet eburnum
Lydia Sidonio quod femina tinxerit ostro.
Merserat unda diem; sparso nox humida somno
languida caeruleis inuexerat otia bigis,
iamque uiam Pluto superas molitur ad auras
germani monitu. Toruos inuisa iugales
Allecto temone ligat, qui pascua mandunt
Cocyti pratisque [h]Erebi nigrantibus errant
stagnaque tranquillae potantes marcida Lethes
aegra soporatis spumant obliuia linguis:
Or<ph>naeus crudele micans *C*thon*i*usque sagitta
ocior et St*y*gii sublimis gloria Nycteus
armenti Ditisque nota signatus Alastor.

273 liquidas (P_5 *u.l.*): niueas P_5 || cast(a)eque (P_5 A_1): -ique P_5 *u.l.* A_1 *u.l.* J_4 *Ise* || pudoris: -re J_2 || **274** non: nec L_3 J_2 || ardet: audet J_2 || **275** sidonio (F_4 *u.l.*): -nico F_4 || tinxerit: -at A_1 L_1 *Pm* J_2 texuit J_4 || **278** uiam: uias L_1 || pluto superas (*Ise mg.*): s. pl. L_3 pl. siculas J_4 Pluton Siculas *Ise* || superas — auras *om.* J_2 *add. m.u.* || molitur: mollitur P_5 J_2 *m.a. Ise* || ad: in J_2 *m.a.* || auras F_1 P_5 *u.l. Pm* J_2 *Ise mg.*: arces *cett. mei Ise* || **279** toruos: toruosque F_2 || **281** pratisque (J_4 *p.c. Pm*): pratis *Pm u.l.* spatiis J_4 *u.l.* || nigrantibus: ingentibus F_1 || **282** tranquill(a)e potantes: p. tr. F_1 tr. portantes L_1 F_4 tr. potentes J_2 *m.a.* tranquillis potentes J_2 || **283** (a)egra: era C_1 || soporatis: -as F_4 *a.c.* || spumant: spirant C_1 *Pm* || **284** orphnaeus *Parrhasius*: (h)orneus (*uel simm.*) *codd.* || micans: -ant C_1 || *post* micans *del.* et L_1 || C(h)thonius- *Jeep Hall*: ethon(e)us- (*uel simm.*) *codd.* (A)Ethon- *Parrhasius Ise* || **285** nict(h)eus (*uel simm.*) *J p.c.* C_1 *Pm*: mot(h)eus P_5 L_1 F_2 F_4 J_4 met(h)eus L_3 J_2 morpheus F_1 || **286** ditis-: digitis- F_1 *a.c.* || alastor A_1 *Ise*: -er (*uel simm.*) *cett. mei*

Debout devant la porte, l'attelage frémit sauvagement,
Tendu[a] vers les joies de demain: une proie à venir.

a. *Spectantes* a ici le sens du composé *exspectantes*, comme chez Tite-Live 9,10,5; GERM. *Arat.* 292; CVRT. 5,1,4; 5,12,1; IVST. 12,3,2; 13,1,8: voir Hall 1969, p. 211.

Stabant ante fores iuncti saeuumque fremebant
crastina uenturae spectantes gaudia praedae.

287 ante stabant J_2 || iuncti (F_1 *p.c.*): uicti J_2 cuncti L_1 || fremebant: -am J_2 || **288** uentur(a)e: uecturae F_1 || spectantes (J_4): sperantes J_4 *u.l.* exspectantes *J a.c.* spectabant J_2 || gaudia (*Pm u.l.*): praemia A_1 *Pm* || pr(a)ed(a)e (*Pm u.l.*): palmae *Pm*

LIVRE DEUXIÈME

LIVRE 2: analyse

Préface: La nature se plaint du silence d'Orphée (v. 1-8). Hercule arrive pour renverser les étables de Diomède: Orphée, de joie, reprend sa lyre et tout l'univers est sous le charme de son chant (v. 9-28). Il célèbre les exploits d'Hercule (v. 29-48: style indirect de 29 à 32; style hymnique direct de 33 à 48).

Comme Hercule l'avait fait pour Orphée, Florentinus réveille Claudien et sa Muse assoupie (v. 49-52).

Livre 2: le rapt (371 + 1 ou 2 vers)

L'anthologie (v. 1-150)

Dès l'aurore, en dépit de sinistres présages, Proserpine s'en va avec les trois déesses (v. 1-10). Vénus ouvre le cortège, suivie de Diane et Pallas (v. 11-35); entre elles s'avance Proserpine, dans un vêtement richement décoré (v. 36-55); des naïades l'accompagnent, telles des amazones ou des nymphes de Méonie (v. 56-70).

Apercevant cette troupe, l'Etna appelle le Zéphyre et lui demande d'exhaler son haleine pour couvrir de fleurs ses prairies (v. 71-87). Sous la rosée du Zéphyre s'épanouissent les plus belles fleurs (v. 88-100), mais le site lui-même est encore plus beau que ses fleurs (v. 101-117).

Vénus invite ses compagnes à ramasser des fleurs; elle cueille une rose et les jeunes déesses s'empressent de l'imiter en moissonnant les plus belles fleurs (v. 118-150).

Le rapt (v. 151-306)

Mais voici qu'on entend un grand fracas: Pluton essaie de sortir de terre (v. 151-185). Enfin, le sol de Sicile s'ouvre; le char de Pluton bondit et Proserpine est enlevée (v. 186-204), malgré l'intervention de Diane et de Pallas (v. 205-227): les éclairs et le tonnerre de Jupiter sanctionnent le mariage de Pluton (v. 228-231). Pallas et Diane reculent à contre cœur; Diane dit adieu à Proserpine (v. 232-246).

Celle-ci se lamente, implore son père Jupiter, puis sa mère Cérès (v. 247-272). Touché par ces plaintes, Pluton essaie de calmer la jeune fille (v. 273-276): il lui décrit le domaine dont elle sera la reine (v. 277-307).

Le mariage (v. 308-372)

Pluton entraîne alors Proserpine aux enfers et l'on prépare le mariage (v. 306 -321): toilette de Proserpine (v. 322-325); fête et joie aux enfers (v. 326-360).

Le soir tombe: la future épouse est conduite à la couche nuptiale et les justes chantent l'épithalame (v. 361-372).

Préface du livre 2

La longueur de cette préface, en distiques élégiaques comme toutes les préfaces de Claudien, ne doit pas surprendre: elle est supérieure à celle du premier livre (12 vers), mais inférieure à celle du second livre de l' *In Eutropium* (76 vers). Plus nettement encore que dans la préface du premier livre, les distiques sont groupés par deux par leur syntaxe, leur thématique et leur forme stylistique, et ils constituent de véritables quatrains.

Les deux premiers quatrains posent le thème de départ, la désolation du monde depuis le silence d'Orphée: pleurs et plaintes des nymphes et des fleuves (v. 1-4); la nature animale et végétale redevient sauvage (v. 5-8).

Les deux suivants présentent la réaction d'Orphée à la venue d'Hercule: Alcide vient en Thrace mettre fin aux cruautés de Diomède (v. 9-12); de joie, Orphée reprend sa lyre pour chanter (v. 13-16).

Les trois suivants décrivent l'effet produit par le chant d'Orphée sur les éléments naturels (vents, fleuves et montagnes: v. 17-20), sur le monde végétal (peuplier, pin, chêne et laurier: v. 21-24), et sur le monde animal (molosse et lièvre; agnelle et loup; daim et tigre; cerfs et lions: v. 25-28).

Les cinq suivants développent le contenu du chant d'Orphée, c'est-à-dire les exploits d'Hercule, au style indirect (v. 29-32: les serpents étranglés par Hercule au berceau), puis au style direct, sous une forme hymnique qui rappelle les arétalogies: le taureau de Crète, Cerbère, le lion de Némée et le sanglier d'Érymanthe (v. 33-36, scandés par la reprise anaphorique des négations *neque, nec, non, non*); la ceinture d'Hippolyte, les oiseaux du lac Stymphale et les bœufs de Géryon (v. 37-40, unis par leurs cinq verbes à la deuxième personne du singulier de l'indicatif présent); Antée, l'hydre de Lerne, la biche aux pieds d'airain, Cacus, Busiris et les centaures (v. 41-44, unis, pour les deux premiers, par l'anaphore *non, non, nec* ; pour les deux derniers, par la présentation comme sujets de trois éléments naturels: le feu, le fleuve Nil et le mont Pholoé; et, tous quatre, par un énoncé à la troisième personne qui met en relief les protagonistes d'Hercule). Le cinquième quatrain reprend le *Du-Stil* hymnique pour célébrer le remplacement d'Atlas par Hercule (v. 45-48).

Le dernier quatrain (v. 49-52) explique quelle signification symbolique il faut donner aux douze quatrains précédents: Florentinus est pour Claudien ce qu'Hercule fut pour Orphée. Sur le sens de cette préface, qu'on ne saurait considérer comme interpolée, et en particulier du quatrain final, voir *Intr.* p. XXII-XXVIII.

Cette préface de Claudien a été imitée par Sidoine Apollinaire dans le prologue en distiques élégiaques qui précède une demande de dégrèvement fiscal adressée à l'empereur Majorien (*carm.* 13,1-20; v. 15 «Haec quondam Alcides; at tu Tirynthius alter...»); et par Venance Fortunat, dans les premiers vers du poème élégiaque adressé à Gogon, en tête du livre 7 de ses poèmes (*carm.* 7,1,1-12).

LIVRE II

[PRÉFACE]

Tandis qu'Orphée se reposait, que ses chants somnolaient,
Qu'il avait un long temps négligé son ouvrage,[1]
Les Nymphes pleuraient qu'on leur prît leurs consolations,
Les fleuves réclamaient, tristes, ses rythmes doux.[2]
Le fauve retourne à l'instinct sauvage; dans sa peur du lion,
La vache implore l'aide de la cithare qui se tait.[a]
Les monts, malgré leur dureté, déplorent son silence,
Tout comme les bois qui souvent suivaient sa lyre thrace.[3]
Mais quand Alcide, envoyé de l'inachienne Argos,[b]
Eut approché d'un pied de paix la terre thrace[4],
D'un roi sanglant eut renversé les funestes mangeoires
Et nourri d'herbe les chevaux de Diomède,
Alors, le poète, joyeux de sa patrie en fête,
Reprend les fils chantants de sa lyre oubliée:[c]

a. Le chant d'Orphée avait le pouvoir de pacifier la nature et d'adoucir les fauves: HOR. *ars* 391-393 (cf. *infra* v. 25-28). Ici, c'est l'effet inverse qui est décrit.

b. La leçon *argis*, bien attestée dans la tradition manuscrite et appuyée par les leçons (légèrement) fautives *agris* et *aruis*, doit être conservée: l'alliance *Inachiis... ab Argis* se lit, en même position métrique après une élision de finale en -m, chez Virgile (*Aen.* 7,286) et Valerius Flaccus (3,666 *Atque iterum Inachiis... ab Argis*; voir aussi 1,107 et STAT. *Theb.* 1,660) et la clausule *missus ab Argis* est empruntée à l'*Énéide* (10,779). Il n'y a donc pas lieu de préférer la variante moins bien attestée *oris*, même si l'alliance *Inachiis... ab oris* se lit chez Stace (*Theb.* 8,319).

c. *Desuetae* est à prendre au sens passif: une lyre dont il avait perdu l'habitude (VERG. *Aen.* 2,509 *arma diu desueta*). Les cordes de la lyre d'Orphée sont traditionnellement qualifiées de mélodieuses (*fidibus canoris*: VERG. *Aen.* 6,120; HOR. *carm.* 1,12,11). Même second hémistiche de pentamètre dans le *Phoenix* attribué à Lactance, à propos de la lyre de Mercure (v. 50 *nec Cylenae fila canora lyrae*).

LIBER II

[PRAEFATIO]

Otia sopitis ageret cum cantibus Orpheus
neglectumque diu deposuisset opus,
lugebant erepta sibi solacia Nymphae,
quaerebant dulces flumina maesta modos.
Saeua feris natura redit metuensque leonem
inplorat citharae uacca tacentis opem;
illius et duri fleuere silentia montes
siluaque Bistoniam saepe secuta chelym.
Sed postquam Inachiis Alcides missus ab Argis
Thracia pacifero contigit arua pede
diraque sanguinei uertit praesepia regis
Et Diomedeos gramine pauit equos,
tunc patriae festo laetatus tempore uates
desuetae repetit fila canora lyrae

Liber secundus de r. p. *add.* F_2 *m.a.* prologus libri II L_3 *mg* incipit secundus liber P_5 *mg.*

1 ageret: -ent F_2 *a.c.* || cum: dum *J* || **2** opus (F_2 *s.l.*): ebur F_2 || **3** erepta: erecta P_5 || nymph(a)e [ni-] (J_2 *m.a.*): mensa J_2 || **4** quaerebant: lugebant *Ise* || flumina m(a)esta: stam- m. L_1 fulmina mixta C_1 || **5** leonem: -um *Ise* -es J_2 || **6** tacentis: ia- L_1 || **7** duri: diri J_2 || fleuere: fluere J_4 *a.c.* || silentia: so- J_2 || **8** bistoniam: -um F_4 C_1 || chelym *Ise*: chelim F_1 P_5 *J* A_1 L_1 F_2 F_4 C_1 L_3 J_2 J_4 *u.l.* liram A_1 *u.l.* *Pm* J_4 || **9** inachiis [y-]: ynachis J_2 *p.c.* ynachus J_2 *a.c.* || ab aruis *om.* J_2 *add. m.a.* || argis *J* P_5 A_1 *u.l.* L_1 F_2 F_4 L_3: agris C_1 *p.c.* agis C_1 *a.c.* aruis F_1 A_1 J_2 *m.a.* (h)oris *Pm* J_2 *m.a.s.l.* J_4 || **10** pacifero (A_1): -fico P_5 A_1 *u.l.* || arua: antra L_3 || **11** dira- (P_5 *u.l.*): dura- *J* P_5 || uertit: -at L_1 || **12** gramine (A_1 *Ise*): -mne P_5 -a J_2 sanguine A_1 *u.l.* J_4 *Ise mg.* || pauit (A_1 *u.l.*): pascit A_1 || **13** tunc: tum L_1 F_2 F_4 L_3 J_2 || festo: stilicho C_1 || **14** desuet(a)e: dis(s)- F_1 P_5 L_1 L_3 J_2 || repetit (*Ise*): -ens F_1 reparat *Ise mg.* || canora: sonora A_1

Son plectre lisse fait vibrer[1] les cordes inactives,
Et son pouce enjoué conduit le noble ivoire.
À peine l'ont-ils entendu, vents et flots sont bridés;
L'Hèbre enchaîne ses eaux, s'endort avec paresse;
Le Rhodope avance ses rocs, assoiffés de ces chants;
L'Ossa se penche et secoue ses neiges glacées.[2]
Le haut peuplier descend de l'Hémus, qu'il met à nu;
À sa suite le pin entraîne le chêne son ami;
Et, malgré son mépris pour les arts du Dieu de Cirrha,
Le laurier vient, attiré par la voix d'Orphée.[3]
Avec douceur, les molosses caressent le lièvre rassuré;
Près du loup l'agnelle approche son flanc;
Les daims jouent en accord avec le tigre tacheté;
Les cerfs ne craignent pas la crinière massyle.[4]
Orphée chantait Hercule[5], les traits de sa marâtre,[6]
Ses travaux, les monstres domptés de sa main forte;
Qu'à sa mère effrayée il montra les serpents serrés[a],
Et que sans peur l'enfant riait d'un air farouche.
Ni du taureau beuglant dont tremblent les villes de Crète,[b]
Ni du chien du Styx[c] en colère tu n'as eu peur,

a. *Quod*, mieux attesté dans la tradition manuscrite, doit être préféré à *qui* (= *quomodo*): Claudien emploie parfois ce *quod* complétif à valeur déclarative (voir Birt *index*); le subjonctif est un subjonctif de discours indirect.

b. À partir du v. 33 commence, dans un ordre arbitraire, l'énumération hymnique des travaux (11 sur 12: il manque les écuries d'Augias; cf. OV. *met.* 9,181-199; SEN. *Herc. f.* 222-248) et des autres exploits d'Hercule. Claudien fait d'abord allusion au huitième travail (selon la classification d'Ausone *ecl.* 24, que je suis), la capture au filet du taureau de Crète (le Dicté est une montagne de Crète) donné par Neptune à Minos et rendu furieux par le dieu: VERG. *Aen.* 8,294-295 (*tu Cresia mactas / prodigia*); OV. *met.* 9, 186; Quintus de Smyrne 6,237 sqq.; CLAVD. *Ruf.* 1,289 (cf. *Laus Herc.* 118-137).

c. La périphrase *Stygius canis* désigne, comme chez Sénèque (*Herc. f.* 783), le portier des enfers Cerbère (VERG. *Aen.* 8,296 *ianitor Orci*): douzième travail. Hercule descend aux enfers pour y délivrer Thésée; il capture Cerbère et le ramène sur terre: outre Virgile, cf. OV. *met.* 7,410 sqq. et 9,185; SEN. *Herc. f.* 762-827.

et resides leui modulatus pectine neruos
pollice festiuo nobile duxit ebur.
Vix auditus erat: uenti frenantur et undae,
pigrior adstrictis torpuit Hebrus aquis,
porrexit R<h>odope sitientes carmina rupes,
excussit gelidas pronior Ossa niues.
Ardua nudato descendit populus Haemo
et comitem quercum pinus amica trahit,
Cirrhaeasque dei quamuis despexerit artes,
Orpheis laurus uocibus acta uenit.
Securum blandi leporem fouere Molossi
uicinumque lupo praebuit agna latus;
concordes uaria ludunt cum tigride dammae,
Massylam cerui non timuere iubam.
Ille nouercales stimulos actusque canebat
Herculis et forti monstra subacta manu;
quod timidae matri pressos ostenderit angues
intrepidusque fero riserit ore puer.
«Te neque Dictaeas quatiens mugitibus urbes
taurus nec Stygii terruit ira canis,

15 resides: -ens L_1 F_2 *a.c.* C_1 *a.c.* J_4 *a.c.* || leui (P_5 *p.c.*): leni L_1 L_3 *Pm* J_4 || modulatus: -ur J_2 || neruos (L_1 *mg.*): ternos L_1 || **16** festiuo: -no P_5 || nobile (*Ise*): mo- L_1 F_2 J_4 *Ise mg.* || ebur: opus ebur F_1 **17** frenantur: sternun- J_4 *Ise* || **18** adstrictis *om. Pm add. mg.* || (h)ebrus: ebur L_1 || **19** porrexit: per- L_1 *a.c.* || carmina rupes *om.* J_2 *add. m.a.* || rupes (A_1 *Ise mg.*): montes A_1 *s.l.* J_4 *Ise* || **21** hemo: amos J_2 || **23** cirr(h)cas : cirr(h)ei- *Pm* J_2 || despexerit (F_1 *p.c.*): -at L_3 dispexerat P_5 despexit C_1 || artes: -ces L_1 F_4 L_3 J_4 || **24** orpheis *J p.c.* L_1 *p.c.* L_3 *Pm* J_2 *p.c.* J_4: -i F_1 *J a.c.* P_5 *p.c.* A_1 L_1 *a.c.* F_2 F_4 C_1 J_2 *a.c.* -a P_5 *a.c.* || acta: aucta J_4 ossa C_1 *a.c.* || uenit (J_2 *m.a.*): -is J_2 || **25** leporem blandi F_1 || **27** dam(ma)e: -pne L_1 *a.c.* -mi J_2 || **28** massilam *J p.c.* C_1: -liam F_1 *Ja.c.* A_1 F_2 F_4 L_3 *Pm* J_4 *p.c.* marsiliam J_4 *a.c.* massaliam P_5 L_1 masselidam J_2 || timuere: min- *Pm* || iubam: -ar J_2 || **29** canebat: -ant L_1 *a.c.* || **30** *om. add. mg.* P_5 || **31** quod (*J a. c.*): quo A_1 J_4 qui *J p.c.* L_1 || timid(a)e (A_1 *u.l.*): tu- A_1 || pressos: strictos *J* C_1 || ostenderit: -eret F_1 *a.c.* A_1 L_1 || **32** puer... fero P_5 || fero: ferro J_4 *a.c.* || **33** te (C_1 *mg.* J_2 *m.a.*): tu C_1 tunc J_2 || **34** nec P_5 *Pm* J_4: non *cett. mei*

Ni du lion qui devait retourner à la voûte étoilée du ciel,[a]
Ni de ce sanglier, la gloire du mont Érymanthe.[b]
Tu dénoues la ceinture de l'amazone;[c] ton arc atteint
Les Stymphalides;[d] de l'Occident tu mènes des troupeaux;
Tu abats tous les membres du gardien aux trois corps et tu reviens
Autant de fois vainqueur de ce seul ennemi.[1]
Antée tomba en vain;[e] en vain l'Hydre se multiplie;[2]
Ses pieds ailés n'ont pas pu soustraire la biche;[3]
Le feu de Cacus meurt,[4] et Busiris rougit le Nil;[5]
Le Pholoé ruisselle des fils des Nuées massacrés.[6]
Les golfes de Libye t'admirent et l'immense Téthys
T'a craint lorsque tu supportais le poids du ciel:
Le monde reposa plus ferme sur la nuque d'Hercule;
Phébus et les astres ont tourné sur tes épaules.[7]
Ainsi chanta le Thrace.[8] Mais toi, Florentinus, tu es pour moi
Un second Tirynthien, tu ébranles mon plectre;[9]
Tu secoues les antres des Muses assoupis dans un long sommeil,
Et tu conduis en cercle des chœurs paisibles.

a. Allusion au lion de Némée, en Argolide (premier travail d'Hercule), que Jupiter plaça parmi les constellations (*caeli... ad axes*: cf. VERG. *Aen.* 6,790): Theocr. 25,162 sqq.; VERG. *Aen.* 8,295; *Laus Herc.* 75-102.

b. La capture du sanglier d'Érymanthe, en Arcadie, constitue le troisième travail d'Hercule: *Laus Herc.* 103-117.

c. La conquête de la ceinture (ou baudrier) d'Hippolyte, reine des Amazones renvoie au sixième travail d'Hercule, sa lutte contre les Amazones. Il s'empara du baudrier donné par Mars à Hippolyte et en fit présent à Admète, fille d'Eurysthée: Euripide *Herc. f.* 408 sqq.; Diodore 4,16; Dion Chrys. *orat.* 63,6; PLAVT. *Men.* 200-201; AVSON. *ecl.* 24,6: *Thraeciam sexto spoliauit Amazona balteo*; CLAVD. *fesc.* 1,37-38.

d. Le cinquième travail fut d'exterminer à coups de flèches (*arcu*) les oiseaux du lac Stymphale en Arcadie, au bec et aux griffes de fer (*Stymphalidas*: SEN. *Herc. f.* 244; MART. 9,101,7; AVSON. *ecl.* 24,5: *Stymphalidas pepulit uolucres discrimine quinto*).

e. Le géant Antée, fils de la Terre, terrorisait la Libye. Hercule le tua en l'étouffant dans ses bras, pour l'empêcher de recouvrer ses forces en tombant sur le sol (LVCAN. 4,590-655; cf. OV. *met.* 9,183-184; STAT. *Theb.* 6,895-896).

Non leo sidereos caeli rediturus ad axes,
non Erymanthei gloria montis aper.
Soluis Amazonios cinctus, Stymphalidas arcu
appetis, occiduo ducis ab orbe greges
tergeminique ducis numerosos deicis artus
et totiens uno uictor ab hoste redis.
Non cadere Ant[h]aeo, non crescere profuit <H>ydrae,
nec ceruam uolucres eripuere pedes;
Caci flamma perit, rubuit Busiride Nilus,
prostratis maduit nubigenis Pholoe.
Te Lib*y*ci stupuere sinus, te maxima Teth*y*s
horruit, inposito cum premerere polo:
firmior Herculea mundus ceruice pependit;
lustrarunt humeros Phoebus et astra tuos.»
T<h>racius haec uates. Sed tu Tir*y*nthius alter,
Florentine, mihi: tu mea plectra moues
antraque Musarum longo torpentia somno
excutis et placidos ducis in orbe choros.

35 c(a)eli (P_5 *a.c.*): -o P_5 *p.c.* || ad: ab J_2 *a.c.* || **37** soluis F_1 *p.c.* *J p.c.* C_1 L_3 *Pm p.c.*: solus F_1 *a.c.* *J a.c.* P_5 A_1 L_1 F_2 F_4 *Pm a.c.* J_2 J_4 *Ise* || amazonios (P_5 *a.c.*): -o P_5 *p.c.* L_1 J_4 *Ise* || cin(c)tus: cunctus F_1 *a.c.* || (s)ti(m)phal(e)idas (F_4 *a.c.*): -es *Pm* J_2 -os F_4 *p.c.* amphalides P_5 || arcu: -us L_1 *a.c.* J_2 || **38** orbe: ore F_1 *a.c.* || **39** numerosos: immensos L_1 || deicis: despicis C_1 || **40** totiens: quo- F_4 || **41** non... non: non... nec F_1 nec... non P_5 || crescere: cred- L_3 || ydre [-i-]: ydrem J_2 || **42** nec F_1 P_5 J_4: non *cett. mei* || ceruam uolucres (*Ise*): -um u. L_1 -am celeres C_1 celeres -am *J* nessum celeres *Pm Ise mg.* || **43** rubuit F_1 A_1 *Pm* J_4 *Ise*: -itque *J* F_2 C_1 L_3 J_2 tribuitque L_1 F_4 rubebat P_5 maduit *Ise mg.* || busiride (*uel simm.*): -a L_1 F_4 -is J_4 buride P_5 *a.c.* || nilus: -o L_1 ara J_4 || **44** prostratis (J_2 *m.a.*): -os J_2 || maduit: rubuit *Pm* J_4 *Ise* || nubigenis pholoe *om.* J_2 *add. m.a.* || **45** stupuere (*Ise mg.*): sti- F_1 *J* timuere J_4 *Ise* || maxima tethis C_1 J_2: m. thetis J_4 *u.l. cett. mei* m. thetys *Ise mg.* maximus athlas J_4 *Ise* || **46** cum premerere: c. -ris F_2 *a.c.* compremerere L_1 *p.c.* compremere L_1 *a.c.* || **47** firmior: fortior F_2 J_4 || herculea: -as L_1 *a.c.* -i J_2 || pependit: -i J_2 || **49** t(h)racius: tercius L_1 *a.c.* || sed: si J_2 *a.c.* || **50** tu: nam J_4 || **52** excutis: exitus P_5 || placidos F_1 P_5 A_1 F_2 *a.c.?* L_3 *Pm* J_4 *Ise*: -o *J* L_1 F_2 *p.c.?* F_4 C_1 J_2 -us *Ise mg.* || in (*Ise mg.*): ab F_1 J_4 *Ise* || orbe (*Ise mg.*): ore J_4 *Ise* || choros (*Pm Ise mg.*): sonos *Pm u.l.* J_4 *Ise*

LIVRE 2

Les premiers rayons d'un jour pur n'ont pas encore frappé
Les flots ioniens: un feu tressaille au tremblement de l'onde;
Des flammes jouent çà et là sur l'azur.[1]
Et déjà Proserpine, d'un cœur hardi — la tromperie de Dioné[a]
Lui fait oublier sa mère fidèle[b] —, gagne les humides bocages:
Ainsi l'ont ordonné[2] les Parques! Trois fois, annonce prophétique,
La porte a grincé sur ses gonds; trois fois l'Etna, qui sait
Le destin,[c] poussa une plainte, avec d'horribles grondements.[d]
Pourtant, aucun prodige, aucun présage ne peut la retenir:
D'un même pas, ses trois sœurs l'accompagnent.[e]
Mise en joie par sa ruse et complice d'un si grand vœu,
Vénus s'avance la première.[3] Son cœur songe au rapt à venir:
Elle est prête à fléchir le rigide chaos,[f] à soumettre Pluton
Et mener les Mânes esclaves dans un triomphe grandiose.

a. Fille de Dionée (cf. 3,433), Vénus est souvent désignée par le nom de sa mère (Theocr. 7,116 et 15,106; OV. *fast.* 2,461; *Arg. orph.* 1323).

b. Rapprocher *fidae parentis* de *fidissima mater* en 1,178.

c. L'Etna n'est pas seulement un lieu géographique; il est acteur du drame. Divinité qui connaît le destin, il avertit Proserpine: Claudien fait naître ainsi une attente du drame. La clausule *conscia fati* se lit chez VERG. *Aen.* 4,519 et STAT. *Theb.* 8,206 (AVSON. *parent.* 4,17 *conscia sidera fati* ; thème voisin dans *Ol.* 125: «conscia tunc sonuit rupes»).

d. Comparer SIL. 5,63 (et 14,217): *flebile... immugire.*

e. Comparer VAL. FL. 3,8 *iunctos... gressus.*

f. La leçon *durum* semble ici préférable à *dirum*: le contexte (*flexura*) et la faute *dudum* plaident plutôt pour elle, même si l'adjectif *dirus* qualifie souvent les êtres infernaux (SEN. *Phaedr.* 1238 *dirum chaos*).

LIBER II

Inpulit Ionios praemisso lumine fluctus
nondum pura dies; tremulis uibratur in undis
ardor et errantes ludunt per caerula flammae.
Iamque audax animi fidaeque oblita parentis
fraude Dionaea, riguos Proserpina saltus
(sic Parcae iussere) petit. Ter cardine uerso
praesagum cecinere fores; ter conscia fati
flebile terrificis gemuit mugitibus Aetna.
Nullis illa tamen monstris nulloque tenetur
prodigio; comites gressum iunxere sorores.
Prima dolo gaudens et tanti conscia uoti
it Venus et raptus metitur corde futuros,
iam durum flexura Chaos, iam Dite subacto
ingenti famulos Manes ductura triumpho.

incipit liber IIus claudiani in raptu proserpine L_3
1 inpulit [im-] (F_1 *u.l.*): xpulit F_1 || **2** tremulis *om.* C_1 || uibratur: fi- *Ise* || **3** et: e J_4 *a.c.* || errantes: ardentes F_1 || **4** animi audax F_1 || fid(a)e-: fe- J_2 *a.c.* || parentis: -te J_2 *a.c.* || **6** iussere (*Ise*): uoluere A_1 *Ise mg.* || ter (J_4): tunc J_2 J_4 *u.l.* cum L_1 || **7** praesagum L_1 *p.c.* L_3 J_4: -ium F_1 J P_5 A_1 L_1 *a.c.* C_1 F_4 -(a)e F_2 *Pm Ise* prosagium J_2 || ter: tunc J_4 || fati (J_4): facti J_4 *u.l.* || **8** (a)et(h)na: enna J_2 *a.c.* || **9** tenetur: mouetur *Ise* || **10** gressum: -us A_1 F_4 || iunxere sorores *om.* J_2 *add. m.a.* || iunxere (F_1 ?): iussere P_5 *a.c.* || **11** dolo (J_2 *m.a.*): -os P_5 *a.c.* colo J_2 || tanti F_1 A_1 J_4 *Ise*: -o *cett. mei* || uoti F_1 P_5 *u.l.* A_1: -o J P_5 L_1 F_2 F_4 C_1 L_3 *Pm* furti P_5 *u.l.* J_4 *Ise* furto P_5 *u.l.* fato J_2 || **12** it: id F_1 J_2 || metitur: meditatur L_1 || **13** durum F_1 *u.l.* P_5 *p.c.* A_1 *u.l.* F_2 F_4: di- P_5 *u.l.* L_3 *Pm* J_2 J_4 dudum F_1 J P_5 *a.c.* A_1 L_1 C_1 || flexura (*Ise*): domitura *Ise mg.* || dite: dire J_2 *a.c.* || **14** manes famulos F_4 L_3 || triumpho: -os J_2

L'aiguille d'Idalie[a] a partagé sa chevelure
Qui ondule en boucles distinctes;[b] une agrafe de pierreries,
Qui a fait suer son mari,[c] attache son manteau de pourpre.[d]
  Derrière elle s'élancent la blanche reine du Lycée parrhasien
Et celle dont la lance garde les citadelles de Pandion,
Toutes deux vierges:[1] l'une, âpre aux funestes combats;[e]
Et l'autre redoutable aux fauves. Sur son casque de feu,
Tritonia[2] porte ciselé un Typhon[3] dont le buste a péri, mais dont
Le bas du corps s'anime: à moitié mort, à moitié survivant;
Sa haste au fer terrible se dresse au milieu des nuages,
Telle un tronc d'arbre;[4] et seul le cou strident
De la Gorgone est voilé par un pan de son brillant manteau.[5]
Mais Trivia a un air doux, bien des traits de son frère:[6]
On croirait les joues de Phébus, le regard de Phébus;
Le sexe seul les différenciait. Ses bras nus resplendissent;
À la brise légère elle avait jeté çà et là
Ses cheveux indociles. Son arc est détendu:
Le nerf prend du repos; ses flèches pendent sur son dos.
Sa robe gortynienne à double ceinture se fronce,
Tombe jusqu'aux genoux;[f] dans le mouvement du tissu, voici Délos

a. Idalium est une ville de Chypre célèbre par son culte de Vénus (CATVLL. 64,96; PLIN. *nat.* 5,135). L'adjectif dérivé *idalius* qualifie donc tout ce qui a trait à Vénus.

b. La coiffure de Vénus (Apoll. Rh. 3,43 sqq.; Apul. *met.* 2,8,9) est longuement décrite dans l'*Épithalame d'Honorius* (v. 102-106), où l'expression *multifidum discrimen* (v. 103) confirme ici la leçon *multifidos*. La coiffure ondulante (*sinuatur*) est l'une de celles que prône Ovide dans l'*Art d'aimer* (3,148: *sustineat similes fluctibus illa sinus*).

c. Pour *sudare* au sens de «faire avec peine», voir *3 cons.* 146; *4 cons.* 655; *Gild.* 94; *Eutr.* 1,407; *Ser.* 62; dans un emploi transitif, *nupt.* 111 (*sudas proelia*); et passif, *Stil.* 3,94; *c. min.* 47,12.

d. La description du vêtement de Vénus attaché par une agrafe rappelle celle de Didon avant la chasse avec Énée: «aurea *purpuream* subnectit *fibula* uestem» (*Aen.* 3,139) et celle de l'agrafe qui retient le carquois d'Amazone offert en prix par Énée (*Aen.* 5,313: «tereti subnectit *fibula gemma* »).

e. L'alliance *tristia bella* est virgilienne (*ecl.* 6,7).

f. L'hémistiche *poplite fusa tenus* a été repris par Corippe (*Iust.* 2,117).

Illi multifidos crinis sinuatur in orbes
Idalia diuisus acu; sudata marito
fibula purpureos gemma suspendit amictus.
Candida Parr<h>asii post hanc regina Lycaei
et Pandionias quae cuspide protegit arces,
utraque uirgo, ruunt: haec tristibus aspera bellis,
haec metuenda feris. Tritonia casside fulua
caelatum T*y*phona gerit qui, summa peremptus,
ima parte uiget, moriens et parte superstes;
hastaque terribili surgens per nubila ferro
instar erat siluae; tantum stridentia colla
Gorgonis obtentu pallae fulgentis inumbrat.
At Triuiae lenis species et multus in ore
frater erat, Phoebique genas et lumina Phoebi
esse putes, solusque dabat discrimina sexus.
Bracchia nuda nitent; leuibus proiecerat auris
indociles errare comas, arcuque remisso
otia neruus agit; pendent post terga sagittae.
Crispatur gemino uestis Cort*y*nia cinctu
poplite fusa tenus, motoque in stamine Delos

15 multifidos (P_5 *a.c.*): -modos A_1 -plices P_5 *p.c.* F_2 J_2 J_4 || crinis: -es J_2 *a.c.* || sinuatur: uariatur J_4 || **16** idalia [y-]: italia P_5 *a.c.* idalida J_2 *a.c.* || acu: arcu *J a.c.* || **17** amictus: -u J_2 || **18** par(r)asii: parnasii P_5 parnasi J_2 *a.c.* || hanc: hec *J* || **19** protegit: -terit C_1 || **20** ruunt: ruit *J* C_1 fuit J_2 *a.c.* || **21** fulua: -as J_2 *a.c.* flaua L_1 || **22** tiphona L_1 F_4 J_2 *p.c.*: phitona J_2 *a.c. cett. mei* || qui summa (F_1 *mg.*): qui parte F_1 summaque L_1 || **23** ima parte uiget: i. p. niget J_2 i. u. p. C_1 || moriens (J_2 *m.a.*): maneas J_2 || **24** que *om.* L_1 *add. mg.* || ferro (*Ise mg.*): gyro *Ise* || **25** erat: erit P_5 L_1 *a.c.* habet J_4 || tantum: -dem C_1 || colla (J_2 *m.a.*): -o J_2 || **26** *om.* J_2 *add. m.a.* || gorgonis: -os *J* C_1 || obtentu: obiectu L_1 || inumbrat (P_5 *a.c.*): ob- P_5 *p.c.* L_3 J_2 *m.a.* J_4 *Ise* || **27** at: ac C_1 || lenis: leuis F_1 P_5 || species: facies *J* || **27-28** multus.../ frater: frater.../ m. *Pm p.c.* frater et.../m. *Pm a.c.* || **27** ore: ora J_2 || **28** erat (F_4 *u.l.*): inest F_4 || **30** leuibus: len- J_2 lenibusque P_5 || auris: auro J_2 *a.c.* || **31** remisso (P_5): dymisso P_5 *u.l.* || **33** uestis gemino L_3 || cortinia cinctu *om.* J_2 *add. m.a.* || cortinia *codd.* -ea F_1 || **34** stamine: car- C_1 || delos: dolos F_1 *a.c.*

La mouvante, entraînée par la mer dorée qui l'entoure.[1]
  Au milieu d'elles, la fille de Cérès, maintenant gloire de sa mère
Et bientôt sa douleur, marche d'un pas égal sur le gazon.[a]
Inférieure ni par la taille ni par la majesté, elle pourrait passer
Ou pour Pallas, avec un bouclier, ou pour Phœbé, avec des flèches.[2]
Les plis de sa robe sont noués ensemble par un jaspe poli.
Jamais peigne ingénieux n'a obtenu de résultat
D'un art aussi parfait;[b] nul fil ne fut ainsi en harmonie
Avec la trame, ni n'a tracé des images si vraies.[3]
On voyait naître le Soleil de la semence d'Hypérion,[4]
La lune également, mais avec des traits différents:
Les guides de l'aurore et de la nuit. Téthys offre un berceau
Et console sur sa poitrine les enfants haletants;[c]
Les nourrissons vermeils font rayonner son sein d'azur.
De son bras droit, elle porte Titan sans force,
À l'éclat encor faible et sans son grand panache aux vigoureux
rayons: il est représenté plus doux, en son tout premier âge,
Et crache en vagissant des flammes bien légères.
À gauche la sœur boit les libations de son sein de cristal,[d]
Et un petit croissant marque ses tempes.[e]

a. En décrivant Proserpine au milieu des deux déesses vierges et par rapport à elles (v. 36-55), Claudien met en valeur sa virginité; l'expression *mox dolor* constitue une nouvelle annonce indirecte du rapt et fait monter la tension.

b. Le génitif *artis* (portant sur *euentus*, ou peut-être sur *felicior*) semble être préférable au datif *arti*, et *ingenio* doit en conséquence être interprété comme un datif et non comme un ablatif.

c. Fille d'Ouranos et de Gaia, Téthys est la sœur d'Hypérion (Hésiode, *theog.* 136). Claudien en fait ici la nourrice du Soleil et de la Lune. *Caeruleus* est la couleur traditionnelle de la mer (cf. ici v. 3) et des divinités marines. Pour Téthys, assimilée à la mer, voir par exemple OV. *met.* 13,288. La forme *tethys* est donnée par D.

d. L'adjectif *uitreus* qualifie souvent l'eau, la mer ou les divinités marines (par exemple, VERG. *Aen.* 7,759 *uitrea unda*).

e. Le singulier *signatur* (avec un accusatif de relation) semble préférable au pluriel, un peu mieux attesté dans la tradition manuscrite, mais leçon banalisante (malgré le parallèle avec STAT. *Theb.* 6,783 *tepido signantur tempora riuo*; les parallèles avec MANIL. 4, 15, voire AVIEN. *Arat.* 1503, ne sont pas probants).

errat et aurato trahitur circumflua ponto.
Quas inter Cereris proles, nunc gloria matris,
mox dolor, aequali tendit per gramina passu,
nec membris nec honore minor, potuitque uideri
Pallas, si clipeum ferret, si spicula, Phoebe.
Collectae tereti nodantur iaspide uestes.
Pectinis ingenio numquam felicior artis
contigit euentus; nulli sic consona telae
fila nec in tantum ueri duxere figuras.
Hic Hyperionio Solem de semine nasci
fecerat et pariter, forma sed dispare, Lunam,
aurorae noctisque duces; cunabula Teth*y*s
praebet et infantes gremio solatur anhelos
caeruleusque sinus roseis radiatur alumnis.
Inualidum dextro portat Titana lacerto
nondum luce grauem nec pubescentibus alte
cristatum radiis: primo clementior aeuo
fingitur et tenerum uagitu despuit ignem.
Laeua parte soror uitrei libamina potat
uberis et paruo signatur tempora cornu.

35 ponto: campo C_1 || **36** nunc: tunc F_2 || matris: martis C_1 || **37** tendit: -ens J_4 || passu: gressu J_2 *p.c.* cursu L_1 gressus J_2 *a.c.* || **39** si: se J_2 *a.c.* || **40** nodantur: notantur C_1*a.c.?* || **41** artis F_1 *J* P_5 *a.c.* F_2 *a.c.* C_1 J_2 *a.c.* J_4: -i P_5 *p.c.* A_1 F_2 *p.c.* F_4 L_3 *Pm* J_2 *p.c.* *Ise* -e L_1 || **42** nulli: -(a)e *J* *a.c.* F_4 C_1 J_4 || consona: -scia F_1 || **43** ucri: -as P_5 *a.c.* || figuras: -am *Ise* || **45** et: -que P_5 *a.c.* atque F_4 || pariter: parem F_4 || forma: -mosa L_1 *a.c.* || lunam sed d. forma F_1 *Pm* J_2 J_4 *Ise* || **46** duces (*Ise*): uices *Ise mg.* || tethis F_2 J_2 t(h)etis *cett. mei* || **47** (h)an(h)elos: -o J_2 *a.c.* hanili J_4 alumpnos L_1 || **48** c(a)eruleusque: -isque C_1 *a.c.* *Pm a.c.* || roseis: radiis C_1 || radiatur alumpnis *om.* J_2 *add. m.a.* || **49** titana [ty-]: latona F_2 *a.c.* || **50** nondum: nec- F_2 || alte: ante C_1 || **51** cristatum: -rum L_1 || **52** fingitur: fun- F_1 pin- *Pm* || uagitu: -um F_2 *a.c.* *om.* L_1 *add.* de pectore L_1 *m.a.* || despuit: destruit F_4 || ignem: -e J_2 || **53** uitrei: uite J_2 || potat: pota J_2 portat F_4 J_4 *a.c.* || **54** signatur F_2 C_1 L_3 J_2: -antur F_1 *J* P_5 A_1 L_1 F_4 *Pm* J_4 || tempora (J_2 *m.a.*): -re J_2 timpora P_5 || cornu *om.* J_2 *add. m.a.* parui cornu C_1

Ainsi éclatait sa parure.[a]
Elle s'avance, accompagnée par des Naïades[1]
Qui de chaque côté l'escortent de leur troupe alliée:[2]
Celles qui, ô Crinise[b], peuplent tes sources, le Pantagias
Qui roule des rochers, et le Géla, qui donna son nom à la ville;
Et celles que nourrissent la paresseuse Camérine aux eaux
marécageuses, les liqueurs d'Aréthuse ou Alphée l'étranger;
Au-dessus de toute la troupe domine Cyané.[c]
Ainsi bondit le bel escadron d'Amazones, qui dépose ses peltes
Quand Hippolyte la virile, ayant ruiné le sol arctique,
Ramène des combats ses bataillons au teint de neige,
Qu'elles aient écrasé le Gète aux cheveux blonds ou bien brisé
Le Tanaïs[d] glacé par la hache du Thermodon.[3]
Ainsi en Méonie, les nymphes que nourrit l'Hermus[4]
Apportent à Bacchus les honneurs rituels; elles parcourent,
Ruisselant d'or, les rives de leur père; et, joyeux en sa grotte,
Le fleuve généreux incline son urne où l'eau déborde.[e]
L'Etna qui enfante les fleurs, d'une hauteur herbeuse,
Avait vu le groupe divin; il appelle Zéphyre
Assis au creux d'une vallée:[5] «ô père aimable du printemps,[6]
Qui règnes toujours sur mes prés en t'y promenant à ta guise,[7]

a. Formule de transition qui rappelle Ovide *met.* 8,322 (*Talis erat cultu*, à propos d'Atalante).

b. Avec Hall, je préfère la forme *Crinise*, bien attestée dans les mss. de Claudien et de Virgile (*Aen.* 5,38 MPR); la forme *Crinisse* (F_1 et quelques autres mss.) pourrait s'appuyer sur NEP. 20,2,4.

c. Ovide considérait lui aussi Cyané comme la première des nymphes de Sicile (*met.* 5,412: *Inter Sicelidas Cyane celeberrima nymphas*). Le verbe *supereminet* a pu être suggéré par un passage de Virgile déjà imité plus haut (*Aen.* 1,501 à propos de Didon: *deas supereminet omnes*). Cyané jouera un rôle dans l'intrigue: 3,190 et 246-253.

d. Il n'y a pas lieu de préférer la forme grecque *Tanain* (Hall, certains mss., STAT. *silu.* 1,6,55 et VAL. FL. 1,538) à *Tanaim*, bien mieux attesté dans la tradition manuscrite et employé par Virgile (*georg.* 4,517).

e. Représentation traditionnelle d'une divinité fluviale, avec l'urne par laquelle elle déverse ses eaux: VERG. *Aen.* 7,792; STAT. *Theb.* 2,218; 5,275; CLAVD. *Ol.* 209 sqq.; *Ruf.* 1,133; *Eutr.* 2, 172.

Tali luxuriat cultu. Comitantur euntem
Naides et socia stipant utrimque caterua,
quae fontes, Crinise, tuos et saxa rotantem
Pantagian nomenque Gelan qui praebuit urbi
concelebrant, quas pigra uado Camerina palustri,
quas Arethusaei latices, quas aduena nutrit
Alpheus; Cyane totum supereminet agmen:
qualis Amazonidum peltis exultat ademptis
pulchra cohors, quotiens Arcton populata uirago
Hip<p>ol*y*te niueas ducit post proelia turmas,
seu flauos strauere Getas seu forte rigentem
Thermodontiaca Tanaim fregere securi;
aut quales referunt Baccho sollemnia Nymphae
Maeoniae, quas Hermus alit, ripasque paternas
percurrunt auro madidae: laetatur in antro
amnis et undantem declinat prodigus urnam.
  Viderat herboso sacrum de uertice uulgus
Aetna parens florum curuaque in ualle sedentem
conpellat Zephyrum: «pater o gratissime ueris,
qui mea lasciuo regnas per prata meatu

55 cultu: questu C_1 || comitantur euntem *om.* J_2 *add. m.a.* || euntem: -e C_1 || **56** naides F_1: naiades *cett. mei Ise* || stipant: -antur J_2 *a.c.* -atur J_2 *p.c.* || caterua (*Ise mg.*): corona J_4 *Ise* || **57** fontes: frontem C_1 *a.c.* || crinis(s)e [*uel* crisine]: ceruisse J_2 Crimnise *Ise* armisae F_4 erasine *Ise mg.* || **58** pantagian J F_2: -am *uel* -ā *cett. mei* || gelan J A_1 F_2 : -am *uel* -ā *cett. mei* || qui: que F_4 || **59** quas: quos F_4 || camerina (F_4 *u.l.*): cama- J_4 carmenia F_2 *a.c.* carmena F_2 *p.c.* camna F_4 || palustri: plaustri C_1 palaustri F_2 *a.c.* || **60** aduena: auena C_1 *a.c.* || **61** alpheus: a. et F_1 J_2 || totum *om.* L_3 || **62** ademptis (*Ise*): adeptis J_2 aduncis A_1 F_2 *a.c.* L_3 J_4 *m.a. Ise mg. om.* J_4 || **63** p. c. q. ar(c)ton p. u. (J_4 *u.l.*): compar p. c. q. p. u. J_4 *p.c.* comparat p. c. q. p. u. J_4 *a.c.* || **64** ducit (J_4 *u.l.*): duxit P_5 domine J_4 || **65** rigentem: ui- C_1 || **67** bacho referunt P_5 || sollem(p)nia: -e J *a.c.* || **68** paternas: ma- J_2 || **69** auro: duro P_5 *a.c.* || madid(a)e: grauide (*ante* auro *a.c.*) *Pm* || antro (J_2 *m.a.*): auro F_1 C_1 J_2 || **70** amnis: annis L_1 C_1 *a.c.* || undantem J_2 *m.a.* || **71** sacrum (J_2 *m.a.*): -o J_2 || **72** curuaque: -oque F_4 || **73** conpellat [com-] (F_1 *u.l.*): -it F_1 L_1 || **74** mea: me P_5 *a.c.* || lasciuo: -i L_1 *a.c.* || meatu F_1 J_4: uolatu *cett. mei Ise*

Dont l'haleine sans cesse humecte l'année de rosée,[1]
Regarde la troupe des nymphes, la descendance altière du Tonnant
Qui daigne s'amuser à travers ma campagne.[a]
À présent viens m'aider, je t'en prie; à présent, accepte de couvrir
De bourgeons toute branche,[b] afin que le fertile Hybla[2]
Me porte envie et ne nie pas[c] la défaite de ses jardins.
Toutes les senteurs de l'encens tiré des bois de Panchaïe,[3]
Tous les charmes lointains de l'Hydaspe odorant
Tout ce qu'au bout du monde assemble l'Oiseau au grand âge
Quand il cherche à recommencer le siècle de ses vœux,
Répands-les en mes veines.[4] D'un souffle généreux viens réchauffer
Mes champs:[5] rends-moi digne d'être cueilli par ces pouces divins.
Et donne aux déesses l'envie de se parer de mes guirlandes!»
Il avait dit. Le vent secoue ses ailes, humides d'un nouveau
Nectar, et il ensemence la glèbe d'une rosée féconde;[6]
Là où il vole, il est suivi d'un rouge printanier.[7] Partout le sol
Se gonfle d'herbe; la voûte du ciel s'éclaircit.[8]
Il imprègne la rose d'une splendeur de sang,[9] le vaciet de noir;[d]

a. *Germina*, pour désigner les quatre déesses filles de Jupiter, est ici un emploi métonymique rare (cf. *nupt.* 39). Cette métaphore végétale établit une symbiose entre les jeunes déesses et les prairies de l'Etna.

b. L'association des deux verbes *adesse* et *fauere* est traditionnelle dans la prière romaine: LYGD. 3,33: «*Adsis* et timidis *faueas*, Saturnia, uotis»; OV. *am.* 2,13,21; *epist.* 3,88; *met.* 3,613. Pour *fetu,* comparer VERG. *georg.* 2,429: «*fetu* nemus omne grauescit». Les anciens assimilent volontiers la gestation d'une plante à celle de la femme: H. Le Bonniec, *Le culte de Cérès à Rome*, Paris 1958, p. 123 et 128.

c. *Abnuat*, mieux attesté dans la tradition manuscrite, semble préférable à *abneget*; même hésitation des mss. en *Ruf.* 2,72 et *Ser.* 14. *Abnuere* avec une proposition infinitive (cf. *Ser.* 14) se rencontre chez Lucrèce (3,641) et Silius Italicus (5,27-28).

d. VERG *ecl.* 2,18 *uaccinia nigra.* Il semble que derrière ce terme Virgile et Claudien traduisent l'*hyacinthos* de Théocrite (d'un pourpre noir).

semper et assiduis irroras flatibus annum,
respice Nympharum coetus et celsa Tonantis
germina per nostros dignantia ludere campos.
Nunc adsis faueasque precor; nunc omnia fetu
pubescant uirgulta uelis, ut fertilis Hybla
inuideat uincique suos non abnuat hortos.
Quidquid turiferis spirat Panchaia siluis,
quidquid odoratus longe blanditur Hydaspes,
quidquid ab extremis ales longaeua colonis
colligit, optato repetens exordia saeclo,
in uenas disperge meas et flamine largo
rura foue: merear diuino pollice carpi
et nostris cupiant ornari numina sertis.»
  Dixerat. Ille nouo madidantes nectare pennas
concutit et glaebas fecundo rore maritat;
quaque uolat, uernus sequitur rubor. Omnis in herbas
turget humus medioque patent conuexa sereno.
[Sidera. tum flauens emittit terra nitentes] 91*
Sanguineo splendore rosas, uaccinia nigro

76 tonantis: -i J_2 *a.c.* || **77** germina: gra- F_2 *a.c.* J_4 || campos: -o J_2 *a.c.* || **78** nunc (P_5 *u.l.*): huc P_5 non L_1 || adsis *om.* L_1 *spatio relicto* || faueas-: -ens- L_1 || nunc: nec L_1 || fetu: fle- J_2 *a.c.* || **79** pubescant: pingues- C_1 || uelis (J_2 *m.a.*): fetu J_2 || ut (J_2): et C_1 nunc J_2 *s.l.* || **80** inuideat: -ant F_2 *a.c.* ut uideat J || suos: suas *Pm a.c.* || abnuat (F_1 *p.c.*): abneget F_1 *s.l.* P_5 F_2 || (h)ortos: ortus L_3 J_2 || **81** t(h)uriferis: odori- J C_1 || panchaia siluis *om.* J_2 *add. m.a.* || **82** odoratus: -is L_3 || **83** extremis (*Ise mg.*): externis F_1 J_4 *p.c.* *Ise* externus J_4 *a.c.* || long(a)eua: -us J C_1 -ginca F_2 *a.c.* || colonis (*Ise*): harenis J C_1 *p.c.* ab horis C_1 *a.c.* Sabeis *Ise mg.* || **84** optato (*Ise mg.*): -i P_5 *a.c.* J_4 *Ise* || repetens (*Ise mg.*): referens J_4 *Ise* || exordia: primordia F_1 || s(a)eclo F_1 P_5 *p.c.* A_1 L_1 F_2 *p.c.* F_4 L_3 *Pm* J_2: -i P_5 *a.c.* J_4 *Ise* fato A_1 *u.l.* partu J F_2 *a.c.* C_1 busto *Ise mg.* || **85** disperge: ex- J C_1 || flamine F_1 P_5 A_1 J_2 J_4: flu- J L_1 F_4 C_1 L_3 J_2 *m.a.* nectare A_1 *u.l.* F_2 *Pm* || **86** foue: f. ut *Pm* J_4 *Ise* || pollice: poblice J_2 || carpi: tangi F_2 || **87** et: ut P_5 J_2 || cupiant: foueant J *p.c.* fouent J *a.c.* || **88** madidantes: madentes*?* J_4 || **90** uernus (J_2 *m.a.*): -nans *Pm* -mis J_2 || rubor (*Ise mg.*): color J_4 *Ise* || **91** conuexa: -uecta C_1 || **91*** *sic* J_4 *om. cett. mei seclusi* || **92** sanguineo: -as C_1 || rosas (J_2 *a.c.*): -a J_2 *p.c.* || nigro: -a F_2 *a.c.* || inbuit [im-] (*Ise mg.*): induit F_1 *Ise*

Et d'un bleu délicat, il peint la violette.[1]
Quels baudriers des Parthes, destinés à ceindre les rois,
Sont nuancés de tant de gemmes?[2] Quelles toisons
Sont si bien teintes[a] par les riches écumes du chaudron assyrien?
Elles ne sont pas telles, les ailes déployées par l'oiseau de Junon,[b]
Ni les mille couleurs de l'arc-en-ciel changeant
Quand il couronne l'averse commençante[3] et que la ligne courbe
De son chemin aqueux verdoie entre les nues qu'il vient de séparer.[4]
Le lieu par sa beauté surpasse encor les fleurs: une plaine arrondie
Légèrement renflée s'élève en pente douce et finit en colline.[5]
Des sources, jaillissant d'une roche vive poreuse,[6]
Viennent lécher en ruisseaux vagabonds le gazon couvert de rosée.
Un bois, par la fraîcheur des branches, tempère les feux du soleil;
En plein été,[c] il revendique être en hiver:[7]
Sapin apte à la mer, cornouiller commode à la guerre,
Et chêne, ami de Jupiter,[8] cyprès pour couvrir les tombeaux,
Yeuse chargée de miel,[9] laurier qui connaît l'avenir.
Le buis à cime épaisse ici laisse flotter ses boucles;[d]
Le lierre ici serpente;[e] le pampre ici recouvre les ormeaux.

a. La confusion entre *fuscare* et *fucare* est fréquente dans les mss. (OV. *trist.* 2,487; CLAVD. *Stil.* 2,350). Ici, le contexte impose le choix de *fucantur*, moins bien attesté que *fuscantur* (Hall cite en outre E_2). Le thème est traditionnel. Comme Virgile (*georg.* 2,465: «Assyrio fucatur lana ueneno») et Stace (*Theb.* 2,91 *Assyriis tapetibus*), Claudien emploie *Assyrius* au sens de *Syrius*. La pourpre de Tyr était particulièrement célèbre. Même tableau chez Silius Italicus, à propos des vêtements de Syphax (16,176): «nec... qui... Gaetulisue magis fucaret uellus aenis».

b. Le paon est l'oiseau de Vénus (OV. *am.* 2,6,55; Anth. lat. 199 Riese (Vespa),69; 230, 1) et les Anciens admirent le chatoiement chromatique de ses plumes (STAT. *silu.* 2,4,26). La variante *uolucris Iunonia pennas* a pu être suggérée par OV. *medic.* 33; pour *uolucris Iunonia*, cf. aussi OV. *ars* 1,627; STAT. *silu.* 2,4,26. L'expression *alas pandere* est virgilienne (*georg.* 4,27-28; *Aen.* 3,520).

c. L'expression *medio aestu* se retrouve en *Pall.* 47 (cf. aussi *Gild.* 317).

d. Comparer VERG. *georg.* 2,437: «undantem buxo... Cytorum».

e. Même image chez Virgile (*ecl.* 8,13: «hederam tibi serpere»). Chez les Romains, l'ormeau servait de tuteur à la vigne (*georg.* 1,2; 2,221).

inbuit et dulci uiolas ferrugine pingit.
Parthica quae tantis uariantur cingula gemmis
regales uinctura sinus? Quae uellera tantum
ditibus Ass*y*rii spumis fucantur aeni?
Non tales uolucer pandit Iunonius alas,
non sic innumeros arcu mutante colores
incipiens redimitur hiems, cum tramite flexo
semita discretis interuiret humida nimbis.
Forma loci superat flores: curuata tumore
paruo planities et mollibus edita cliuis
creuerat in collem. Viuo de pumice fontes
roscida mobilibus lambebant gramina riuis,
siluaque torrentes ramorum frigore soles
temperat et medio brumam sibi u*i*ndicat aestu:
apta fretis abies, bellis accommoda cornus,
quercus amica Ioui, tumulos tectura cupressus,
ilex plena fauis, uenturi praescia laurus;
fluctuat hic denso crispata cacumine buxus,
hic hederae serpunt, hic pampinus induit ulmos.

94 quae: non J_4 || uariantur: -atur *Pm* uenerantur F_1 || gemmis (*Ise*): donis *Parrhasius Ise mg.* ||**95** uinctura: iun- L_3 *Ise* || qu(a)e: nec J_4 || tantum: que iam J_4 || **96** as(s)irii: -is *J a.c.* || fucantur L_3 J_4 *u.l.*: fusc- J_4 *cett. mei* || (a)eni: -is *J a.c.* C_1 -us J_2 *a.c.* eani L_1 *a.c.* || **97** uolucer pandit F_1 *J* A_1 *p.c.* L_1 F_4 C_1 *Pm*: uolucris p. P_5 A_1*? a.c.* F_2 F_4 J_4 *Ise* p. uolucer L_3 J_2 || iunonius: -a J_4 *Ise* || alas: ales A_1 *a.c.* pennas J_4 || **98** non: nec F_1 F_2 C_1 || sic: sicut L_1 *a.c.* || arcu: -um F_2 *a.c.* || **99** redimitur: rede- F_1 || flexo (*Ise*): ficto *Pm a.c.* facto J_2 longo J_2 *u.l.* picto *Ise mg.* || **100** interuiret: -nitet A_1 J_4 || nimbis: membris F_1 *a.c.* || **103** uiuo: niueo *Ise* || pumice (J_2 *m.a.*): sp- F_2 *Pm* punice F_1 P_5 J_2 || **104** riuis (A_1 *u.l.*): ripis A_1 ruris P_5 *a.c.* || **105** torrentes (P_5 *u.l.*): toll- C_1 torp- P_5 || ramorum: romore P_5 *a.c.* || **106** et (*J s.l.*): in *J* || medio (J_4 *p.c. Ise mg.*): modico C_1 J_4 *a.c. Ise* || uendicat *omnes uetustiores* || **108-107** *Pm a.c.* || **107** fretis (J_2 *m.a.*): fur- J_2 || abies: ra- *Pm a.c.* || accommoda: et com- L_1 *a.c.* || **108** tectura: tex- P_5 || **109** fauis: fraus J_4 *a.c.* || pr(a)escia (F_1 *mg.*): nuncia F_1 || **110** hic: in F_1 P_5 A_1 *a.c.* L_1 F_4 L_3 || cacumine (J_2 *m.a.*): catine J_2 || **111** hic... hic: hinc... hinc F_1 J_2 || hinc — ulmos *om.* J_2 *add. m.a.* || serpunt: -uat J_4 *a.c.*

Non loin de là s'étale un lac, nommé Pergus par les Sicanes.
Il est bordé de bois, ceinture de feuillage
Qui assombrit son onde proche;[1] au large, il laisse pénétrer
Tous les regards des yeux, et son eau, largement ouverte,
Conduit la vue sans heurt dessous les flots limpides,
Révèle les profonds secrets de son abîme transparent.
[La troupe s'y élance, heureuse parmi les champs fleuris.][2]
Cythérée invite à cueillir:[a] «Allez-y maintenant, mes sœurs,
Tandis que l'air transpire[b] avant les rayons du matin,
Que mon étoile Lucifer[c] humecte les champs blonds,
Sur son cheval qui répand la rosée.»[3] À ces mots, elle cueille
Les marques de son sang.[4] Alors, le reste de la troupe a envahi
Les pâturages diaprés: on croirait voir fondre un essaim
Qui veut ravir le thym du mont Hybla,[5] quand les rois lèvent
Leur camp de cire,[d] et que l'armée qui fait le miel, abandonnant
Le ventre creux d'un hêtre,bourdonne autour des plantes préférées.
Les prés sont dépouillés de leur parure:[6] aux sombres violettes[7]
L'une mêle des lys; l'autre est parée de tendres marjolaines.
L'une marche étoilée de roses, et l'autre blanche de troënes.[e]
Et toi aussi, qui portes les signes des pleurs, triste hyacinthe,

a. Dans le récit des *Fastes* (4,431 sq.), Proserpine elle-même exhorte ses compagnes à cueillir les fleurs. Mais ici, c'est Vénus qui exhorte les déesses vierges. Ce changement est intentionnel: depuis la fin du chant 1, Vénus mène l'action (v. 11, elle marchait en tête), car elle accomplit le plan prévu par Jupiter pour permettre à Pluton d'enlever sa future épouse. Pour l'épithète *Cytherea*, voir *supra* ad 1,216.

b. Dans son explication de la formation des eaux souterraines, Sénèque associait déjà l'image de la rosée à celle de la sueur (*nat.* 3,15,7).

c. Lucifer (Phosphoros chez les Grecs) est l'astre de Vénus, l'étoile du matin qui précède le soleil (CIC. *nat. deor.* 2,20; VERG. *Aen.* 8,590). Claudien se souvient peut-être du vers de Virgile *humectat flauentia culta Galesus* (*georg.* 4,126).

d. Les Anciens croyaient que les essaims étaient dirigés par des mâles (*reges*): Aristote, *hist. an.* 5,21; VARR. *rust.* 3,16,17; VERG. *georg.* 4,21; 68; 201; PLIN. *nat.* 11,46 sqq.

e. La marjolaine est célèbre pour son parfum (CATVLL. 61,7 *suaue olentis amaraci* ; PLIN. *nat.* 21,61); *mollis amaracus* est une *iunctura* virgilienne (*Aen.* 1,693). De même, *alba ligustris* rappelle les *alba ligustra* de VERG. *ecl.* 2,18 (et Anth. lat. Riese 897,45).

Haud procul inde lacus (Pergum dixere Sicani)
panditur et nemorum frondoso margine cinctus
uicinis pallescit aquis; admittit in altum
cernentes oculos et late peruius humor
ducit inoffensos liquido sub flumine uisus
imaque perspicui prodit secreta profundi.
[Huc elapsa cohors gaudet per florida rura.]
Hortatur Cytherea legant: «nunc ite, sorores,
dum matutinis praesudat solibus aer,
dum meus humectat flauentes Lucifer agros,
roranti praeuectus equo.» Sic fata, cruoris
carpit signa sui. Varios tunc cetera saltus
inuasere cohors: credas examina fundi
Hyblaeum raptura th*y*mum, cum cerea reges
castra mouent fagique caua dimissus ab aluo
mellifer electis exercitus obstrepit herbis.
Pratorum spoliatur honos: haec lilia fuscis
intexit uiolis; hanc mollis amaracus ornat;
haec graditur stellata rosis, haec alba ligustris.
Te quoque, flebilibus maerens <H>*y*acint<h>e figuris,

112 lacus: latus P_5 *a.c.* locus *Pm a.c.* || pergum: pargum P_5 persum L_1 || sicani [sy-]: coloni F_4 || **113** margine: gram- C_1 in m. L_1 *a.c.* ||**114-184** *om.* L_1 || **114** uicinis: -us P_5 *a.c.* J_2 *a.c.* || **115** ducit (P_5 *u.l.*): duxit P_5 || **116** flumine: lumine F_1 *a.c.* gurgite J_4 || uisus: -u J_2 *a.c.* || **117** prodit (A_1 *u.l.*): -mit A_1 || **118** F_1 *mg. m.a.* A_1 *mg. a manu Pulmanni; om. cett. mei; damnauit Bonnet* || florida F_1 *m.a.*: florea A_1 *m.r. Ise* || **120** matutinis: -us J C_1 || **121** meus J_2 *m.a.* || flauentes: florentes *Pm* || **122** roranti: -es J_2 *a.c.* || pr(a)euectus: proL_3 J_4 *Ise* || cruoris J F_4 C_1 L_3 *Ise* : coloris F_1 doloris F_1 *u.l.* P_5 A_1 F_2 *Pm* J_2 J_4 || **123** tunc: tum J C_1 || **125** raptura: ratura P_5 || cerea: cetera J_2 || **126** fagique caua: fagi cana L_3 || dimissus F_1 J P_5 *a.c.* A_1 F_4 L_3 J_2: de- P_5 *p.c.* F_2 C_1 *Pm* J_4 *Ise* || aluo: alno P_5 *a.c.* uo F_1 *a.c.* || **127** mellifer: mulcifer F_2 *a.c.* || obstrepit: -pet *Pm* J_2 || herbis: undis C_1 || **128** pratorum: parthorum J_2 *a.c.*|| fuscis (F_1 *u.l.* A_1): fascis J_2 *a.c.* flauis F_1 fuluis A_1 *u.l.* || **129** hanc: haut P_5 *a.c.* || amaracus: -ricus P_5 J_2 || **130** stellata: uallata J_4

Avec Narcisse, elles te fauchent: aujourd'hui floraisons
Illustres du printemps, jadis, garçons hors pair. Tu naquis, toi,
À Amyclée, et lui, l'Hélicon l'engendra; un disque égaré te frappa,
Lui fut trompé par l'amour d'une source; toi, le Délien te pleure
Émoussant ses rayons, et lui, Céphise[a], en brisant ses roseaux.
Plus que toute autre, l'unique espoir de la déesse des moissons[b]
Bouillonne d'une ardeur avide de cueillir: tantôt elle remplit
De dépouilles agrestes ses riantes corbeilles d'osier tressé;[1]
Tantôt elle assemble des fleurs, et se couronne, l'ignorante:
Fatal présage nuptial! Même la maîtresse des armes[2]
Et des trompettes détend alors à ces tâches légères
La dextre qui bouscule les puissants bataillons et qui arrache
Portes solides et remparts; elle pose sa lance,
Et adoucit son casque avec d'inhabituelles guirlandes.
Son cimier de fer s'éjouit: l'effroi martial[c] a disparu;
Son aigrette à un air printanier pacifie ses éclairs.
Et quant à celle dont la meute piste à l'odeur sur le Parthénius,[3]
Sans dédaigner ces chœurs, elle n'a voulu retenir
La liberté de ses cheveux qu'en y posant une couronne.

a. La forme grecque *Cephisos* n'est attestée ici que par un manuscrit du XVe s. (Padoue, bibl. cap. C. 62) et par le codex Bartholinianus perdu. Mais elle est mieux attestée en *pr. Ruf.* 1,10: faut-il normaliser la morphologie de Claudien?

b. *Frugifera* est l'épithète de nature de Cérès (1,30; 3,52; cf. Aristophane, *Ran.* 383). Elle correspond à l'étymologie attestée par Varron (*ling.* 5,64): «haec [terra mater] ..., ut ait Ennius, quae *quod gerit fruges Ceres*; antiquis enim quod nunc G C».

c. L'expression *Martius horror* se retrouve dans la vie de Virgile par Phocas (*carm. de Verg.* 87-88: «quid *Martius horror* / egerit?»).

Narcissumque metunt: nunc incluta germina ueris,
praestantes olim pueros. Tu natus Am*y*clis,
hunc <H>elicon genuit; disci te perculit error,
hunc fontis decepit amor; te fronte retusa
Delius, hunc fracta Cephisus harundine luget.
Aestuat ante alias auido feruore legendi
frugiferae spes una deae: nunc uimine texto
ridentes calathos spoliis agrestibus inplet;
nunc sociat flores seseque ignara coronat,
augurium fatale t[h]ori. Quin ipsa tubarum
armorumque potens dextram, qua fortia turbat
agmina, qua stabiles portas et moenia uellit,
iam leuibus laxat studiis, hastamque reponit,
insuetisque docet galeam mitescere sertis.
Ferratus lasciuit apex horrorque recessit
Martius et cristae pacato fulgure uernant.
Nec quae Parthenium canibus scrutatur odorem
aspernata choros libertatemque comarum
iniecta uoluit tantum frenare corona.

132 *om. add. mg.* P_5 || metunt: legunt F_1 J_4 || nunc: tunc *Pm* || germina P_5 *Pm* J_2 J_4 *Ise mg.*: gra- *cett. mei Ise* || **134** disci te: te disci F_2 *Pm* J_2 J_4 hunc disci L_3 || error: horror C_1 || **135** fontis: fr- C_1 || fronte: -de F_4 || te: hunc C_1 || retusa *J p.c.* P_5 *p.c.* C_1 L_3 *Pm Ise*: regusa J_2 recussa F_1 P_5 *a.c.* F_2 F_4 J_2 *m.a.* J_4 *Ise mg.* reclusa *J a.c.* reuulsa A_1 || **137** alias: -os J_2 -a L_3 || auido (F_4 *u.l.*): -e *J* studio F_4 || **138** uimine: nu- J_2 || texto F_4 C_1 L_3: -os *cett. mei Ise* || **139** ridentes (P_5 *u.l.*): rig- P_5 || spoliis (*Pm*): foliis *Pm u.l.* J_4 *a.c. Ise* || **140** ignara (J_2 *m.a.*): -ta J_2 || **141** quin: quippe J_4 || **143** stabiles: -is *Pm a.c.* || portas: -us J_2 || **144** leuibus (P_5 *u.l.*): leuius P_5 || laxat: lassat C_1 *Pm* || hastamque: -asque *Pm* || **145** insuetis-: inuentis- F_1 insolitis- J_4 *Ise* || galeam (J_4 *u.l.*): bellum J_4 || sertis: ferris P_5 *a.c.* || **146** lasciuit: latuit C_1 || recessit: -dit P_5 *a.c.* || **147** *om. add. mg.* P_5 || pac(c)ato: placcato J_4 || fulgure: -mine J_2 || **148** nec L_3 : h(a)ec *cett. mei* || odorem: -is J_4 *Ise* || **149** c(h)oros *J u.l.* F_4 C_1 L_3 *Pm*: t(h)oros F_1 *J* P_5 A_1 F_2 J_2 J_4 || **150** iniecta (*J u.l.*): illecta *J* F_4 C_1 || uoluit tantum (A_1 *u.l.*): t. u. P_5 u. tandem A_1 *Ise* noluit tandem J_4

Or voici qu'au milieu de ces jeux virginaux
Soudain éclate un grondement;[1] les tours se heurtent;[a]
Ébranlées en leurs fondements,les cités penchent puis s'écroulent.
La cause en est cachée[b] et seule la Paphienne a reconnu
Ce fracas ambigu; mais sa joie est mêlée de crainte et de terreur.
Et déjà le Maître des âmes, par des détours obscurs,
Cherchait une route sous terre. Ses lourds chevaux foulaient
Encélade et ses cris: les roues déchirent ses membres monstrueux;
La nuque écrasée, le géant[2] peine à porter
Et la Sicanie et Pluton; il tente de bouger,
Trop faible, et ses serpents s'épuisent à entraver l'essieu;[3]
Une ornière fumante sillonne[c] son dos sulfureux.
Comme un soldat s'avance, inaperçu, vers l'ennemi[d]
Sans défiance, et, sous les fondations minées du camp,
Par un chemin secret franchit les murs fermés;[4]
La troupe jaillit victorieuse dans la place surprise,
Tels les Fils de la terre:[e] ainsi le tiers héritier de Saturne,[f]
D'une bride incertaine cherche une traverse cachée,
Désireux de surgir dans le domaine de son frère.[g]
Nulle porte ne s'ouvre: partout s'opposaient des rochers

a. *Turres* peut désigner aussi bien les tours des villes que celles des fermes (A. Bonn, «Les ruines antiques dans l'île de Thasos et en particulier les tours hellénistiques», *BCH* 54, 1930, p. 186).

b. L'expression *causa latet* fait cliché: VERG. *Aen.* 5,5; OV. *met.* 4,287; *epist.* 20,53; AETNA 372; STAT. *Theb.* 8,250.

c. *Praelabitur*, bien attesté dans la tradition manuscrite, doit être conservé, avec le sens de «glisser sur» (Burman: «transit desuper»). Hall (1969, p. 220-221) préfère *prolabitur*, moins bien attesté.

d. La clausule *pergit in hostem* est empruntée à Virgile (*Aen.* 11,521).

e. Allusion aux guerriers nés de la terre après que Cadmos y eut semé les dents du dragon (OV. *met.* 3,101 sqq.; CLAVD. *Stil.* 1,318 sqq.; *Get.* 26 sqq.).

f. Pluton, à qui échut le troisième lot dans l'héritage de son père Saturne (voir 1, 100). La périphrase *tertius heres* (qui chez Catulle ne désigne pas Pluton: 64,346) a été reprise par Dracontius (*Rom.* 10,407).

g. STAT. *Theb.* 8,43-44: «*aetherium cupidos exire sub axem* Titanas».

Talia uirgineo passim dum more geruntur,
ecce repens mugire fragor, confligere turres,
pronaque uibratis radicibus oppida uerti.
Causa latet; dubios agnouit sola tumultus
diua Paphi mixtoque metu perterrita gaudet.
Iamque per anfractus animarum rector opacos
sub terris quaerebat iter grauibusque gementem
Enceladum calcabat equis. Inmania findunt
membra rotae pressaque gigas ceruice laborat
Sicaniam cum Dite ferens temptatque moueri
debilis et fessis serpentibus inpedit axem;
fumida sulphureo praelabitur orbita dorso.
Ac uelut occultus securum pergit in hostem
miles et effossi subter fundamina campi
transilit inclusos arcano limite muros
turbaque deceptas uictrix erumpit in arces,
terrigenas imitata uiros, sic tertius heres
Saturni latebrosa uagis rimatur habenis
deuia fraternum cupiens exire sub orbem.
Ianua nulla patet: prohibebant undique rupes

151 dum: de J_2 || geruntur (P_5): fe- P_5 *u.l.* || **152** repens: reptens P_5 recens J_4 frequens J_4*u.l.* || confligere: confrin- F_2 || **153** uibratis radicibus: u. de sedibus A_1 uerticibus uibr. F_2 || **154** dubios (J_2 *m.a.*): duoos C_1 *a.c.* dulnos J_2 || tumultus: ti- P_5 || **155** mixtoque: commixta J_2 || **156** iamque: namque C_1 || opacos: -um J_4 || **157** gementem: -es J_2 *a.c.* tre- J || **158** findunt: fun- J F_4 C_1 || **159** gigas: graui J_4 *Ise* || **160** ferens: -iens P_5 || **161** axem: -es F_4 || **162** fumida: ful- F_2 || pr(a)elabitur F_1 J F_4 : per- C_1 pro- J_4 de- P_5 F_2 *Pm* di- A_1 L_3 J_2 || orbita (J_2 *m.a.*): orphea J_2 || **163** ac: at J_4 et P_5 || occultus: -um J F_4 || securum: -us J F_4 *Pm* *a.c.* || pergit: prodit J_4 *Ise* || **164** subter: subiter J_2 *a.c.* || fundamina (J_2 *m.a.*): cum damina J_2 || **165** inclusos (*Ise*): elusos *Ise mg.* || limite: milite F_1 J *Pm* J_4 || **166** erumpit: erupit *Pm* || **167** tertius [-cius]: tercia *Pm a.c.* || **168** latebrosa (A_1 *Ise mg.*): tene- A_1 *u.l.* L_3 *Ise* || rimatur: scrutatur J_4 || **169** deuia (P_5 *u.l.*): menia P_5 || fraternum: -as F_2 *a.c.* || sub orbem (A_1 *u.l.*): per o. A_1 F_2 J_2 per urbem P_5 *a.c.* || **170** rupes (A_1): montes A_1 *s.l.*

Qui le bloquaient; ils retenaient le dieu de leur assemblage serré.[a]
Mais lui s'indigne et, sans supporter ces retards, frappe les rocs
De son énorme sceptre.[1] Les grottes de Sicile ont résonné[2]
et Lipari se trouble; Mulciber[b] stupéfait abandonna sa forge;
Le cyclope, tremblant, laissa tomber ses foudres.[c]
Et ils ont entendu, ceux que les Alpes enchaînent de leurs glaces,
Celui qui nage en toi, Tibre non encor ceint des trophées des Latins,
Celui qui sur le Pô lance et mène à la rame un esquif en bois d'aune.[3]
Ainsi, quand le Pénée stagnait, qu'un marais fermé par les roches
Tenait la Thessalie et empêchait de cultiver
Les terres inondées,[4] la triple pointe de Neptune[d]
Ébranla les monts opposés; alors, blessé d'un coup puissant,
Le sommet de l'Ossa se sépara de l'Olympe glacé;
Les eaux de leur prison s'échappent et se fraient un passage:[5]
Le fleuve est rendu à la mer,[e] et la terre aux fermiers.
Dès lors que, vaincue par son bras, la Trinacrie a dénoué
Ses liens serrés, ouverte largement en une fente immense,
Soudain paraît au ciel l'effroi:[6] les astres ont changé
Leurs chemins établis. L'Ourse se baigne en des flots interdits;[7]
La peur fait se hâter le Bouvier paresseux;[f]

a. *Duraque compage* donne un sens satisfaisant (v. 186 *duros nexus*). *Siculaque* a été induit par le v. 173. Les conjectures *solitaque* (Isengriniana) ou *solidaque* (Heinsius, Hall: cf. LVCAN. 9,467; SEN. *nat.* 7,9) sont inutiles.

b. Surnom de Vulcain, que les Anciens expliquaient en le rapprochant du verbe *mollire* (P. FEST. 129: *a molliendo... ferro dictus: mulcire enim mollire est*).

c. Les Cyclopes habitent en Sicile (Strabon 1,2,9), et plus particulièrement dans la forge du dieu Vulcain, placée sous l'Etna (Euripide, *Cycl.* 297 sqq.). D'autres situent cette forge dans les îles Lipari, reliées à l'Etna par des passages souterrains (Callimaque, *hymn.* 3,46-47; Théocrite 2,113-114; VERG. *Aen.* 8,416-425; VAL. FL. 1,583; 7,648...).

d. Geste analogue de Neptune dans l'*Énéide*, pour libérer les vents (1,81-82): «cauom conuersa *cuspide montem / impulit* in latus».

e. Pour les Anciens, les fleuves tirent leur origine de la mer: Homère, *Il.* 21,195; Aristote, *met.* 2,2,4 sqq.; SEN. nat. 3,5.

f. La lenteur du Bouvier est un lieu commun: Homère, *Od.* 5,272; CATVLL. 66,67-68; OV. *fast.* 3,405 (*piger*); *met.* 2,177-178; IVV. 5,23 (*piger*); CLAVD. *Stil.* 1,123.

oppositae duraque deum conpage tenebant.
Non tulit ille moras indignatusque trabali
saxa ferit sceptro. Siculae sonuere cauernae;
turbatur Lipare; stupuit fornace relicta
Mulciber et trepidus deiecit fulmina Cyclops.
Audiit et si quem glacies Alpina coercet
et qui te, Latiis nondum praecincte tropaeis
T<h>ybri, natat missamque Pado qui remigat alnum.
Sic, cum Thessaliam scopulis inclusa teneret
Peneo stagnante palus et mersa negaret
arua coli, trifida Neptunus cuspide montes
inpulit aduersos: tunc forti saucius ictu
dissiluit gelido uertex Ossaeus Ol*y*mpo;
carceribus laxantur aquae fractoque meatu
redduntur fluuiusque mari tellusque colonis.
Postquam uicta manu duros Trinacria nexus
soluit et inmenso late discessit hiatu,
apparet subitus caelo timor: astra uiarum
mutauere fidem. Vetito se proluit Arctos
aequore; praecipitat pigrum formido Bootem;

171 opposit(a)e: -a C_1 || dura- F_1 P_5 *u.l.* C_1 J_4 *Ise*: sicula- F_1 *u.l.* *J* P_5 A_1 F_2 F_4 L_3 *Pm* J_2 solita- *Ise mg.* || tenebant: -bat P_5 || **172** non P_5 *p.c.* || indignatusque: -ansque P_5 || trabali (P_5): teneri P_5 *u.l.* || **173** saxa: sceptra C_1 *a.c.* || sonuere (*J a.c.*): ton- *J p.c.* trem- F_2 F_4 *Pm* tim- J_2 || cauern(a)e (J_2 *m.a.*): cat- J_2 || **174** lip(h)are F_1 *J p.c.* F_2 *Pm*: -ris *J a.c.* *cett. mei Ise* || **175** deiecit: deiectit P_5 *a.c.* || fulmina: flu- F_2 C_1 *a.c.* lu- J_4 || **177** latiis F_1 L_3 *Pm* J_2 *p.c.*: latis *cett. mei* || **178** remigat (A_1 *Pm*): nauigat A_1 *u.l.* *Pm u.l.* || alnum: aluum *J* || **180** et: cum F_1 || mersa: mensa F_2 *a.c.* || negaret (*Pm p.c.?*): -rent J_2 *m.a.* *Pm a.c.* -re J_2 uetaret *J p.c.* teneret *J a.c.* || **182** tunc: tum *Pm* J_4 || **183** dissiluit F_2 L_3 J_2 J_4: -liit *J Pm* se soluit F_1 A_1 F_4 C_1 et soluit P_5 dissoluit P_5 *s.l.* || **184** laxantur: -entur F_4 || fracto- J_2 *a.c.*: farto- P_5 facto- F_1 *J* A_1 F_2 F_4 C_1 *Pm* J_2 *p.c.* J_4 subito- L_3 || **185** fluuiusque (F_1 *a.c.* F_2 *a.c.*): -iique F_1 *p.c.* A_1 F_2 *p.c.* J_4 *Ise* || mari: -is J_2 || **186** duros: tellus F_4 || **187** discessit (P_5 *p.c.*): dissoluit J_4 || **188** apparet: apariet P_5 *a.c.* || subitus: -atus J_2 *a.c.* || timor (J_4 *a.c.*): tumor F_1 J_4 *p.c.* || astra: -aque F_2 || **189** mutauere: monstrauere J_4 || **190** bootem *J* F_2 F_4 C_1 *Ise*: boetem F_1 P_5 *m.a.* A_1 L_1 L_3 *Pm* J_4 boetes J_2 *om.* P_5

Orion tremble; Atlas pâlit d'entendre ainsi hennir.[a]
Une haleine d'une autre teinte obscurcit l'axe rutilant;[1]
Ce monde effraya les chevaux accoutumés à se repaître
D'une longue ténèbre:[b] stupéfaits par un ciel meilleur,
Ils rongent leur frein, ils hésitent; ils luttent,[c] timon de travers,
Pour revenir, pour retourner au chaos redoutable.
Mais aussitôt qu'ils ont senti les coups, l'aiguillon sur leur croupe,
Qu'ils ont appris à supporter le jour, ils se ruent avec plus de fougue
Qu'un torrent hivernal,[d] plus de rapidité qu'un javelot lancé:[2]
Le trait du Parthe n'est point tel, ni l'élan de l'Auster;
Ni la pointe de l'âme inquiète ne court çà et là si légère.[e]
Leur mors est chaud de sang[3], leur souffle mortel corrompt l'air
Et les cendres s'imprègnent et se souillent de leur écume.[f]
Les nymphes de s'enfuir; et Proserpine, enlevée sur le char,
Implore les déesses.[4] Déjà Pallas dévoile la tête de Gorgone,
Délie se hâte et tend son trait, sans céder à leur oncle:[g]
Leur commune virginité les stimule au combat;
Elle aggrave le crime[h] du ravisseur sauvage;
Lui, tel un lion qui a pris une génisse, honneur du parc[5]

a. Même construction chez Ovide (*fast.* 5,514): «audito palluit ille Ioue».

b. Si les astres sont perturbés par l'irruption du char infernal, inversement les chevaux de Pluton craignent le soleil (OV. *fast.* 4,449-450; *met.* 5,358). L'enfer a peur de la lumière du jour: VERG. *Aen.* 8,245-246; STAT. *Theb.* 7,817; SIL. 14,246-247.

c. La leçon *pugnant*, donnée par certains mss. (L_5 M_2) et par les premières éditions, ne mérite pas d'être retenue, en dépit de l'argumentation d'Heinsius, qui cite OV. *met.* 5,349; *fast.* 2,648; STAT. *Theb.* 6,394).

d. L'expression vient de Stace (*Theb.* 6,407 *amnibus hibernis*) et fait allusion aux crues hivernales (cf. Homère, *Il.* 23,420).

e. Vers imité par Dracontius (*Rom.* 2,76: *Sic currit mentis acumen*) et plagié par Corippe (emprunt métrique de la fin de vers *mentis discurrit acumen* en *Ioh.* 6,233; 8,4).

f. Comparer avec Ovide, *met.* 3,75-76, où le dragon infernal de Thèbes souille l'air de ses exhalaisons: *quique halitus exit / ore niger Stygio uitiatas inficit auras. Harenae* doit désigner les cendres volcaniques de l'Etna (Hall 1969, p. 222).

g. Frère de Jupiter, Pluton est l'oncle des déesses, toutes filles de Jupiter (1,266; OV. *fast.* 4, 445; *met.* 5,379).

h. Expression empruntée à Virgile (*Aen.* 11,407: «formidine crimen acerbat»); cf. ALC. AVIT. *carm.* 2,50.

horruit Orion; audito palluit Atlas
hinnitu. Rutilos obscurat anhelitus axes
discolor et longa solitos caligine pasci
terruit orbis equos: pressis haesere lupatis
attoniti meliore polo rursusque uerendum
in Chaos obliquo certant temone reuerti.
Mox, ubi pulsato senserunt uerbera tergo
et solem didicere pati, torrentius amne
hiberno tortaque ruunt pernicius hasta:
quantum non iaculum Parthi, non impetus Austri
non leue sollicitae mentis discurrit acumen.
Sanguine frena calent; corrumpit spiritus auras
letifer; infectae spumis uitiantur harenae.
Diffugiunt Nymphae; rapitur Proserpina curru
inploratque deas. Iam Gorgonis ora reuelat
Pallas et intento festinat Delia telo
nec patruo cedunt: stimulat communis in arma
uirginitas crimenque feri raptoris acerbat.
Ille uelut stabuli decus armentique iuuencam

191 horruit orion *om.* J_2 *add. m.a.* || **192** rutilos: -o F_4 || axes: axis L_3*?* *a.c.* arces L_3*? p.c.* || **193** solitos: -us C_1 salitus J_2 || pasci (J_2 *m.a.*): posci J_2*?* || **194** orbis: -es C_1 *a.c.* || pressis: pressisque F_2 et pr. C_1 || lupatis: lupasis P_5 *a.c.* || **195** attoniti P_5 *p.c.* || **196** obliquo: -to C_1 || certant: temptant *J* C_1 J_4 || temone: remouere J_2 *a.c.* || **197** pulsato: turbato J_2 temptato C_1 || uerbera: menbra *J a.c.* || **198** didicere: didiscere P_5 || pati: peti L_3 *a.c.* || amne: anne C_1 || **199** pernicius (A_1): uelocius A_1 *s.l.* || **200** quantum F_1 *p.c.* J_4 *p.c.* || **201** non: hec L_3 || leue P_5 *p.c.* || discurrit: -cernit F_4 || **202** calent: squalent F_2 *a.c. Pm a.c.* || **203** (h)aren(a)e: habene L_1 || **204** *om.* C_1 || diffugiunt: dissiliunt J_2 || **205** gorgonis: -es F_4 -os *J* C_1 || reuelat: reuellit J_4 || **206** telo (A_1): neruo A_1 *u.l.* cornu J_4 *Ise* || **207** cedunt: credunt C_1 J_2 *a.c.* || stimulat: stu- P_5 *a.c.* -ant F_4 || arma: iras P_5 || **208** crimen-: tractum- J_4 || feri: -it P_5 *a.c.* || raptoris: uictoris P_5 || **209** tunc *ante* ille *del.* P_5 || iuuencam: -a J_2 -um *Pm*

Et du troupeau, qui de sa griffe a percé les entrailles
Mises à nu, et assouvi sa rage sur tous les membres,
Et qui, debout, souillé d'un sang épais, secoue les nœuds
De sa crinière, en méprisant la vaine colère des pâtres.
«Dompteur d'un peuple inerte, le pire des trois frères,»[1]
Lui dit Pallas, laquelle de tes Euménides t'a poussé de son aiguillon
Ou de sa torche impie?[2] Pourquoi quittes-tu ton séjour[a]
Pour oser profaner le ciel avec ton quadrige infernal?
Tu as les difformes Dirées, tu as les autres divinités du Léthé,
Tu as les funestes Furies, comme épouses dignes de toi.
Quitte les états de ton frère, laisse la part d'un autre,
Contente-toi de ta nuit[b] et va-t-en! Pourquoi mêles-tu à la vie
La mort?[c] Et pourquoi, étranger, foules-tu notre monde?»
En criant ainsi,[d] elle frappe, de son bouclier menaçant,
Les coursiers qui veulent passer, oppose la barrière
De son écu, les presse et fait siffler les hydres de Gorgone,
Les couvre en tendant son cimier;[3] son javelot de frêne
Est levé pour frapper et vient illuminer le char obscur[e]

a. La clausule *sede relicta* (cf. *Ol.* 20) est empruntée à Ovide (*met.* 4,447 et 15,148; voir aussi 15,159; cf. VERG. *Aen.* 3,123 *sedes astare relictas*), et se lit aussi chez Prudence (*ham.* 726), Priscien (*perieg.* 345) et Marius Victor (*aleth.* 3,321); cf. Corippe (*Iust.* 1,118 *in sede relictis*).

b. *Rapt.* 3,243 *nox sua.* Même expression déjà chez Stace (*Theb.* 8,109).

c. Comparer Lucain 2,152-153: *permixtaque uiua sepultis corpora.*

d. La formule de transition épique *talia uociferans* remonte à Virgile (*Aen.* 2,679; SIL. 6,169; 7,116).

e. Comparer Ovide, *met.* 5,142-143: *librata lacerto / fraxinus.* La lumière de la lance de la déesse ouranienne tranche sur la noirceur du char infernal.

cum leo possedit nudataque uiscera fodit
unguibus et rabiem totos exegit in armos,
stat crassa turpis sanie nodosque iubarum
excutit et uiles pastorum despicit iras.
«Ignaui domitor uulgi, deterrime fratrum,»
Pallas ait, «quae te stimulis facibusque profanis
Eumenides mouere tuae? Cur sede relicta
audes Tartareis caelum incestare quadrigis?
Sunt tibi deformes Dirae, sunt altera Lethes
numina, sunt tristes Furiae, te coniuge dignae.
Fratris linque domos, alienam desere sortem,
nocte tua contentus abi! Quid uiua sepultis
admisces? Nostrum quid proteris aduena mundum?»
Talia uociferans auidos transire minaci
cornipedes umbone ferit clipeique retardat
obice Gorgoneisque premens adsibilat hydris
praetentaque operit crista; libratur in ictum
fraxinus et nigros illuminat obuia currus

210 cum: ceu C_1 || uiscera (*Ise mg.*): pectora J_4 *Ise* || fodit: fedat F_2 cedit C_1 || **211** rabiem: -e P_5 *a.c.* || exegit: effudit P_5 *a.c.* || armos: -es J_2*? a.c.* || **212** crassa turpis sanie (L_1 *u.l.*): t. c. s. F_1 c. s. t. L_1 c. t. rabie L_3 || nodosque: -isque C_1 || **213** excutit: excitat J_2 || despicit: despuit J_4 || **214** uulgi [-o-] (*Ise mg.*): mundi J_4 *Ise* quae te C_1 || deterrime: tet- *Ise* || **215** qu(a)e (J_4): quis J_4 *u.l.* || tc (J_4 *u.l.*): *om.* J_4 || **216** eumenides: -esque P_5 || mouere (A_1 *gloss.*): egere A_1 || tu(a)e (P_5 *p.c.*): tua *J* C_1 *Ise* || **217** tartareis: -eas P_5 *a.c.* || caelum (J_4 *u.l. Ise mg.*): mundum J_4 *Ise* || incestare P_5 L_1 F_2 F_4 C_1 L_3 J_2*? a.c.*: infestare F_1 *J* P_5 *u.l.* A_1 J_2 *p.c.* J_4 infectare *Pm* || **218** tibi: ibi L_1 || dir(a)e (J_2 *m.a.*): diue P_5 L_3 furiae J_2 *p.c.* furia J_2 *a.c.* || **218-219** deformes — furiae *om.* A_1 *add. Pulmannus* || **219** numina: flu- *Ise* || **220** domos: -us L_3 || **221** sepultis: -us F_2 || **222** proteris (A_1): polluis A_1 *u.l.* L_3 || **223** minaci: meatu C_1 *a.c.* || **224** cornipedes (J_2 *m.a.*): -pes J_2 || ferit: -ri C_1 || retardat (J_2 *m.a.*): recordat J_2 || **226** pr(a)etenta- (L_1 *m.g.* J_2 *m.a.*): -as- F_2 *Ise* preterita- L_1 praeterea- J_2 || operit: a- F_2 *Ise* || crista: -as F_2 *Ise* || libratur: ui- A_1 C_1 || ictum: -us J_2 altumque A_1 || **227** fraxinus: fracius J_2 || currus: -sus F_1

Et il était presque envoyé si Jupiter, du sommet de l'éther,[a]
N'avait lancé un foudre rougeoyant[1] aux ailes pacifiques:
Il s'affirme beau-père. Par les nuées béantes
L'hyménée tonne et les flammes témoins confirment le mariage.[b]
À contre-cœur les déesses cédèrent. La fille de Latone
Retint son arc en gémissant et ajouta ces mots:[2]
«Ah, souviens-toi! Adieu pour bien longtemps! Le respect dû
À notre père nous a empêchées de t'aider: nous ne pouvons
Contre lui te défendre. Oui, nous sommes vaincues par un pouvoir
Plus grand.[c] Ton père conjure ta perte: tu es livrée au peuple
Du silence;[d] hélas! tu ne verras plus tes sœurs qui t'aiment[e]
Ni les chœurs de ton âge.[f] Quel sort t'a arrachée
Au monde supérieur, en condamnant les astres à un tel deuil?
Je n'aurai plus plaisir à tendre mes filets dans les fourrés
Du Parthénius,[g] ni à porter carquois. Que partout et sans risque
Le sanglier écume;[3] que les lions cruels impunément rugissent.
Les sommets du Taygète, le Ménale, privés de chasse
Te pleureront, et le Cynthe affligé prendra longtemps ton deuil.
Même le temple de mon frère à Delphes se taira.»[4]
Un char ailé emporte entre-temps Proserpine,[5]

a. Même clausule chez Ovide, *met.* 1,608.

b. Jupiter donne sa sanction au mariage: son tonnerre tient lieu de chant d'hyménée, et les flammes de la foudre, de flambeaux nuptiaux. Comparer Catulle 62,27, où les feux d'Hespérus scellent les mariages prévus par les parents: *desponsa tua firmes conubia flamma*; et Avit, à propos des épousailles d'Adam et Eve (1,192): *laetis gaudebant sidera flammis.*

c. Comparer Stace, *Ach.* 1,483: *cedit turba ducum uincique haud maesta fatetur* (*Ruf.* 1, 109-110: *Ipsa quidem fateor uinci rapidoque magistram / praeuenit ingenio*).

d. Le silence caractérise le peuple des morts (2,329): VERG. *Aen.* 6,264 *umbraeque silentes* ; STAT. *Theb.* 4,528-529...

e. CIRIS 393: «*cupidas* secum rapiens Galatea *sorores* / miratur».

f. La même expression désigne les compagnes de Proserpine dans le passage des *Fastes* qui raconte l'anthologie et le rapt (4,449); cf. VERG. *georg.* 4,460.

g. Comme le Parthénius (cf. 2,148), le Taygète, le Ménale et le Cynthe sont des lieux de chasse appréciés par Diane. *Pharetram gestare* est une expression virgilienne (*Aen.* 1, 336).

missaque paene foret, ni Iuppiter aethere summo
pacificas rubri torsisset fulminis alas
confessus socerum: nimbis hymenaeus hiulcis
intonat et testes firmant conubia flammae.
  Inuitae cessere deae. Conpescuit arcum
cum gemitu talesque dedit Latonia uoces:
«Sis memor o longumque uale! Reuerentia patris
obstitit auxilio, nec nos defendere contra
possumus: imperio uinci maiore fatemur.
In te coniurat genitor populoque silenti
traderis, heu! cupidas non aspectura sorores
aequalemque chorum. Quae te fortuna supernis
abstulit et tanto damnauit sidera luctu?
Iam neque Partheniis innectere retia lustris
nec pharetras gestare libet. Securus ubique
spumet aper saeuique fremant inpune leones.
Te iuga Taygeti, posito te Maenala flebunt
uenatu maestoque diu lugebere Cyntho.
Delphica quin etiam fratris delubra tacebunt.»
  Interea uolucri fertur Proserpina curru

228 ni (A_1 J_4 *s.l.*): nisi P_5 A_1 *s.l.* L_3 in J_4 || summo F_1 P_5 *p.c.* A_1 C_1 L_3 *Pm* J_4: uulso L_3 *u.l.* celso *J* misso L_1 F_2 F_4 *Pm u.l.* J_2 missus P_5 *a.c.* || **229** pacificas: -feras F_1 || torsisset (F_1): misisset F_1 *s.l.* F_4 J_2? *a.c.* || fulminis F_1 A_1 L_3: lu- *cett. mei Ise* || **230** socerum (*Ise mg.*): generum *Ise* || **231-234** *post* **328** *translocauit* L_1 || **232** arcum: iram F_1 || **233** tales-... uoces (A_1 *u.l.*): talem-... uocem L_3 tales-... questus A_1 || latonia: tritonia F_1 || **238** a(d)spectura (J_2 *m.a.*): aspectata J_2 || **239** (a)equalemque chorum: -esque thoros J_4 -esque choros *Ise* || quae: qui F_2 || supernis: -i J_2 || **240** abstulit (L_1 *a.c.*): at- L_1 *p.c.* || dam(p)nauit F_1 *p.c.* J_2 *p.c.* || sidera [sy-]: secula P_5 *a.c.* || **241** lustris (P_5 *u.l.*): siluis P_5 || **242** nec: non F_1 || pharetras: -am J_4 *Ise* || gestare: portare *Pm* || libet (J_4 *u.l.*): licet P_5 A_1 J_4 || **243** spumet: -at J_2 || fremant: premant J_4 || **245** cyntho [ci-]: fletu L_1 || **246** tacebunt: tene- J_2 moue- L_1 || **247** curru: -su P_5 L_1

Cheveux épars dans le Notus.[a] Elle meurtrit de coups
Ses bras et fait éclater[1] jusqu'aux nues de vaines plaintes:
«Père, pourquoi n'as-tu pas lancé contre moi les traits forgés
Par les mains des Cyclopes?[b] Me livrer ainsi aux ombres cruelles,
Me repousser ainsi du monde entier, c'est toi qui l'as voulu?[2]
N'es-tu fléchi par aucune affection? Ne te reste-t-il rien
Du cœur d'un père? Par quel crime ai-je suscité une telle colère?
Quand un désordre impétueux poussait Phlégra à la folie,
Je n'ai pas levé l'étendard contre les dieux; c'est sans mon aide
Que l'Ossa glacé a porté les frimas de l'Olympe.[3]
Qu'ai-je tenté d'impie? De quelle faute[4] ai-je été la complice
Pour être chassée en exil, au gouffre effrayant de l'Érèbe?
Heureuses toutes celles que d'autres ravisseurs ont enlevées:[c]
Au moins jouissent-elles de la lumière à tous commune!
Tandis qu'à moi on refuse à la fois le ciel et la virginité.
Avec le jour on m'arrache l'honneur; j'abandonne la terre,
On m'emmène captive pour servir le tyran du Styx.[d]
O fleurs aimées pour mon malheur, conseils dédaignés de ma mère!

a. Fargues rapproche cette peinture de Proserpine enlevée de certains reliefs de sarcophages (1933, p. 293 et n. 9; voir par exemple C. Robert, *op. cit.*, t. III, 3e partie, n° 373, pl. CXXI). *Planctu lacertos uerberat* : geste de douleur analogue chez Ovide (*met.* 9,636: *planxitque lacertos*) et Stace (*Theb.* 12,109-110: *manant lacera ora cruentis / unguibus, et molles planctu creuere lacerti*); cf. aussi VERG. *Aen.* 7,503; SEN. *dial.* 6,6,2.

b. Souvenir précis d'Ovide, *met.* 1,259: «*tela* reponuntur *manibus fabricata Cyclopum*».

c. Souvenir formel du fameux *O fortunatos nimium agricolas* de Virgile (*georg.* 2, 458).

d. Construction exceptionnelle du supin en *-um* avec le *passif* de *duco* (cf. PORPHYR. Hor. *epist.* 1,17,60, passage contesté), mais *seruitium*, à côté de *captiua*, ne peut être retenu; et *infelix* est manifestement une correction arbitraire dont J_4 et les mss. qui lui sont apparentés sont coutumiers.

caesariem diffusa Noto planctuque lacertos
uerberat et questus ad nubila rumpit inanes:
«cur non torsisti manibus fabricata Cyclopum
in nos tela, pater? Sic me crudelibus umbris
tradere, sic toto placuit depellere mundo?
Nullane te flectit pietas ni[c]hilumque paternae
mentis inest? Tantas quo crimine mouimus iras?
Non ego, cum rapido saeuiret Phlegra tumultu,
signa deis aduersa tuli; nec robore nostro
Ossa pruinosum uexit glacialis Olympum.
Quod conata nefas aut cuius conscia culpae
exul ad inmanes [h]Erebi detrudor hiatus?
O fortunatas alii quascumque tulere
raptores: saltem communi sole fruuntur!
Sed mihi uirginitas pariter caelumque negatur,
eripitur cum luce pudor, terrisque relictis
seruitum St*y*gio ducor captiua tyranno.
O male dilecti flores despectaque matris

249 uerberat: uert- L_3 || ad: per J_4 *a.c.* || rumpit P_5 A_1 L_1 F_4 C_1 L_3 J_2: fundit J F_2 *Pm* J_4 *u.l.* *Ise* tendit F_1 condit J_4 || **250** *om.* F_4 || **251** me: nos F_2 J_2 uis L_1 || **252** depellere: defendere L_1 || **253** nullane: nulla F_1 *a.c.* F_2 *a.c.* J_2 || pietas flectit F_2 L_3 || nichilumque L_1: nichilum nullumque F_2 nullumque J P_5 A_1 F_4 C_1 L_3 J_2 *m.a.* nullumne F_1 *Pm* J_4 *Ise* nullumue P_5 *u.l.* || patern(a)e: -o J_2 *a.c.* || **254** mentis: montis J_2 *a.c.* || inest: honus P_5 *a.c.* || tantas: pignus L_3 || quo J_2 *p.c.* || mouimus (J *s.l.*): nouimus F_1 J F_2 F_4 || **255** cum rapido s(a)euiret (J_4 *u.l.* J_2 *p.c.*): c. rapidi s. F_2 te contra quateret cum J_4 || tumultu: -us J_2 *a.c.* || **256** deis: deos J_2 *a.c.* || nec: non F_1 J_4 || nostro: -a C_1 *a.c.* || **257** pruinosum (J_4 *u.l.*): pluuiosum J_4 || glacialis uexit L_3 || olympum [oli-] (J_2 *p.c.*): alumpnum F_1 *a.c.* || **258** culp(a)e: noxe P_5 || **259** exul ad: exulat J_2*?* *a.c.* || detrudor: -ador F_2 *a.c.* || **260** alii: -as J_4 || quascumque: quos- J_4 || tulere (P_5): -runt P_5 *s.l.* || **261** sole: luce J_4 || fruuntur: fruentes J_4 *u.l.* fortunallis J_4 || **262** celum pariterque P_5 || **263** luce: sole A_1 L_1 F_2 *Pm* J_2 || **264** *post 252* J_2 || seruitum F_1 *p.c.* J P_5 F_2 *p.c.* F_4 C_1 L_3 *Pm* *p.c.*: -tium [-cium] F_1 *a.c.* A_1 L_1 F_2 *a.c.* *Pm* *a.c.* J_2 infelix J_4 *Ise* || ducor stigio F_2 J_2 || tyranno [ti-]: titane J_2 *a.c.* || **265** dilecti: -e P_5 *a.c.* || que *om.* C_1 *add. m.a.* || matris: -i J_2

O artifices de Vénus que j'ai compris trop tard[a]!
Hélas, ma mère![1] soit que dans les vallées phrygiennes de l'Ida
L'horrible buis résonne autour de toi du chant de Mygdonie,
Soit que, séjournant au Dindyme où hurlent les Galles sanglants,[2]
Tu tournes ton regard vers les épées nues des Curètes,[b]
Porte secours à ma détresse; arrête un furieux,
Retiens les rênes infernales d'un brigand menaçant!»[c]
  Le farouche Pluton est vaincu par ces mots et par ces pleurs
Qui l'embellissent: il a senti les soupirs du premier amour.[d]
Le voici qui, de son manteau foncé, essuie[3] ses larmes,
Et d'une voix douce console sa cuisante douleur:[4]
«N'accable plus ton âme, ô Proserpine, de funestes soucis
Ni de peurs vaines:[e] tu recevras un sceptre plus puissant
Sans supporter les feux d'un mari indigne de toi.[f]
Je suis fils de Saturne;[g] la machine du monde[h]
Me sert, et mon pouvoir s'étend parmi l'immensité du vide.[i]

a. L'expression *deprensae artes*, à propos des ruses de Vénus, rappelle un vers d'Ovide: «Si latet *ars*, prodest; adfert *deprensa* pudorem» (*ars* 2,313).

b. Les Curètes et les Corybantes (que les poètes confondent souvent) étaient chargés, dans certaines versions orphiques du rapt, de protéger Coré près de l'Océan (Proclos, *theol. Plat.* 5,35; 6,13). Voir note à 1,210.

c. Ovide avait déjà qualifié Pluton de *praedo* dans ses récits du rapt (*met.* 5,521; *fast.* 4,591).

d. Comme dans les *Métamorphoses*, mais à un moment différent du récit, Pluton tombe amoureux de Proserpine en la voyant. Le cruel et brutal dieu des enfers se change en amoureux prévenant.

e. L'alliance *uanus metus* se trouve déjà chez Ovide, *epist.* 16,344: «crede mihi, *uanos* res habet ista *metus*».

f. Comparer Virgile, *Aen.* 4,338-339: «nec *coniugis* umquam / praetendi *taedas*».

g. *Ille ego* est une attaque de vers traditionnelle: outre le premier vers de l'*Énéide* conservé par Servius et Donat, OV. *met.* 1,757; 4,226; STAT. *Theb.* 11,165; *Ach.* 1,650; NEMES. *ecl.* 2,33 et 37...

h. Renouvellement de l'expression lucrétienne *machina mundi* (5,96), qu'on lit à la même époque chez Prudence (*cath.* 9,14 *trina rerum machina*) et, plus tard, chez Sédulius (*carm. pasc.* 1,239 *rerum machina*).

i. Ce vers peut rappeler un passage de Silius Italicus qui décrit, entre la «voûte infernale» et le *campus iners*, un vaste vide intermédiaire: «in medio *uastum* late se *tendit inane* » (13,526).

consilia! O Veneris deprensae serius artes!
Mater, io! seu te Phrygiis in uallibus Idae
Mygdonio buxus circumsonat horrida cantu,
seu tu sanguineis ululantia Dindyma Gallis
incolis et strictos Curetum respicis enses,
exitio succurre meo, conpesce furentem,
conprime ferales torui praedonis habenas!»
  Talibus ille ferox dictis fletuque decoro
uincitur et primi suspiria sensit amoris.
Tunc ferrugineo lacrimas detergit amictu
et placida maestum solatur uoce dolorem:
«desine funestis animum, Proserpina, curis
et uano uexare metu: maiora dabuntur
sceptra nec indigni taedas patiere mariti.
Ille ego Saturni proles cui machina rerum
seruit et inmensum tendit per inane potestas.

266 consilia: -cilia P_5 imperia A_1 || ueneris: -res F_1 *a.c.* || **267** mater: o mater J_2 || seu te: te seu L_1 seu J_2 || in *om.* J_2 || **268** horrida (F_4 *u.l.*): undique F_4 || **269** tu: te F_1 *a.c.* F_4 *a.c.* || ululantia: ululatam J_2 || gallis: -i J_2 *p.c.* -um J_2 *a.c.* || **270** curetum J_2 *p.c.* || respicis (J_2 *m.a.*): de- *Ise* a- J_2 deseris J_4 || meo: nostro J *a.c.* || **272** ferales: fetales J_2 *p.c.* fatales J_2 *a.c.* || torui J_2 *p.c.* || pr(a)edonis: -conis J_2 raptoris J || **273** decoro: -e J_2 || **274** sensit: sentit L_1 *Pm* J_4 nouit F_2 || **275** tunc F_1 P_5 A_1 F_2 L_3 J_4: tum J L_1 F_4 C_1 *Pm* J_2 || detergit (F_2? *p.c.*): detersit F_1 P_5 J_2 J_4 *Ise* detegit F_2 *a.c.* || **276** et: sed F_4 || dolorem: pudorem J_4 || **278** et: ex L_1 || uano: uario F_1 J A_1 || **279** patiere [pac-]: patiare J *a.c.* petiere L_1 pauere F_2 *a.c.* || **280** machina: maxima C_1 || rerum: mundi J

Ne pense pas avoir perdu le jour:[a] nous avons d'autres astres,
Nous avons d'autres globes,[1] et tu verras une clarté plus pure,
Tu admireras plus le soleil des Champs-Élysées
Et ses habitants vertueux. Là vit la race la plus précieuse,
Celle de l'âge d'or;[2] nous possédons toujours ce que là haut
On n'a mérité qu'une fois. Et il n'y manque pas pour toi
La douceur des prairies.[3] Sous de meilleurs Zéphyres,
Là embaument des fleurs vivaces que n'a pas portées ton Etna.
Sous l'ombrage des bois, il est même un arbre précieux
Qui courbe ses brillants rameaux à la verdure de métal:[4]
Je te le donne et le consacre: l'automne pour toi sera opulent
Et ses fruits fauves t'enrichiront sans cesse.
Mais c'est là peu:[5] tout ce qu'embrasse l'air limpide,[6]
Tout ce que la terre nourrit, tout ce que balaie la plaine marine,
Ce que roulent les fleuves, ce qu'ont engraissé les marais
Cèderont à ton sceptre, comme tout animal soumis
À la sphère lunaire, septième cercle qui entoure les airs,
Séparant les choses mortelles des constellations éternelles.[7]
Dessous tes pieds viendront les rois qui s'habillaient de pourpre,
Dépouillés de leur luxe, mêlés à la foule des pauvres:
Car la mort égalise tout.[8] Tu condamneras les coupables,

a. Comparer Stace, *Theb.* 8,46: «*Amissumque* odisse *diem*», à propos de Pluton, dans un passage que Claudien imite au chant 1, v. 32-116 (voir n. compl. 5 de la p. 10).

Amissum ne crede diem: sunt altera nobis
sidera, sunt orbes alii, lumenque uidebis
purius Elysiumque magis mirabere solem
cultoresque pios. Illic pretiosior aetas,
aurea progenies habitat, semperque tenemus
quod superi meruere semel. Nec mollia desunt
prata tibi; Zeph*y*ris illic melioribus halant
perpetui flores, quos nec tua protulit Aetna.
Est etiam lucis arbor praediues opacis
fulgentes uiridi ramos curuata metallo:
haec tibi sacra datur fortunatumque tenebis
autumnum et fuluis semper ditabere pomis.
Parua loquor: quidquid liquidus conplectitur aer,
quidquid alit tellus, quidquid maris aequora uerrunt,
quod fluuii uoluunt, quod nutriuere paludes,
cuncta tuis pariter cedent animalia regnis
lunari subiecta globo, qui septimus auras
ambit et aeternis mortalia separat astris.
Sub tua purpurei uenient uestigia reges
deposito luxu turba cum paupere mixti:
omnia mors aequat. Tu damnatura nocentes,

282 ne: nec A_1 J_2 || **283** sidera (F_4 *u.l.*): saecula F_4 || alii P_5 *p.c.* || **284** elysiumque [eli-]: -osque *Ise* || mirabere: mirabile *J* F_2 *a.c.* miserabete J_2 *a.c.* || solem (J_4 *u.l.*): campos J_4 *Isc* || **285** pretiosior: prestitior P_5 prestantior L_1 || **287** meruere F_1 P_5 A_1 *u.l.* L_1 F_2 F_4 L_3 J_2 metuere *J* C_1 tenuere A_1 *Pm* J_4 || **288** (h)alant (C_1 *s.l.*): ornant C_1 || **289** (a)et(h)na: etne L_1 || perpetui: -ique F_4 *a.c.* || nec: non *Pm* nunc F_2 || **290** opacis (*Ise*): Auerni *Ise mg.* || **291** uiridi: ilidi J_2 *a.c.* || ramos: -o *Ise* || metallo: -os F_2 *a.c.* || **292** tenebis: tenebris J_4 *a.c.* uidebis *J* || **294** loquor: -ar L_1 || liquidus (J_2 *p.c.*): gelidus C_1 || **295** uerrunt F_1 F_2 F_4 *Pm* J_4: uertunt *cett. mei* || quod… quod: quid… quid F_4 || uoluunt: uolunt F_1 uertunt *J* || nutriuere: -iere F_1 L_1 || **297** pariter: etiam F_1 || cedent: -unt F_1 P_5 L_1 J_2 || **298** lunari: -ret L_1 || **300** purpurei: -eo L_1 -ea J_2 *a.c.* || uenient: -unt A_1 || uestigia: fastigia F_1 || **301** luxu (J_2 *m.a.*): cultu J_2 || cum: non *J* || **302** *om.* P_5

Tu donneras aux justes le repos; c'est toi qui, juge,[a] forceras
Les criminels à avouer les forfaits commis en leur vie.
Avec le gouffre du Léthé, reçois les Parques pour servantes:
Et que le destin soit toutes tes volontés.» Sur ce, il encourage
Ses chevaux triomphants[b] et entre adouci au Tartare.
Les âmes se rassemblent,[1] aussi nombreuses que les feuilles
Que l'Auster le plus violent arrache aux arbres[c], les gouttes qu'il amasse
Dans les nuées, les flots qu'il brise, les grains de sable qu'il fait tourner.[2]
Toutes les générations en rangs serrés se précipitent
Pour voir la mariée si distinguée. Bientôt Pluton s'avance,
D'un air serein: il se laisse adoucir et sourit aisément,
Car il n'est plus le même.[d] À l'entrée de ses maîtres,[e] le Phlégéton
Se dresse, immense:[3] de sa barbe hérissée ruissellent
Des flots de feu, et de tout son visage coulent des incendies.
De ce peuple choisi des serviteurs s'empressent[4] d'accourir:
Les uns[5] ramènent le grand char, défont le mors,
Dirigent les coursiers aux prés accoutumés: ils l'ont bien mérité.
Les autres tiennent des tentures; d'autres recouvrent de rameaux

a. Proserpine apparaît ici comme celle qui *juge* les morts (*te iudice*). Chez Virgile, c'est Minos qui juge (*Aen*. 6,431-433) et Rhadamante qui fait avouer aux coupables leurs forfaits (*Aen*. 6,566-569: «... Rhadamanthus.../ ... *subigitque fateri* / quae quis apud superos.../ distulit in seram *commissa* piacula mortem»). La fin de vers *commissa fateri* sera reprise par Avit (*carm*. 3,297).

b. Dans le récit des *Métamorphoses*, Pluton exhorte aussi ses chevaux: «raptor agit currus et nomine quemque uocando / *exhortatur equos*» (5,402-403: même expression en même position métrique).

c. *Violentus* est une épithète traditionnelle des vents (*Eutr*. 2,5): GERM. *Arat*. 404 *uiolentior Auster* (voir VERG. *georg*. 2,107 cité *infra*; *Aen*. 6,355-356; LVCAN. 2,617; 7,125). Même emploi de *decutere* dans un contexte analogue chez Virgile (*georg*. 2,404) et Horace (*epod*. 11,6).

d. Même expression en même position métrique chez Ovide, mais à propos d'un personnage en deuil (*met*. 11,273).

e. Corippe a repris l'expression *dominis intrantibus* (*Iust*. 1,203).

tu requiem latura piis, te iudice sontes
inproba cogentur uitae commissa fateri.
Accipe Lethaeo famulas cum gurgite Parcas:
Sit fatum quodcumque uoles.» Haec fatus, ouantes
exhortatur equos et Tartara mitior intrat.
Conueniunt animae, quantas uiolentior Auster
decutit arboribus frondes aut nubibus imbres
colligit aut frangit fluctus aut torquet harenas;
cunctaque praecipiti stipantur saecula cursu
insignem uisura nurum. Mox ipse serenus
ingreditur facili passus mollescere risu
dissimilisque sui. Dominis intrantibus ingens
adsurgit Phleget<h>on: flagrantibus hispida riuis
barba madet totoque fluunt incendia uultu.
Occurrunt propere lecta de plebe ministri:
pars altos reuocant currus frenisque solutis
uertunt emeritos ad pascua nota iugales;
pars aulaea tenent; alii praetexere ramis

303 *om. add. mg.* A_1 || piis: quies P_5 || te J_2 *p.c.* || **305** cum: sub J_4 || gurgite (J_4 *u.l.*): iudice J_4 || **306** sit fatum: sit factum P_5 A_1 L_1 sitque ratum P_5 *u.l.* || uoles: uelis J C_1 J_4 *Ise* || h(a)ec J A_1 L_1 F_2 F_4 J_4: sic F_1 P_5 C_1 L_3 Pm J_2 || fatus J_2 *p.c.* || ouantes: -e J_2 *a.c.* || **307** tartara (*Ise*): tartatara P_5 *p.c.* t(a)enara P_5 *a.c.* L_1 F_4 *Ise mg.* || **308** uiolentior [-cior] (*Ise mg.*): truculentior J_4 *Ise* || **309** decutit: -cuit L_1 deicit F_1 || arboribus frondes decutit J_4 || aut (J_4 *u.l.*): cum J_4 || nubibus: -lus J_4 || **310** frangit: torquet J_4 || fluctus aut torquet *om.* C_1 || fluctus: fructus J || torquet: uoluit Pm frangit J_4 || (h)arenas (F_4 *u.l.*): hab- F_4 || **311** s(a)ecula (P_5): tartara F_1 J P_5 *u.l.* A_1 J_2 *Ise* || **312** *om. add. mg.* A_1 || nurum: uirum L_3 sinum L_1 *a.c.* || **313** risu: cursu L_1 *a.c.* || **314** dissimilisque: -esque F_4 || sui: suu C_1 || intrantibus: rotantibus J_2*? a.c.* || **315** riuis (P_5): ripis P_5 *u.l.* || **316** uultu (C_1 *u.l.*): fluctu C_1 || **317** propere (F_4 *u.l.*): -i F_2 F_4 L_3 subito J_2 || lecta J P_5 *p.c.* L_1 F_2 F_4 L_3 Pm *u.l.* *Ise*: -i P_5*? a.c.* J_2 *p.c.* J_4 leta P_5 *u.l.* C_1 leti A_1 media F_1 mixta Pm || **318** altos: alios F_4 C_1 || reuocant currus: reuocat c. F_1 J renouant c. J_2 c. reuocat Pm || **319** emeritos (F_1 *s.l.*): euentos F_1 immitos C_1 *a.c.* || **320** tenent: tenet L_1 trahunt J_2

Le seuil, et dressent dans la chambre des étoffes brodées.
Les matrones de l'Élysée en chaste file entourent
Leur reine[a] et allègent ses craintes par de douces paroles;
Elles renouent sa chevelure éparse et posent sur sa face
Le voile flamboyant qui couvrira sa pudeur inquiète.[1]
   Le pays de la pâleur est en liesse,[2] les nations ensevelies
Exultent; les ombres s'adonnent au banquet de noces;
Les Mânes couronnés[b] s'attardent à ce festin exquis.
Le ténébreux silence est déchiré[c] par des chants insolites
Et les gémissements s'apaisent. De lui-même l'Érèbe
Devient moins sale et laisse dissiper son éternelle nuit.[3]
Le sort ne roule plus, douteux, dans l'urne de Minos;[d]
Aucun fouet ne claque,[e] et le Tartare impie[f] respire
Sans frémir de douleur: les châtiments sont différés.
La roue rapide n'emporte plus Ixion suspendu;[4]
L'onde jalouse n'est plus soustraite aux lèvres de Tantale:
Car Ixion est détaché, et Tantale trouve de l'eau.
Et Tityos[g] redresse enfin ses membres étendus,
Il ne recouvre plus neuf arpents de terre souillée:
Qu'il était grand! Laboureur paresseux de son flanc ténébreux,

a. De la même façon, des matrones encadrent les deux jeunes mariées Argie et Déipyle dans la *Thébaïde* de Stace (2,227-229): «casta *matrem* (*matrum* mss.) *cinxere* corona / Argolides: pars uirginibus circum undique fusae / foedera conciliant noua, *solanturque timorem* ».

b. Les Mânes sont *coronati* en tant que morts (Aristophane, *Eccl.* 538; Euripide, *Phoen.* 1632), mais aussi et surtout ici en tant que convives à un banquet de fête (CIC. *Tusc.* 5,62; PLIN. *nat.* 21,8).

c. L'expression *silentia rumpere* se lit chez Virgile (*Aen.* 10,63-64) et Lucain (6, 729). Les morts se caractérisent habituellement par le silence (cf. *supra* 2,237) et on les nomme *silentes.* Les enfers, *muta silentia* (OV. *met.* 4,433) ou *loca muta* (STAT. *Theb.* 4, 447), «conviennent à ceux qui se taisent» (OV. *fast.* 2,609: *locus ille silentibus aptus*).

d. Cf. VERG. *Aen.* 6,432: *quaesitor Minos urnam mouet*; HOR. *carm.* 2,3,26; SEN. *Ag.* 24: *quaesitor urna Gnosius uersat reos*; STAT. *Theb.* 4,530.

e. Virgile s'étend longuement sur le châtiment des impies (*Aen.* 6,557 sqq.: «hinc exaudiri gemitus et saeua sonare / *uerbera*...»; cf. aussi le fouet de Tisiphone, v. 570).

f. L'expression *impia Tartara* est virgilienne (*Aen.* 5,733; 6,543).

g. Avec Heinsius (qui suit un ms. florentin du XVIe s.) et Hall, je rétablis ici le nominatif grec attesté en *Ruf.* 2,515 et *3 cons.* 160 et que permet de supposer la leçon *ticion.*

limina et in thalamum cultas extollere uestes.
Reginam casto cinxerunt agmine matres
Elysiae teneroque leuant sermone timores
et sparsos religant crines et uultibus addunt
flammea sollicitum praeuelatura pudorem.
Pallida laetatur regio gentesque sepultae
luxuriant epulisque uacant genialibus umbrae:
grata coronati peragunt conuiuia Manes.
Rumpunt insoliti tenebrosa silentia cantus;
sedantur gemitus; [h]Erebi se sponte relaxat
squalor et aeternam patitur rarescere noctem.
Vrna nec incertas uersat Minoia sortes;
uerbera nulla sonant nulloque frementia luctu
inpia dilatis respirant Tartara poenis.
Non rota suspensum praeceps Ixiona torquet,
non aqua Tantaleis subducitur inuida labris:
soluitur Ixion, inuenit Tantalus undas.
Et Tity*o*s tandem spatiosos erigit artus
squalentisque nouem detexit iugera campi:
tantus erat! Laterisque piger sulcator opaci
inuitus trahitur lasso de pectore uultur

321 limina: lu- L_1 || t(h)alamum: -os J_2 -is J_4 *Ise* || extollere: attollere F_1 ostendere J_2 || **322** cinxerunt: cixerunt F_1 duxerunt J_4 || **323** teneroque: tenero *bis* C_1 *a.c.* tenerosque *J Ise* tenero J_2 || leuant: leniant J_2 || timores (*Ise mg.*): dolores J_4 *Ise* || **324** sparsos: -as *J* || religant: releuant J_2 || **325** pr(a)euelatura: preuallatura F_2 C_1 || **326** pallida: pallia *J* || l(a)etatur: lectatur P_5 *a.c.* || **327** uacant L_3 *p.c.* || genialibus: genitalibus *Pm a.c.* || **328** coronati: -a J_2 *a.c.* || peragunt (A_1): properant A_1 *u.l.* || **329** insoliti: -os J_2 || **331** rarescere: clarescere L_1 || **334** dilatis: delatis *J Pm a.c.* || respirant: respondent C_1 || p(o)enis: plenis F_2 *a.c.* || **335** non: nec *Pm* J_4 || pr(a)eceps: terris C_1 || torquet: -ent J_2 || **336** *om. add. mg.* J_4 || tantaleis: -licis J_2 J_4 *Ise* || **337** inuenit tantalus: et t. i. P_5 || **338** tityos *Heinsius (uide Ruf. 2,515)*: tition [tyc-] *J* F_2 C_1 *Pm* tit(h)ius [*uel simm.*] *ceti. mei* || erigit: exi- F_2 || **340** tantus (P_5): tutus P_5 *u.l.* || erat *om.* L_3 || piger: pigit J_2 *a.c.* || **341** lasso: laxo L_1 lapso C_1 || uultur (J_2 *m. a.*): -tu J_2

Le vautour malgré lui est arraché à sa poitrine lasse;
Il se plaint que pour lui ne poussent plus les fibres qu'il a arrachées.
Oubliant et leurs crimes et leurs fureurs si redoutées,[1]
Les Euménides préparent le cratère et abreuvent de vin
Leurs féroces cheveux: leur menace fléchit, leur chant suave
Étire vers les coupes pleines leurs cérastes complices;
Et pour la fête leurs torches s'allument d'un feu nouveau.[a]
Oiseaux, vous franchîtes alors sans danger le flot pacifié
De l'Averne pestilentiel[2] et l'Amsanctus retint
Son souffle: le torrent s'arrêta et le gouffre se tut.[b]
On dit que l'Achéron changea alors ses tourbillons:[3]
Pour la première fois, sa source se gonfla de lait; et l'on rapporte
Que, verdoyant de lierre, le Cocyte roula les délices de Lyéus.[c]
Lachésis ne rompt plus nos fils;[4] nul cri de lamentation
Ne vient troubler les chœurs sacrés. La mort ne rôde plus[d]
Sur terre, et les parents ne pleurent plus sur les bûchers:
La mer ne tue plus le marin, ni l'épieu le soldat;
Les villes sont prospères, exemptées du trépas funèbre.[e]
Le vieux portier a voilé de roseaux son front hirsute

a. Les torches des Euménides-Érinyes, allumées au Phlégéton (cf. 3,390-391), punissaient les coupables. Ici, c'est l'amour qui les enflamme et elles se transforment en torches nuptiales (CATVLL. 61,77-78; CLAVD. *4 cons.* 644: «cum tibi prodiderit *festas* nox pronuba *taedas*»).

b. L'Am(p)sanctus, dont le nom est souvent déformé dans les mss., est un étang pestilentiel aux vapeurs sulfureuses, à 35 kms de Bénévent, qui passait, lui aussi, pour une des entrées des enfers. Virgile parle bien, à son propos, d'un torrent et d'un gouffre (*Aen.* 7,563-571: «torto uertice *torrens*... ruptoque ingens Acheronte *uorago*...»).

c. *Lyaeus*, épithète de Dionysos qui «délie», désigne souvent par métonymie le vin «qui libère»: HOR. *epod.* 9,38 *dulci Lyaeo* (cf. *carm.* 1,7,22; OV. *am.* 2,11,49; STAT. *silu.* 1,6,95). L'expression *hederis uirentem* évoque l'image des dieux-fleuves à couronne végétale, mais le lierre a été choisi en tant que plante consacrée à Dionysos, divinité éleusinienne (voir 1,17 et note correspondante).

d. Image lucrétienne: «quare *mors* inmatura *uagatur*» (5,221). Au vers suivant, Claudien évoque lui aussi les «morts prématurées».

e. Emploi similaire d'*immunis* chez Virgile (*Aen.* 12,558-559: *urbem / immunem tanti belli*).

abreptasque dolet iam non sibi crescere fibras.
Oblitae scelerum formidatique furoris
Eumenides cratera parant et uina feroci
crine bibunt flexisque minis iam lene canentes
extendunt socios ad pocula plena cerastas
et festas alio succendunt lumine taedas.
Tunc et pestiferi pacatum flumen Auerni
innocuae transistis, aues, flatumque repressit
Amsanctus: fixo tacuit torrente uorago.
Tunc Acheronteos mutato gurgite fontes
lacte nouo tumuisse ferunt, hederisque uirentem
Coc[h]yton dulci perhibent undasse Lyaeo.
Stamina nec rumpit Lachesis, nec turbida sacris
obstrepitant lamenta choris. Mors nulla uagatur
in terris, nullique rogum planxere parentes:
nauita non moritur fluctu, non cuspide miles;
oppida funerei pollent inmunia leti.
Inpexamque senex uelauit harundine frontem

342 abreptasque *J* C_1 *Pm*: arr- F_1 P_5 A_1 L_1 F_2 F_4 L_3 *p.c.* J_2 J_4 || sibi crescere: concrescere F_1 *p.c.* crescere F_1 *a.c.* || fibras: uenas L_1 || **343** formidati-: -dandi- F_1 J_4 || furoris: dolo- J_2 timo- F_2 J_4 || **344** cratera: -asque L_1 F_4 J_2 paterasque L_3 || **345** bibunt (F_2 *u.l.*): ferunt F_2 || lene: leue J_4 L_3 leta L_1 || canentes: minantes F_4 *a.c.* || **346** socios: -as F_1 *Pm a.c.* || cerastas: -es L_3 || **347** et: at J_4 ac *Ise* nunc F_2 *p.c.* || alio *J* C_1 L_3 *Pm*: ali(a)e *cett. mei* || succendunt: -ciendunt F_1 *a.c.* || lumine: -a J_4 || **348** pac(c)atum: pla- L_1 || flumen (J_4 *u.l. Ise mg.*): ful- F_4 li- J_4 *Ise* || **349** transistis: -sitis P_5 J_4 tranistis J_2 || flatum- (P_5 *u.l.*): fluctum- P_5 || repressit: repestit P_5 *a.c.* || **350** fixo tacuit: t. f. *J* F_2 J_4 *Ise* t. flexo *Pm* t. iusso C_1 || **351** gurgite: murmure J_2 *a.c.* || **352** tumuisse (J_4 *u.l.*): ti- F_1 J_4 tre- L_1 || ederisque uirentem *om.* J_2 *add. m.a.* || **353** undasse: stagnasse *Ise* || **354** nec[1]: non L_3 *Pm* J_4 *Ise* || rumpit: -unt L_1 *a.c.* rupit A_1 C_1 *Ise* || nec[2]: non L_3 *Pm* ne *Pm u.l.* || sacris *om.* F_1 *add. m.a.* || **355** obstrepitant (*Pm*): -dant P_5 -tent *Pm u.l.* obstreperent J_4 || choris: charis J_2 || **356** nullique: -umque F_1 -aeque *Ise* || **357** nauita: nauta P_5 *a.c.* || non[2]: nec A_1 || **358** pollent: pollunt J_2 pallent F_1 possent P_5 *a.c.* || inmunia [im-]: immania J_4 || **359** inpexam- [im-] … frontem (*Ise mg.*): implexam- … fr. *J* impexos- … crines J_4 *Ise*

Et il rame en chantant, dans une barque vide.[1]
Déjà l'Hespérus infernal s'était avancé dans son monde;[2]
On conduit la vierge à la chambre.[a] La Nuit, debout près d'elle,
Préside, en robe constellée, l'hymen;[b] elle touche le lit,
Fécond présage:[3] elle consacre une union éternelle.
Les justes chantent d'allégresse: à la cour de Pluton
Ils commencent ainsi[c] leur nuit de félicitations:[4]
«Notre Junon puissante,[d] et toi, à la fois fils et gendre
Du Tonnant, apprenez[5] à partager l'union dans le sommeil;
Que mutuellement vos bras enlacent l'objet de vos vœux.[e]
Déjà se lève une lignée comblée;[6] déjà la Nature en liesse
Attend ces dieux futurs. Donnez au monde de nouvelles divinités,
Et offrez à Cérès les petits-enfants qu'elle attend.»

a. *Deductio* de l'épouse dans la maison du marié (*dig*. 23,2,5). *Ducere* est souvent employé en ce sens: CAES. *Gall.* 1,9,3; LIV. 4,4,7; CIC. *Sest*. 6...

b. La *pronuba* était une matrone mariée une seule fois qui conduisait la jeune épouse au *lectus genialis*: STAT. *silu.* 1,2,11 sqq.; SERV. *Aen.* 4,166; CLAVD. *4 cons.* 644, où la Nuit fait comme ici office de *pronuba.*

c. L'expression *sumere exordia* (cf. *3 cons.* 1; *Eutr.* 2,150; *6 cons.* 126) se lit chez Lucrèce (1,149) et chez Virgile (*Aen.* 4,284).

d. *Nostra Iuno* : voir note à 1,2-3.

e. *Vota*, au sens d'«objet des vœux amoureux», «être aimé» (DRAC. *Rom.* 6,3), doit être préféré comme *lectio difficilior* bien attestée dans la tradition manuscrite. *Colla* semble être une correction banalisante suggérée par Ovide (*met.* 1,734: «coniugis ille suae complexus *colla lacertis*»; même clausule en *met.* 6,625 et 11,240: «*innectens* ambobus *colla lacertis*»; cf. aussi SIL. 9, 144).

portitor et uacuos egit cum carmine remos.
Iam suus inferno processerat Hesperus orbi;
ducitur in thalamum uirgo. Stat pronuba iuxta
stellantes Nox picta sinus tangensque cubile
omina perpetuo genitalia foedere sancit.
Exultant cum uoce pii Ditisque sub aula
talia peruigili sumunt exordia plausu:
«Nostra potens Iuno, tuque, o germane Tonantis
et gener, unanimi consortia discite somni
mutuaque alternis innectite uota lacertis.
Iam felix oritur proles; iam laeta futuros
expectat Natura deos. Noua numina rebus
addite et optatos Cereri proferte nepotes.»

360 portitor (F_1 *s.l.*): fortior F_1 || uacuos: uarios F_2 *a.c.* || cum: in F_2 *a.c.* et L_1 || remos J_2 *p.c.* || **361** suus: fusis L_1 *a.c.* fusus L_1 *p.c.* || **362** t(h)alamum: -is C_1 || **363** stellantes: -atos L_3 || **364** omina: omnia *Ise* || perpetuo: -a *Pm a.c.* || genitalia (J_2 *a.c.*): genialia J_2 *p.c.* || f(o)edere: -ra J_2 *a.c.* || sanc(c)it *J* L_1 F_2 *a.c.* F_4 C_1 L_3: sanxit F_1 P_5 A_1 F_2 *p.c.* *Pm* J_2 *p.c.* J_4 *Ise* || **367-366** P_5 *a.c.* || **366** peruigili: peruulgi F_4 || sumunt: -ent F_2 finiunt L_1 ducunt *Ise* || **367** *om. add. mg. Pm* || potens: parens J_4 || tonantis: -os J_2*? a.c.* || **368** unanimi (*Ise*): -is F_1 *J* A_1 F_4 *a.c.* -es J_4 || discite F_4 C_1 J_2 *Ise mg.*: ducite *cett. mei Ise* || somni: regni *Pm* || **369** mutuaque J_2 *p.c.* || alternis (P_5): alterius P_5 *u.l.* J_2 || innectite: connectite L_3 || uota P_5 L_1 F_2 F_4 C_1 L_3 J_2 *Ise mg.*: colla F_1 *J* P_5 *s.l.* A_1 *Pm p.c.* J_4 *Ise* bracchia *Pm a.c.* || **371** expectat: -et F_2 || deos: dies L_3 || **372** addite: audite P_5 || nepotes: labores F_2

LIVRE TROISIÈME

LIVRE 3: analyse

Cérès à la recherche de sa fille Proserpine (448 vers)

L'assemblée des dieux (v. 1-66)

Le début du chant 3 est parallèle à celui du chant 1 (v. 32 sqq., après le prologue général). À l'assemblée des dieux infernaux répond celle des dieux d'en haut (du ciel et de la mer), convoqués par Jupiter (v. 1-7), et placés dans l'Olympe selon leur rang (v. 8-17). Le discours de Jupiter (v. 19-65) fait pendant à celui de son frère Pluton (1,93-116). Le sens du poème apparaît dans la confrontation entre ces deux discours. S'estimant lésé, Pluton menaçait de détruire l'ordre du monde et de ramener le chaos primitif. Jupiter explique que l'enlèvement de Proserpine, réponse à la demande de Pluton, s'inscrit dans le plan providentiel de la Nature. Proserpine et sa mère Cérès sont provisoirement sacrifiées au bien du genre humain; l'ingéniosité des hommes avait été stimulée par la fin de l'âge d'or; mais il est temps de leur faire don des céréales. Cérès parcourra donc le monde à la recherche de sa fille sans pouvoir tirer des dieux le moindre renseignement; enfin, dans la joie de l'avoir retrouvée, elle donnera aux hommes les moissons.

La révélation du rapt à Cérès (v. 67-259)

Songes et pressentiments de Cérès en Phrygie (v. 67-145): une série de songes et de signes prémonitoires inquiètent Cérès (v. 67-79) jusqu'à l'apparition de sa propre fille enchaînée et défigurée (v. 80-92), qui répond à ses interrogations (v. 92-96) par une série de reproches contre sa négligence et son insensibilité (v. 97-108). Éveillée, Cérès redouble d'inquiétude et annonce à sa mère Cybèle son intention de quitter la Phrygie pour rejoindre d'urgence sa fille en Sicile (v. 108-133). Cybèle tente de la rassurer (v. 133-136), mais Cérès, toute à ses frayeurs, s'élance pour la Sicile (v. 137-145).

Cérès en Sicile: la révélation du rapt (v. 146-259). Cérès arrive dans la demeure déserte et silencieuse et constate son malheur (v. 146-169). Elle aperçoit enfin Électre, nourrice de sa fille, toute à sa douleur (v. 170-178), et lui demande ce qui s'est passé (v. 179-192). Celle-ci, après une longue hésitation (v. 193-196), lui fait le récit des événements, du moins pour ce qu'elle en connaît (v. 196-259): la vie paisible de Proserpine jusqu'à l'arrivée de ses sœurs, la perfide Vénus accompagnée de Diane et Pallas, présence rassurante (v. 196-209); Proserpine entraînée par les jeux de ses sœurs et tentée par les fleurs de l'Etna que lui vante Vénus, malgré les plaintes de sa nourrice (v. 210-230); l'anthologie et le rapt par un mystérieux aurige (v. 231-244); le départ des déesses, la découverte de Cyané expirante qui, métamorphosée en source, ne peut révéler le nom du ravisseur et la fuite des autres nymphes (v. 245-258). Seule reste Électre, avec son deuil (v. 259).

Le début des recherches de Cérès (v. 260-448)

Cérès s'adresse d'abord, en termes vifs, à l'Olympe; mais les déesses — Diane et Minerve tout autant que Vénus — se taisent pour respecter l'ordre de Jupiter (v. 260-294). Cérès a beau remplacer les reproches par des supplications, les déesses ne peuvent répondre que par des pleurs (v. 295-311). Cérès décide de partir immédiatement et de parcourir le monde entier pour retrouver sa fille (v. 312-329). Elle va d'abord au sommet de l'Etna pour y apprêter des torches qui éclaireront sa course nocturne (v. 330-331). Dans un bois consacré à Jupiter, monument de sa victoire contre les géants (v. 332-356), elle abat deux immenses cyprès et les embrase à la fournaise de l'Etna (v. 357-403). Dans le silence de la nuit (v. 404-405), après d'ultimes regrets (v. 406-437), Cérès commence ses errances à partir des traces laissées sur l'Etna (v. 438-448).

LIVRE TROISIÈME

LIVRE 3

Jupiter cependant envoie la fille de Thaumas ceinturée de nuées
Pour convoquer les dieux de tous les points du monde[1].
De son vol diapré, elle glisse sur les Zéphyrs;[2]
Elle appelle à grands cris les déités marines, tance les Nymphes
Qui tardent, et fait sortir les fleuves de leurs grottes humides.
Ils s'élancent tremblants[a], ne sachant quel motif les a tirés
De leur repos, quelle affaire à débattre mérite si grand bruit.
Lorsque s'ouvrit la demeure étoilée[3], ordre fut donné de s'asseoir,
Sans confondre les dignités: la première place est donnée
Aux dieux célestes, selon l'ordre. Les grands de la mer occupèrent
Le second rang: Nérée le calme, Phorcus à l'éclatante canitie[4].
La dernière rangée accueille Glaucus à double forme[b],
Avec Protée, qui doit rester sans changer de visage[c].
Aux vieux Fleuves aussi, on concéda l'honneur d'un siège;
Les mille autres jeunes Rivières restent debout, comme la plèbe.
Les Naïades[d] mouillées s'appuient sur leurs pères limpides;
Les Faunes, en silence, admirent les constellations[e].

a. *Ancipites trepidique*: même redoublement en *4 cons*. 293.

b. Fils de Poséidon et d'une Naïade, Glaucus, le pêcheur métamorphosé en dieu marin (OV. *met*. 13,900-963), avait un corps finissant en queue de poisson.

c. Le devin Protée était célèbre pour ses métamorphoses (VERG. *georg*. 4,387 sqq.; OV. *met*. 8,731-737). Passage imité par Sidoine, juste avant son *concilium deorum* (n. compl. 1), *carm*. 7,26-28: «umentes Nymphas *Phorcus* comitatur ibique / glaucus, *Glauce*, uenis, uatum certissime Proteu / *certus* eras»; et 39-41: «inde priores / consedere dei (*fluuiis* quoque *contigit* illo, / sed *senibus*, *residere* loco...».

d. Cf. 2,56.

e. Les Faunes sont célèbres pour leurs bavardages dans les bois, et Varron rattache leur nom au verbe *fari* (*ling*. 7,36; cf. LVCR. 4,581-583). Comme pour Protée, qui s'abstient de toute métamorphose, Claudien veut souligner leur déférence à l'égard de Jupiter et des dieux tout-puissants, et il choisit le détail le plus caractéristique de leur comportement habituel pour souligner ce changement respectueux. L'admiration des Faunes devant l'éclat lumineux des astres est bien naturelle: ils sont habitués à l'ombre des bois.

LIBER III

Iuppiter interea cinctam Thaumantida nimbis
ire iubet totoque deos arcessere mundo.
Illa colorato Zephyros illapsa uolatu
numina conclamat pelagi Nymphasque morantes
increpat et fluuios humentibus euocat antris.
Ancipites trepidique ruunt, quae causa quietos
excierit, tanto quae res agitanda tumultu.
Vt patuit stellata domus, considere iussi,
nec confusus honos: caelestibus ordine sedes
prima datur; tractum proceres tenuere secundum
aequorei, placidus Nereus et lucida Phorci
canities; Glaucum series extrema biformem
accipit et certo mansurum Prot[h]ea uultu.
Nec non et senibus Fluuiis concessa sedendi
gloria; plebeio stat cetera more iuuentus,
mille Amnes. Liquidis incumbunt patribus udae
Naides et taciti mirantur sidera Fauni.

liber tertius de r. p. F_2 *(m.a.?)* liber III C_1 *mg. m.a.* liber IIIus L_3 *mg.* **1** t(h)aumantida: teumant(h)ida P_5 J_4 || **2** totoque F_1 *J* P_5 A_1 L_1 F_4 L_3 *Pm p.c.* J_2 J_4 : totosque F_2 C_1 *Pm a.c.?* || arcessere F_1 *J* P_5 A_1 F_2 L_3 *Pm* J_2 *m.a.* : accersere F_4 J_4 accessere C_1 J_2 accrescere L_1 || mundo: *om.* J_4 m^1 || **3** colorato: -os F_4 || zephyros [-i-]: -ris F_1*u.l.* *(m.a.?)* P_5 *u.l.* || illapsa F_1 *J* P_5 A_1 F_2 F_4 $C_1$$L_3$ *Pm* J_2 *Ise mg.* : pre- L_1 transgressa A_1 *u.l.* J_4 *Ise* || uolatu J_2 *p.c.* || **6** ancipites: -des P_5 anticipes J_2 || causa: sancta C_1 || quietos: -o J_2 *a.c.* || **7** excierit (J_2 *p.c.*): exierit P_5 || quae tanto J_2 *p.c.* q. -a J_2 *a.c.* || agitanda: -tata C_1 || *post* tumultu *add.* est J_4 *m.a.* || **8** ut: et J_2 *a.c.* || iussi: -it C_1 || **9** *om. Ise* || nec: ne *J* non J_4 || honos F_2 J_2 : -or F_1 *J* P_5 A_1 L_1 F_4 C_1 L_3 *Pm* J_4 || sedes: -e J_2 *a.c.* || **10** tractum: stratum L_1 || proceres *om.* J_2 *add. m.a.* || **11** et lucida F_1 P_5 *u.l.* A_1 F_4 C_1 J_2 J_4 *Ise* : et lurida *J* et candida L_1 et caerula *Ise mg.* reuerendaque P_5 A_1 *u.l.* F_2 L_3 *Pm* || **12** series: sedes F_1 || biformem: -es L_1 || **15** plebeio: -eo P_5 L_1 *p.c.* L_3 J_2 phebeio *J* phebeo L_1 *p.c.* || **16** patribus: parti- L_3 *p.c.* || ud(a)e: unde *J* P_5 C_1 J_2 *a.c.* || **17** naides *J* : naiades (-y-) *cett. mei Ise* || taciti *(Ise mg.)*: tacidi P_5 placidi J_4 *Ise* || mirantur: mutantur J_2 *a.c.* || sidera (J_4 *u.l.*): numina J_4

Alors gravement, du haut de l'Olympe, le Père commença ainsi[a]:
«Une seconde fois l'intérêt des mortels a attiré[b] mes soins[1];
Depuis longtemps, je l'avais négligé, après avoir connu
L'inaction causée par Saturne et la sénilité d'un siècle inerte,
Et avoir décidé de piquer avec l'aiguillon d'une vie inquiète[c]
Les peuples longtemps assoupis par la léthargie de mon père,
Afin que la moisson ne crût spontanément sur une terre inculte,
Que la forêt ne ruisselât de miel, que le vin ne coulât à flots
Des sources, faisant frémir toute la rive pour leur offrir à boire.
Certes, je ne suis pas jaloux:[d] car il n'est pas permis aux dieux
D'être envieux ou de nuire; mais le luxe détourne
Du bien[e] et l'abondance engorge[f] l'âme humaine:
Je veux que l'indigence, ingénieuse, excite l'esprit paresseux
Et qu'elle explore peu à peu les sentiers retirés des choses:
Que l'adresse enfante les arts, que l'expérience les nourrisse.
Mais voici qu'à grands cris la Nature me presse
De soulager le genre humain. Elle me traite de tyran
Apre et dur, me rappelle les siècles où régnait mon père,
Clame que Jupiter est avare de ses richesses:

a. Vers formulaire épique pour introduire un discours: dans l'*Énéide*, l'expression *sic orsus* ouvre un discours de Vénus (1,325) ou de Jupiter (12,806); cf. STAT. *Theb.* 3,316; 8,516; *Ach.* 2,19. Celui qui parle est souvent en position de hauteur (*Aen.* 2,2 «inde *toro* pater Aeneas *sic orsus ab alto*»), surtout s'il s'agit de Jupiter (STAT. *Theb.* 1,212 *incipit ex alto*...).

b. La leçon *abduxere* (*difficilior*) est appuyée par un parallèle précis avec Lucain (7,311): «*di*, quorum *curas abduxit* ab aethere *tellus*».

c. Même *iunctura*, mais en autre contexte, à propos de l'argent qui rend la vie inquiète (*sollicitae uitae*), chez Properce 3,7,1.

d. Attaque de vers analogue chez VERG. *ecl.* 1,11 (*non equidem inuideo*). La fin de vers *fas est* est elle aussi traditionnelle: VERG. *Aen.* 1,77; PROP. 1,12,19; PERS. 6,25; IVV. 1,131. J'adopte ici la ponctuation d'Heinsius, Jeep et Hall (1969, p. 228).

e. Même expression *honesti dissuasor* chez Sénèque (*epist.* 108,7), à propos du jugement du vulgaire (*populus*).

f. Rapprocher de VERG.*georg.* 3,135-136 «nimio ne *luxu*... sulcos *oblimet* inertis».

Tum grauis ex alto genitor sic orsus Olympo:
«Abduxere meas iterum mortalia curas,
iam pridem neglecta mihi, Saturnia postquam
otia et ignaui senium cognouimus aeui,
sopitosque diu populos torpore paterno
sollicitae placuit stimulis inpellere uitae,
incultis ne sponte seges grandesceret aruis,
undaret neu silua fauis, neu uina tumerent
fontibus et totae fremerent in pocula ripae.
Haud equidem inuideo (neque enim liuescere fas est
uel nocuisse deos), sed, quod dissuasor honesti
luxus et humanas oblimat copia mentes,
prouocet ut segnes animos rerumque remotas
ingeniosa uias paulatim exploret egestas
utque artes pariat sollertia, nutriat usus.
Nunc mihi cum magnis instat Natura querellis
humanum releuare genus, durumque tyrannum
inmitemque uocat regnataque saecula patri
commemorat parcumque Iouem se diuite clamat,

18 tum J P_5 F_4 *Pm* : tunc F_1 A_1 L_1 F_2 C_1 L_3 J_2 J_4 || olimpo F_1 J A_1 C_1 *Pm* J_2 J_4 : o. est P_5 L_1 F_2 F_4 L_3 *Ise* || **19** abduxere J P_5 L_3: adduxere F_1 A_1 L_1 F_2 F_4 C_1 L_3 *Pm* J_2 J_4 || **20** saturnia: -ius L_1 || *om.* postquam L_1 || **22** torpore F_1 A_1 F_2 F_4 L_3 J_2 J_4: torpere P_5 L_1 lang(u)ore J C_1 *Pm* || **23** stimulis: -os F_2 || **24** ne (P_5 *u.l.*): neu P_5 non P_5 *s.l.* || seges *om.* J_2 *add. m.a.* || **25** neu[1] J F_4 C_1 L_3 J_4 *p.c.*: ne F_1 P_5 A_1 L_1 F_2 *Pm* J_2 J_4 *a.c.* || neu[2] J A_1 F_2 F_4 L_3 J_4 *p.c.* : ne F_1 P_5 L_1 C_1 *Pm* J_2 J_4 *a.c.* || tumerent: *om.* P_5 *add.* P_5 *m.a.* ti- J_2 || **26** fremerent (P_5 F_4 *u.l.*): fluerent P_5 *u.l.* ruerent F_4 || **27** inuideo F_1 A_1 L_3 J_2 J_4: inuidio P_5 *p.c.* inuidia F_2 *Pm* inuidia est J P_5 *a.c.* L_1 F_4 C_1 || neque F_1 J P_5 C_1 L_3 J_4 : nec A_1 L_1 F_2 F_4 *Pm* J_2 || **28** uel: nec *Pm* || nocuisse: licuisse C_1 || deos: deo F_1 J_4 || quod F_1 J P_5 A_1 F_2 F_4 C_1 L_3 *Pm p.c.* J_2 : quid L_1 J_4 nec *Pm a.c.* || **29** et: ut C_1 || oblimat (*Pm*): excecat *Pm s.l.* || mentes: montes C_1 || **30** animos: -as C_1 || **31** *om.* J_2 *add. m.a.* || ingeniosa: -nuosa C_1 || exploret: -rat L_1 || **32** utque: atque L_3 || artes: -em *Pm* || pariat: -ant P_5 *a.c.* || usus: -um J_2 || **33** instat: -et J_2 || **34** releuare (F_1 *m.a.*): reuelare F_1 L_1 || durumque: di- *Pm Ise* || **35** uocat: -ant J_4 || patri: -is A_1 -e A_1 *u.l.* pridem J_2

Je voudrais que la plaine en friche se hérisse[a] et que la campagne
Se remplisse de ronces; et d'aucun fruit je n'ornerais l'année;
Elle qui fut auparavant une mère pour les mortels
A pris soudain les traits d'une atroce marâtre[b]:
À quoi a-t-il servi aux hommes d'avoir puisé leur âme au ciel[1]
Et dressé haut leur tête, s'ils errent sans voies tels des bêtes,
Si, partageant même pâture, ils broient des glands[c]?
Une telle vie leur plaît-elle, adonnée aux bauges des bois,
Mêlée aux fauves?' Souvent j'ai supporté semblables plaintes
De cette mère: enfin, plein de clémence pour le monde,
J'ai décidé de détourner les peuples de la nourriture de Chaonie[d].
J'ai donc décrété que Cérès, qui, sans connaître encore son malheur[e]
Frappe avec sa farouche mère les lions de l'Ida[f],
Parcoure la mer et les terres dans une quête douloureuse,
Jusqu'au jour où, heureuse d'avoir trouvé la trace de sa fille,
Elle offre les moissons;[g] que son char soit porté par les nuées
Pour répandre aux nations des épis inconnus,
Et que ses dragons azurés passent sous un joug de l'Attique[h].

a. Expression d'Ennius (*sat.* 14 M): *campus horret*. Cf. aussi VERG. *georg.* 1,73 «*situ* durescere *campum*».

b. À rapprocher de QVINT.*inst.* 12,1,2: «rerum ipsa *natura*, in eo quod praecipue indulsisse homini uidetur quoque nos a ceteris animalibus separasse, *non parens sed nouerca* fuerit». L'expression *dira nouerca* se lit chez Ovide à propos de Médée (*epist.* 12,188), et le tour *transire in mores*, chez Sénèque (*dial.* 5,18,1) et Quintilien (*inst.* 1,11,2).

c. Cf. 1,30-31 et n. compl. 4 de la page 10. Même expression *glandem frangere* dans les *Géorgiques* (2,72), ... mais à propos des porcs (*communia pabula*!).

d. Le gland: Dodone, célèbre par ses chênes, faisait partie de la Chaonie (VERG. *georg.* 1,8 *Chaoniam... glandem* et commentaire de Servius *ad loc.*; 1,148-149 «cum iam *glandes* atque arbuta sacrae / deficerent siluae et *uictum Dodona* negaret»). Pour le thème, voir c.

e. Didon avait dit d'elle-même: *non ignara mali* (VERG. *Aen.* 1,630).

f. Sur les lions de Cybèle, voir 1,211 et note c de la page 19.

g. Cf. 1,30 «unde *datae populis* fruges». Ces liens thématiques entre les débuts des chants 1 et 3 montrent l'unité de conception du poème.

h. L'adjectif *Actaeus* est synonyme d'*Atticus*, du nom ancien de l'Attique (’Ακτή = rivage): VERG. *ecl.* 2,24. Claudien fait allusion à l'attelage de Triptolème (1,12), Éleusis étant en Attique (STAT. *silu.* 4,8,50 *Actaea Ceres*). *Versus aureus* en fin de phrase.

qui campos horrere situ dumisque repleri
rura uelim, nullis exornem fructibus annum;
se iam, quae gen*e*trix mortalibus ante fuisset,
in dirae subito mores transisse nouercae:
'Quid mentem traxisse polo, quid profuit altum
erexisse caput, pecudum si more pererrant
auia, si frangunt communia pabula glandes?
Haecine uita iuuat, siluestribus addita lustris,
indiscreta feris?' Tales cum saepe parentis
pertulerim questus, tandem clementior orbi
Chaonio statui gentes auertere uictu;
atque ideo Cererem, quae nunc ignara malorum
uerberat Idaeos torua cum matre leones,
per mare, per terras auido discurrere luctu
decretum, natae donec laetata repertae
indicio tribuat fruges, currusque feratur
nubibus ignotas populis sparsurus aristas
et iuga caerulei subeant Actaea dracones.

37 qui A_1 F_2 L_3 J_4 *u.l.* : quid A_1 *u.l.* P_5 *a.c.* cur F_1 J P_5 *p.c.* L_1 F_4 C_1 Pm J_2 J_4 *Ise* || campos: co- F_1 *ac.* || campos situ J_2 horrere d.r. *om.* J_2 *add. m.a.* || **38** rura: arua L_3 || nullis P_5 A_1 L_1F_2 F_4 L_3 J_2 J_4 *a.c.*: nullisque F_1 J C_1Pm et nullis *Ise* nullumque J_4 *p.c.* || exornem (J_2): -ans J_2 *m.a.* || **39** que iam J_2 || genitrix L_3 J_2: nu- A_1 J_4 uic- L_1 rec- F_1 J P_5 F_2 F_4 Pm rectis C_1 || **40** in dir(a)e (J_2 *m.a.*): iudice J_2 || subito (J_4 *a.c.*): -os J_4 *p.c.* || mores F_1 P_5 A_1 L_1 F_4 Pm J_2 J_4: -em J F_2 *p.c.* L_3 mortem C_1 moriem F_2 *a.c.* || transisse J P_5 L_1 F_2 *p.c.* F_4 C_1 L_3 Pm : -sire F_1 A_1 J_2 J_4 traxere F_2 *a.c.* || **41** traxisse: transisse L_1 C_1 || **42** more (F_1 *mg.*): morte F_1 || **43** frangunt J P_5 A_1 L_1 F_4 C_1 L_3 Pm J_2 J_4 : -ant F_1 -it F_2 || pabula (F_2 *u.l.*): publica F_2 || **44** uita: -e J_2 || addita F_1 J P_5 A_1 L_1 F_2 *p.c.* F_4 C_1 L_3 J_2 : abdita F_2 *a.c.?* Pm J_4 || lustris: siluis Pm || **45-278** *def.* Pm || **46** clementior: ele- P_5 *a.c.* || **47** auertere: deuertere A_1 *a.c.* || uictu: -um F_2 || **48** ideo F_1 J P_5 A_1 L_1 J_2 J_4: adeo F_2 F_4 C_1 L_3 || **49** id(a)eos [y-]: idoneos F_2 || cum torua L_3 J_2 || **51** decretum F_1 J P_5 F_2 C_1 L_3 J_4: d. est P_5 *s.l.* A_1 L_1 F_2 *s.l.* J_2 || donec natae F_2 *Ise* || **52** indicio: -citio C_1 || currusque: -susque F_4 || **53** nubibus F_1 J P_5 A_1 C_1 L_3 J_2 *p.c.* J_4: nubilus F_2 auius L_1 F_2 *u.l.* F_4 || **54** subeant: -eunt L_1

Si l'un des dieux ose dénoncer à Cérès le ravisseur,
Par tout le poids de mon pouvoir, par la paix profonde des choses
J'en fais serment[1], qu'il soit mon fils, ma sœur
Ou mon épouse, ou l'une de toutes mes filles,
Se vantât-elle d'avoir été conçue par mon cerveau,
Malgré l'égide, il sentira mon ire[2], il sentira le coup
De mon foudre[a]; il regrettera d'être né de race divine
Et souhaitera de mourir. Alors, affaibli par ses plaies[b],
Il sera livré à mon gendre pour éprouver quel roi il a trahi,
Et il saura si le Tartare s'unit pour défendre sa cause.
C'est arrêté; que le cours des destins suive à jamais cet ordre[c].»
Il dit, et d'un geste terrible il ébranla les astres[3].
Mais loin de là, sous la roche d'un antre où résonnent les armes[4],
Les images certaines d'un malheur déjà accompli terrifiaient
Cérès, longtemps calme et sans crainte; les nuits redoublent
Son appréhension, et dans tous ses sommeils Proserpine périt[5].
Car, tantôt des traits ennemis pénètrent ses entrailles;
Tantôt, horreur! son vêtement change et noircit;
Tantôt, au sein de sa demeure, les ornes stériles verdissent.

a. *Ictus* se dit couramment de la foudre (ThLL, s.u. *fulmen*, 1529,37 sqq. et *ictus*, 166,36 sqq.). En poésie, la liaison avec *fulminis* apparaît à partir de Cicéron (*carm. frg.* 11,45 M) et de Lucrèce (souvent en clausule: 3,488; 5,400; 6,386 et 406; cf. 6,323).

b. La leçon *saucius* est mieux attestée dans les manuscrits et peut se prévaloir d'un modèle virgilien (*Aen.* 12,5 *saucius uulnere*). Néanmoins, avec Hall, je choisis le moins banal *languidus*, qui peut difficilement s'être substitué par glose à *saucius*, alors que l'inverse est tout-à-fait vraisemblable, et qui est tout de même attesté au total par douze *uetustiores* (combiner les apparats des deux éditions de Hall).

c. Comparer la fin du discours de Jupiter chez Stace: «Stygia aequora fratris / obtestor, *mansurum* et non reuocabile uerum... certo reliqua *ordine* ducam» (*Theb.* 1,290-291; 302); et, pour le verbe *fluere* à propos des destins, Lucain 8,625 «*fata* tibi longae *fluxerunt* prospera uitae». *Ordo* désigne l'enchaînement des destins (1,52; *Theod.* 339: CIC. *diu.* 1,125 qui définit le destin *ordo seriesque causarum*; VAL. FL. 1,531-533...).

Quod si quis Cereri raptorem prodere diuum
audeat, imperii molem pacemque profundam
obtestor rerum, natus licet ille sororue
uel coniunx fuerit natarumque agminis una,
se licet illa meo conceptam uertice iactet,
sentiet iratum procul aegide, sentiet ictum
fulminis et genitum diuina sorte pigebit
optabitque mori. Tum uulnere languidus ipsi
tradetur genero, passurus prodita regna,
et sciet an propriae conspirent Tartara causae.
Hoc sanctum; mansura fluant hoc ordine fata.»
Dixit, et horrendo concussit sidera motu.
At procul armisoni Cererem sub rupibus antri
securam placidamque diu iam certa peracti
terrebant simulacra mali, noctesque timorem
ingeminant, omnique perit Proserpina somno.
Namque modo aduersis inuadi uiscera telis,
nunc sibi mutatas horret nigrescere uestes,
nunc steriles mediis frondere penatibus ornos.

55 quod: quis C_1 || diuum: durum F_1 || profundam: -um J_2 *a.c.* || **56** pacem molemque *J* C_1 || **57** obtestor: at- L_3 || sororue: -ne P_5 *a.c.* -que F_2 || **58** uel: ut P_5 *a.c.* || natarumque: -ue *Ise* natarum et A_1 || agminis una: agmine summa F_1 || **59** se licet: sed licet L_1 scilicet *J Ise* || illa: ipsa F_4 || meo: -a J_4 || conceptam: -um J_2 *a.c.* || uertice: sanguine A_1 *u.l.* || **60** sentiet... sentiet: -ciet... -ciit P_5 -iat... -iat L_1 me sciet... -iet A_1 *u.l.* || iratum: am C_1 || (a)egideF_1 *J* P_5 A_1 F_2 L_3 J_2 J_4: -a L_1 F_4 C_1 || ictum F_1 P_5 A_1 L_1 F_4 L_3 J_4: -us *J* F_2 C_1 J_2 || sorte F_1 *J* P_5 A_1*u.l.* L_1 F_4 L_3 J_2 *m.a.* J_4: stirpe A_1 F_2 C_1 J_2 || **61** pigebit: pere L_1 || **62** tum F_1 *J* P_5 L_1 F_2 F_4 : cum A_1 J_2 tunc C_1 L_3 J_4 || uulnere: fulmine A_1 *u.l.* || languidus *J* C_1 J_4 : saucius F_1 P_5 A_1 L_1 F_2 F_4 L_3 J_2 || ipsi: -e A_1 || **63** tradetur (J_2 *m.a.*): prodetur J_2 || **64** conspirent: -ant A_1 || **65** sanctum: -um est A_1 L_1 || fluant: -unt P_5 || ordine F_1 P_5 A_1 L_1 *a.c.* F_2 F_4 J_2 J_4: cardine *J* L_1 *p.c.* C_1 L_3 || fata: fasta J_2 *a.c.* || **66** *om.* L_3 || motu F_1 P_5 A_1 L_1 F_2 F_4 C_1 J_2 J_4 *Ise*: nutu *J* || **67** sub rupibus: terroribus L_1 F_4 || **68** certa (F_1 *u.l.*): cuncta F_1 F_2 *a.c.* || **69** noctes-: noctis- L_1 || timorem: -es J_2 || **71** aduersis: immensis J_4 immissis *Ise* || inuadi: e- C_1 || **72** nunc: nec L_1 || nigrescere: palles- F_1 || **73** nunc: non C_1

Il se dressait aussi, plus cher que tout le bois sacré,
Un laurier qui jadis ombrageait d'un chaste feuillage
La couche de la jeune fille. Cérès le vit coupé à la racine[a],
Ses rameaux en désordre souillés dans la poussière.
Elle s'informa[b] du méfait; en gémissant, les Dryades lui dirent
Que les Furies l'avaient anéanti avec leur hache du Tartare[1].
Un jour, dans son sommeil de mère se glisse le visage même
De sa fille qui vient l'informer sans ambages[2]:
Car elle apparaissait cachée dans le réduit obscur
D'un cachot et chargée de bien cruelles chaînes[c],
Non telle qu'aux champs de Sicile elle l'avait jadis confiée,
Non telle que naguère aux roseraies des vallons de l'Etna[d]
Les déesses l'ont admirée[e]. Ses cheveux plus beaux que de l'or
Étaient hirsutes; la nuit avait terni les feux de son regard[f];
Épuisée par le gel, sa rougeur a pâli[3], cette grâce enflammée
De son visage fier; son corps qui rivalise avec le givre[4]
A pris la teinte de la poix du ténébreux royaume.
Lors donc que son œil incertain à peine put enfin l'identifier,

a. La leçon marginale de l'Isengriniana semble être une conjecture à partir de VERG. *Aen.* 12,208 *imo de stirpe recisum* et *Ruf.* 1,56 *a stirpe recisis.*

b. En dépit du parallèle avec Stace (*Theb.* 9,597-598 «*quaerenti* nympha cruentas / Maenadas atque hostem *dixit* saeuisse Lyaeum»), il n'y a pas lieu de retenir la leçon *quaerenti*, défendue par Heinsius puis Hall, mais donnée par un seul manuscrit du XIII-XIVe siècle, T, ainsi que par l'Isengriniana (en marge).

c. L'alliance *saeua catena* est fréquente: HOR. *carm.* 3,11,45; OCTAVIA 939; STAT. *Theb.* 10,562; SIL. 13,609. La clausule *uincta catenis* peut évoquer une fin de vers ovidienne (*met.* 15,601 *uincite catenis*). Mais l'association *catena uincere* est banale: ThLL, s.u. *catena*, 603,76-82 (et *al.*).

d. Sur l'importance symbolique de la rose et de l'Etna: Charlet 1987. *Roseus* a ici le sens de «garni de roses, de rosiers»: SEN. *Med.* 70 (*Stil.* 1,87; 2,463; *c. min.* 30,72).

e. *Suspexere* a ici le sens d'admirer (HOR. *epist.* 1,6,18). Le rapprochement métrique avec CARM. *prou.* 615 *suspexere deos* est sans doute fortuit.

f. Cliché: Homère, *Il.* 3,397; TIB. 4,2,6; OV. *met.* 3,33 (*igne micant oculi*); *am.* 3, 9... CLAVD. *nupt.* 266.

Stabat praeterea luco dilectior omni
laurus, uirgineos quondam quae fronde pudica
umbrabat thalamos. Hanc imo stipite caesam
uidit et incomptos foedari puluere ramos;
quaesiuitque nefas; Dryades dixere gementes
Tartarea Furias debellauisse bipenni.
  Sed tunc ipsa sui iam non ambagibus ullis
nuntia materno facies ingesta sopori:
namque uidebatur tenebroso obtecta recessu
carceris et saeuis Proserpina uincta catenis,
non qualem Siculis olim mandauerat aruis,
non qualem roseis nuper conuallibus Aetnae
suspexere deae: squalebat pulchrior auro
caesaries et nox oculorum infecerat ignes;
exhaustusque gelu pallet rubor, ille superbi
flammeus oris honos, et non cessura pruinis
membra colorantur picei caligine regni.
Ergo hanc ut dubio uix tandem agnoscere uisu

75 quondam quae: quae quondam J_4 tandem quae C_1 olim quae *Ise* || fronde: -te C_1 || **76** umbrabat F_1 *J* P_5 A_1 F_2 F_4 C_1 J_2 J_4: -rat L_1 uibrabat F_4 || imo: ima P_5 *a.c.* uno L_3 || stipite c(a)esam (*Ise*): s. celsam C_1 *a.c.* cespite c. L_3 J_4 stirpe recisam *Ise mg.* || **78** qu(a)esiuitque (*Ise*): querentique *Ise mg.* || dryades [-i-] (J_2 *m.a.*): -is J_2 || **79** tartarea: -o P_5 *p.c.* || furias: -reas (-rcas?) P_5 || bipenni F_1 *J* P_5 A_1 L_1 F_2 F_4 *u.l.* C_1 L_3 J_2 J_4: securi P_5 *s.l.* A_1 *u.l.* F_4 J_4 *s.l.* || **81** materno: -os L_3 || facies: series *J* || ingesta F_1 P_5 A_1 *s.l.* F_2: incesta L_3 incerta *J* P_5 *s.l.* C_1 inserta L_1 F_4 J_4 *Ise* infecta J_2 iniecta J_2 *m.a.* inpressa A_1 immissa A_1 *s.l.* || sopori (J_4 *a.c.*): -ri est J_4 *p.c.* || **82** tenebroso: -a P_5 *a.c.* || obtecta *J* L_1 F_4 L_3 J_4 *Ise*: tecta F_2 obiecta F_1 P_5 *s.l.* obducta F_1 *u.l.* P_5 A_1 C_1 J_2 || **83** et: ac P_5 || s(a)euis: sanis P_5 *a.c.* duris F_2 || uincta: uisa P_5 *s.l.* stricta *J* tecta C_1 || **84** non: nec P_5 L_1 || **85** non *J* A_1 L_1 C_1 J_2: nec F_1 P_5 F_2 F_4 *u.l.* L_3 J_4 sed F_4 || nuper: olim *J* J_2 || **86** suspexere: in- F_1 || auro: aruo L_1 || **88** exhaustusque: -uque L_1 que *om.* C_1 || pallet: palletque J_2 || rubor ille F_1 P_5 *? s.l.* A_1 *u.l.* *Ise* : pudor ille *J* L_1 F_2 F_4 C_1 L_3 J_4 pudorque J_2 color ille A_1 || superbi: -ni F_1 -bus L_1 || **89** oris: orbis C_1 || honos: -or P_5 || cessura: cesura C_1 || **91** hanc ut d. u. t. a.: h. ut indubio u. t. a. L_1 ut hanc d. u. t. a. J_4 ut hanc dubio tandem cognoscere F_1 || uisu (C_1 *s.l.*): risu C_1 uultus F_2 *a.c.* uultu *Ise*

Elle lui dit: «Quel crime as-tu commis pour tant de châtiments?
D'où vient cette maigreur affreuse[a]? Qui a ce pouvoir de sévir
Sur moi[1]? Pourquoi tes bras délicats ont-ils mérité
Des liens de fer rigide qui conviendraient à peine aux fauves[2]?
C'est toi, c'est toi, ma fille? Ou suis-je le jouet d'une ombre vaine?»
Elle répond: «Hélas, mère cruelle[b], on t'a enlevé ton enfant,
Et tu l'oublies! Hélas, ton cœur est pire que celui des lionnes[3] fauves!
M'as-tu à ce point oubliée? As-tu donc pour ta fille unique
Tant de mépris? Oui, c'est moi Proserpine, dont le nom te fut doux,
Que tu vois[c] maintenant enfermée dans un tel abîme,
Broyée par les supplices. Toi, barbare, tu prends plaisir
Aux chœurs! Tu fais encor grand bruit parmi les villes de Phrygie[d]!
Si tu n'as pas repoussé de ton cœur tout amour maternel,
Si c'est toi, divine Cérès, non une tigresse de la Caspienne
Qui m'enfanta, écarte de cet antre la malheureuse qui te prie,
Ramène-moi là-haut. Si le destin s'oppose à mon retour,
Viens pour le moins me voir.»
À ces mots, elle tente de lever
Ses mains tremblantes[4]. Mais la male force du fer

a. VERG. *georg.* 4,254-255 «horrida uultum / *deformat macies*»; TIB. 4,4,5-6 «effice ne *macies* pallentes occupet artus, / neu notet *informis* candida membra color».

b. Après Heinsius, mais à tort ce me semble, Hall préfère la leçon *dura* donnée par certains *uetustiores* (8 sont cités dans l'apparat de 1985), qui n'appartiennent ni à sa sélection ni à la mienne.

c. Les leçons *cernor* («je suis vue» [par toi]) et *cernis* («tu me vois») donnent le même sens. J'ai choisi la leçon à la fois la mieux attestée et, à mon avis, la moins banale.

d. Le texte de ce vers est assez malmené dans la tradition manuscrite. Mais il n'est point nécessaire de retenir avec Hall (1969, p. 231) la leçon *etiamnum* donnée par le seul manuscrit E_2. Le texte qu'après Birt j'ai retenu (*Phrygias uel nunc*) est appuyé par le manuscrit fragmentaire du XIIe s. B.

eualuit: «cuius tot poenae criminis?» inquit;
«unde haec informis macies? Cui tanta potestas
in me saeuitiae? Rigidi cur uincula ferri
uix aptanda feris molles meruere lacerti?
Tu mea, tu, proles? An uana fallimur umbra?»
Illa refert: «Heu dira parens nataeque peremptae
inmemor! Heu fuluas animo transgressa leaenas!
Tantane te nostri tenuere obliuia? Tantum
unica despicior? Certe Proserpina nomen
dulce tibi, tali quae nunc, ut cernor, hiatu
suppliciis inclusa teror. Tu saeua choreis
indulges! Phrygias uel nunc interstrepis urbes!
Quod si non omnem repulisti pectore matrem,
si tu, sancta Ceres, et non me Caspia tigris
edidit, his, oro, miseram defende cauernis
inque superna refer. Prohibent si fata reuerti,
uel tantum uisura ueni.» Sic fata trementes
tendere conatur palmas. Vis inproba ferri

93 h(a)ec: est L_3 || macies: facies F_1 J_4 || cui (P_5? J_4 *u.l.*): cur F_1 an J_4 || **94** *post* saeuitiae *add.* est *Ise* || **95** uix: uox J_2 *a.c.* || aptanda (J_2 *m.a.* J_4 *u.l.*): op- C_1 J_2 iap- L_1 ten- J_4 || **96** tu[1] (J_2): an F_1 P_5 *u.l.* J_2 *m.a.* || an (P_5): uel P_5 *u.l.* || **97-98** dira — heu *om.* L_1 || **97** na *ante* heu C_1 *a.c.* || dira: dura J_2 *a.c.* torua F_1 || **98** fuluas F_1 *u.l.* *J* A_1 L_1 F_2 F_4 C_1 J_4: -os F_1 L_3 J_2 -o P_5 || le(a)enas F_1 *u.l.?* *J* P_5 *p.c.* A_1 L_1 F_2 *a.c.* F_4 C_1 J_4: leones F_1 P_5 F_2 *p.c.* L_3 J_2 || te *om.* J_2 || **99** tantum (J_4): quan- J_4 *u.l.* || **100** certe: non est F_1 || **101-102** dulce tibi quae inclusa teror tu seua choreis L_3 || **101** ut cernor *J* P_5 *(a.c.?)* L_1 F_4 C_1 J_2 *?a.c.* hic -nor F_2 *p.c.* hoc -nor F_2 *a.c.* ut -nis F_1 A_1 J_2 *p.c.* conseruor J_4 || **102** suppliciis:-cis *Ise* || teror P_5 *p.c.* L_1 F_4 C_1 L_3 J_2 J_4: ten- P_5 *a.c.* fer- *J* A_1 F_2 *p.c.* J_4 *u.l.* *Ise* ferro F_2 *a.c.* precor F_1 || **103** frigias F_1 A_1 L_1 J_2 *p.c.* J_4: -asque *J* P_5 *p.c.* F_2 F_4 C_1 L_3 J_2 *a.c.* || uel nunc F_1 P_5 L_1 F_4: etiam nunc *J* A_1 F_2 C_1 L_3 etiam tum J_2*?* iam nunc J_4 || interstrepis F_1 P_5 A_1 L_1 F_2 F_4 J_2 J_4 *a.c.* : inst- *J* C_1 L_3 J_4 *p.c.* || urbes (J_2 *m.a.*): umbras J_2 || **104** quod: sed P_5 *u.l.* || repulisti: pe- *J* L_3 J_4 || **105** tu sancta *J* C_1 J_4 *Ise*: tu nota P_5 L_1 F_2 F_4 L_3 J_2 *Ise mg.* tu nostra A_1 tua nata F_1 || non me: te non J_4 *Ise* me non *Ise mg.* || **106** his: hiis F_1 P_5 J_2 J_4 || cauernis (A_1 *u.l.*): cat(h)enis A_1 J_4 *Ise* || **107** refer: ferar J_2 || **108** tantum: tantum *post* ueni L_1 saltem J_4 *Ise* || sic: si *J* *a.c.* || **109** tendere: tandem F_4 *a.c.*

L'entrave et le mouvement de ses chaînes a rompu le sommeil.
Ces visions avaient figé Cérès. Elle se réjouit qu'elles ne soient pas vraies,
Mais souffre de n'avoir pu embrasser sa fille. Comme une folle,
Elle jaillit du fond de sa demeure et s'adresse ainsi à Cybèle[a]:
«Je ne m'attarderai pas plus longtemps sur le sol de Phrygie,
Divine mère[b]: je suis enfin rappelée par la garde
De ma fille chérie[c]; son âge est exposé à toutes les embûches.
Son toit, bien que construit par les fournaises des Cyclopes,
Ne me paraît pas assez sûr[d]. Je crains que la rumeur n'ait révélé
Cette cachette et que la Trinacrie ne cache bien mal mon dépôt.
J'ai peur: le renom de ces lieux est trop connu.
Je dois chercher sur d'autres rives un site plus obscur.
Les gémissements et les flammes d'Encélade tout proche
Ne peuvent taire l'ombre où je l'ai cachée.
En outre, des songes sinistres m'avertissent souvent
Par diverses images: aucun jour sans menace ou funeste présage[1]!
Que de fois les guirlandes qui blondissent sur mes cheveux
Tombent spontanément! Que de fois du sang[e] coule de mon sein,
Ou des flots abondants jaillissent malgré moi de mon visage

a. L'expression *conpellat uoce* est un cliché épique: VERG. *Aen.* 4,304; 5,161; LVCAN. 9,226.

b. Formule traditionnelle: VERG. *Aen.* 5,80 *sancte parens* (Énée à Anchise); cf. ENNOD. *carm.* 1,9 [43],123.

c. *Carum pignus*: OV. *fast.* 3,218; *met.* 3,134; *trist.* 1,3,60.

d. Les v. 117-123 reprennent le thème de la cachette en Sicile (1,141-180). Cérès perçoit maintenant, mais trop tard, que cette retraite n'était pas sûre: sur le caractère ambigu de la protection assurée par la Trinacrie et Encélade: n. compl. 5 de la page 16 et 1 de la page 17. Est-ce un hasard si les mots par lesquels Cérès décrit le palais construit par les Cyclopes (v. 116-117) évoquent précisément une construction des *enfers* virgiliens (*Aen.* 6,630-631 «*Cyclopum educta caminis* / *moenia* conspicio»)?

e. *Exundat sanguis*: SIL. 5,257 «pulmone *exundat* per hiantia uiscera *sanguis*»; 9,366 «*sanguinis exundat* torrens» (cf. SEN. *Ag.* 222: *sanguine exundans*; CLAVD. *Ruf.* 2,68 *cruore... undare*; *4 cons.* 550 *exundant sanguine*).

inpedit et motae somnum soluere catenae.
Obriguit uisis; gaudet non uera fuisse;
conplexu caruisse dolet. Penetralibus amens
prosilit et tali conpellat uoce Cybelen:
«Iam non ulterius Phrygia tellure morabor,
sancta parens; reuocat tandem custodia cari
pignoris et cunctis obiecti fraudibus anni.
Nec mihi Cyclopum quamuis extructa caminis
culmina fida satis. Timeo ne fama latebras
prodiderit leuiusque meum Trinacria celet
depositum. Terret nimium uulgata locorum
nobilitas. Aliis sedes obscurior [h]oris
exquirenda mihi. Gemitu flammisque propinquis
Enc[h]eladi nequeunt umbracula nostra taceri.
Somnia quin etiam uariis infausta figuris
saepe monent, nullusque dies non triste minatur
augurium. Quotiens flauentia serta comarum
sponte cadunt! Quotiens exundat ab ubere sanguis!
Larga uel inuito prorumpunt flumina uultu

110 mot(a)e: -um J_2 *a.c.* morte F_2 *a.c.* || soluere: mou- L_3 excuss- J_2 J_4 *Ise* || **111** uisis: -u J_4 -us P_5 || non: nec A_1 || uera: nota J_2 || **112** conplexu (P_5 *a.c.*): am- P_5 *p.c.* F_2 || amens: imis F_2 C_1 altis J_2 || **113** prosilit: ex- L_3 || compellat: -it L_1 || Cybelen [-i-] F_1 A_1: -em *J* P_5 F_2 F_4 C_1 L_1 L_3 J_4 *Ise* -e J_2 || **115** tandem: nam me F_1 || **116** cunctis: certis F_1 tantis A_1 || anni: arui L_1 || **117** nec: non J_4 *Ise* || extructa: -tracta J_4 *a.c.* cons- F_1 *p.c.* ins- L_1 || caminis: -ni J_2 || **118** ne: quod J_2 || fama: fida P_5 *a.c.* || **119** prodiderit: -dierit *J* || leuius-: leuiter- F_1 J_2 || celet (A_1): -at J_2 seruet A_1 *u.l.* *J* || **120** locorum (F_4 *u.l.*): deorum F_4 || **121** sedes: edes L_3 || **122** exquirenda: est querenda F_2 || gemitu: -us C_1 || **123** *om.* L_1 || **124** uariis: uaris P_5 || infausta *J* F_2 C_1 J_2 J_4: -fasta P_5 -festa A_1 F_4 L_3 -fecta F_1 L_1 F_4 *u.l.* || **125** monent F_1: -uent *cett. mei* || nullusque (F_2 *p.c.?*): -isque L_1 uultusque F_2 *a.c.* omnisque P_5 F_2 *s.l.* nullus *J* *a.c.* || non: nisi A_1 mihi P_5 J_2 || **126** flauentia (J_2 *m.a.*): fluencia J_2 || serta (J_2 *m.a.*): serre J_2 || **127** exundat *J* P_5 A_1 F_2 F_4 C_1 J_2 J_4: -udat F_1 L_1 *Ise* -sudat L_3 || **128** larga uel (J_2 *m.a.*): larguis J_2 || prorumpunt: -it P_5 *a.c.*

Et mes mains d'elles-mêmes frappent ma poitrine étonnée!
Si je veux souffler dans le buis, il émet un gémissement lugubre;
Si j'agite les tambourins, ils ne me rendent que des plaintes.
Hélas, je crains que ces présages n'annoncent quelque vérité!
Mes longs retards ont tout perdu.» «Qu'au loin les vents
Emportent ces mots, sans effet[a],» reprend Cybèle. «Le Tonnant
N'est pas si indolent qu'il ne lance ses foudres[b] pour son enfant.
Pars cependant, et reviens sans être troublée par un malheur.»
Sur ce, Cérès quitte le temple. Elle se presse, mais rien ne bouge:
Elle se plaint que ses dragons traînards n'avancent pas[1].
Pour les pousser, tour à tour elle frappe injustement leurs ailes,
Et cherche la Sicile, alors qu'elle n'a pas encor perdu de vue l'Ida[c].
Elle redoute tout, n'espère rien[2]. Ainsi l'oiseau s'agite
Qui à un orne bas a confié ses tendres petits
Pour aller chercher leur pâture: que de pensées en son absence[d]!
Il craint que le vent n'ait brisé sur l'arbre le frêle nid,

a. Formule conventionnelle: CATVLL. 30,9-10 «tua dicta omnia factaque / *uentos inrita ferre*»; 64,142 «quae cuncta aerii discerpunt *inrita uenti*»; OV. *met*. 8,134-135 «an *inania uenti / uerba ferunt*»; et surtout LYGD. 4,95-96 (même souhait de détourner des présages défavorables) «Haec deus in melius crudelia somnia uertat / et iubeat tepidos *inrita ferre Notos*».

b. L'expression *fulmen mittere* est très fréquente en poésie, à partir de Lucrèce et Varron (*Men.*): ThLL, s.u. *fulmen*, 1530,9-15.

c. Quoique moins bien attestée, la leçon *absconderit* s'impose en ce contexte: *abscondere* désigne la disparition sous l'horizon d'une terre dont on s'éloigne (VERG. *Aen*. 3,291 «Phaeacum *abscondimus* arces»).

d. Comme le note Hall (1969, p. 232), la construction *cogitat ne* ne semble pas avoir d'autre parallèle que CASSIOD. *hist*. 10,13, mais peut s'expliquer par l'idée de crainte contenue dans *aestuat*, au v. 141: SEN. *benef*. 6,42,1 *uerentis et aestuantis ne*...; AMM. 29, 5,15 *aestuans corde nequid*...; CASSIOD. *hist*. 11,18 *aestuabat nequid*.

iniussaeque manus mirantia pectora tundunt.
Si buxus inflare uelim, ferale gemiscunt;
tympana si quatiam, planctus mihi tympana reddunt.
Ah uereor ne quid portendant omina ueri!
Hae longae nocuere morae!» «Procul inrita uenti
dicta ferant,» subicit Cybele, «nec tanta Tonanti
segnities ut non pro pignore fulmina mittat.
I tamen, et nullo turbata reuertere casu.»
Haec ubi, digreditur templis. Sed nulla ruenti
mobilitas: tardos queritur non ire dracones
inmeritasque mouens alterno uerbere pennas
Sicaniam quaerit cum necdum absconderit Idam.
Cuncta pauet speratque nihil. Sic aestuat ales
quae teneros humili fetus commiserit orno
allatura cibos, et plurima cogitat absens:
ne gracilem uentus discusserit arbore nidum,

129 iniuss(a)e- F_2 L_3 : inuis(a)e- F_1 J P_5 *a.c.* L_1 F_4 C_1 J_2 J_4 *u.l.* inuite- P_5 *p.c.* A_1 immisse- J_4 || mirantia: merentia J C_1 || tundunt F_1 A_1 L_1 L_3 J_2 J_4: tondunt J F_2 F_4 C_1 tendunt P_5 || **130** buxus: -os J_4 || **131** planctus: -um A_1 *Ise* || **132** (h)a(h): at J C_1 || uereor: ueror *Ise* || portendant (J_2 *m.a.*): -derat J_2 || omina: omnia P_5 A_1 C_1 J_2 || ueri (F_4 *u.l.*): nostra F_4 || **133** he(e) P_5 L_1 C_1 L_3: hec J J_2 ne F_4 neu J_4 heu F_1 F_2 *Ise* alı A_1 || nocuere: micuere L_3 || **134** subicit J A_1 F_2 C_1 J_4: subiit F_1 P_5 L_3 J_2 subeat L_1 F_4 || nec F_1 P_5 F_2 L_3 J_2 : ne J A_1 L_1 F_4 C_1 non J_4 *Ise* || **135** ut: quae F_2 || mittat: -ant L_1 *a.c.* sumat *Ise mg.* || **136** tamen: tantum J_2 || turbata: tardata J_4 || **137** digreditur: dis- F_1 || ruenti: uidetur F_1 (ruenti illi festinanter F_1 *mg.*) || **138** quaeritur tardos L_1 || dracones F_1 *u.l.* J P_5 A_1 F_2 C_1 L_3 J_2 *Ise mg.*: iugales F_1 A_1 *u.l.* L_1 F_4 J_4 *Ise* || **139** mouens: -et J_2 monens L_3 *p.c.* manens L_3 *a.c.* || uerbere: pectore L_1 || **140** cum *om.* J_4 || necdum J P_5 *a.c.* L_1 F_2 F_4 C_1 L_3 J_2 : non- F_1 P_5 *p.c.* A_1 J_4 *a.c.* nundumque J_4 *p.c.* || absconderit J F_2 F_4 *Ise mg.*: -et J_2 abscenderit C_1 *p.c.* ascenderit F_1 P_5 A_1 L_1 C_1 *a.c.* L_3 *Ise* ascenderet J_2 *m.a.* ascenderat J_4 || idam [y-] F_1 J P_5 A_1 C_1*p.c.* L_3 J_4 *u.l.* *Ise* : ydram C_1 *a.c.* idem [y-] L_1 F_2 F_4 ethnam J_2? *p.c.* J_4 || **141** pauet: timet L_3 || speratque: sup- C_1 pep- J || **142** quae: qui F_2 || commiserit: -at F_2 L_3 || **144** ne: et L_1 || gracilem: -i J C_1 fragilem A_1 || discusserit: -curreret J_2

Qu'ils soient au sol, butin pour l'homme, proie des couleuvres.
Quand elle voit la maison sans défense, l'absence des gardiens,
Les vantaux en arrière et non revenus sur leurs gonds,
Et l'aspect désolé de la cour silencieuse,
Sans s'attarder à considérer le désastre, elle déchire[a]
Ses vêtements, rompt ses épis et les arrache avec sa chevelure.
Ses pleurs s'arrêtent; sa bouche n'a ni voix ni souffle[b];
Un tremblement secoue ses os au fond des moelles[1].
Son pas fléchit, elle titube; elle ouvre les battants[c],
Parcourt le palais vide et les salles désertes,
Et reconnaît sa toile à moitié détruite[d], les fils mêlés,
Et le bel œuvre interrompu du peigne.
Voilà perdu cet ouvrage divin! Et une araignée audacieuse,
D'un tissu sacrilège, comblait les vides[e].
Sans pleur ni cri sur son malheur, Cérès baise juste la toile[2].
Sur les fils elle étouffe et arrête ses plaintes.
Navette frottée par sa main, laine jetée au sol[f],
Tous les objets, épars, qui amusaient la jeune fille,

a. Déchirer ses vêtements est un signe de deuil (*Ruf.* 1,33 *scisso maerens uelamine Luctus*): VERG. *Aen.* 12,602-603 et 609; PROP. 3,15,23-24; STAT. *Theb.* 1,593; 3,125-126; SIL. 13,389; 16,436; PRVD. *cath.* 7,157.

b. Clausule traditionnelle: VERG. *georg.* 4,300; OV. *met.* 15,303; REPOS. 19.

c. Fin de vers empruntée à OV. *met.* 7,647. Il s'agit de la porte intérieure qui ouvre sur les appartements, alors qu'au v. 147 il était question de la porte extérieure du palais.

d. Le composé *semirutus* (v. 155) s'emploie ordinairement pour des constructions (TAC. *ann.* 4,25,1; CLAVD. *Ol.* 109 *semirutae turres*). Son alliance originale avec *telae* renvoie-t-elle à l'«édifice» du monde que Proserpine brodait (Tardioli, p. 561)?

e. Claudien se souvient sans doute de la rivalité entre Pallas et Arachnée (OV. *met.* 6,1-145): ici l'araignée a l'audace de rivaliser avec Proserpine (*uersus aureus* à valeur conclusive).

f. Ce vers rappelle VERG. *Aen.* 9,476 «excussi *manibus radii reuolutaque pensa*» (réaction de la mère d'Euryale qui vient d'apprendre la mort de son fils).

ne furtum iaceant homini, ne praeda colubris.
Vt domus excubiis incustodita remotis
et resupinati neglecto cardine postes
flebilis et tacitae species apparuit aulae,
non expectato respectu cladis amictus
conscidit et fractas cum crine auellit aristas.
Haeserunt lacrimae, nec uox aut spiritus oris
redditur, atque imis uibrat tremor ossa medullis.
Succidui titubant gressus; foribusque reclusis,
dum uacuas sedes et desolata pererrat
atria, semirutas confuso stamine telas
atque interceptas agnoscit pectinis artes.
Diuinus perit ille labor, spatiumque relictum
audax sacrilego supplebat aranea textu.
Nec deflet plangitque malum: tantum oscula telae
figit et abrumpit mutas in fila querelas;
attritosque manu radios proiectaque pensa
cunctaque uirgineo sparsa oblectamina ludo

145 ne[1] (F_1 *p.c.*): nec P_5 || furtum: -is C_1 || iaceant (P_5 *u.l.*): tac- F_4 pat- F_1 P_5 fiant F_4 *u.l.* || ne[2]: nec C_1 || **147** cardine: carm- J_2 *a.c.* limine F_2 || **150** con(s)cidit: conscindit J_4 *u.l.* *Ise* consudit P_5 || et *om.* P_5 *a.c.* || auellit: re- F_1 F_2 J_2 || **151** nec: non F_2 || uox: mox L_1 || aut J P_5 L_1 C_1 J_2 J_4: nec F_1 A_1 F_4 L_3 non F_2 || oris: ori J_2 || **152** atque: ac J C_1 ex *Ise mg.* || uibrat: -tur L_1 *a.c.* iubeat P_5 || tremor P_5 L_1 F_2 *p.c.* F_4 L_3 J_2 J_4: timor F_1 J A_1 F_2 *a.c.* C_1 || ossa timor J *a.c.* || **153** succidui P_5 *p.c.* || foribus: flo- J *a.c.* || **154** dum: cum F_2 || **155** semirutas (J_2 *a.c.*): -a L_1 -ruptas J_2 *p.c.* || **156** interceptas: -ruptas F_1 || agnoscit J P_5 A_1 L_1 F_4 C_1 *p.c.* J_4: -is C_1 *a.c.* agnouit F_2 J_2 cognoscit F_1 L_3 || **157** diuinus: -um J_2 *a.c.* ultimus L_1 || ille l. periit L_1 || **159** nec J F_2 F_4 C_1 L_3 J_4: h(a)ec F_1 P_5 A_1 L_1 nunc J_2 || malum (J_4 *u.l.*): manum J_4 || tantum J C_1 L_3 *Ise mg.*: tum P_5 *p.c.* tunc F_1 P_5*?* *a.c.* L_1 J_2 tamen A_1 F_4 J_4 *Ise* F_2? || **160** figit: fin- C_1 || abrumpit: -upit C_1 J_2 || mutas P_5 A_1 F_4 L_3 J_2: mul- F_1 J L_1 C_1 J_4 mix- F_2 || in fila *bis scr.* P_5 || **161** at(t)ritos- J P_5 A_1 C_1 J_2 J_4 : astrictos- F_1 L_1 F_4 L_3 atrictos- F_2 || **162** ludo: -a P_5 *a.c.*

Elle les serre sur son sein comme sa fille; elle parcourt des yeux
Sa chaste couche[a], le lit abandonné, les lieux où elle s'asseyait
Jadis: tel un pasteur stupéfait devant son étable vide[1],
Dont le troupeau a été attaqué par la rage soudaine
De lions africains[b] ou par des bandes de pillards;
Mais il revient trop tard[c]: il fait le tour des pâquis dévastés
Et appelle en pleurant ses taurillons, qui ne répondront plus.
  Ici, dans la partie reculée du palais, elle aperçoit à terre
Électre[2], la nourrice empressée de sa fille,
La plus connue des plus anciennes Nymphes de l'Océan.
Elle aime à l'égal de Cérès: son doux giron, au sortir du berceau,
Portait l'enfant et la menait, petite, à Jupiter Très Grand.
Elle la plaçait pour jouer sur ses genoux de père.
C'est elle qui lui tenait lieu d'amie, de gardienne, de seconde mère[d].
Or donc, cheveux épars et arrachés[3], souillés dans leur blancheur
Par la poussière, elle pleurait le rapt de sa céleste enfant.
Quand la douleur enfin a lâché la bride aux soupirs[e],
Cérès l'aborde et dit: «Quel désastre s'offre à mes yeux?
Qui m'emporte comme une proie[f]? Mon mari règne-t-il

a. *Castum cubile*: CATVLL. 66,83; VERG. *Aen.* 8,412 et, en même position métrique (cf. 3,276 et *Gild.* 326): VAL. FL. 2,137(à propos d'Eurynome, épouse fidèle) et SIL. 3,28 (à propos de la chasteté de prêtres); cf. aussi AVSON. 419,66.

b. VERG. *ecl.* 5,27 *Poenos... leones* ; CIRIS 135; OV. *trist.* 4,6,5 *Poenorum... ira leonum* ; SEN. *Phaedr.* 348.

c. La leçon *at ille* est attestée aussi par une dizaine de *uetustiores* non retenus dans ma sélection (Hall 1969, apparat *ad loc.*).

d. L'association *comes / custos* à propos de la personne qui s'occupe d'un enfant est traditionnelle: VERG. *Aen.* 5,546; MART. 11,39,2. *Proxima* a ici le sens d'*altera*: Hall 1969, p. 232, qui met en parallèle OV. *met.* 8,595-596 «o *proxima* mundi / regna»; STAT. *silu.* 5,2,47 *proxima cassis*.

e. Image analogue en *6 cons.* 265-266 «ergo ubi praeclusae uoci *laxata remisit / frena dolor*»; cf. LVCAN. 7,124 «*frenosque* ira *laxat*».

f. Expression très forte. Sénèque avait déjà fait dire à Hercule (*Herc. f.* 1186): *cui praeda iacui?*

ceu natam pressat gremio; castumque cubile
desertosque t[h]oros et sicubi sederat olim
perlegit: attonitus stabulo ceu pastor inani,
cui pecus aut rabies Poenorum inopina leonum
aut populatrices infestauere cateruae;
serus at ille redit uastataque pascua lustrans
non responsuros ciet inploratque iuuencos.
  Atque ibi secreta tectorum in parte iacentem
conspicit Electram, natae quae sedula nutrix
Oceani priscas inter notissima Nymphas.
Par Cereri pietas: haec post cunabula dulci
ferre sinu summoque Ioui deducere paruam
sueuerat et genibus ludentem aptare paternis;
Haec comes, haec custos, haec proxima mater haberi.
Tunc laceras effusa comas et puluere canos
sordida sidereae raptus lugebat alumnae.
Hanc adgressa Ceres, postquam suspiria tandem
laxauit frenosque dolor: «quod cernimus,» inquit,
«excidium? Cui praeda feror? Regnatne maritus

163 ceu: seu P_5 || natam: natura L_1 || pressat J L_1 F_2 F_4 C_1 L_3 J_2 *a.c.*: -it F_1 P_5 A_1 J_2 *p.c.* J_4 || castum- J L_1 C_1 J_2 J_4 *Ise*: carum- F_1 P_5 A_1 F_2 F_4 L_3 *Ise mg.* || **164** sederat: deserat J *a.c.* || **165** attonitus: -os C_1 *a.c.* || ceu: seu P_5 || **166** cui (*Ise mg.*): quem J_4 *Ise* || pecus (*Ise mg.*): lupus J_4 *Ise* || aut: ac C_1 || **167** cateruae: cauerne L_1 carine L_3 || **168** serus: seuus L_3 || at ille P_5 *a.c.* J_4: at illae F_2 ad illa F_1 J P_5 *p.c.* A_1 L_1 F_4 C_1 L_3 J_2 || lustrans: -rant J_2 *a.c.* -rat P_5 F_2 J_2 *p.c.* -ras C_1 *p.c.* -ris C_1 *a.c.* || **169** ciet: sciet P_5 *a.c.* L_1 C_1 *a.c.* || **170** atque: ast J_2 || ibi A_1 L_1 F_4 L_3: ubi J P_5 C_1 J_2 J_4 ita F_1 haec F_2 || secreta tectorum: s. telorum C_1 tect. secr. F_1 || iacentem: lat- A_1 || **171** conspicit: as- J_4 *Ise* || que nate F_1 n. quem L_1 || **172** notissima: nou- L_1 F_4 J_2 || **174** sinu: manu A_1 || **175** ludentem (F_1 *s.l.*): -e L_1 lugentem F_1 || paternis: parentis J_2 || **177** tunc: sed L_3 || effusa: dif- A_1 in- L_3 || comas J C_1 J_4 *Ise*: genas F_1 P_5 A_1 L_1 F_2 F_4 L_3 J_2 *Ise mg.* || canos: -o J_2 || **179** a(d)gressa: egressa P_5 *a.c.* || **180** frenos- (P_5 *u.l.*): frena L_1 fletus- F_1 fremitus P_5 || quod (J_4 *u.l.*): quid J_4 || **181** cui C_1 *p.c.* || feror: ferox P_5 A_1 ceres L_3 || regnatne (P_5 *u.l.*): -que P_5 J_2 ne L_1 || maritus: -as J_2 *a.c.*

Ou les Titans occupent-ils le ciel[1]? Quelle main a osé
Un tel forfait, si vit le Maître du tonnerre? La nuque de Typhée
A-t-elle rompu Inarime? Alcyonée brisé le bloc
Du mont Vésuve[a] et franchi à pieds les flots tyrrhéniens?
Ou l'Etna, mon voisin, par sa bouche ébranlée,
A-t-il fait sortir Encélade? Briarée et sa troupe
Aux cent bras ont-ils par hasard assailli nos Pénates?
Ah! où est[b] maintenant ma fille? Où, ses mille servantes,
Et Cyané? Quelle force a chassé les Sirènes ailées[c]?
Voilà votre fidélité[d]? Est-il permis de garder ainsi le dépôt
D'autrui?»
La nourrice a tremblé, et le chagrin cède à la honte:
Elle voudrait payer[2] par son trépas pour ne pas supporter
La vue de cette mère malheureuse; immobile, elle hésite
Longtemps à révéler une perte certaine à l'auteur inconnu.
Cependant, à grand peine: «Puisse l'armée insensée des Géants
Avoir causé ce mal[e]! Le malheur qui nous touche tous est plus léger.
Mais des déesses et, tu y songes moins encor[f], des sœurs
N'ont que trop conspiré à notre ruine.

a. L'expression *iugum Veseuum* est empruntée à Virgile (*georg.* 2,224-225): *Veseuo* /... *iugo*.

b. L'hiatus de *heu*, qui a dû choquer beaucoup de scribes médiévaux (d'où la fréquence de la leçon *heus*), est très ordinaire dans la poésie classique. Hall (1969, p. 233) relève une dizaine d'exemples de *heu* en hiatus, souvent dans la formule *heu ubi* (OV. *am.* 3,8[7],18; *fast.* 3,485...; STAT. *silu.* 3,5,44...), et même *heu ubi nunc* (OV. *epist.* 4,150; STAT. *Theb.* 5, 350). Ovide prêtait à Cérès une plainte analogue (*fast.* 4,456): *me miseram! Filia, dixit, ubi es?*

c. Pour Cyané: 2,61 et 3,245-253. La présence des Sirènes aux côtés de Proserpine est attestée dans la version sicilienne, chez Ovide: intr., p. XLII et 3,254-259.

d. Formules analogues chez PROP. 4,3,11 *haecne marita fides*; SEN. *Thy.* 1024 *haec fratris fides*; CLAVD. *Eutr.* 1,66 *haec fides*.

e. Nouvelle mention de la Gigantomachie (sur ce thème obsessionnel, voir 1,42 sqq. et n. compl. 1 de la page 11), comme au v. 201: *Phlegra*, ville de Macédoine (= Pallène) où la légende plaçait le combat des Géants contre les dieux (Hérodote 7,123; Pindare, *Isth.* 6,49; Strabon 7,228 B), désigne ici par métonymie les Géants eux-mêmes. De même, *aether* (v. 201) équivaut à *superi* (*Eutr.* 2,487 *infensos superos*).

f. La Sibylle avait employé une tournure analogue pour révéler l'avenir à Énée (VERG. *Aen.* 6,97): *quod minime reris* (cf. *Stil.* 2,292 *quod reris* mss.).

an caelum Titanes habent? Quae talia uiuo
ausa Tonante manus? Rupitne Typhoea ceruix
Inarimen? Fractane iugi conpage Veseui
Alcyoneus Tyrrhena pedes per stagna cucurrit?
An uicina mihi quassatis faucibus Aetna
protulit Enc[h]eladum? Nostros an forte penates
adpetiit centum Briareia turba lacertis?
Heu ubi nunc est nata mihi? Quo mille ministrae?
Quo Cyane? Volucres quae uis Sirenas abegit?
H<a>ec[c]ine uestra fides? Sic fas aliena tueri
pignora?» Contremuitque nutrix, maerorque pudori
cedit et aspectus miserae non ferre parentis
emptum morte uelit, longumque inmota moratur
auctorem dubium certumque expromere funus.
Vix tamen haec: «Acies utinam uesana Gigantum
hanc dederit cladem! Leuius communia tangunt.
Sed diuae, multoque minus quod rere, sorores
in nostras nimium coniurauere ruinas.

183 rupit-: rumpit- F_2 || ceruix: coniunx F_4 || **184** inarimen [y-] J L_1 : -ē C_1 ynarimem F_1 *p.c.* innariñ P_5 ynaninem F_1 *a.c.* inaxim L_3 iranimen F_2 yranimen J_4 inmarimem J_2 *p.c.* inmanem J_2 *a.c.* || fractane: -ue J_4 factane J_2 *a.c.* || conp. ues. *om.* J_2 *add. m.a.* || ueseui: -seus C_1 || **185** tyrrhena [tirre-]… per stagna: terrena… per st. F_1 per st. … tyrrhena J_4 *Ise* || **186** an: aut L_1 || faucibus: fascibus L_3 ignibus A_1 uiribus J_4 || **187** an forte: a fronte L_1 || **189** heu P_5 C_1 *Ise*: heus F_1 J A_1 L_1 F_2 F_4 L_3 J_2 J_4 || nunc est nata (F_2 *s.l.*): nunc ubi n. F_2 nunc J_2 mea nata *add.* J_2 *m.a.* || quo *om.* L_1 || **190** quo: quo est L_1 || sirenas [-y-] F_1 *mg.* L_1 F_4 L_3: -es F_1 J P_5 A_1 F_2 C_1 J_2 J_4 || abegit: ad- C_1 || **191** uestra: nos- L_3 || sic: sit L_3 si C_1 *a.c.* || **192** contremuitque: contremuit J L_1 C_1 J_4 || pudori: -is J_2 *a.c.* timori J_4 *Ise* || **193** cedit: cessit P_5 A_1 J_2 J_4 || parentis: -es P_5 *a.c.* J_2 *a.c.* || **196-195** J_4 *a.c.* || **195** auctorem P_5 L_1 F_2 L_3 J_2 J_4: ac- J A_1 F_4 C_1 raptorem F_1 || expromere: exponere F_1 *u.l.* L_3 J_2 || funus: funeris J_2 || **196** tamen: tantum C_1 || **197** cladem dederit J C_1 || leuius: lentus L_1 || tangunt (A_1 *u.l.*): laedunt A_1 || **198** sed C_1 *p.c.* || diue C_1 *p.c.* || quod J P_5 *a.c.* A_1 F_2 F_4 C_1 J_2 J_4: quam F_1 P_5 *p.c.* L_3 que- L_1 || rere (J_2 *m.a.*): uere P_5 *a.c.* cete J_2 || **199** coniurauere (J_2 *m.a.*): inminuere J_2 || ruinas: querelas C_1

Tu vois le piège des dieux d'en-haut, les coups
De parentes jalouses. L'éther, plus que Phlégra, nous est hostile!
Ta demeure en paix florissait[a]; la jeune fille
N'osait quitter son seuil ni visiter les verts bocages:
Tes ordres la liaient. La toile était son occupation,
Et les Sirènes[b] son repos; avec moi, ses charmants devis;
Avec moi, son sommeil et ses jeux prudents au palais,
Quand tout à coup (je ne sais qui lui fit connaître
La cachette) Cythérée vint. Afin d' éviter mes soupçons
Elle s'était adjoint Phébé et Pallas pour compagnes[c].
Aussitôt, sous une joie feinte, avec des flots de rire,
Sans cesse elle l'embrasse et l'appelle sa sœur;
Elle se plaint d'une mère si dure, qui a préféré condamner
Au secret un tel charme, et qui, en interdisant[d] la compagnie
Des déeeses, l'avait reléguée loin des astres de son père.
Naïve, notre enfant se réjouit de ce qui sera son malheur;[e]
On dresse[f] des banquets avec force nectar. Tantôt elle revêt l'habit
Et les armes de Diane,[g] essaie son arc de ses doigts délicats.

a. Comparer Stace, *silu.* 5,1,142: «*Florebant* hilares inconcussique *penates*».

b. C'est-à-dire, par métonymie, le chant des Sirènes.

c. *Comites... iunxit*: cf. 2,10 *comites gressum iunxere sorores.*

d. *Veto* se construit ici avec un ablatif, par analogie avec les verbes *interdicere, prohibere* (STAT. *Theb.* 12,558 «quos *uetat igne* Creon»).

e. De même chez Ovide (*met.* 11,106), Midas *gaudet malo.*

f. *Instaurare* à propos des choses de la table: VERG. *Aen.* 7,146 et 8,283 (*epulas*); VAL. FL. 5,691; STAT. *Theb.* 1,515.

g. Cf. 2,39 (premier récit du rapt). Motif analogue en *4 cons.* 160-164, et déjà chez Stace (*Theb.* 8,291 sqq.; *Ach.* 1,41).

Insidias superum, cognatae uulnera cernis
inuidiae. Phlegra nobis infensior aether!
Florebat tranquilla domus; nec limina uirgo
linquere nec uirides audebat uisere saltus,
praeceptis obstricta tuis. Telae labor illi,
Sirenes requies; sermonum gratia mecum,
mecum somnus erat cautique per atria ludi,
cum subito (dubium quonam monstrante latebras
rescierit) Cytherea uenit suspectaque nobis
ne foret, hinc Ph<o>eben comites, hinc Pallada iunxit.
Protinus effuso laetam se fingere risu
nec semel amplecti nomenque iterare sororis
et dura de matre queri, quae tale recessu
maluerit damnare decus uetitamque dearum
colloquio patriis procul amandauerat astris.
Nostra rudis gaudere malis et nectare largo
instaurare dapes. Nunc arma habitumque Dianae
induitur digitisque attemptat mollibus arcum;

200 insidias: -a C_1 *a.c.* inuidias L_3 || superum: fratrum F_2 *a.c.* || cognatae F_2 C_1 L_3 J_2: -a L_1 -aque F_1 *J* P_5 A_1 F_4 J_4 *Ise* || **201** infensior *J* P_5 F_2 C_1 J_4 *Ise mg.*: infestior J_2 *p.c.* incensior F_1 A_1 L_1 F_4 J_2 *a.c. Ise* -que nocentior L_3 || **202** nec: nunc L_1 || limina: lu- L_1 P_5 ? || **203** nec: nunc L_1 || **204** pr(a)eceptis: -a *J* || obstricta *J* F_2 F_4 C_1 L_3 J_2 J_4: -ucta F_1 P_5? *m.a.* A_1 L_1 *om.* P_5 *a.c.* || tuis: suis L_1 || **206** cauti- *J* P_5 *u.l.* A_1 *u.l.* L_1 F_4 L_3 J_4: capti- C_1 tanti- J_2 cuncti- F_2 taciti- A_1 casti- F_1 *Ise* soliti- P_5 || ludi: luci J_4 || **207** dubium quonam: q. d. L_3 d. est q. F_1 F_2 *s.l.* || **208** rescierit: pr(a)es- F_1 P_5 A_1 L_3 J_2 || **209** pallada: pallida L_1 || iunxit: iuxit F_1 du- F_4 C_1 || **211-210** J_2 *idem uoluit* F_2 *m.g.* || **211** nec: nunc L_1 || que *om.* L_1 || sororis: -es J_2 *a.c.* || **213** uetitamque: -oque *Ise mg.* || dearum (F_1 *u.l.* J_2 *m.a.*): -orum F_1 P_5 J_2 || **214** patriis P_5 A_1 F_2 C_1 L_3 : -tris F_1 *J* L_1 F_4 J_2 *a.c.* J_4 -trisque J_2 *p.c.* || procul a(b)mandauerat P_5 L_1 F_4 L_3: p. -it *Ise mg.* p. mandauerat F_2 *a.c.* p. et mandauerit F_1 -que p. mandauerat A_1 F_2 *p.c.* J_2 -que p. mandauerit *J* C_1 J_2 *m.a.* p. absentauerat J_4 p. absentauerit *Ise* || astris (A_1): horis A_1 *u.l.* || **215** nostra: illa L_3 || largo: longo F_4 L_3 J_4 || **216** habitum-: arcum- J_2 || **217** digitisque: digitis J_4 || attemptat [ad- / -tent-]: obtentat *J* obtempta C_1 aptabat F_4

Tantôt, coiffée d'une crinière[a], sa tête emplit le casque
Sous les compliments de Minerve; elle peine à porter l'immense bouclier.
La première[b], Vénus, par une male inspiration[1] suggère
Les prés rustiques de l'Etna. La rouée multiplie les fleurs
Des environs, feint l'ignorance, s'enquiert des mérites du lieu[c].
Elle ne croit pas que l'hiver, sans nuire, y préserve les roses,
Que les mois de gel y rougissent[d] de la flore d'un autre mois,
Ni que les pousses du printemps n'y redoutent pas l'ire du Bouvier[2].
Son admiration pour l'endroit, son brûlant désir d'y aller
Convainquent[3]. Comme trébuche, hélas! la jeunesse au cœur tendre[4]!
Quelles plaintes pour rien, quelles prières a déversées[e] en vain
Ma bouche! Pourtant elle s'élance, sûre de l'appui de ses sœurs;
Derrière suit le long cortège des Nymphes, ses servantes[f].
On va sur les collines vêtues d'un éternel gazon[g]
Et l'on cueille aux premiers rayons, quand la terre paisible
Est fraîche de rosée[5] et que la violette boit des gouttes éparses.
Mais, quand le soleil au plus haut atteignit le milieu de l'axe,
Voici qu'une hideuse nuit nous dérobe le ciel: l'île chancelle,
Tremble sous le bruit des coursiers et la poussée des roues[6].
On ne put connaître l'aurige, soit qu'il portât la mort,

a. Claudien applique à Proserpine ce que Virgile disait du casque de Turnus (*Aen.* 7, 785): «cui triplici *crinita iuba galea*...».

b. Cf. 2,11-12: *Prima... / ...Venus.*

c. MART. 8,65,7 *loci meritum* (à propos de Rome).

d. Cf. 2,90 *uernus... rubor.*

e. L'expression *fundere preces* est virgilienne: *Aen.* 5,234; 6,55; cf. HOR. *epod.* 17,53; HOMER. 552; STAT. *Theb.* 10,516; TAC. *ann.* 14,30...

f. Dans le premier récit du rapt (2,55 sqq.), Claudien dresse le catalogue des Naiades qui accompagnent Proserpine. Virgile avait employé l'expression *longo ordine* à propos de la longue file des Dardanides qu'Énée voit aux enfers (*Aen.* 6,482).

g. L'emploi métaphorique de *uestire* à propos de la nature est traditionnel: e.g. CIC. *nat.* 2, 99 *terra uestita floribus* (132; OV. *fast.* 1,402); chez Claudien, *rapt.* 1,190; *fesc.* 2,9; après Claudien, Ennode, *carm.* 1,9 [43],147.

nunc crinita iubis galeam laudante Minerua
inplet et ingentem clipeum gestare laborat.
Prima Venus campos Aetnaeaque rura maligno
ingerit afflatu. Vicinos callida flores
ingeminat meritumque loci uelut inscia quaerit
nec credit quod bruma rosas innoxia seruet,
quod gelidi rubeant alieno germine menses,
uerna nec iratum timeant uirgulta Bootem.
Dum loca miratur, studio dum flagrat eundi,
persuadet. Teneris, heu, lubrica moribus aetas!
Quos ego nequicquam planctus, quas inrita fudi
ore preces! Ruit illa tamen confisa sororum
praesidio; famulae longo post ordine Nymphae.
Itur in aeterno uestitos gramine colles
et prima sub luce legunt, cum rore serenus
alget ager sparsosque bibunt uiolaria succos.
Sed postquam medio sol altior institit axi,
ecce polum nox foeda rapit tremefactaque nutat
insula cornipedum strepitu pulsuque rotarum.
Nosse nec aurigam licuit, seu mortifer ille

218 nunc crinita: hinc comata J_2 || iubis: nubis F_1 || **220** rura: iura J_4 regna F_2 || **221** a(f)flatu (*J a.c.* J_4 *u.l.*): affatu *J p.c.* F_2 affata J_4 || callida: calida F_1 J_4 || **222** loci: -um J_2 *a.c.* || **223** nec: non A_1 || quod: -que J_2 || seruet: querit *J* || **224** alieno: alienao F_1 *a.c.* || germine F_1 *J* A_1 *u.l.* F_4 C_1 L_3: gramine P_5 A_1 L_1 F_2 J_2 J_4 || menses: fontes J_2 || **225** iratum: infrigidum F_2 *a.c.* || uirgulta: uirgulata P_5 || bo(h)otem (-ē): boetem F_1 L_1 L_3 J_2 J_4 || **226** loca *om.* J_2 *add. m.a.* || miratur: -antur L_1 || **227** moribus: morsibus C_1 *a.c.* || **228** quos: quo C_1 *a.c.* || planctus: plantus F_1 || quas: quos C_1 || **230** famul(a)e: -o L_1 || **231** uestitos: -o F_1 *a.c.* || colles (F_1 F_4 *u.l.*): -os J_4 montes F_4 campos F_1 *u.l. J Ise* || **234** altior institit: i. a. *Ise mg.* a. extitit A_1 J_4 a. astitit J_2 *Vic Ise* || axi *J* L_1 F_2 F_4 C_1 L_3 *Ise mg.*: axe F_1 P_5 A_1 J_2 J_4 orbe *Ise* || **235** nox: uox L_3 || foeda: atra J_4 alta *Ise* || nutat F_1 *p.c.* || **236** pulsuque (*Ise mg.*): cursuque J_4 *Vic Ise* plausitque J_2 *a.c.* || **237** nosse (J_2 *m.a.*): nosce P_5 nocte J_2 || aurigam (F_4): augurium P_5 *a.c.* F_4 *u.l.* || seu: sed F_2 || mortifer: le- C_1

Soit qu'il fût la Mort elle-même. La pâleur se répand sur l'herbe;
Les ruisseaux se tarissent, les prés s'assombrissent de rouille;
Son souffle tue tout ce qu'il touche; j'ai vu les troènes pâlir,
Les roses expirer et décroître les lys[1].
Quand d'une traction rauque il eut tourné ses rênes pour repartir,
Le char est suivi par sa nuit, la lumière est rendue au monde[a];
Mais plus de Proserpine. Le vœu accompli[b], les déesses
Sont parties sans attendre. Au milieu des champs nous trouvons
Cyané expirante[2]: sa tête couronnée gisait,
Et sur son front les couronnes fanées se noircissaient.
Nous l'abordons de suite et quémandons le sort de sa maîtresse
(Car elle était la plus près du désastre): quel aspect avaient les chevaux?
Qui les guidait? Elle se tait: un poison l'a rendue muette.
Elle se dissout en fontaine: sous ses cheveux l'eau glisse[c],
S'écoule, et ses pieds et ses bras se fondent en rosée.
Bientôt une source limpide lèche nos pieds[d].
Les autres nymphes partent. Portées par leurs ailes rapides,
Les Achéloïdes se posent au flanc du Pélore, en Sicile[e].
Ce malheur les enflamme: non sans dommage désormais,

a. En partant, le Maître des Ténèbres ramène avec lui sa nuit (cf. 2,221), et le jour reparaît (v. 242-243). *Detorquere habenas*: VERG. *Aen.* 11,765; STAT. *Theb.* 3,261; VAL. FL. 4,571.

b. Il s'agit du «vœu» de Jupiter (1,216-228).

c. La correction de *subrepit* en *subrepens*, proposée par Hall 1969, p. 235, me semble inutile. Le parallèle avec VERG. *georg.* 1,43-44 («cum montibus *umor / liquitur*»), n'impose pas cette correction, mais confirme qu'*humor* est bien sujet de *liquitur* (plutôt qu' *illa*, comme le veut Tardioli, p. 574).

d. *Lambere* à propos de l'eau (2,104; 3,373): HOR. *carm.* 1,22,8. Claudien a peut-être été imité par Paul Diacre (*Pauli et Petri carmina*, 14,31: MGH, PAC I, p. 52): «uestra et *uestigia lambat*».

e. Les Sirènes sont les filles du fleuve Achéloüs (OV. *met.* 5,552 *Acheloides*; Pausanias 9,34,3). L'expression *Siculus Pelorus* se lit chez Ovide (*met.* 15,706) et chez Lucain (2,438).

seu Mors ipsa fuit. Liuor permanat in herbas;
deficiunt riui; squalent rubigine prata
et nihil afflatum uiuit: pallere ligustra,
expirare rosas, decrescere lilia uidi.
Vt rauco reduces tractu detorsit habenas,
nox sua prosequitur currum, lux redditur orbi;
Persephone nusquam. Voto rediere peracto
nec mansere deae. Mediis inuenimus aruis
exanimem Cyanen: ceruix redimita iacebat
et caligantes marcebant fronte coronae.
Adgredimur subito, casus scitamur eriles
(nam propior cladi steterat): quis uultus equorum?
Quis regat? Illa nihil, tacito sed laesa ueneno
soluitur in laticem: subrepit crinibus humor,
liquitur, in roremque pedes et bracchia manant;
nostraque mox lambit uestigia perspicuus fons.
Discedunt aliae; rapidis Acheloides alis
sublatae Siculi latus obsedere Pelori
accensaeque malo iam non inpune canoras

238 *om. add. mg.* A_1 || mors: mox C_1 *a.c.* || ipsa (P_5 *s.l.*): illa F_1 P_5 L_1 || liuor: lutor *Vic Ise* || permanat: -mansit *Ise* || herbas: -is *Ise* || **240** nihil P_5 A_1 F_4 L_3 J_2 J_4: nil F_1 *J* L_1 F_2 C_1 || afflatum: -u A_1 J_2 J_4 || uiuit: uiruit J_2 || **241** ex(s)pirare: exiberare J_4 || decrescere (A_1): marc- A_1 *u.l.* || 241-246-242... C_1 241-247-242... J_2 || **242** ut: et L_1 || rauco reduces tractu: -os red. t. L_1 red. r. tr. J_4 r. red. tr. P_5 || detorsit: dis- C_1 || **243** prosequitur: per- P_5 || lux *om. add. s.l.* F_1 || **244** nusquam (*Ise mg.*): num- L_1 num- est J_4 nulla est *Vic Ise* || **246** (s)c(h)yanē (-i-) P_5 L_1 F_2 F_4 C_1 L_3 J_2 cianem F_1 *J* A_1 J_4 || ceruix: coniunx F_4 || **247** fronte (F_1 *p.c.* P_5 *a.c.*): -de P_5 *p.c.* forte L_1 || **248** subito *J* C_1 J_2 J_4: tacit(a)e F_1 P_5 A_1 L_1 F_2 F_4 L_3 || casus *J* F_2 J_2 L_3: -um L_1 -usque F_1 P_5 A_1 F_4 C_1 J_4 *Ise* || scitamur *J* A_1 L_3 J_2 J_4 *Ise*: -mus F_1 P_5 citamur F_2 C_1 citamus L_1 F_4 scrutamur *Ise mg.* || (h)eriles: -em L_1 || **249** propior: -prior *J* L_1 C_1 L_3 J_2 J_4 || steterat: fuerat J_2 || quis: qui L_1 F_4 C_1 || **250** quis: qui L_1 F_4 || laesa (*Ise mg.*): lapsa J_4 *Ise* || ueneno: ueno C_1 *a.c.* || **251** soluitur: -mur P_5 *a.c.* || laticem: -dem P_5 *a.c.* || subrep(p)it [sur-] F_1 *J* F_2 C_1 L_3: -repsit P_5 A_1 L_1 F_4 J_2 J_4 *Ise* || **252** liquitur: lin- L_1 || **253** uestigia: uestia F_1 || perspicuus: pro- F_2 || **254** discedunt: dissedunt P_5 || aliae: reliquae J_2 || **256** non iam F_2

Leurs lyres mélodieuses se changent en fléau[a]; leur douce voix[b]
Enchaîne les carènes et le son de leur chant bride les rames.
Le deuil m'a laissée seule ici pour traîner ma vieillesse.»
Cérès hésite encor, incertaine; égarée, elle craint tous ces malheurs
Comme s'ils n'étaient arrivés[1]. Bientôt, elle tourne les yeux
Et le visage vers le Ciel[2], le cœur transporté de fureur.
Ainsi le haut Niphate est agité par la tigresse d'Hyrcanie[3]
Dont les petits ont été amenés[c] comme jouets pour un roi perse
Par un cavalier tout tremblant; elle rugit[d], plus prompte
Que son mari Zéphyre; les taches vertes de sa peau exhalent
Toute son ire; prête à dévorer[4] l'homme en sa gueule profonde,
Elle est retardée par l'image que lui renvoie le verre.
Ainsi, par tout l'Olympe, la mère se change en bacchante[5]:
«Rendez-la», hurle-t-elle; «un fleuve errant ne m'a pas engendrée;
Je ne suis pas du peuple des Dryades; c'est Cybèle la tourelée[6]
Qui m' enfanta, moi aussi, pour Saturne. Où sont tombés[7] les droits
Des dieux, lès lois du ciel? À quoi sert-il de vivre droit?
Voici que Cythérée, connue pour sa pudeur,
Ose faire voir son visage, après les chaînes de Lemnos[8]!
Un si noble sommeil, une si chaste couche lui ont donné

a. Comparer SALL. *Iug.* 70 «ne praemia Metelli *in pestem conuerteret*». L'expression ovidienne *non impune* (OV. *met.* 11,67; 13,233; *fast.* 6,739) porte sur *canoras*, et elle est explicitée par *in pestem*.

b. L'alliance *uox blanda* remonte à ENN. *ann.* 50 v. et se lit très souvent chez les poètes (ThLL, s.u. *blandus*, 2038,79-2039,1).

c. En dépit de l'argumentation de Ker (1957, p. 158), reprise par Hall (1969, p. 235), il n'y a pas lieu de préférer la leçon *auexit*, moins bien attestée dans la tradition manuscrite. Claverius, en 1602, invoquait le parallèle avec MELA 3,5,43 «[eques] ubi interceptos earum catulos citus coepit *auehere*, et... astu... unum... omisit...». Mais ici Claudien écrit que le cavalier a emporté les petits pour les mener au roi achéménien.

d. Heinsius (1650), suivi par Hall (1969, p. 236), a corrigé *fremit* en *premit*, en se fondant sur le parallèle avec *Ruf.* 1,226 sqq.: «quae sic... / ... *Hyrcana premens raptorem* bellua Parthum /... furit? (cf. aussi AMBR. *hex.* 6,4,21). Mais la leçon des manuscrits donne un sens satisfaisant.

in pestem uertere lyras: uox blanda carinas
alligat; audito frenantur carmine remi.
Sola domi luctu senium tractura relinquor.»
   Haeret adhuc suspensa Ceres et singula demens
ceu nondum transacta timet. Mox lumina torquens
uultu ad caelicolas furiato pectore fertur.
Arduus Hyrcana quatitur sic matre Niphates,
cuius Ach<a>emenio regi ludibria natos
aduexit tremebundus eques; fremit illa marito
mobilior Zeph*y*ro totamque uirentibus iram
dispersit maculis nimiumque hausura profundo
ore uirum uitreae tardatur imagine formae.
Haud aliter toto gen*e*trix bacchatur Olympo,
«Reddite,» uociferans, «non me uagus edidit amnis;
non Dr*y*adum de plebe sumus; turrita Cybele
me quoque Saturno genuit. Quo iura deorum,
quo leges cecidere poli? Quid uiuere recte
proderit? En audet noti Cytherea pudoris
ostentare suos post Lemnia uincula uultus!
Hos animos bonus ille sopor castumque cubile

258 alligat (J_4 *u.l.*): obligat J_4 || **259** domi: domo F_2 *a.c.* || luctu senium: luctus s. J C_1 s. luctus F_2 || ceres suspensa J *a.c.* || **260** demens: cle- P_5 *a.c.* || **261** ceu: seu P_5 || nondum (J_2 *m.a.*): numquam J_2 || transacta (F_2 *u.l.*): transaucta F_2 || timet: tumet F_1 *a.c.* timens C_1 || **262** uultu (*Ise*): ultro J_2 multum *Ise mg.* || ad (*Ise*): in *Ise mg.* || furiato: -a F_2 *a.c.* || fertur (J_4 *u.l.*): fatur J_4 || **263** arduus: -as L_1 || (h)irc(h)ana (P_5 *a.c.*): irchania P_5 *p.c.* || quatitur (J_4 *u.l.*): queritur P_5 J_4 || matre (C_1 *mg.*): marte C_1 || **265** aduexit (J_4*?a.c.*): auexit J_2 aduxit J_4 *p.c.* || **266** mobilior: melior est L_1 || totamque: -aque F_4 || iram (J_2 *m.a.*): herbam F_4 *a.c.* ydam J_2 || **267** dispersit: -git J F_2 C_1 || nimium- (*Ise*): uiuum- P_5 *s.l.* A_1 timidum- P_5 inhiat- *Ise mg.* || hausura A_1 F_2 *Ise mg.*: -aque F_1 -stura J P_5 L_1 C_1 L_3 J_2 J_4 *Ise* exhausta F_4 || **268** uitre(a)e: uite F_4 || tardatur: tra- C_1 *a.c.* || **269** genitrix toto bac. J_4 || **270** uociferans: -am P_5 || non: nec F_1 || uagus e. a. *om.* J_2 *add. m.a.* || amnis: annis C_1 *a.c.* || **271** plebe C_1 *p.c.* || **272** *del.* cybele *post* quoque P_5 || saturno: -us F_1 || **273** quo: quae J_2 || cecidere: abiere J_4 || **274** en (J_2 *m.a.*): eu J_2 an L_3 || **276** animos: asinos P_5 *a.c.* || sopor (A_1 J_2 *m.a.*): sapor J_2 pudor A_1 *u.l.*

Cette fierté? C'est ce qu'ont mérité ces étreintes pudiques?
Rien d'étonnant, après cela, s'il n'est pas de honte pour elle!
Mais vous qui refusez l'hymen[a], négligez-vous autant
L'honneur de la virginité? Votre vouloir a-t-il autant changé?
Vous voici unies à Vénus et complices de ravisseurs[b]?
Vous êtes dignes toutes deux d'être honorées dans les temples des Scythes
Sur des autels assoiffés d'hommes[1]! D'où vient tant de fureur[c]?
Qui de vous deux ma Proserpine a offensée, fût-ce du moindre mot?
Sans doute t'a-t-elle chassée, Délie, de tes chères forêts?
Ou ravi, Tritonie[d], les combats qui t'ont été confiés?
Fut-elle pénible en parlant? Importune peut-être en recherchant
Vos chœurs? Pourtant, bien loin, pour ne vous être à charge,
Elle habitait les déserts de la Trinacrie.
Mais à quoi bon s'être cachée? Il n'est asile qui apaise
La rage d'une envie amère[2].»
Elle les invective toutes
Ainsi. Mais elles, retenues par le respect[e] dû à leur père,
Gardent silence ou disent ignorer, et, pour réponse à cette mère,
Donnent leurs larmes. Que faire? Vaincue, elle reprend son calme

a. Cérès s'adresse maintenant aux déesses vierges (et farouchement vierges) Diane et Minerve (v. 279-289). L'expression *expertes thalami* (*Ser.* 119) est virgilienne (*Aen.* 4,550 «non licuit *thalami expertem*...»); cf. aussi STAT. *Theb.* 7,298.

b. Emplois analogues d'*ire* avec *socius* déterminant un substantif à l'ablatif en *4 cons.* 350-351 et en *Stil.* 1,64.

c. Fin de vers empruntée à Stace, *Theb.* 1,438 *quae causa furoris* (question d'Adraste à Tydée et Polynice); cf. *Aegr. Perd.* [PLM 5, p. 113] 17 «haec duri *causa furoris*».

d. Pour *Delia* et *Tritonia*, cf. respectivement 2,206 et 21 (n. compl. 2 de la page 34). Cérès fait allusion aux activités favorites (*caris*) des deux déesses: la chasse en forêt pour Diane et les combats pour Minerve.

e. Le choix entre *sententia* et *reuerentia* est difficile. J'ai préféré *reuerentia* à cause du parallèle avec 2,234-235: «*reuerentia patris* / obstitit auxilio». De même chez Stace (*Theb.* 1, 289), en un contexte analogue (Jupiter parle du respect que lui portent Vénus et Bacchus et qui les empêche d'intervenir en faveur de Thèbes): «nostri *reuerentia* ponderis *obstat* ».

praebuit? Amplexus hoc promeruere pudici?
Nec mirum si turpe nihil post talia ducit!
Quid uos expertes thalami? Tantumne relictus
uirginitatis honos, tantum mutata uoluntas?
Iam Veneri iunctae sociis raptoribus itis?
O templis Scyt<h>iae atque hominem sitientibus aris
utraque digna coli! Tanti quae causa furoris?
Quam mea uel dicto tenui Proserpina laesit?
Scilicet aut caris pepulit te, Delia, siluis,
Aut tibi commissas rapuit, Tritonia, pugnas?
Aut grauis eloquio? Vestros an forte petebat
inportuna choros? Atqui Trinacria longe,
esset ne uobis oneri, deserta colebat.
Quid latuisse iuuat? Rabiem liuoris acerbi
nulla potest placare quies.» His increpat omnes
uocibus. Ast illae (prohibet reuerentia patris)
aut reticent aut nosse negant responsaque matri
dant lacrimas. Quid agat? Rursus se uicta remittit

278 talia: prelia P_5 || ducit (*Ise*): cudit *Ise mg.* || **279** uos F_1 J P_5 F_4 C_1 J_2 J_4: nos A_1 F_2 L_1 L_3 *Pm p.c.* nox *Pm a.c.* || thalami: animi C_1 || tantumne r. *om.* J_2 *add. m.a.* || **280-360** *om.* L_1 F_2 F_4 C_1 L_3 *Pm* J_2 *(habet inter 250 et 251 m.a.)* J_4 *(add. ad fin. libri)* || *post 279 add.* omnis honor [-os] recti uobis. sic fata recedit F_2 C_1 *Pm* J_2 *post 281* A_1 o. honos r. nobis s. f. r. L_3 J_4 o. h. r. u. s. f. recessit L_1 A_1 *u.l.* || **280** honos (A_1 *u.l.*): -or F_1 A_1 || tantum: t. ne F_1 || **281** iam: nam A_1 ipsa J_2 || iunctae sociis: uincte s. J_2 s. i. J_4 et s. i. *Ise* || **282** o: oh J_2 || atque *om.* J_2 || hominem: -um P_5 || **284** quam: -em J *a.c.* || dicto tenui J A_1 J_2 J_4 *Ise*: -u tenui P_5 tenui dicto F_1 || l(a)esit: sedit P_5 *a.c.* || **285** scilicet: si licet F_1 || aut F_1 J P_5 *Ise mg.*: an A_1 ut J_2 haut A_1 *u.l.* h(a)ec J_4 *Ise* || pepulit: r- J_2 || **286** rapuit: raptu P_5 || pugnas: -ans J_2 || **287** *om.* J_2 || aut: an J_4 || eloquio: al- *Vic Ise* || petebat: patebit P_5 *a.c.* || **288** inportuna: infortuna P_5 *a.c.* || choros: th- J_4 || atqui P_5: at quin F_1 J A_1 J_2 J_4 || **289** ne: ue J || uobis: n- P_5 J_2 || **291** quies (*Ise mg.*): dies A_1 *u.l.* J_4 *Ise* deos J_2 || his: hiis P_5 A_1 J_2 || **292** ill(a)e: -as A_1 J_2 || reuerentia J P_5 *s.l.* A_1 J_4 *Ise*: sententia F_1 P_5 A_1 *u.l.* J_2 *Ise mg.* || **293** nosse: nosce P_5 || **294** dant: datum P_5 || lacrimas: -me A_1 || rursus: -um J_2 || se uicta: -que reuicta A_1 *a.c.*

Et s'abaisse à d'humbles prières: «Pardon, si mon amour
S'est gonflé de colère, si j'ai mis plus de feu
Qu'il ne sied à un malheureux. Dans mon malheur, je vous supplie,[1]
Et je me roule à vos genoux. Laissez-moi connaître mon lot;
Laissez-moi seulement[a] être fixée sur ma douleur.
Je désire savoir quel est mon mal. Le sort que vous m'avez donné,
Connu, je le supporterai; je croirai que c'est le destin[b],
Et non un crime. Laissez voir une mère, je vous en prie;
Je ne revendiquerai pas[c]. Garde sans peur ce que ta main a pris,
Qui que tu sois[d]: c'est ton butin, je le confirme; cesse de redouter.
Que si le ravisseur m'a devancée par quelque pacte,
Dis-le moi, toi, du moins, Latone. Peut-être Diane
S'est-elle confiée à toi. Tu sais ce qu'est Lucine, combien on tremble
Pour ses enfants, comme on les aime: toi, tu en as eu deux;
Et moi, je n'avais qu'elle. À ce prix, puisses-tu jouir toujours
Des cheveux d'Apollon[e] et avoir une vie de mère plus heureuse
Que moi.» Alors une averse ruisselle sur le visage de Latone[2].
«Quoi, il ne sied que de pleurer, et il ne sied que de se taire?
Las! Elles m'abandonnent toutes. Pourquoi t'attardes-tu encore
En vain? Ne le vois-tu pas clairement? Le Ciel te fait la guerre!

a. N'était le second *liceat*, il serait tentant de ponctuer après *tantum*, comme de nombreux éditeurs anciens suivis par Hall, en considérant l'expression *hoc tantum* comme elliptique, sur le modèle de Virgile, *Aen.* 2,690 (*hoc tantum* en incise entre virgules, dans une prière d'Anchise à Jupiter), ou Stace (*Theb.* 11,192). Le chiasme *liceat cognoscere sortem, / hoc tantum liceat* me semble ici plus naturel.

b. La résignation de Cérès prend une coloration stoïcienne: SEN. *epist.* 107,11 *ducunt uolentem fata, nolentem trahunt.*

c. *Repetam, quaesita manu, affirmo*: vocabulaire juridique (CIC. *Verr.* II,3,27 «Vtrum est aequius... aratorem *repetere* ?... eum qui *manu quaesierit*...»).

d. Formule analogue, mais en un autre contexte, dans l'apostrophe d'Achille à Cygnus (OV. *met.* 12,80): «*quisquis es*, o iuuenis... solamen *habeto*».

e. La chevelure d'Apollon (ἀκερσεκόμης) est célèbre: Homère, *Il.* 20,39; Pindare, *Pyth.* 3,14; TIB. 2,5,121-122 (dans un mouvement comparable: «*sic* tibi sint intonsi, Phoebe, capilli, *sic*...»)...

inque humiles delapsa preces: «Ignoscite si quid
intumuit pietas, si quid flagrantius actum
quam miseros decuit. Supplex miserandaque uestris
aduoluor genibus. Liceat cognoscere sortem;
hoc tantum liceat certos habuisse dolores.
Scire peto quae forma mali; quamcumque dedistis
fortunam, sit nota, feram fatumque putabo,
non scelus. Aspectum, precor, indulgete parenti;
non repetam. Quaesita manu securus habeto,
quisquis es; affirmo praedam; desiste uereri.
Quod si nos aliquo praeuenit foedere raptor,
tu certe, Latona, refer; confessa Diana
forte tibi. Nosti quid sit Lucina, quis horror
pro genitis et quantus amor, partusque tulisti
tu geminos; haec una mihi. Sic crine fruaris
semper Apollineo, sic me felicior aeuum
mater agas.» Largis tunc imbribus ora madescunt.
«Quid? Tantum dignum fleri dignumque taceri?
Hei mihi, discedunt omnes! Quid uana moraris
ulterius? Non bella palam caelestia sentis?

295 delapsa *J*: di- A_1 J_2 demissa F_1 J_4 *Ise* deuecta P_5 || ignoscite: -cere J_2 || si quid: q. si P_5 *p.c.* q. sit P_5 *a.c.* in quid J_2 || **296** actum F_1 *J* J_4: a. est P_5 A_1 J_2 *Ise* || **297** miseros decuit: decuit miseras J_4 decuit miseram *Ise* || miseranda-: deiecta- *Ise mg.* || uestris: nostras P_5 *a.c.* matris J_4 || **298** liceat cognoscere: liceatque agnoscere P_5 || **299** certos: tantos A_1 || dolores F_1 P_5 *u.l.* A_1 J_2 *Ise mg.*: furores *J* P_5 J_4 *Ise* || **300** forma mali: formamaliquam *J* || quamcumque: quantamque J_2 || dedistis: uidistis J_2 tulistis A_1 || **301** fortunam P_5 A_1 J_2: -(a)e F_1 *J* J_4 || sit: sic P_5*?* || nota (P_5 *Ise mg.*): uota P_5 *s.l.* rapta J_4 *Ise* || fatumque (P_5 *u.l.*): factumque P_5 J_4 || **302** *om.* J_4 || indulgete: -re P_5 || **303** repetam: -to *J* || **305** nos F_1 P_5 J_2: uos *J* A_1 J_4 *Ise* || foedere (A_1 *u.l. Ise mg.*): munere A_1 J_4 *Ise* || **306** confessa: commissa J_2 || **307** quis horror: quid h. *J* quid horres J_2 timorque *Ise* || **308** pro genitis: progenies J_2 || **310** apollineo: -os P_5 *a.c.* || **311** tunc: nunc A_1 || imbribus (A_1 P_5 *u.l.*): nubibus P_5 fletibus A_1 *s.l.* || **312** tantum: t. est *Ise* || dignum: indignum J_2 || taceri: timeri P_5 || **313** hei F_1 *J* A_1: heu P_5 *s.l.* J_2 J_4 ha P_5 || **314** non F_1 *J* J_4: num P_5 A_1 *u.l.* nam A_1 J_2

Que ne recherches-tu plutôt ta fille sur mer et sur terre[1]?
Je vais me mettre à explorer le monde et je traverserai,
Infatigablement, l'inaccessible: sans perdre une heure,
Sans repos ni sommeil, jusqu'à trouver l'enfant qu'on m'a ravie,
Même plongée au sein de la Téthys ibère,
Ou gisant enfermée dans les gouffres de la mer Rouge[a][2].
Ni les glaces du Rhin ni le froid du Riphée ne pourront me tenir;
Ni la houle incertaine de la Syrte ne me retardera.
Je suis résolue à entrer au pays du Notus, à rechercher
Le gîte neigeux de Borée; je foulerai l'Atlas
Aux portes du couchant et mes flambeaux éclaireront l'Hydaspe.
Que Jupiter, l'impie, me voie errer par les villes et les campagnes,
Que Junon soit comblée: sa rivale se meurt[b].
Insultez à mes maux; régnez, superbes, dans les cieux,
Et de la souche de Cérès tirez un triomphe éclatant!»
Elle dit, et glisse aux sommets bien connus de l'Etna
Pour apprêter des torches en vue de sa tâche nocturne[c].
Il y avait un bois sacré,[3] près de l'Acis[4] que Galatée la blanche
Préfère souvent à la mer et fend d'une nage élégante[d].
Épais, ses rameaux enlacés couvraient de toute part
Les hauteurs de l'Etna. C'est là que le Père[5], dit-on[e],
Déposa l'égide sanglante et qu'après la bataille il amena

a. La fin du v. 320 s'inspire de SIL. 12,355 (à propos de la Sardaigne): «insula fluctisono circum *uallata profundo*»; cf. aussi SIDON. *carm.* 2,63 *uallatam pelago* (à propos de Constantinople).

b. Même clausule *paelice Iuno* chez Properce 3,22,35.

c. Ces deux vers de transition, qui font passer Cérès du ciel sur l'Etna, introduisent un des thèmes traditionnels du mythe: pour éclairer ses recherches nocturnes, Cérès vient allumer des torches à l'Etna: *Hymn. hom. Dem.* 47-48; CIC. *Verr.* II,4,106 «quam cum inuestigare et conquirere Ceres uellet, dicitur inflammasse taedas iis ignibus qui ex Aetnae uertice erumpunt»; OV. *met.* 5,441 sqq. et *fast.* 4,493 sqq.; Diodore 5,4,3 et 20,7,1... Cet épisode étiologique explique l'usage des torches dans le culte éleusinien (1,11 et n. compl. 2 de la page 9): F. Bömer ad *fast.* 4,493. Voir intr., p. XXXVIII-XXXIX.

d. La blancheur de Galatée, la plus célèbre des Néréides (Homère, *Il.* 18,45), est proverbiale: Théocrite, *Cycl.* 19; VERG. *ecl.* 7,37-38 «*Galatea*... / *candidior* cycnis»; OV. *met.* 13,789 «*candidior* folio niuei, *Galatea*, ligustri». Comparer le v. 332 à VERG. *Aen.* 9,102-103: «qualis Nereia Doto / et *Galatea secant* spumantem pectore pontum».

e. Sur cet emploi de *dare* = *narrare*: VERG. *ecl.* 1,19; HOR. *sat.* 2,8,4 var.; STAT. *Theb.* 7,315; VAL. FL. 5,506.

Quin potius natam pelago terrisque requiris?
Accingar lustrare diem, per deuia rerum
indefessa ferar. Nulla cessabitur hora,
non requies, non somnus erit, dum pignus ademptum
inueniam, gremio quamuis mergatur Hiberae
Teth*y*os et rubro iaceat uallata profundo.
Non Rheni glacies, non me Riphaea tenebunt
frigora, non dubio Syrtis cunctabitur aestu.
Stat finem penetrare Noti Boreaeque niualem
uestigare domum; primo calcabitur At[h]las
occasu facibusque meis lucebit Hydaspes.
Inpius errantem uideat per rura, per urbes
Iup<p>iter; extincta satietur paelice Iuno.
Insultate mihi, caelo regnate superbi,
ducite praeclarum Cereris de stirpe triumphum.»
Haec fatur, notaeque iugis illabitur Aetnae
noctiuago taedas informatura labori.

Lucus erat prope flumen Acin, quod candida praefert
saepe mari pulchroque secat Galatea natatu,
densus et innexis Aetnaea cacumina ramis
qua licet usque tegens. Illic posuisse cruentam
aegida captiuamque Pater post proelia praedam

315 quin: quid J_4 num P_5 || natam P_5 *p.c.* || pelago terrisque: terris pelagoque A_1 || **316** diem: uiam P_5 || **317** indefessa (P_5 *mg.*): -fensa P_5 || **319** (h)iber(a)e [-y] J A_1 J_1?: -ne F_1 -no P_5 J_2 J_4 *u.l.* harene J_4 *u.l.* || **320** thet(h)ios: tethidis P_5 || rubro: rubeo J_4 *a.c.* || uallata (*Ise mg.*): uelata *Ise* || **321** non... non: nec... nec J_2 || r(h)eni: niuee J_2 || **322** non: nec A_1 J_2 || cunctabitur: contumbitur J || **324** finem: -es J_4 || **325** occasu (J_4 *s.l.*): oceano J_4 || **326** uideat: uiderat J || rura: rupta J_2 castra J_4 || **327** satietur: placetur J_2 || **328** regnate: -ante P_5 || superbi: -erno J_2 || **329** stirpe: prole J_2 || **330** h(a)ec: sic J_4 *Ise* || not(a)eque: -isque A_1 || iugis: uagis J_2 || illabitur: di- P_5 || **331** informatura F_1 J *Ise mg.*: inflammatura P_5 A_1 J_4 *Ise* inflammata J_2 || **332** quod: quem J || praefert: profert F_1 P_5 *Ise* || **333** secat: natat J_4 || natatu: notaui P_5 || **334** innexis: innectens A_1 || ramis: siluis J A_1 || **335** licet (*Ise mg.*): libet A_1 *Ise* || cruentam: -em J_2 centum J *a.c.*

Le butin pris. Cette futaie est fière des dépouilles
De Phlégra:[a] la victoire en a revêtu le bois tout entier.
Ici sont suspendues, ouvertes, les larges bouches[b] des Géants
Et leurs dos monstrueux; leurs visages fixés aux troncs
Menacent encore avec cruauté; çà et là, des os de serpents
Prodigieux blanchissent en monceaux blafards[1];
Leur peau, raidie, exhale l'effluve de maint coup de foudre[2].
Il n'est point d'arbre qui ne se vante d'un grand nom:
Celui-ci, front courbé, a du mal à porter les glaives dégainés
Du centuple Égéon[3]; celui-là se rengorge
Des restes blêmes de Céus[c]; celui-là tient les armes de Mimas[d];
Les dépouilles d'Ophion chargent les rameaux de cet autre[e].
C'est un sapin à l'ombre large, plus haut que tous les autres,
Qui porte, encor fumantes, les dépouilles opimes d'Encélade lui-même,
Le roi souverain des Fils de la Terre[f]; et il tomberait accablé
Sous ce fardeau si un chêne voisin n'étayait sa fatigue.
De là l'effroi d'un lieu divin,[g] d'un bois dont on épargne
La vieillesse: impie qui s'en prend à ces trophées célestes!
Aucun cyclope n'ose y paître ses brebis ni frapper sur ses rouvres:
Polyphème lui-même fuit son ombre sacrée.

a. *Phlegraeis*: 3,201 et note e de la p. 68.

b. L'expression *patuli rictus* se lit chez Ovide, à propos des paysans de Lycie métamorphosés en grenouilles (*met.* 6,378): *patulos... rictus* (cf. AVIEN. *orb. terr.* 261).

c. Derrière le texte corrompu des manuscrits, il faut deviner le nom du titan Céus (*Coeos*), père de Léto: Hésiode, *theog.* 134 et 404; VERG. *georg.* 1,279.

d. Mimas, qui voulut lancer contre les dieux l'île de Lemnos (*gig.* 85), fut tué soit par Héphaïstos, soit par Zeus, soit par Mars: Euripide, *Ion* 215; Apoll. Rh. 3,1227; Apollod. 1,6,2; HOR. *carm.* 3,4,53; SIL. 4,287.

e. Sur la participation d'Ophion à la gigantomachie: *Schol. Iliad.* 8,479.

f. Encélade: 1,155; 2,158; 3,123 et 187. *Terrigenum* traduit le grec Γηγενεῖς: les Géants et les Titans sont fils de la Terre.

g. Ce sentiment d'horreur sacrée caractérise tous les bois consacrés à une divinité: VERG. *Aen.* 8,349 sqq.; OV. *am.* 3,1,1-2; LVCAN. 3,424 sqq.; STAT. *Theb.* 4,423 sqq.. Polyphème est réputé pour son impiété: OV. *met.* 5,857 et 13,759-761.

aduexisse datur. Phlegraeis silua superbit
exuuiis totumque nemus uictoria uestit.
Hic patuli rictus et prodigiosa Gigantum
tergora dependent, et adhuc crudele minantur
affixae truncis facies, inmaniaque ossa
serpentum passim cumulis exsanguibus albent,
et rigidae multo suspirant fulmine pelles.
Nullaque non magni iactat se nominis arbor:
haec centumgemini strictos Aegaeonis enses
curuata uix fronte leuat; liuentibus illa
exultat C*oe*i spoliis; haec arma Mimantis
sustinet; hos onerat ramos exutus Ophion.
Altior at cunctis abies umbrosaque late
ipsius Enc[h]eladi fumantia gestat opima,
summi terrigenum regis caderetque grauata
pondere, ni lassam fulciret proxima quercus.
Inde timor numenque loco, nemorisque senectae
parcitur, aetheriisque nefas nocuisse trophaeis.
Pascere nullus oues nec robora laedere C*y*clops
audet, et ipse fugit sacra Polyphemus ab umbra.

339 hic (A_1 *p.c.*): hinc F_1 huc J_4 *a.c.* || et: hic J_4 || prodigiosa: prodigia F_1 *a.c.* || **340** tergora (P_5 *mg.*): corpora P_5 || dependent: -unt J_2 || **341** facies truncis J_4 *Ise* || **342** serpentum: serpent P_5 *a.c.* || cumulis: tu- F_1 J J_4 *Ise* || albent: alunt J_2 || **343** multo: -um J_2 || fulmine (P_5 *s.l.*): flumine P_5 J_4 || **344** magni iactat se: m. se i. A_1 i. magna se J_2 || arbor: -os F_1 || **346** uix P_5 *p.c.* || fronte J J_4: -de F_1 P_5 A_1 J_2 || leuat: lenat P_5 *a.c.* gerit J_2 || **347** Coei *'alii codices' ap. Parrh.*: c(h)ac(h)i *cett. mei* cachis J_2 zancli *Ise* || spoliis: foliis J_2 || mimantis F_1 *p.c.* J A_1: minantis P_5 J_2 J_4 || **348** exutus: exustus F_1 || ofion [-y-] P_5 *u.l.* A_1 osyan J ophias [-fy-] P_5 J_4 osyas F_1 *p.c.* J_2 oyas F_1 *a.c.* || **349** at: ast P_5 *s.l.* a P_5 ut F_1 || **350** ipsius: inpius J_2 J_4 || opima: -na P_5 *a.c.* || **351** summi: statu J_2 || caderetque: quateretque A_1 *a.c.* || **352** ni: in P_5 || lassam F_1 J *Ise mg.*: laxam J_2 lapsam P_5 A_1 lapsum J_4 *Ise* || proxima (A_1): pruina J_2 maxima A_1 *u.l.* || **353** numenque: no- P_5 *a.c.* tutumque J_2 || **354** parcitur: partitor J_2 panditur J_4 || -que nefas: non fas P_5 *a.c.* || **355** nullus: -is P_5 || robora l(a)edere: ledere r. A_1 J_2 || **356** audet ipse *Ise*

Cérès pourtant n'en est pas retardée[a]: la sainteté du lieu
L'enflamme davantage. Elle brandit sa hache avec hostilité,
Prête à frapper[1] Jupiter même. Couper des pins ou renverser
Les cèdres moins noueux[b], elle ne sait choisir.
Elle examine si les troncs conviennent[c], si la tige est bien droite;
D'un effort décidé, elle éprouve leurs bras.
Ainsi, celui qui veut porter des denrées sur les mers lointaines[d]
Construit sur terre son bateau. Il se prépare à exposer
Sa vie aux ouragans; il mesure le hêtre et l'aune[e],
Et il ajuste ces bois bruts aux différents usages:
Le bois long fournira aux voiles gonflées des antennes[f];
Fort, il est meilleur pour la barre; souple[2], il sera propice
Aux rames; imperméable, il servira pour la carène.
Sur une motte proche, un couple de cyprès dressaient leurs têtes
Inviolées[3]: le Simoïs ne peut en admirer de tels
Sur les rocs de l'Ida; l'Oronte aux bords si riches,
Qui nourrit le bois d'Apollon, n'en lèche pas de tels:
On les croirait tout à fait frères, tant ils dominent la forêt
De leurs cimes unies, le front égal, côte à côte dressés.

a. De même que César avait le premier profané la forêt de Marseille (LVCAN. 3,426 sqq., et notamment 433 «... primus raptam *uibrare bipennem* /...), Cérès viole pour la première fois le caractère sacré du bois de Jupiter (*uibrat... securim*). Elle défie ainsi celui qui est, pense-t-elle à juste titre, le responsable de l'enlèvement de sa fille.

b. Les torches étant faites de bois taillé en épis (VERG. *georg.* 1,292) ou fendu (OV. *met.* 7,259 *multifidas faces*; STAT. *Theb.* 3,142 à propos d'une torche de cèdre: *multifida... lumina cedro*), Cérès recherche le cèdre le moins noueux possible.

c. La leçon *(h)abiles* est donnée aussi par une dizaine d'autres *uetustiores*.

d. VERG. *Aen.* 1,376 *per aequora uectos*; MART. *epigr.* 16,3 *uexerat Europen... per aequora.*

e. Voir *pr.* 1,3 et n. compl. 3 de la page 8.

f. En langage maritime, le terme *cornua* signifie les extrémités de la vergue (VERG. *Aen.* 3,549 *cornua uelatarum... antennarum*); par métonymie, il peut désigner la vergue elle-même (OV. *met.* 11,482), à laquelle on attache la voile (*tumidis uelis*: HOR. *epist.* 2,2,201).

Non tamen hoc tardata Ceres: accenditur ultro
religione loci uibratque infesta securim,
ipsum etiam feritura Iouem. Succidere pinus
aut magis enodes dubitat prosternere cedros;
exploratque habiles truncos rectique tenorem
stipitis et certo pertemptat bracchia nisu.
Sic, qui uecturus longinqua per aequora merces
molitur tellure ratem uitamque procellis
obiectare parat, fagos metitur et alnos
et uarium rudibus siluis accommodat usum:
quae longa est, tumidis praebebit cornua uelis;
quae fortis, clauo potior; quae lenta, fauebit
remigio; stagni patiens, aptanda carinae.
Tollebant geminae capita inuiolata cupressus
caespite uicino, quales non rupibus Idae
miratur Simois, quales non diuite ripa
lambit Apollinei nemoris nutritor Orontes.
Germanas adeo credas: sic frontibus aequis
astant et socio despectant uertice lucum.

357 non: nec A_1 || hoc (A_1? J_2?): hec J_4 || ceres: omnes J_4 || **358** infesta: incerta *Ise* || securim: -a J_2 || **359** etiam (*Ise*): seu *Ise mg.* || feritura: peti- J_2 J_4 *Ise* || succidere: -cindere P_5 -cedere J_2 || pinus: -os P_5 || **360** aut (A_1 *a.c.*): haut J_2 at J_4 et A_1 *p.c. Ise* || enodes: -os P_5 || dubitat F_1 *J* P_5 J_4 *u.l. Ise mg.*: properat A_1 J_2 J_4 *Ise* || **361** exploratque: -ansque P_5 *a.c.* || (h)abiles P_5 *u.l.* A_1 *u.l.*: abies P_5 L_1 F_4 C_1 J_2 abiens *J* A_1 F_2 *Pm* J_4 *Ise* abietis F_1 amens L_3 || truncos: -us F_4 -as J_2 || **362** pertemptat [-tent-] F_1 *J* P_5 C_1 L_3 *Pm* J_2: praet- A_1 J_4 *Ise* percenset L_1 F_2 F_4 || nisu P_5 F_2 *Pm* J_2 J_4: uisu F_1 *J* A_1 L_1 F_4 C_1 L_3 nixu *Ise* || **363** uecturus (F_4 *u.l.*): nec- P_5 *a.c.* J_2 uenturas F_4 || **365-378** *def. J* || **365** obiectare: obl- L_1 || metitur: men- L_1 || alnos: almos P_5 *a.c.* || **366** uarium rudibus (F_2): r. u. F_2 *u.l.* || **367** qu(a)e: et L_1 || est *om.* P_5 || tumidis: ti- F_2 *Pm* || praebebit: -at J_2 || **368** qu(a)e: qui L_1 || clauo F_1 L_1 F_4 C_1 L_3 *Ise*: malo P_5 A_1 F_2 *Pm* J_2 J_4 || fauebit: -is L_1 || **369** aptanda (J_2 *m.a.*): op- J_2 est apta F_2 || **370** cupressus [-y-]: -i L_1 C_1 -e J_2 || *post 370 def.* C_1 || **371** non F_1 P_5 A_1 L_3 *Pm*: in L_1 F_2 F_4 J_2 J_4 || **372** non: nunc A_1 L_1 || **373** orontes (A_1 *u.l.*): enapis A_1 || **374** germanas: -os P_5 || frontibus P_5: -dibus *cett. mei Ise* || **375** a(d)stant A_1 L_1 F_4 J_2 J_4 *Ise*: ex(s)tant F_1 F_2 L_3 *Pm* distant P_5 || despectant: -at L_1 pro- A_1 J_4 || lucum (F_4 *u.l.*): celum F_2 *a.c.* F_4

Voilà les torches qui lui plurent. Elle s'attaque vite aux deux,
Robe retroussée et bras nu[a], armée d'une bipenne[1];
Elle frappe l'un après l'autre, et de toutes ses forces
Les ébranle et les pousse: ils s'écroulent ensemble[b];
Ils déposent ensemble leur chevelure[2], et se couchent au sol.
Douleur des Faunes et Dryades[c]! Elle les serre comme ils sont,
Tous deux, les lève haut; et, cheveux libres en arrière[3],
Elle gravit le faîte du mont entouré de vapeurs[d],
Franchit les feux et les rochers où nul ne passe,
Et foule de ses pas le sable qui s'indigne:
Telle se rue la farouche Mégère[4], pour animer au crime
Ses ifs pernicieux, soit qu'elle gagne les murs de Cadmos,
Soit qu'elle s'empresse à sévir contre Thyeste et sa Mycènes;
La ténèbre et les Mânes lui cèdent le passage, et sous ses pieds
De fer le Tartare tressaute; elle s'arrête enfin dans l'eau[e]
Du Phlégéthon, où son brandon puise à pleins flots.
Cérès, parvenue à la bouche[f] de la roche brûlante,
Plonge aussitôt les cyprès pour les enflammer, tête en avant[5],
Au milieu du cratère: elle recouvre largement

a. *Exerta manus*: voir ThLL, s.u. *exsero*, 1855,27-32 (OV. *fast.* 2,322; LIV. 8,9,5; LVCAN. 2,96; SEN. *benef.* 2,31,1...) et 1856,25 (STAT. *Ach.* 1,769 *exertasque manus* à propos d'Achille caché par Déidamie).

b. Virgile avait employé l'expression *ruinam*/... *trahit* à propos de l'écroulement d'une tour (*Aen.* 2,465-466).

c. Pour la douleur des Faunes, comparer STAT. *Theb.* 5,552 «silui-colae fracta *gemuistis* arundine *Fauni*»; pour celle des Dryades: 3,78 et n. compl. 1 de la page 62.

d. Emploi analogue d'*anhelus* chez Stace (*Theb.* 5,87-88), à propos de l'antre de Vulcain: «antra dei fumantis *anhelos* / exseruere *apices*».

e. Bien qu'en *Ruf.* 1,120 Mégère soit présentée sur la rive du Phlégéthon, j'ai conservé la leçon la mieux attestée (*in unda*), même si Pm est ici appuyé par sept autres *uetustiores* non retenus dans ma sélection (Hall 1985 apparat): pourquoi Mégère ne pénètrerait-elle pas dans les flots du Phlégéthon comme dans ceux de l'Élissus (STAT. *Theb.* 4,53 sqq.)? *Ferratis*: cf. 1,53.

f. *Ora*: LVCR. 6,702-703, à propos de l'Etna, «in summo sunt uertice enim crateres, ut ipsi / nominitant, nos quod *fauces* perhibemus et *ora*».

Hae placuere faces; pernix inuadit utramque
cincta sinus, exerta manus, armata bipenni,
alternasque ferit totisque obnixa trementes
uiribus inpellit. Pariter traxere ruinam
et pariter posuere comas campoque recumbunt:
Faunorum Dr*y*adumque dolor! Complectitur ambas,
sicut erant, alteque leuat retroque solutis
crinibus ascendit fastigia montis anheli
exuperatque aestus et nulli peruia saxa
atque indignantes uestigia calcat harenas:
qualis pestiferas animare ad crimina taxos
torua Megaera ruit, Cadmi seu moenia poscat
siue Th*y*esteis properet saeuire M*y*cenis;
dant tenebrae Manesque locum plantisque resultant
Tartara ferratis, donec Phleget<h>ontis in unda
constitit et plenos excepit lampade fluctus.
Postquam peruentum scopuli flagrantis in ora,
protinus arsuras aduersa fronte cupressus
faucibus iniecit mediis lateque cauernas

376 hae: hee P_5 L_3 J_2 || utramque: -umque L_3 *Pm a.c.* || **377** exerta: exp- L_1 || **378** alternasque: -ansque F_4 -as J_2 || ferit: findit J_2 || totisque: totis P_5 A_1 totasque J_2 *a.c.* || **379** traxere: str- P_5 || ruinam: -as J_2 || **380** pariter pos. comas F_1 A_1 F_2 J_2: par. pos. -am *J* P_5 L_1 F_4 L_3 *Pm* pos. -am par. J_4 || recumbunt: -it F_2 || **381** complectitur: am- L_1 || **382** erant: -at *Ise* || alte-: late- J_2 || **383** ascendit (J_2 *m.a.*): ost- J_2 || **384** saxa: -o L_1 -i J_2 *a.c.* || **386** qualis: -es *Pm a.c.* J_2 *a.c.* || crimina: culmina P_5 *p.c.* cunnia P_5 *a.c.* proelia P_5 *s.l.* || **387** cadmi seu: cad. ceu F_4 s. cad. P_5 || m(o)enia (J_4 *u.l.*): limina J_4 *p.c.* lumina J_4 *a.c.* || poscat: -it J_2*?* -am J_4 *m.a. om.* J_4 || **388** properet: -at P_5 L_1 F_4 tendat J_2 || micenis: -as P_5 *p.c.?* -us P_5 *a.c.* || **390** donec: dono L_1 || in unda: in umbra F_1 ad undam *Pm* || **391** plenos: -as F_4 || excepit: ac- J_4 *Ise* sus- F_2 || **392** peruentum F_1 *J* L_1 F_2 F_4 *Pm* J_2 J_4: p. est P_5 A_1 F_2 *s.l.* L_3 est p. J_4 *p.c. m.a.? Ise* || scopuli: -is F_2 *a.c.* || flagrantis: -gratis L_1 feruentis F_2 || (h)ora: oram P_5 *a.c.* || **393** aduersa *J* A_1 *Pm* J_2 J_4 *a.c.*: auersa F_1 P_5 L_1 F_2 F_4 L_3 J_4 *p.c. Ise* || **394** iniecit: iniectit J_4 *a.c.* mittit P_5 *a.c.* || cauernas: -a P_5

Le gouffre, et obstrue l'ouverture où bouillonnaient les flammes.
Le feu opprimé fait gronder le mont; enfermé, Mulciber
Est à la peine[a]; les vapeurs recouvertes ne peuvent plus sortir.
La pointe des conifères[b] pétille, et l'Etna s'est accru
De cendres neuves; les rameaux craquent en recevant le soufre.
Alors, pour que le feu ne manquât point à de telles errances,
Cérès le fit rester toujours sans coucher ni sommeil[c]:
Elle répandit sur leur cœur le suc mystérieux
Dont Phaéthon asperge ses chevaux, et la lune ses taurillons[1].
Déjà le silence nocturne a déployé[d] sur terre
Le retour du sommeil. Le sein dilacéré[e], Cérès commence
Sa longue route[f], et part en prononçant ces mots[2]:
«Ce ne sont pas ces torches que j'espérais porter pour toi,
Ma Proserpine; mais mon souhait était celui des mères:
J'avais devant les yeux le lit nuptial et les flambeaux de fête,
Un hyménée qu'aurait chanté le ciel. Les destins nous mènent ainsi
Nous, les divinités, et Lachésis sévit sans distinction!
Comme j'étais grande naguère! Avec quels soins les prétendants

a. Le nom de Vulcain *Mulciber* (2,175 et note b de la page 42) désigne ici par métonymie le feu du volcan personnifié.

b. *Coniferi* renvoie ici aux cyprès (aux pins en 1,205): VERG. *Aen.* 3,680 *coniferae cyparissi* (cf. SERV. *ad loc.* et ISID. *orig.* 17,7,34); NEMES. *ecl.* 2,86.

c. Emploi original des deux adjectifs: *inocciduus* qualifie habituellement les étoiles (ThLL, s.u., 1733,56 sqq.: GERM. 64 *-is ignibus*); et *insopitus*, un être animé (un dragon: OV. *met.* 7,36; LVCAN. 9,357; CLAVD. *Get.* 22).

d. Le verbe imagé *explicuere* renvoie à la métaphore traditionnelle des ailes du Sommeil (TIB. 2,1,89-90; STAT. *Theb.* 10,148; *Ach.* 1,620; SIL. 10,355) ou de la Nuit (VERG. *Aen.* 8,369).

e. Quand Cérès s'est aperçue du rapt de sa fille, «inornatos *laniauit* diua capillos / et repetita suis *percussit pectora* palmis» (OV. *met.* 5,472-473).

f. STAT. *Theb.* 10,363-364 à propos de Dymas: *uiamque / incohat* (12,649 *iter incohat hasta*).

texit et undantem flammarum obstruxit hiatum.
Conpresso mons igne tonat claususque laborat
Mulciber: obducti nequeunt exire uapores.
Coniferi micuere apices creuitque fauillis
Aetna nouis; stridunt admisso sulphure rami.
Tum, ne deficerent tantis erroribus ignes,
semper inocciduos insopitosque manere
iussit et arcano perfudit robora suco,
quo Phaethon irrorat equos, quo Luna iuuencos.
   Iamque soporiferas nocturna silentia terris
explicuere uices; laniato pectore longas
inchoat illa uias et sic ingressa profatur:
«Non tales gestare tibi, Proserpina, taedas
sperabam, sed uota mihi communia matrum,
et thalami festaeque faces caeloque canendus
ante oculos hymenaeus erat. Sic numina fatis
uoluimur et nullo Lachesis discrimine saeuit!
Quam nuper sublimis eram quantisque procorum

395 unaantem... hiatum [-y-]: -es... -us F_1 || flammarum: -is F_1 J_4 || obstruxit: obtexit P_5 *a.c.* *Pm a.c.* || **396** conpresso [com-]: -us J_2 || mons F_1 P_5 *p.c.* A_1 L_1 F_4 L_3 J_2 *m.a.* J_4: mox *J* P_5 *a.c.* F_2 *Pm* J_2 || tonat: s- F_4 || **397** mulciber (P_5 *s.l.*): -fer P_5 L_3 || exire F_1 P_5 A_1 L_3 *Pm p.c.* J_2 J_4: h(a)erere *J* L_1 F_2 F_4 *Pm a.c.* || **398** coniferi F_1 *J* A_1 F_4 *Pm* J_2 *p.c.* J_4: corn- L_1 F_2 L_3 J_2 *a.c.* *Ise* coniferei P_5 *p.c.* conifere P_5 *a.c.* || micuere: em- J_2 || creuit-: crepuit- P_5 *a.c.* decuit- L_1 || **399** stridunt *J* P_5 L_1 F_2 F_4 *Pm?* J_2 : -ent F_1 A_1 L_3 J_4 *Ise* || rami: panni L_1 || **400** tum F_1 *J* L_1 F_4 L_3 *Pm*: tunc P_5 A_1 F_2 J_2 J_4 || deficerent: -ciant L_3 || erroribus (J_4 *u.l.*): ardo- J_4 || **401** inocciduos: -as L_1 || insopitos-: -as- L_1 *p.c.* insopotas- L_1 *a.c.* insospites- P_5 || **402** perfudit: -undit P_5 profudit *Pm* || suco: sicco L_1 || **403** quo: que *J* J_2 || ph(a)et(h)on [fe-]: flegeton L_3 || luna (P_5 *s.l.*): iuno P_5 J_2 *a.c.* || iuuencos: iugales *J* || **404** iamque: et iam J_4 || soporiferas (P_5*? a.c.* J_4 *u.l.*): -is P_5*? p.c.* somniferis J_4 || terris: -as P_5 || **405** explicuere: explicare P_5 *a.c.* || longas: -e L_1 || **406** sic (P_5 *s.l.*): fit P_5 || ingressa: e- P_5 a- J_2 || **407-418** *def.* *J* || **408** uota: nota P_5 *a.c.* *om.* J_4 || matrum: fr- J_2 || **409** fest(a)e-: fastae- *Ise* || canendus: cauendais P_5 colendus J_2 || **410** numina: munia L_1 || **411** uoluimur: -tur J_2 ducimur J_4 || et: en J_2 || lachesis nullo J_2 J_4 *Ise* nulla l. discrimina L_1

M'entouraient[1]! Quelle mère aux nombreux descendants
Ne me cédait, devant mon seul enfant? Toi, ma première joie,
Et la dernière: par toi, je paraissais féconde.
O toi, mon honneur, mon repos, ô toi, cher orgueil de ta mère!
Tu étais en fleur, et j'étais déesse; tu étais sauve, et je n'étais
Jamais inférieure à Junon. Me voici laide, dépréciée.
Ton père l'a voulu! Mais pourquoi à autrui attribué-je
Mes pleurs[2]? C'est moi, cruelle, je l'avoue, qui t'ai perdue:
Je t'ai abandonnée et de moi-même laissée seule
Aux ennemis qui te guettaient. Oui, je goûtais sans crainte
Les clameurs rauques des thiases; joyeuse au bruit des armes,
J'attelais des lions phrygiens, alors qu'on t'enlevait.
Tire de moi le châtiment que je mérite[a]. Vois mon visage[b]
Épuisé par les plaies, les longs sillons vermeils sur ma poitrine!
Vois ce ventre oublieux meurtri par des coups répétés!
Sous quel quartier du ciel[c], sous quel pôle te chercherai-je?
Qui va être mon guide? Quelles traces me conduiront?
Quel est ce char et qui est cette brute? Habite-il la terre
Ou bien la mer? Quelles marques saisir d'un passage si prompt[d]?

a. Cornélia chez Lucain, en un autre contexte (8,97-98): «nunc *accipe poenas* / sed quas sponte luam».

b. Cf. 3,129 et 405.

c. Emprunt métrique à Lucain 9,873-874 (plainte des soldats pompéiens): «*qua te parte poli, qua* te tellure reliqui,/ Africa».

d. La leçon *rotarum*, moins bien attestée dans la tradition manuscrite (même si Hall cite au total sept *uetustiores*), est une correction banalisante. Au v. 430, j'ai conservé la leçon de tous les manuscrits retenus, *quis*: Hall préfère le plus banal *qui*, attesté par une douzaine de manuscrits extérieurs à sa sélection.

cingebar studiis! Quae non mihi pignus ob unum
cedebat numerosa parens? Tu prima uoluptas,
tu postrema mihi: per te fecunda uidebar.
O decus, o requies, o grata superbia matris,
qua gessi florente deam, qua sospite numquam
inferior Iunone fui! Nunc squalida, uilis!
Hoc placitum patri. Cur autem adscribimus ullum
his lacrimis? Ego te, fateor, crudelis ademi,
quae te deserui solamque instantibus ultro
hostibus exposui. Raucis secura fruebar
nimirum thiasis et laeta sonantibus armis
iungebam Phrygios, cum tu raperere, leones.
Accipe quas merui poenas. En ora fatiscunt
uulneribus grandesque rubent in pectore sulci!
Inmemor en uterus crebro contunditur ictu!
Qua te parte poli, quo te sub cardine quaeram?
Quis monstrator erit? Quae me uestigia ducent?
Quis currus? Ferus ille quis est? Terraene marisne
incola? Quae uolucrum deprendam signa uiarum?

414 numerosa: gene- J_2 || tu: tum P_5 || uoluptas: uoluntas L_1 || **415** tu: et P_5 || mihi: mei L_1 F_4 J_2 || te: arte *Pm a.c.* || uidebar: ferebar F_1 || **416** grata (J_4 *u.l.*): tanta J_4 || **417** qua: quo J_2 *a.c.* disa P_5 *a.c.* || deam (J_4 *u.l.*): dea F_4 deum J_4 || numquam: nus- L_1 J_2 *a.c.* nu- J_4 || **418** nunc squalida uilis *om.* J_2 n. s. tristis *add. m.a.* n. s. uili L_1 || **419** placitum: -dum F_1 placuit A_1 || patri *?* P_5 || cur autem adscribimus ullum *om.* J_2 c. a. a. illum *add. m.a.* || ullum *J* L_1 F_2 F_4 L_3 J_4 : illum F_1 P_5 A_1 *Pm* J_2 *m.a.* || **420** his: hiis P_5 J_2 || **421** solamque F_1 *J* P_5 A_1 *Pm* J_2 : s. qu(a)e L_1 F_2 L_3 *Ise* s. quam F_4 s. te J_4 || instantibus: stantibus P_5 *a.c.* || **422** exposui: op- P_5 || secura: fecunda *J* || fruebar: ferebar J_2 *a.c.* ferebat L_1 fouebar L_3 || **423** nimirum: nimium *J* || armis (A_1 *u.l.*): -uis L_1 antris A_1 J_2 || **424** cum tu: c. te L_1 te cum F_4 || raperere: rapuere L_1 F_4 J_2 || leones: dracones L_1 || **425** en ora fatiscunt (J_2 *m.a. Ise*): *om.* J_2 nunc ora f. J_4 onerata f. *Ise mg.* || **427** contunditur: -dunditur *J* -tundiditur F_1 || **428** qua te parte: q. teparte F_1 *a.c.* q. reparte F_1 *p.c.* q. parte F_2 || cardine: sidere F_2 climate F_2 *u.l.* || **429** quae: quo L_3 || ducent: -unt J_2 *a.c.* || **430** ille (P_5 *s.l.*): ipse A_1 L_3 J_2 iste P_5 || terr(a)e-: terris- J_2 || -ne… -ne: -ne… -ue J_4 -ue… -ue F_1 P_5 L_1 || **431** uiarum (P_5 *u.l. Ise mg.*): rotarum P_5 *Ise*

J'irai[a], j'irai là où mes pas, où le hasard me le commanderont.
Que Dioné, abandonnée, recherche ainsi Vénus![b]
Ma peine aura-t-elle un succès? Pourrai-je à nouveau t'embrasser,
Ma fille? As-tu encor ton charme et l'éclat de tes joues?
Dans mon malheur, peut-être te verrai-je
Telle que tu viens dans la nuit, telle que je t'ai vue en songe[c]?»
Elle a ainsi parlé. Depuis l'Etna, elle entreprend sa marche[d].
En maudissant les fleurs, cause de ce désastre, et le lieu même
Du rapt; elle suit les signes épars sur les chemins;
Elle incline ses torches et grâce à leur vive lumière
Fouille la plaine. Chaque ornière s'emplit de larmes;

a. Dans le choix du titre de son poème *Ibo* (*Contemplations* 6,2), Victor Hugo a pu se souvenir de Claudien, même s'il n'y est pas explicitement question de la quête de sa fille disparue.

b. Comparer les v. 433-437 aux v. 69-112. *Sic*: cf. 3,309-310 et note e. *Dione*: cf. 2,4 et note a de la p. 33.

c. Même clausule *somnia uidi* chez Ovide (*met.* 9,475, dans les paroles de Byblis).

d. Claudien s'inspire ici globalement d'une comparaison de Stace (*Theb.* 12,270-277): «qualis *ab Aetnaeis accensa lampade saxis* / *orba Ceres* magnae uariabat *imagine flammae* / Ausonium Siculumque latus, uestigia nigri / raptoris, uastosque legens in puluere sulcos; / illius insanis ululatibus ipse *remugit* / Enceladus ruptoque uias *inluminat igni* :/ Persephonen amnes, siluae, freta, nubila clamant;/ Persephonen tantum Stygii tacet aula mariti». Dans le détail, certaines expressions viennent d'autres passages de Stace: *gressus molitus* (v. 438: *Theb.* 6,704-705 «Hippomedon... tardos / *molitur gressus*»; cf. *Theb.* 1,457; *silu.* 5,3,269; SVLP. SEV. *epist.* 2,5); *rimatur lumine* (v. 441: *Theb.* 11,525-526 «uultus *rimantur* acerbo / *lumine*»); *lucis imago* (v. 444: *Theb.* 4,424, clausule d'hexamètre). — *Prima* a ici une valeur adverbiale (Birt). — Sur l'association des fleurs, responsables du rapt, et de l'Etna, lieu de l'enlèvement: Charlet 1987. Faut-il voir dans l'association de la souffrance (*madet fletu, admugit*) et de la lumière (*lumine, faces, lucis, clarescit, accenso resplendent*) l'image du destin de Cérès, dont la douleur doit à terme apporter une lumière au genre humain (Tardioli, p. 616)?

Ibo, ibo, quocumque pedes, quocumque iubebit
casus. Sic Venerem quaerat deserta Dione.
Efficietne labor? Rursus te, nata, licebit
amplecti? Manet ille decor, manet ille genarum
fulgor? An infelix talem fortasse uidebo
qualis nocte uenis, qualem per somnia uidi?»
Sic ait et prima gressus molitur ab Aetna;
exitiique reos flores ipsumque rapinae
detestata locum, sequitur dispersa uiarum
indicia et pleno rimatur lumine campos
inclinatque faces. Omnis madet orbita fletu;

432 iubebit (*P_5? a.c.*): uidebit *J L_1 J_2* iubebunt *P_5 p.c.? A_1* || **433** quaerat: -it *F_4* || deserta: di- *J_2* || **434** efficietne (*J_2 m.a. Ise*): pro- *F_1 p.c. P_5 A_1 s.l. J_2* || rursus: uursus *P_5* || nata: nota *L_1* || **435** manet ille: namque *P_5* || **437** qualem: -lis *L_1* qualemque *F_2* || per somnia: proserpina *J_4* || **438-448** *om. L_1 F_2 F_4 L_3 Pm J_2 add. Pm m.a. J_2 m.tert.* explicit liber claudii claudiani secundus de raptu proserpine *L_3* || **438** prima gressus: gressus prius *P_5* || molitur: mollitur *P_5 J_4* || **439** reos *om. add. J_2 m.tert.* || **440** dispersa: diuersa *J_2 m.tert.* deserta *Pm m.a.* || **441** indicia: indiciata *P_5 a.c.* || pleno *F_1 J P_5 A_1 J_2 m.tert. p.c.*: -os *Pm m.a. J_2 m.tert. a.c. J_4* || **442** inclinatque: inclamatque *P_5 a.c.* || omnis madet *F_1 J P_5 s.l. A_1 mg. J_2 m.tert.*: o. perit *P_5 A_1* manat o. *Pm m.a.*

Elle gémit à chaque ornière[a]. Partout sur l'onde où elle va,
Son ombre flotte à ses côtés sur la mer fauve, et le dernier reflet
De ses feux frappe l'Italie et la Libye; le rivage toscan
S'éclaire, et dans l'incendie de la mer les Syrtes resplendissent[b].
Ce reflet gagne au loin les antres de Scylla, dont les chiens se blottissent:
Les uns se taisent, stupéfaits; encor sans peur, d'autres aboient.

a. L'établissement du texte des v. 443-444 est discuté. Contre Heinsius (1665, p. 795, après Barth) et Hall (1969, p. 241-244), qui imprime *omnibus admugit... sulcis. / innatat...*, je m'en tiens, avec Gesner, Birt et Koch, au texte transmis par la grande majorité des manuscrits, et donne aux deux *aequore* (v. 443 et 446) le même sens. *Sulcis* (cf. *Theb.* 12,273), conjecturé par Barth, n'est donné que par la main qui a complété Pm; c'est la même source, avec un seul autre *uetustior*, L_5, qui donne *innatat*. Rutilius Namatianus (1,284) a sans doute imité Claudien: «pineaque extremis fluctuat *umbra fretis*».

b. La variante *respondent*, attestée aussi par quatre manuscrits du XIVe s. et la main récente d'un cinquième (Hall 1985), peut être mise en parallèle avec LVCR. 4,213 *sidera respondent*; ou AVSON. *Mos.* 189-190 «cum glaucus opaco / *respondet* colli fluuius». Mais la leçon *resplendent*, mieux attestée, est appuyée par SIL. 2,663-664 (à propos de l'incendie de Sagonte): «*resplendet* imagine flammae /*aequor* et in tremulo uibrant incendia ponto». — Dans le récit des *Fastes* (4,499-500), Ovide avait écrit: «effugit et *Syrtes* et te, Zanclea Charybdi,/ et uos, Nisaei, naufraga monstra, *canes*».

omnibus admugit. Quocumque it in aequore, fuluis
adnatat umbra fretis, extremaque lucis imago
Italiam Libyamque ferit: clarescit Etruscum
litus et accenso resplendent aequore Syrtes;
antra procul Scyllaea petit, canibusque reductis
pars stupefacta silet, pars nondum exterrita latrat.

(*Finis deest*)

443 admugit: adiungit J_2 *m.tert. a.c.* J_4 || in *om.* J_2 *m.tert.* || aequore: -a A_1 || fuluis: sulcis *Pm m.a.* siluis J_2 *m.tert. p.c.* fluctus J_2 *m.tert. a.c.* || **444** adnatat F_1 *J* P_5 A_1: at natat J_4 abnatat J_2 *m.tert.* innatat *Pm m.a.* || umbra: umbrata *Ise* || extremaque (*Ise*): externaque *J* J_4 *Ise mg.* || **445** et(h)ruscum: otruscum P_5 *a.c.* utrisque J_4 utrumque J_4 *u.l.* || **446** litus: intus P_5 *a.c.* || resplendent: respondent P_5 || **447** (s)cil(l)ea: s(c)illena J_2 *m.tert.* J_4 scil(l)eaque P_5 *p.c.* A_1 cileaque P_5 *a.c.* || reductis: reclusis J_2 *m.tert. a.c.* || **448** pars nondum: et pars J_2 *m.tert.*

NOTES COMPLÉMENTAIRES

Page 8:

1. Les mss. donnent pour *secuit*, *primus* et *qui* trois dispositions métriquement possibles. Mais on s'étonne que Hall choisisse l'ordre *primus secuit qui*, qui n'est attesté que par une partie de la classe b (sans doute pour rapprocher *inuenta* et *primus* comme en *Eutr.* 1, 161). On peut hésiter entre les deux autres dispositions, attestées l'une et l'autre par des mss. des trois classes. Avec Birt, je choisis l'ordre *secuit primus qui*, mieux attesté dans les classes a et c (quand on prend en compte tous les *uetustiores*), et qui met bien en valeur le terme le plus important *primus* entre les césures penthémimères et hephthémimères. *Primus* désigne sans doute ici Jason (OV. *epist.* 12,7 sqq.; VAL. FL. 1,194...); d'autres attribuent la première navigation à Prométhée (Eschyle, *Prom.* 467 sq.), aux Phéniciens (TIB. 1,7,20), aux Crétois (PHAEDR. 4,7,19) ou aux Égyptiens (PLIN. *nat.* 7,208). Ce vers d'introduction peut rappeler le début de l'*Énéide*: «Arma uirumque cano, Troiae *qui primus ab oris* »; l'ordre *qui primus*, qui serait moins heureux dans le vers de Claudien, n'aurait-il pas été suggéré à quelque copiste par le vers de Virgile?

2. Burman glose *rudibus* par *ramis arborum non politis.* Mais l'interprétation de Barth (*qui antea non experti erant mare*) est confirmée par un passage de Lucain où il est question, comme ici, de la première navigation de l'Argo: «Inde lacessitum primo mare, cum *rudis* Argo / miscuit ignotas temerato litore gentes / primaque...» (3,192-197) et surtout par deux des imitateurs de Claudien cités plus haut (p. 5): le Ps. Prosper (en 416), *prou.* 100-101 («sed quoniam *rudibus* metus est intrare *profundum*, / in tenui primum discant procurrere riuo...») et Vénance Fortunat, *Mart.* 1 *pr.* 1 («Nauta *rudis* tumido cum uult dare uela *profundo*»). La fin du pentamètre imite Virgile (*georg.* 2,503: «*sollicitant* alii *remis freta* caeca»).

3. Comme en *rapt.* 2,178 et *4 cons.* 422, *alnus* est une métonymie pour désigner un vaisseau (VERG. *georg.* 1,136: «tunc alnos primum fluuii sensere cauatas»; 2,451...). Le bois d'aune était considéré comme excellent pour la navigation: PLIN. *nat.* 16,219; LVCAN. 3,441 *fluctibus aptior alnus*; STAT. *Theb.* 6,106 *alnus amica fretis*, et, plus loin, *rapt.* 3,365.

4. *Natura negat*: formule banale (SIL. 3,655; PS. CATO *dist.* 2,9,2), qu'on trouve déjà avec la même valeur métrique chez IVV. 1,79 et CAPITOL. *Opil.* 11,4 v. 4 (épigramme d'un poète contre Macrin). La fin de vers *arte uias* (cf. PROP. 3,7,32) est reprise par VEN. FORT. *Mart.* 1 *pr.* 22.

5. Bien que l'épithète *secretus* qualifie souvent *litus* (LVCAN. 5,376; VAL. FL. 3,372; APVL. *met.* 10,35,4; PRVD. *c. Symm.* 1,136) ou un terme comme *callis* (VERG. *Aen.* 6, 443), le contexte impose de choisir *securo*, avec tous les mss. sauf F_1. *Litora summa* désigne la partie extrême du rivage; il s'agit de côtoyer de très près les terres (cf. STAT. *Ach.* 1,137). Même thème dans le même contexte chez VERG. *georg.* 2,44 *primi lege litoris oram* et PAVL. PETR. *Mart.* 2,5 *uicinis bene radens litora terris.*

6. Le verbe *inrumpere* (*irr-*) est donné par tous les manuscrits. La leçon marginale de l'*Isengriniana* sent la conjecture d'un érudit à partir d'OV. *met.* 1,134 *fluctibus ignotis exultauere carinae* (cf. aussi SIL. 14,364 *insultant pariter pelago*). La leçon des mss. est corroborée et par le texte dont s'est inspiré Claudien (STAT. *Theb.* 6,23, cité p. 5) et par l'un des textes qui imitent Claudien: PAVL.PETR. *Mart.* 2,4 «inrupit (irrumpit *PL* 61,1017) uastum temeraria cumba profundum». L'éditeur de l'*Isengriniana* est pris ici en flagrant délit de conjecture inutile. Mais la tradition manuscrite hésite sur le temps du verbe: *irrumpit* / *irrupit* (hésitation d'autant plus compréhensible que la différence entre les deux formes tient à une barre de nasalisation). Le parfait *dedidicere* a pu entraîner la forme *irrupit*; j'ai choisi le présent: coordonné à *domat*, il s'oppose aux deux parfaits de la temporelle.

Je préfère l'accusatif *pelagus* au datif *pelago*. La tradition manuscrite est ici divisée et, si la leçon *pelago* est plus fréquente, ce qui ne constitue pas un argument dirimant dans une tradition fortement contaminée, l'accusatif *pelagus* a pour lui les passages parallèles de Stace (*pontum*) et de Paulin de Périgueux (*profundum*). Si la source de Claudien et son imitateur ont tous deux construit *irrumpere* avec l'acc., Claudien a pu faire de même (*Get.* 1-2: *Intacti cum claustra freti... / ... audax inrumperet Argo*), et la leçon *pelago* peut s'expliquer aisément.

7. L'expression *Aegaeas hiemes* est empruntée à Stace (*silu.* 5,2,5: «ceu super *Aegaeas hiemes* abeuntis amici / uela sequar»). Les tempêtes en mer Égée sont célèbres et la mer Égée est souvent associée à la mer Ionienne (STAT. *Ach.* 1,35 *Ionium Aegaeumque premi* et SIL. 15,157, dans une comparaison épique qui décrit une tempête, *Ionium Aegaeo miscet mare*).

8. *Ionium*, nettement mieux attesté dans la tradition manuscrite, doit être préféré à *ionias*, correction «normalisante». *Ionium* seul désigne souvent la mer Ionienne (VERG. *Aen.* 3,211; SIL. 15,157 et, chez Claudien, *4 cons.* 461 et *Stil.* 1,174).

Page 9:

1. Le poète visionnaire se pose en hiérophante (v. 1-31). La divinité qui le possède lui ordonne d'apporter aux purs, par ses vers, la révélation de ses secrets. Claudien se réfère ici à la conception platonicienne de l'inspiration. Cf. F. Buffière, *Les mythes d'Homère et la pensée*

grecque, Paris 1956, p. 27-28: «L'âme est plongée dans la vie divine, n'a plus d'existence propre, ne voit le monde extérieur que dans cette lumière surnaturelle. La personnalité humaine du poète est alors pleinement absorbée, c'est Dieu lui-même, l'Un qui pense en elle». Et c'est en lui-même, non dans la nature sensible, que le poète trouve la révélation (Platon, *Ion* 533 C, 534 E; *Phèdre* 245 A; Plotin, *Enn.* 5,8 et 5,10). Cette haute conception de l'inspiration poétique, en rapport avec le sujet choisi, n'exclut pas, dans l'écriture, le recours aux techniques traditionnelles de l'*imitatio* et de la *retractatio*.

Comme il est de règle dans l'épopée antique, le poète commence par définir le sujet de son poème: v. 1-3, développés un peu plus loin, v. 26-31. Le recours systématique à la périphrase (*inferni raptoris* = Pluton; *profundae Iunonis* = Proserpine), parfois de caractère métonymique, correspond aux tendances alexandrines d'un poète érudit qui fait appel aux connaissances mythologiques, historiques ou géographiques du lecteur. Ainsi *adflata curru Taenario* signifie «atteints par le souffle des chevaux du char infernal» (*c. min.* 27,5-6 *coruscis / nox adflata rotis* et STAT. *Theb.* 10,328 «*Adflatus*que fugit *curru* maiore Bootes»): les anciens plaçaient l'une des entrées des enfers dans une gorge du Ténare en Laconie (VERG. *georg.* 4,467 *Taenarias etiam fauces, alta ostia Ditis*; HOR. *carm.* 1,34,10; OV. *met.* 10,13...). La variante *trinacrio*, comme *tartareo*, qu'on lit dans deux manuscrits non retenus et dans la Juntine, est une correction d'un scribe demi-savant qui n'a pas compris que *Taenario* était employé ici non dans son sens géographique propre, mais dans un sens métonymique, pour désigner les enfers, le royaume de Pluton. La rencontre des deux termes *sidera* et *Taenario* a valeur symbolique: l'un des thèmes majeurs du poème est celui de l'opposition entre le royaume d'en haut et le royaume d'en bas, les enfers et le ciel, la lumière et les ténèbres. Pour le char infernal, Claudien s'est peut-être souvenu de SIL. 7, 688-690: «ceu quondam aeternae regnator noctis, ad imos / cum fugeret *thalamos*, Hennaea uirgine rapta, / egit nigrantem Stygia *caligine currum*».

Caligantes, comme *profundae*, est une épithète traditionnelle des enfers: cf. respectivement VERG. *georg.* 4,468; STAT. *Theb.* 1,95 (et *rapt.* 3,247); et VERG. *georg.* 1,243; STAT. *Theb.* 1,297; 8,143; VAL. FL. 7,401... Claudien contamine ici deux passages de la *Thébaïde* consacrés à Proserpine: «Stygiaeque seueros / *Iunonis thalamos*» (4,526-527) et *profundae Cereri* (4,549; cf. 5, 156 *inferna Ceres* et, à propos de Pluton, *profundo Ioui* en 1,615). Les anciens, peut-être sous l'influence des pythagoriciens (F. Cumont, *Lux perpetua*, Paris 1949, p. 192), partagent les divinités par couples, en les assignant respectivement à l'hémisphère supérieur et à l'hémisphère inférieur: il y a un Jupiter céleste et un Jupiter souterrain; une Junon dans le ciel et une aux enfers (VERG. *Aen.* 6,138 *inferna Iuno*; OV. *met.* 14,114 *Auerna Iuno*; STAT. *silu.* 2,1,147 *infera Iuno*; voir plus loin *rapt.* 2,367).

Audaci promere cantu: reprise du thème de l'audace du poète (*pr. rapt.* 1,3). Pour le sens, les deux leçons *prodere* (cf. par exemple LVCAN. 5,176; 10,194... et plus loin *rapt.* 3,55 et 63) et *promere* (LVCAN. 1,67... et plus loin *rapt.* 3,195) sont possibles. Mais la seconde est beaucoup mieux attestée dans la tradition manuscrite (plus encore que ne l'indique mon apparat restreint) et elle est confirmée à la fois par une imitation (BOETH. *cons.* 3,2,6 *promere cantu*) et par un texte de Catulle, sans doute la source de Claudien, qui permet de comprendre le *congesta* du v. 4, dont la difficulté a suscité sur certains manuscrits et dans certaines éditions des conjectures inutiles, telles que *angusta*, *augusta*, *commota* ou *concussa* (Isengriniana, suivie à tort par Hall).

On doit en effet écarter l'interprétation de Gesner (= les πυκιναὶ φρένες d'Homère, par exemple *Il.* 14,294: il n'est pas question ici de la sagesse de l'esprit) et celle de Birt (*congesta* = acc. n. pl. à prendre au sens de *breuiter*): on ne voit guère ce que signifierait *breuiter* au début d'une épopée, et la place de *congesta* incite à en faire un nom. f. sg. On pourrait être tenté, après Brodaeus, d'interpréter *congesta* dans un sens platonicien, compte-tenu de ce que nous venons de dire: cf. *Phédon* 65 C et 70 A, à propos de l'âme qui se ramasse en elle-même et sur elle-même en partant de chacun des points du corps, la συνηθροισμένη ψυχή. Mais ici, même si c'est en lui que le poète trouve la révélation, il n'est pas question d'opposition entre le corps et l'âme. Potz (p. 46) comprend *mentem congerere* comme *mentem colligere*. Mais le plus simple est de donner à *congesta* le sens de «rempli» (ThLL, s.u. 280,15 sqq.) et de l'interpréter à la lumière de Catulle 65,3-4: «nec potis est dulcis Musarum ex*promere* fetus / *mens* animi». Claudien semble bien filer la même métaphore que Catulle: possédée par le dieu, sa *mens* est tellement «pleine» (= gravide, grosse) qu'elle le contraint à mettre au jour son poème, fils du dieu Apollon.

Le rapprochement que Birt propose avec Licentius (in AVG. *epist.* 26, v. 1-2 *Arcanum Varronis iter scrutando profundi mens hebet*) ne semble pas fondé.

2. C'est une construction rare (*iam mihi cernuntur... moueri*: cf. AVIEN. *Arat.* 165 et 1600-1601) qui introduit l'épiphanie de la triade éleusinienne. Selon la tradition, l'arrivée de la divinité s'accompagne d'un tremblement de terre: Callimaque, *hymn. Apoll.* 15 sqq. et VERG. *Aen.* 6,255-258, que Claudien a très certainement à l'esprit: «Ecce autem primi sub limina (*lumina* var.) solis et ortus / sub pedibus *mugire* solum et iuga coepta *moueri* / siluarum, uisaeque canes ululare per umbram / *aduentante dea.* Procul o, *procul este, profani*» (voir aussi *Aen.* 3,90-92 «tremere omnia uisa repente, / limina laurusque dei, totusque *moueri* / mons circum et *mugire* adytis cortina reclusis»; OV. *fast.* 2,439; 4,267; *met.* 9,782; 11,671 sq.; STAT. *Ach.* 1,514 sqq....). On note chez Claudien comme chez Virgile la même hésitation dans la tradition manuscrite entre *limina* et *lumina* (*Aen.* 6,828; cf. SIL. 1,66;

15,563). Hall, après Birt, choisit *limina* en supposant que Claudien se place du point de vue des initiés qui, dans l'obscurité, voient tout à coup les portes du sanctuaire s'ouvrir et le seuil s'illuminer de l'éclat des torches (l'épiphanie d'une divinité s'accompagne de lumière: pour Déméter, voir *Hymn. hom. Dem.* 188-189). Ce choix est possible; mais la leçon *limina* n'est attestée que par trois manuscrits (outre L_3, O_3 et R_8) et pourrait s'expliquer comme la correction d'un scribe qui connaissait Virgile. De plus, les v. 7-8 semblent rigoureusement parallèles aux v. 10-11, qui reprennent le même thème en précisant qu'il s'agit des mystères d'Éleusis: à *trepidis... moueri* correspond *magnus ab imis... Cecropium*, et à *claram dispergere lumina lucem*, *sanctasque faces... Eleusis*. Sur F_1, *lumina* est glosé par *cereos*, et Parrhasius comprenait lui aussi *taedae*. Je préfère donc conserver la leçon de la quasi totalité des manuscrits; *culmina*, donné par l'Isengriniana, est, comme *concussa* au v. 4, une conjecture inutile peut-être inspirée par les v. 188-189 de l'hymne homérique à Déméter. Les *lumina* désignent les torches que portaient les initiés dans le cortège d'Éleusis (voir P. Foucart, *Les Mystères d'Éleusis*, Paris 1914) et Claudien évoque sans doute au v. 11 la procession qui ramenait les *hiéra* d'Athènes à Éleusis, le 19e jour du mois de Boédromion (septembre), le cinquième jour des Grands Mystères. Cette procession arrivait le soir, à la lumière des torches, avec Iacchos et le Iacchagogos en tête (Aristophane, *Ran.* 314 sqq. et 340 sqq.; Pausanias 1,2,4): voir G.E. Mylonas, *Eleusis and the Eleusinian Mysteries*, Princeton 1961, p. 252-258. Pour le symbolisme des torches dans le rite d'Éleusis, cf. V. Magnien, *Les Mystères d'Éleusis, leurs origines, le rituel de leurs initiations*, Paris 1938², p. 127: «l'union de l'âme avec le corps a jeté l'âme dans les ténèbres et le désordre. Il faut donc ramener l'âme à la lumière et à l'ordre. Mais la lumière physique symbolise la lumière intellectuelle et morale: voilà pourquoi on emploie des flambeaux dans les Mystères... et voilà pourquoi les cérémonies d'Éleusis comportent des illuminations». À la fin du livre 3, Cérès allumera des torches au feu de l'Etna (3,331 sqq.): les fidèles d'Éleusis devaient rattacher le rite des torches à cet épisode mythique.

Aduentum testata dei rappelle VERG. *Aen.* 6,258 cité plus haut. Dans sa *Médée*, Dracontius a repris littéralement cet hémistiche (10,175). La variante *dee* est une conjecture inutile destinée à annoncer Déméter. En fait, *dei* ne se réfère pas précisément à Iacchus ou à Déméter (Parrhasius, Heinsius) — ce qui serait théoriquement possible même avec la leçon *dei*, par analogie de ἡ θεός — : Claudien suggère l'approche de la divinité en général. La mention explicite d'Éleusis n'apparaît qu'au v. 11.

Au v. 10, il n'y a pas lieu de préférer *strepitus* (*lectio facilior*) à *fremitus*, beaucoup mieux attesté dans les mss. du XIIe et XIIIe siècle. — *Cecropius* est une métonymie fréquente chez les poètes pour dire «d'Attique», en référence au premier roi d'Athènes *Cecrops* (VERG.

georg. 4,177; HOR. *carm.* 2,1,12; OV. *met.* 6,70 et CLAVD. *Theod.* 67). — *Extollit* est beaucoup mieux attesté qu'*attollit*, et le parallèle avec STAT. *Theb.* 12,132-133, source probable de notre passage, confirme le préverbe *ex*: «Eleusin /... *arcanos... extulit ignes* ». Priscien (II, 219,7) atteste les deux formes de nominatif *Eleusin* et *Eleusis*, et note que si les Latins préfèrent pour les mots de ce type les formes en *-in*, les Grecs usent plus fréquemment de celles en *-is*. Même si, comme je le pense, Claudien s'est ici inspiré de Stace (chez qui la tradition manuscrite hésite entre *eleusim*, *eleusi* et *eleusis*), il a pu, lui dont la langue maternelle était le grec, préférer la forme en *-is*: une imitation non servile suppose une part de *retractatio*. Dans la mesure où tous les mss. de Claudien, sauf deux *uetustiores* (N donne *eleusim*) et deux *recentiores*, portent la forme *Eleusis*, il n'y a pas lieu de la normaliser en fonction de l'usage habituel des poètes latins. Les scribes de Claudien sont souvent des demi-savants; l'un ou l'autre d'entre eux a pu vouloir normaliser *Eleusis* en *Eleusin*.

3. Le serpent, animal chtonien, est lié à Déméter (*rapt.* 1,181 sqq.) et au culte d'Éleusis. Triptolème, second fils du roi d'Éleusis Célée, est le premier initié de Déméter. Celle-ci lui enseigna l'art d'ensemencer la terre et lui offrit son char tiré par deux serpents (OV. *met.* 5, 642 sqq.; dans les arts plastiques: E.G. Mylonas, *op. cit.*, p. 20-21 et 192-193). *Anguis* est un terme poétique, ancien et employé dans la langue religieuse (ThLL, s.u. 53,49 sqq., en particulier OV. *met.* 5,642 à propos du char offert par Cérès à Triptolème).

Curuis iugis: le «joug recourbé» était fait de deux arcs attachés qui emboîtaient le cou des animaux (TIB. 1,10,46; OV. *ars* 1,318; *fast.* 4,216; *Pont.* 1,8,54). Ce passage, comme le v. 9, a été imité par Dracontius dans sa *Médée* pour décrire le char de la magicienne (10,556-558): «uenere dracones /... et *colla leuantes* / *squamea*». L'expression *tendunt ad carmina* (v. 14) fait penser à Orphée charmant et adoucissant (*sereno*) les animaux sauvages (cf. *pr. rapt.* 2).

Page 10:

1. Fille du Titan Perses et d'Asteria (Hésiode, *theog.* 409 sqq.), Hécate joue un rôle important dans le mythe de l'enlèvement de Proserpine. Elle apparaît à trois reprises dans l'hymne homérique à Déméter (v. 25; 52 sqq.; 438 sqq.) et on la voit sur les reliefs éleusiniens (G.E. Mylonas, *op. cit.*, p. 192 et fig. 67). Dans le poème de Claudien, nous ne la retrouverons plus (en 2,27 *Triuia* désigne Diane). Selon F. Cumont (*Les religions orientales dans le paganisme romain*, Paris 1929[4], p. 298 et 312 n. 74), le culte d'Hécate, encore pratiqué au IVe s., avait pu être remis à l'honneur par les théurges néoplatoniciens. Elle est ici associée (*simul*) à Iacchos. Sous l'influence de certaines sectes néo-orphiques, le polythéisme syncrétiste de l'Antiquité tardive rapprochait les cultes de Dionysos et d'Hécate (souvent associés dans les inscrip-

tions: CIL VI,500; 504; 510; 1175...): voir A. Brühl, *Liber Pater*, Paris 1953, p. 261-262. Hécate, déesse du monde infernal, était unie à Liber, dieu de l'au-delà, et Iacchos, que les Grecs assimilaient à Dionysos, se confondait avec Liber (SERV. *ecl.* 6,15: *Iaccho autem uino, a Libero patre, qui etiam Iacchos uocatur*).

Déesse de la magie, Hécate est une divinité infernale parfois assimilée à Proserpine; mais elle est aussi associée ou assimilée à Artémis-Diane et à la déesse des carrefours Trivia (W. Kirfel, *Die dreiköpfige Gottheit. Archäologisch-ethnologischer Streifzug durch die Ikonographie der Religionen*, Bonn 1948). C'est pourquoi les poètes lui donnent pour épithète *triplex*, *triformis*, *triceps*, *tergemina*. Ici encore, Claudien semble s'être inspiré de Stace, *Theb.* 10,365-366: «Cynthia... / si te tergeminis perhibent *uariare figuris* / numen» (cf., à propos de Proserpine assimilée à Diane et à la Lune, PRVD. *c. Symm.* 1,364: «*ter*que suas eadem *uariare figuras*»). Mais ici, dans la mesure où Claudien la distingue et de Proserpine et de Diane (voir livre 2), l'expression *ternis figuris* doit faire seulement allusion aux représentations figurées d'Hécate, en particulier aux statues, qui lui donnent trois corps ou trois têtes (cheval, chien, lion ou femme) sur un seul corps, sans suggérer une interprétation symbolique de cette «triple forme».

Iacchos est à l'origine le cri rituel des mystes d'Éleusis (Hésychius, s.u.); il devint le nom du dieu. On le rencontre avec Déméter et Perséphone dans la représentation de Praxitèle à l'Iaccheion (Pausanias 1,2,4; Plutarque, *Aristid.* 27: G.E. Mylonas, *op. cit.* p. 187-188): il fait partie du cortège éleusinien (Hérodote 8,65) et Virgile le nomme, après la «Mère éleusinienne» et Célée (*georg.* 1,166). Sur sa nature et sa fonction, voir V. Magnien, *op. cit.*, p. 92 sqq. Iacchos est souvent le surnom mystique de Dionysos (Aristophane, *Ran.* 324 sqq et 377 sqq.; Sophocle, *Antig.* 1152). Certains textes orphiques font d'un Dionysos le fils de Déméter et de Zeus (Diodore 3,62,6 à 8 et 64,1) et de même, pour Lucrèce (4,1168), Iacchus est fils de Cérès. Mais la religion populaire, à Rome, n'attribuait à Cérès qu'un enfant (H. Le Bonniec, *Le culte de Cérès à Rome*, Paris 1958, p. 306 sqq.): Coré-Proserpine; c'est cette tradition que suit Claudien.

Hall adopte la leçon de loin la moins bien attestée, *leuis* (= *imberbis*: HOR. *carm.* 4,6, 28). *Laetus* n'est pas impossible (STAT. *Ach.* 2,101). Mais *lenis*, bien attesté dans les manuscrits anciens, donne une leçon satisfaisante: *lenis* qualifie souvent un dieu (ThLL, s.u., 1143,18 sqq.; pour Bacchus, voir certains mss. de CLAVD. *c. min. app.* 6,1) et Iacchus-Bacchus est souvent présenté comme *tener* (TIB. 2,3,63; PRIAP. 36,3; OV. *am.* 3,2,53 et *Ib.* 497; SEN. *Herc. f.* 472...), ou comme un *mite numen* (OV. *met.* 11,134; STAT. *Theb.* 5, 286).

Les v. 17 à 19 décrivent le triomphe de Bacchus (CATVLL. 64,251-252; VERG. *Aen.* 6,804-805; OV. *fast.* 3,465-466; *met.* 11,89-90; STAT. *Theb.* 4,652-653; *Ach.* 1,615 sqq.... et CLAVD. *4 cons.* 602 sqq.; *Stil.*

3,362). — *Floreus*: CATVLL. 64,251 *floreus... Iacchus*. Le lierre dont est couronné Iacchus est, avec la vigne et le myrte, l'une des plantes consacrées à Bacchus (OV. *fast.* 3,767 *hedera est gratissima Baccho*; *Hymn. hom. Dion.* 2,1 et 9...; cf. aussi *rapt.* 2,352; *4 cons.* 609; *Stil.* 3,366): W. Otto, *Dionysos, Mythos und Kultus*, Darmstadt 1960³. Iacchus porte la peau de tigre (ou de panthère: VERG. *Aen.* 6,805; HOR. *carm.* 3,3,14) de la façon traditionnelle, c'est-à-dire les deux pattes autour du cou: les griffes tiennent lieu d'agrafes. Pour l'expression *in nodum*, cf. VERG. *Aen.* 11,775-776; mais Claudien imite encore Stace, *Theb.* 9,685-686 «discolor ambit / *tigris* et *auratis* aduerberat unguibus armos».

Le texte du v. 19 (beau *uersus aureus*, manière de point d'orgue en fin de développement, comme souvent chez Claudien: Fo 1982, p. 146-148) fait problème. Hall lit *Maeonius firmat uestigia thyrsus*. L'expression virgilienne *firmat uestigia* (*Aen.* 3,659) est devenue un cliché poétique: LVCAN. 4,41; STAT. *Theb.* 2,11 *medica firmat uestigia uirga*; CLAVD. *3 cons.* 39 *ubi firmasti... uestigia*; et, après Claudien, SIDON. *carm.* 5,514 (cf. 11,46); AVIT. 1,130; PAVL. PETR. *Mart.* 4, 145. Mais, en dépit — et peut-être à cause — du parallèle avec Virgile, on ne peut pas retenir cette leçon donnée par un seul manuscrit: pourquoi les scribes médiévaux auraient-ils corrompu un vers aussi clair et aussi classique? En revanche, *firmat* peut être la correction d'un scribe qui connaissait Virgile. Une fois éliminé *firmat*, la leçon *figit* (pour *figere uestigia*: VERG. *Aen.* 6,159; VAL. FL. 4,394-395; IVV. 14,272 et aussi LVCR. 3,4) impose le choix de l'ablatif instrumental *Maeoniis... thyrsis*. Cet ablatif est confirmé par une nouvelle imitation de Dracontius, qui écrit à propos de la suite de Bacchus (10,275): «*Ebria* pampineis miscens *uestigia thyrsis*».

L'adjectif *ebrius* qualifie habituellement Bacchus (OV. *met.* 3,608 sqq.; *fast.* 3,365; CLAVD. *4 cons.* 610; *Stil.* 3,367). L'alliance *ebria uestigia* vient de Properce 1,3,9 (*ebria... uestigia Baccho*). *Maeonius* est l'adjectif dérivé de Maeon, roi qui donna son nom à la Méonie (*Eutr.* 2,245); par métonymie, il désigne la Lydie, contrée qui honorait Bacchus (Euripide, *Bacch.* 55; VERG. *georg.* 4,380; CLAVD. *rapt.* 2,67-68).

2. L'invocation aux dieux (v. 20-31) est traditionnelle dans la poésie épique. En l'occurrence, Claudien s'adresse aux divinités infernales pour leur demander de lui révéler leurs secrets, c'est-à-dire la matière de son chant: l'amour de Pluton, l'enlèvement de Proserpine et la course errante de Cérès qui se terminera par le don des céréales. Claudien s'inspire ici du chant 6 de l'*Énéide* (v. 264-267: «*Di, quibus* imperium est animarum, Vmbraeque silentes / et Chaos et Phlegethon, loca nocte tacentia late, / sit mihi fas audita loqui; sit numine uestro / *pandere* res alta terra et caligine mersas»: même attaque et même thème général; mais, selon le principe de l'*aemulatio*, mise en œuvre différente), plutôt

que d'Ovide (*met.* 10,17 sqq.) ou de Stace (*Theb.* 4,473-476; mais *famulatur*, au v. 20, peut rappeler «o saeuissime fratrum / cui seruire dati Manes... / ... atque imi *famulatur* regia mundi»). L'énumération des attributs de la divinité par une accumulation de relatives est caractéristique du style de la prière et de l'hymne; noter la reprise insistante des voyelles *i* et *u* dans les trois premiers vers (20-22).

Dans cette évocation des enfers, Claudien reprend une série de notations traditionnelles, et notamment virgiliennes:

— *innumerum*: VERG. *Aen.* 6,706 *innumerae gentes*;

— *uacui Auerni*: VERG. *Aen.* 6,269 *domos Ditis uacuas*; VAL. FL. 2,603 *frustra uacui scrutari Auerni*; STAT. *Theb.* 2,49 (voir aussi *rapt.* 2,281). Lac de Campanie réputé pour être un accès aux enfers, l'Averne désigne ici, comme au v. 116, les enfers eux-mêmes (VERG. *georg.* 4,493).

— *famulatur*: voir STAT. *Theb.* 4,476 cité plus haut (le singulier et le pluriel sont tous deux bien attestés dans la tradition manuscrite; j'ai préféré le singulier, conformément à l'usage du poète: *4 cons.* 302 et *Get.* 616, où *uulgus* est sujet d'un verbe au singulier).

— *uulgus iners* (2,214 *uulgi ignaui*): même alliance, mais en un autre contexte, chez LVCAN. 5,365; STAT. *Theb.* 5,120; et aussi VEN. FORT. 6,1,40.

— *opibus auaris*: hypallage hardi (CVLEX 81 *opes auidae*); l'épithète est transférée du sujet qui éprouve le sentiment à l'objet de ce sentiment, ce qui, en l'occurrence, correspond à une réalité psychologique (la possession de richesses donne envie d'en acquérir devantage). Sur la richesse de l'enfer, voir par exemple CIC. *nat. deor.* 2,26; et sur sa cupidité, VERG. *georg.* 2,492 *Acherontis auari*; SEN. *Herc. f.* 782 *auari Ditis*.

— *quidquid in orbe perit*: attaque de vers (ENNOD. *carm.* 27,2 *quicquid in orbe fuit*) reprise comme second hémistiche de pentamètre par ORIENT. *comm.* 2,238; voir aussi A.L. 942,12 Riese — C. Barth? -).

— *quos Styx liuentibus ambit / interfusa uadis*: VERG. *Aen.* 6,439 (et *georg.* 4,480) «nouies *Styx interfusa* coercet»; STAT. *Theb.* 1,57 *Styx liuida*.

— *quos fumantia torquens... Phlegethon*: VERG. *Aen.* 6,550-551 «quae rapidus flammis *ambit* torrentibus amnis, / Tartareus *Phlegethon, torquet* que sonantia saxa»; avec, insérée dans ce tableau d'inspiration virgilienne, une expression empruntée à SIL. 3,452 *gurgitibus anhelis* (cf. aussi STAT. *Theb.* 7,325).

3. Claudien présente sa demande concrète en deux temps (thème et variation comme chez Virgile): les *sacrarum penetralia rerum* évoquent le domaine mystérieux du culte (*penetralia* a ici le sens de «secrets»: STAT. *Theb.* 3,637 *consulti penetralia mundi*) et les *uestri secreta poli*, la représentation traditionnelle du monde infernal (*poli*: 2,195 et 282 sqq.).

Penetralia et *secreta* sont développés par deux groupes de deux interrogatives indirectes qui ne sont pas sur le même plan: deux interrogatives courtes avec verbe à l'indicatif en rejet et formant chiasme, qui représentent de façon concrète deux moments particulièrement célèbres du récit légendaire (l'indicatif n'est pas rare en ce cas: VERG. *ecl.* 5,6-7; *Aen.* 6,779 et 855-856; 8,191 sqq.; CLAVD. *c. min.* 29,2 sqq.; voir Ernout-Thomas, p. 314); puis, en contraste, deux interrogatives plus longues et plus complexes, au subjonctif, qui à une vision concrète substituent une réflexion plus abstraite et plus intérieure. Ce contraste correspond au mouvement même du poème: livres I et II, puis III et vraisemblablement IV, comme le supposent Romano 1958, p. 54 et Fo 1979, p. 399-400... à moins que le récit des errances de Cérès ait nécessité plus d'un chant! Mais le découpage du sujet en deux fois deux interrogatives suggère une réalisation (au moins prévue) en quatre chants groupés par deux: une phase tournée vers le monde d'en bas (I et II, de la révolte des enfers à la descente de Proserpine enlevée pour ses noces); une seconde phase dans le monde d'en haut (III et? IV, du discours de Jupiter au ciel aux errances de Cérès et au don du blé aux humains).

Au v. 27, il n'y a pas lieu de corriger *flexit*: 2,13 «iam durum *flexura* Chaos»; et *Ser.* 170. Certains donnent à *ferox* le sens de «fière, farouche» (Proserpine, vierge farouche: cf. Barth *uirginitate tumens*). Cette interprétation est possible; mais je préfère voir en *ferox* une épithète de nature donnée ici par anticipation: Proserpine, déesse des enfers, est traditionnellement représentée comme dure, implacable, inexorable: STAT. *Theb.* 4,477 *seuerae Persephones*; pour Pluton: *rapt.* 2,273. En *Ruf.* 1,153, Médée est elle aussi qualifiée de *ferox* au sens de «cruelle».

Chaos désigne les enfers depuis Ovide, *met.* 10,30; 14,404; *fast.* 4,600; LVCAN. 9,101; STAT. *Theb.* 8,52 et 100... *Dotale* est un attribut proleptique (cf. *nupt.* 272). — Ici et en 2,308, *quantas* a, comme souvent en latin tardif, la valeur de *quot*: Leumann-Hofmann-Szantyr II, 207.

4. Thème traditionnel. La nourriture primitive des hommes était le gland (3,43); Cérès le remplaça par le grain: LVCR. 5,939; VERG. *georg.* 1,7 sqq. et 147 sqq.; TIB. 2,1,38; OV. *fast.* 4,399 sqq.; *met.* 1,106; PLIN. *nat.* 7,191 et 16,1; IVV. 6,10 et 14,183-184; APVL. *met.* 11,2,1. Dans l'expression, Claudien est plus proche de VAL. FL. 1,69-70 («flaua *quercum* damnauit *arista*) que de VERG. *georg.* 1,8 («*glandem* mutauit *arista*). Les chênes de Dodone étaient particulièrement célèbres; Zeus y rendait ses oracles (Homère, *Il.* 16, 233-234; *Od.* 14,327; OV. *met.* 13,716). Le chêne était aussi consacré à Cérès (Ov. *met.* 8,755 sqq.).

5. Le récit des événements s'ouvre par la révolte de Pluton et, plus généralement, du monde infernal contre les dieux célestes. Le thème général vient de Stace. Au début du chant 8 de la *Thébaïde* (v. 1-79), Pluton s'irrite du fait qu'un mortel, Amphiaraus, ait violé les lois des

enfers en y pénétrant vivant; il ressent cette intrusion comme une provocation des dieux d'en haut et comme une remise en cause du partage de l'univers entre Jupiter, Neptune et lui (v. 37 sqq.). Il se dispose donc à libérer Géants et Titans (v. 42-44), menace d'obscurcir le ciel (v. 47) et de faire attaquer les dieux d'en haut (v. 76-79). De même chez Claudien, Pluton se sent victime d'une injustice et il menace de rompre les *foedera mundi*, de mêler les ténèbres à la lumière et d'attaquer les dieux d'en haut (v. 33). Chez Stace comme chez Claudien, les Furies, et en particulier Tisiphone, apparaissent comme les auxiliaires privilégiées de Pluton (v. 24 et 66; *rapt.* 1,39-40); et un emprunt textuel précis, l'attaque de vers *dux Erebi* (v. 22 et *rapt.* 1,32) prouve le lien étroit entre les deux passages. On notera que Stace avait placé dans la bouche de Pluton un rappel du rapt de Proserpine en Sicile (v. 61-64). Claudien rivalise donc ici avec Stace.

Dans le *Rapt*, Pluton est en colère (*tumidas exarsit in iras*, contamination de deux expressions virgiliennes: *tumida ira*, *Aen.* 6,407 [cf. OV. *met.* 2,602]; et la fin d'hexamètre *exarsit in iras*, *Aen.* 7,445 à propos d'Allecto, imitée par MART. *spect.* 9,30 et MAR. VICT. *aleth.* 3,427; cf. aussi OV. *ars* 3,419 *ardere in iras*; *met.* 5,41) pour des raisons personnelles. Comme les poètes alexandrins, Claudien prête au dieu une psychologie humaine et décrit un pauvre célibataire désolé de n'avoir ni femme (*conubiis*, v. 34: l'abstrait pour le concret, comme chez STAT. *Theb.* 3,579; 8,62; 385; 626... et CLAVD. *nupt.* 165) ni enfant. Dans cette peinture psychologique (v. 33-36), il se souvient d'un autre passage de la *Thébaïde* où Stace exposait les récriminations des femmes de Lemnos que Vénus avait privées de maris (*Theb.* 5, 49 sqq., et en particulier 106 sqq.: «taedet inanes / aeternum seruare domos.../ et longis *steriles* in luctibus *annos*»; cf. ici v. 34 *sterilesque... annos*). Le caractère familier et affectif de ce tableau (*inpatiens nescire torum*: cf. LVCAN. 8,578 *inpatiens egresso deesse marito*; et *dulce nomen*) fait ressortir par contraste le déchaînement de violence décrit aux vers suivants (37 sqq. *tum...*). Claudien, en particulier dans le *Rapt*, procède souvent par antithèses. Mais la révolte des enfers est justifiée par l'injuste privation imposée au seul Pluton (thème exprimé ici cinq fois en quatre vers, avec un crescendo dans l'expression de la négation.

6. L'enfer se mobilise sous la conduite des Furies (v. 37-41). *Ferali barathro* désigne les enfers: *barathrum* se dit d'un gouffre, et en particulier de celui des enfers (PLAVT. *Rud.* 570; *Bacc.* 149; VERG. *Aen.* 8,245; STAT. *Theb.* 1,85 et 8,15; CLAVD. *Ruf.* 1,379 et 2, 523...), et *feralis* qualifie ce qui a rapport aux Mânes, habitants des enfers (cf. v. 41; VERG. *Aen.* 8,246; STAT. *Theb.* 8,3 et 20...).

In turmas aciemque: hendiadys bracchylogique (= *ad turmas formandas*). *Turmae* n'a pas ici son sens propre d'«escadron de cavalerie», mais désigne un groupe de soldats en formation de combat. La métaphore militaire est filée au v. 41: *armatos ad castra uocat* (LVCAN. 1,296 *conuocat... ad signa maniplos*; et, pour Tisiphone dans un rôle analogue, VERG. *Aen.* 6,571 *Tisiphone... uocat agmina saeua sororum*) *pallentia*. La pâleur caractérise les habitants des enfers: *pallentes umbrae* (VERG. *Aen.* 4,26; STAT. *Theb.* 8,1...) et en 2,326 *pallida regio* (LVCAN. 1,456 *pallida regna*).

Furiae: cf. 2,219 et 3,79. Les Furies, divinités infernales (Homère, *Il.* 9,571-572; 19,259), jouent un rôle analogue au début de l'*In Rufinum* (1,25 sqq.): voir Gnilka 1973, p. 158. — *Tesiphone*: en dépit de l'argumentation de Hall (1969, p. 194-196), je conserve l'orthographe de tous les *uetustiores* sauf D (*Tys-*): *T(h)esiphone*. Les deux formes *Tes-* et *Tis-* (*Tys-*) sont attestées dans la tradition manuscrite de nombreux poètes classiques (Horace, Properce, Tibulle, Ovide...) et Hall reconnaît que la graphie *Tesiphone* remonte à l'Antiquité. De plus, la forme *Tesiphone* se lit dans le manuscrit de deux poètes tardifs qui connaissent bien Claudien et l'imitent: Dracontius, *Rom.* 10,481 (le v. 482 imite *Gild.* 202; et on relève de nombreux emprunts au *Rapt* dans cette *Médée*); et Corippe, *Ioh.* 4, 326, qui imite manifestement notre passage: «*Tesiphone*<*m*> ualidam flammis et pondere *pinum* / *quassantem*».

Claudien suit la représentation traditionnelle des Furies, munies de fouets, de torches, de serpents dans la chevelure ou en guise de cheveux. *Crinitaque sontibus hydris*: VERG. *Aen.* 6,570 sqq. «Continuo sontes ultrix accincta flagello / Tisiphone quatit insultans toruosque sinistra / intentans *anguis* uocat agmina saeua sororum»; TIB. 1,3,69 «Tisiphoneque *inpexa feros pro crinibus angues* saeuit»; LVCAN. 1,572-574 «Ingens... Erinys / excutiens pronam flagranti uertice pinum / *stridentisque comas...*» (voir ThLL, s.u. *furiae*, 3138,73 sqq.). Selon Pausanias (1,28,6), c'est Eschyle qui le premier aurait associé les serpents aux furies. — *Pinum* désigne une torche, mais j'ai conservé dans la traduction l'effet de grossissement épique (en 3,370 sqq., Cérès prendra comme torches deux immenses cyprès et elle sera alors comparée à une autre furie, Mégère: v. 386 sqq.; de même en *Ruf.* 1,121, Mégère prend pour torche *ingentem pinum*; voir aussi le passage de Lucain cité supra). Cette torche brille d'*infausto lumine*, c'est-à-dire d'une lumière sinistre, défavorable. Les arbres placés sous la protection des dieux infernaux sont appelés *infelices* (de mauvais augure): MACR. *sat.* 3,20,3; et les torches des Furies ou des Érynnies sont elles aussi de mauvais augure (OV. *epist.* 6,45-46). Dans toute la première partie du poème, Claudien crée un climat d'angoisse en multipliant les signes et les présages défavorables.

Page 11:

1. V. 42-67. Les Parques interviennent pour empêcher la guerre et pour maintenir la cohésion du monde. La menace en effet prenait des dimensions cosmiques: les éléments menaçaient de rompre le pacte qui les unit et le monde serait revenu au chaos originel (v. 42-47). Pour les

anciens, l'univers était à l'origine un immense chaos et l'ordre n'avait pu s'y introduire que par des règles fixant à chaque élément sa place: OV. *met.* 1,5 sqq. et, en écho à la fin du livre (*rapt.* 1,248-270), la tapisserie de Proserpine qui décrit précisément l'ordre introduit dans le chaos primitif par les lois de la Nature. Devant une situation de troubles, les anciens expriment souvent la crainte d'un retour au chaos originel: e.g., LVCAN. 5,634-636 «extimuit natura *chaos*; rupisse uidentur / concordes elementa moras, rursusque redire / nox manes mixtura deis». *Reluctatis rebus* (noter l'allitération expressive en *r* et la valeur de présent du participe déponent: Ernout-Thomas, § 289) désigne la nature en lutte, résistant aux éléments qui auraient rompu le pacte qui les unit (*fidem*: OV. *met.* 1,26 *concordi pace*). Il s'agit des lois qui assurent la cohésion du monde et que tous les éléments doivent observer sous peine d'un retour au chaos primitif.

Dans l'imaginaire de Claudien, c'est la gigantomachie, guerre des Géants ou des Titans contre les dieux, qui symbolise par excellence les luttes du chaos primitif. La victoire de Jupiter est celle de l'ordre et du Bien sur les éléments perturbateurs et les forces du Mal. À ce thème, chez lui obsessif (Cameron 1970, p. 468-469; Fo 1982, p. 98), il a consacré un poème latin et un poème grec inachevés ou fragmentaires (*c. min.* 53 et *c. gr.* 1); et il y fait souvent allusion: e.g. *rapt.* 1,154; 2,255; 3,181-188; 191 et 201; 335; *3 cons.* 159-161; *c. min.* 31,28; plusieurs mentions d'Encélade dans le *Rapt* (1,155; 2,158; 3,123; 187 et 350). Les Titans essayeraient de se libérer de la prison qui leur a été assignée aux enfers: Claudien s'inspire ici de Virgile, *Aen.* 6,580-581, en reprenant la clausule *Titania pubes.* La référence à la clarté du soleil (*uidisset caeleste iubar*) renvoie au thème central du poème: l'opposition entre la ténèbre infernale et la lumière du ciel. Thème analogue dans le passage de Stace avec lequel Claudien rivalise dans ce premier mouvement (*Theb.* 8,42-44); *habeo iam quassata Gigantum / uincula et aethereum cupidos exire sub axem / Titanas.* L'expression *laxare uincula* étant banale (ThLL, s. u. *laxo*, 1071,73 sqq.), il n'est pas nécessaire de supposer que Claudien imite aussi un autre passage de la *Thébaïde* (1,135 *uincula laxant* à propos de deux taureaux qui supportent mal leur joug).

Égéon (v. 45-47) est le nom que les hommes ont donné à celui que les dieux appellent Briarée (Homère, *Il.* 1,402-403); Claudien le désigne par ce nom en *rapt.* 3,188. Hésiode fait des Hécatonchires, ou géants aux cent bras, les fils d'Ouranos et de Gaia et les alliés de Zeus dans la titanomachie (*theog.* 147 sqq. et 617 sqq.). Mais une autre tradition, adoptée par Virgile (voir F. Bömer, *ad fast.* 3,805), met Briarée avec les Titans, et Claudien suit ici Virgile (*Aen.* 10,565-568): «*Aegaeon* qualis, centum cui bracchia dicunt / centenasque manus, quinquaginta oribus ignem / pectoribusque arsisse, Iouis cum *fulmina contra* / tot paribus streperet clipeis, tot stringeret ensis». Assez vite, les poètes ont confondu le rôle des Titans, des Géants, des Hécatonchires, des Aloades et même des cyclopes: Callimaque confond Briarée avec Typhée et le présente enchaîné sous l'Etna (*hymn.* 4,143). La représentation d'Égéon attaché par des liens solides est traditionnelle: STAT. *Ach.* 1,209 *duros laxantem Aegaeona nexus.*

Sed Parcae (v. 48): les Parques incarnent généralement le destin. Les poètes les présentent soit maîtresses des dieux et des hommes, soit soumises à Jupiter. Ici, elles apparaissent comme des divinités infernales soumises à Pluton (v. 49), mais surtout comme les garantes de l'ordre du monde (*fidem, foedera mundi*). L'existence d'un destin suppose un ordre immuable qui en permette l'accomplissement; si l'ordre du monde est troublé, il n'y a plus de règle, la Fortune aveugle remplace le destin (*Fortuna* s'impose à Pluton en 1,95; à Proserpine en 2,239; à Cérès en 3,301). En tant que déesses des destins, les Parques sont donc directement intéressées au respect des lois du monde: les destins qu'elles filent gouvernent les dieux (3,410-411); Jupiter en est le porte-parole (3,65); et, en dernière analyse, ce sont les Parques qui ont voulu le rapt de Proserpine (1,218; 2,6): voir Born 1939, p. XXIX.

Mais finalement le destin fait bien les choses: pour Claudien, destin est pratiquement synonyme de providence. Avec Jupiter (3,19 sqq.), les Parques incarnent l'ordre providentiel du monde, d'où leur sollicitude (*orbi timentes*), qui annonce l'épithète donnée à Jupiter en 3, 46: *clementior orbi.* Cette volonté bienfaisante l'emporte sur leur traditionnelle insensibilité: *seueram* (épithète habituelle des figures infernales, dont le sens ancien est peut-être inflexible [cf. Ernout-Meillet]: VERG. *georg.* 3,37; STAT. *Theb.* 1,88; 4,477 et 526; CLAVD. *rapt.* 1,227) fait antithèse avec le reste du tableau; et Claudien n'hésite pas à les décrire, de manière surprenante, en suppliantes éplorées aux pieds de Pluton. Selon la tradition, les suppliantes dénouent leurs cheveux (F. Bömer, *ad fast.* 3,257); elles versent des larmes: STAT. *Theb.* 3,687; 10, 589; 11,749 où *lacrima* et *supplex* sont associés (il n'y a donc pas lieu de préférer ici la leçon banalisante *uultu* à *fletu*, mieux attesté dans la tradition manuscrite). Le geste de supplication qui consiste à tenir les genoux de celui qu'on implore (*genibus... admouere manus*, cf. *Gild.* 26: imité par Corippe, *Iust.* 3,277-278 «*genibusque* minantis / *admouere manus*) est typiquement romain: OV. *fast.* 2,439 *suppliciter posito procubuere genu* (voir le commentaire de F. Bömer *ad loc.*). Comme le dit Pline (*nat.* 11,250), «un certain caractère religieux s'attache aux genoux de l'homme». Chez Homère (*Il.* 1,500-501), Thétis s'accroupit aux pieds de Zeus, saisit ses genoux de sa main gauche et le prend au menton de sa main droite. Comme *seueram* plus haut, la rallonge des deux relatives (v. 51-53) souligne par contraste le caractère exceptionnel de cette supplication: les Parques sont toutes puissantes, car elles filent les destins, et ordinairement ce sont elles qu'on implore, et non le contraire.

Seriem fatorum est une expression de coloration stoïcienne: SEN. *nat.*

2,32,4; LVCAN. 1,70; et aussi OV. *met.* 15,152 *seriem...euoluere fati.* Pour les Stoïciens, l'étymologie d'εἱμαρμένη est εἱρμὸς αἰτιῶν, l'enchaînement des événements voulus par le destin (VERG. *Aen.* 5,707 *fatorum ordo*). — *Duco* a ici le sens technique de «tirer, étirer les fils», d'où «filer» (Catulle 64,327 et passim, refrain du chant des Parques: «currite *ducentes* subtegmina, currite, fusi»): c'est l'image classique des Parques qui dévident et filent les destinées. — *Euoluere* est un autre verbe traditionnel à propos du «déroulement» des destins par les Parques: OV. *met.* 15,152 *seriemque euoluere fati*; *epist.* 12,3-4 *sorores debuerant fusos euoluisse meos*; cf. VERG. *georg.* 4,348 *fusis... pensa deuoluunt.*

2. *Ferratis pensis.* Après Jeep et Birt, Hall préfère la leçon *fusis*, moins bien attestée dans la tradition manuscrite, parce que le sens propre de *ferratus*, même si l'adjectif évoque essentiellement ici la dureté et l'inflexibilité des destins, conviendrait mieux à *fusus*, le fuseau, qu'à *pensum*, littéralement le poids de laine que devait filer par jour chaque esclave, d'où la quantité de laine filée, la laine filée. Mais en fait les adjectifs *ferreus* ou *ferratus* qualifient tout ce qui relève des Parques: OV. *met.* 15,781 *ferrea... decreta sororum*; Ps. QUINT. *decl.* 10,8 *ferrea iura fatorum*; Clotho elle-même est qualifiée de *ferrea* par Stace (*Theb.* 3, 556). Ces adjectifs ont donc une valeur figurée et, comme Stace qualifie le *fil* des Parques de «fil d'airain» (*silu.* 5,3,64 *aena sororum / stamina*), pourquoi Claudien ne pourrait-il pas écrire que ce même fil est «en fer»? La leçon *pensis* est confirmée par une imitation indubitable de ce beau *uersus aureus* conclusif par Sidoine Apollinaire, dans un panégyrique à la manière de Claudien (*carm.* 7,602): «fulua uolubilibus duxerunt *saecula pensis*». Chez Claudien comme chez Sidoine (traduction d'A. Loyen, Les Belles Lettres, p. 77: «les trois sœurs... enroulèrent sur leurs fuseaux tourbillonnants des siècles d'or»), *pensis* pourrait même être une métonymie de *fusis.*

3. Lachésis prend la parole *prima*, ce qui ne signifie pas que ses deux sœurs parlent après elle (L. Reinhardt, cité par Jeep, p. CLV-CLVI, suppose une lacune après le v. 67 et conjecture gratuitement que cette lacune devait contenir un discours de Clotho — dont il n'est jamais question dans le poème), mais qu'elle «prend les devants», soit par rapport à ses sœurs (elle ne leur laisse pas le temps de parler), soit par rapport à Pluton lui-même: elle se jette à ses pieds (v. 49) et ne lui laisse pas le temps d'ouvrir la bouche, elle parle la première.

Comme Virgile et surtout ses successeurs, Claudien ne répugne pas à commencer ou à finir un discours au milieu d'un vers: J. Marouzeau, *Traité de stylistique latine*, Paris 1962, p. 309, qui cite H.C. Lipscomb, *Aspects of the Speech in the Later Roman Epic*, Baltimore 1907, p. 36-37. Chez Virgile, respectivement 25 et 24% des discours commencent ou se terminent à l'intérieur d'un vers; chez Lucain, 35 et 61%; chez Stace, 45 et 43%; chez Claudien, 38 et 29% (proportion plus forte dans le *Rapt*: sur les 18 discours, 13 commencent au début d'un vers et 8 finissent à l'intérieur d'un vers).

4. Le discours de Lachésis se présente comme une véritable prière qui rappelle la puissance du dieu invoqué, v. 55-62, avant de présenter la demande, v. 63-67.
Avec les expressions *maxime noctis arbiter* et *umbrarum potens*, Claudien redistribue de manière originale des qualificatifs traditionnels de Pluton, notamment chez Sénèque le Tragique: *mortis... arbiter* (*Herc. f.* 582); *umbrarum dominos* (*Herc. f.* 570); *umbrarum arbiter* (*Thyest.* 14); *tenebrarum potens... rector umbrarum* (*Oed.* 868-869). — *Nox* désigne fréquemment les enfers (1,112; 2,221 et 331; 3,87 et 243): STAT. *Theb.* 8,109 et 144; SIL. 13,708. L'expression par laquelle Lachésis présente Pluton comme le maître des Parques et donc du destin (*cui nostra laborant / stamina*) est à rapprocher de SIL. 8,115 «nigro... Ioui *cui* tertia regna *laborant*».

Pour le thème des v. 57 sqq., rapprocher de STAT. *Theb.* 8,91-92 «o *cunctis finitor* maxime rerum/ ... et *sator*» (voir aussi OV. *met.* 10,17-18) et de VERG. *Aen.* 6,121 «si fratrem Pollux *alterna morte* redemit»; STAT. *Theb.* 1,37 *alternis mortibus* (DRAC. *Orestes* 304 *mortibus alternis... repensant*); 713 sqq. (thème de la métempsychose) «animae, quibus *altera* fato / corpora debentur...»; 748-752 «has omnis ubi rotam uoluere per annos, / Lethaeum ad fluuium deus euocat agmine magno / ... / rursus et incipiant in corpora uelle reuerti». Ici (v. 61), Claudien ne précise pas la périodicité des cycles (voir *Ruf.* 2,482-493 et comm. *ad loc.*).

Page 12:

1. La demande de Lachésis (v. 63 sqq.) met l'accent sur le point fondamental, au centre de la réflexion cosmique de Claudien, la nécessité de maintenir la cohésion du monde et la concorde (*pax*) entre ses diverses parties par le respect des lois (*leges*) et des pactes qui ont été conclus et fermement établis (*firmatas*); elle rappelle le rôle capital des Parques dans l'établissement de ces lois (*colus* désigne souvent la quenouille des Parques: OV. *am.* 2,6, 45; STAT. *Theb.* 3,241-242): voir n. compl. 1 de la page 11. J_4 et les manuscrits qui lui sont associés donnent *proelia* au lieu de *foedera*. Il s'agit sans doute d'une conjecture érudite à partir d'une clausule de Stace (*Theb.* 8,36 *proelia fratrum*), mais qui ne convient pas ici. La leçon du reste de la tradition manuscrite, *foedera*, est excellente: le thème des *foedera mundi* (VERG. *georg.* 1,60; SEN. *Med.* 335 et 606; LVCAN. 1,79-80; CLAVD. *Ruf.* 1,4...), je l'ai déjà dit, est central dans le poème. Ici, Claudien rappelle que ce pacte a été conclu entre Jupiter, Neptune et Pluton, les trois frères qui se sont partagé l'héritage de leur père Saturne. Chacun doit respecter les frontières de l'autre.

Le raccourci d'expression imagé *ciuili tuba* désigne la guerre civile, impie pour les Romains: *inpia signa* (LVCAN. 1,1 sqq.; *inpius* qualifie fréquemment ce qui a trait à la guerre civile: VERG. *ecl.* 1,70; *georg.*

1,468 et 510; *Aen.* 6,612...). — *Incestis*: un être infernal commet une impureté s'il parvient dans le monde d'en haut, et il le souille: 2,217 «cur... audes Tartareis caelum *incestare* quadrigis».

2. Pluton finit par se calmer (v. 67-75); il mande Mercure et lui transmet un message pour Jupiter (v. 76-116). — Barth, suivi par Hall, pense que, le sens du passage étant: «de même qu'il s'était subitement enflammé pour faire la guerre, de même il changea tout à coup pour en venir à de meilleurs sentiments», on ne peut conserver la leçon unanime des manuscrits anciens. Et il corrige *ille* en *illa*, en ponctuant «uix illa; pepercit». Hall 1969 observe que la leçon *illa* apparaît en marge de deux manuscrits du XVe s. (ses R_{14} et R_{26}), et il interprète cette forme comme un neutre pluriel (= *uix illa dixerat Lachesis*), en rapprochant notre passage de *Pall.* 99 «uix haec Hymenaeus; at illa» (avec même pause au trochée cinquième). L. Reinhardt corrige en *uix illa peregit* et suppose, de façon gratuite, une lacune après le v. 67, dans laquelle Clotho prendrait la parole (cf. n. compl. 3 de la page 11).

En fait, comme le remarque E. Courtney (*BICS* 29, 1982, p. 54), une pause forte après le cinquième trochée serait tout à fait exceptionnelle chez Claudien. Le seul exemple comparable serait celui cité par Hall; mais, en ce cas, la phrase repart sur une ouverture traditionnelle nettement identifiable par le lecteur ou l'auditeur (*at illa*), ce qui n'est pas le cas ici. Le texte des manuscrits est parfaitement compréhensible: en plaçant une virgule après *preces*, on a un nouvel exemple d'une pensée exprimée en deux temps (technique virgilienne du thème et de la variation). Comme Hall, et contre Burman qui sous-entend *uerbis* (= *conticuit*), je pense que le contexte suggère pour compléter *pepercit* un terme comme *irae*: Pluton retient, contient sa colère, mais il ne le fait qu'*à grand peine* (dans ma traduction, «à peine» est pris au sens classique de «avec peine»), car son courroux était grand, et son tempérament, de nature inflexible. *Vix* dans le premier membre de phrase, comme *atrox* et *quamuis indocilis flecti* dans le second, traduisent l'effort violent que Pluton a dû faire pour maîtriser l'ardeur de sa colère et pour se laisser fléchir en dépit de son caractère intraitable (cf. CIC. *fam.* 16,24,2 *uix teneor quin* au sens de «j'ai peine à me retenir de»). Cette présentation des faits est parfaitement compatible avec la comparaison traditionnelle qui suit: même contraste entre la violence, l'élan impétueux du Borée d'une part (v. 69-73) et le brusque arrêt de ses vélléités devant un obstacle insurmontable. La comparaison ne tient que si Claudien insiste aussi sur l'ardeur de Pluton; mais il butte sur un obstacle de fer (les Parques), comme le Borée sur une porte d'airain (*aenos postes*: VERG. *Aen.* 2,480-481 *postisque... aeratos*).

La comparaison entre l'apaisement d'une colère ou d'un mouvement impétueux et l'apaisement d'une tempête est traditionnel, notamment chez Stace: *Theb.* 1,478-481; 7,84-89; et surtout 10,245-248, où Éole, comme ici, bloque la porte pour empêcher les vents de sortir de l'antre où ils sont emprisonnés (cf. *Ruf.* 1,70-73). L'image d'Éole tenant les vents enfermés est, elle aussi, traditionnelle dans l'épopée: VERG. *Aen.* 1,52 sqq.; OV. *met.* 1,262 sqq.; STAT. *Theb.* 3,432... Mais, pour être traditionnelle, cette comparaison n'en est pas moins parfaitement adaptée à la thématique du *Rapt*: elle suggère une image guerrière (v. 70 *armatur*; même image guerrière associée au tourbillon de la tempête chez VERG. *Aen.* 1,82-83) et évoque un enlèvement (*rapturus*, v. 73). La comparaison reprend donc le thème de la guerre entre le Ciel et l'Enfer, et elle présente déjà Pluton sous les traits d'un ravisseur potentiel.

La description du Borée est elle aussi traditionnelle: ce vent du nord (SIL. 1,595 *Geticus Boreas* ; STAT. *Theb.* 4,422 «*Getica* Boreas inpactus ab ursa») est associé au froid (VERG. *ecl.* 7,51; *georg.* 1,93; OV. *trist.* 1,2,29...), au gel (OV. *trist.* 3,10,51; VAL. FL. 4,722; STAT. *Theb.* 1,160; AVSON. 332,9) et à la neige (OV. *trist.* 3,10,11; SEN. *Thy.* 128; VAL. FL. 7,563). Ici, l'expression *glacie niuali* unit ces deux derniers traits. Comme tous les vents (comme Zéphyr en 2,88), il porte des ailes.

Le début du v. 72 fait difficulté: la quasi totalité des manuscrits donne *flare cupit*; quatre *uetustiores* ont *disrumpit* (J, C_1, O_1) ou *disrupit* (O_3). Deux manuscrits du XVe s. donnent l'absurde *flare iubet* (Hall L_7, R_{17}; conjecturé aussi sur S) et un manuscrit du XVIe s. a *irrupit* (Hall F_{14}). Beaucoup d'éditeurs ont jugé maladroite l'expression *flare cupit*, surtout avec la reprise *flamine* au vers suivant. Claverius, en se fondant, dit-il, sur un manuscrit, imprime *bella cupit*, expression qui donne un sens satisfaisant et a été reprise par Scaliger, Barth, Heinsius, Gesner et Burman, mais qui sent la conjecture à partir de STAT. *Theb.* 2,130 et 328 (même début de vers; cf. aussi SIL. 12,617-618 «hinc Notus, hinc *Boreas... / bella* mouent»). Bährens a conjecturé *ire cupit*. Birt a choisi la leçon minoritaire *disrumpit*, qui peut se construire soit avec *pinnas* en facteur commun (on pourrait, en plaçant une virgule devant *pinnas*, ne le rattacher qu'à *disrumpit*; cette construction suppose que *disrumpere* n'ait pas ici son sens habituel de «fendre, mettre en pièces»: PLAVT. *Bacch.* 441; SIDON. *carm.* 13,9; AVIEN. *orb. terr.* 1117-1118; mais signifie de manière imagée: «étend, déploie ses ailes gelées»), soit avec *pelagus* (cf. ThLL, s.u. *dirumpo*, 1265,1 sqq., au sens de «aperiendo siue percurrendo dirimere»). Mais en ce cas, on rompt le mouvement ternaire *pelagus siluas camposque*, et l'association traditionnelle de la mer et de la terre à propos de la tempête et des vents (LVCR. 1,277 sqq.). Sandbach a proposé de mettre une virgule après *niuali* et de corriger *concretus* en *concretas*; mais *hispidus* est alors maladroitement isolé. En 1969, Hall a imprimé comme Birt *disrumpit*, mais en mettant entre virgules le groupe *pinnas / disrumpit*, et, dans son commentaire, il conjecture *erumpit* ou *prorumpit*, rattaché à *pelagus*, *pinnas* étant construit avec *concretus*. En 1985, il garde *flare cupit*, mais entre deux *cruces desperationis*, en indiquant dans l'apparat critique qu'il aurait pu aussi bien imprimer *disrumpit* entre les mêmes *cruces*: le texte lui semble corrompu; mais il ne sait à partir de quelle leçon on doit essayer de le corriger.

Il me semble que *disru(m)pit* est une correction inspirée par *pr. rapt.* 1,11 pour joindre *pelagus* au début du vers ou (et?) pour éviter la répétition *flare... flamine*. Mais cette reprise est-elle si choquante? *Flare* est un verbe caractéristique pour désigner le souffle des vents (VERG. *Aen.* 1,83 *perflant*), et pourquoi Claudien, avec son outrance coutumière, n'aurait-il pas volontairement repris, sous forme de paronomase, le mot caractéristique de l'action des vents? La reprise est d'autant plus admissible qu'elle repose sur un jeu de mots étymologique. Aulu-Gelle définit en effet ainsi le Borée (2,22,9): «Boream... putant dictum ἀπὸ τῆς βοῆς, quoniam sit uiolenti *flatus* et *sonori*». La jonction de mots *sonoro flamine* ne viendrait-elle pas, en écho à la définition attestée par Aulu-Gelle, souligner le jeu de mots étymologique contenu dans *flare*, mais difficile à percevoir sans cette reprise? La paronomase expliciterait la figure étymologique.

Page 13:

1. Mercure (Hermès) est fils de Jupiter et Maïa: Hésiode, *theog.* 938; *hym. hom. Herm.* 1. Maïa est la fille d'Atlas et de Pleioné; Mercure est donc petit-fils d'Atlas (v. 89): VERG. *Aen.* 8,138-141; HOR. *carm.* 1,10,1; OV. *fast.* 5,663. Les poètes latins, à partir de Catulle, l'appellent souvent *Cyllenius* (Κυλλήνιος), du nom de la montagne d'Arcadie sur laquelle il est né: Homère, *Od.* 24,1; *hym. hom. Herm.* 304 et 318... Il était honoré à Tégée, en Arcadie (v. 89): STAT. *silu.* 1,5,4; *Theb.* 7,5 *uelocem Tegees... alumnum*. Messager des dieux, il est habituellement représenté avec des ailes: la fin du v. 77 adapte sans doute, après VAL. FL. 4,385 (*Cyllenius ales* en clausule), VERG. *Aen.* 4,252-253 *Cyllenius alis / constitit*, le parfait *adstitit* marquant la rapidité de son vol. Il porte deux autres attributs: le caducée d'Hermès psychopompe (*somniferam... uirgam*: Homère, *Il.* 24,343; *Od.* 5,47-48 et 24,3; VERG. *Aen.* 4,242-244; OV. *met.* 1,671-672 *uirgam... somniferam*); et, à la place du traditionnel pétase (chapeau de voyageur à large bord: PLAVT. *Amph.* 143), un bonnet (*galero*), exactement comme chez Stace (*Theb.* 1,303-308; 4,303), dont la présence en ce début du livre I est aussi sensible que celle de Virgile, Claudien contaminant les deux poètes. Le *galerus* (ou *-um*), au sens propre, désigne un bonnet de fourrure porté par les paysans (PS. VERG. *Moret.* 120, même fin de vers *tectusque galero*; par métaphore à propos de la rose, PS. AVSON. *ros.* 25 *tecta galero* en fin de vers) ou les chasseurs (GRATT. 340); le terme peut désigner aussi un casque (VERG. *Aen.* 7,688) ou la coiffe des saliens et des pontifes, faite de la peau d'une victime immolée (IVV. 8,208; SERV. *Aen.* 2,683). Voir J. Colin, «Galerus», *Études classiques* 23, 1955, p. 409-415.

2. F.F. Schwarz (*Nigra maiestas*, p. 201 sqq.), suivi par Potz (p. 78-79), a voulu voir dans la description de Pluton par Claudien (v. 79-83)

une réminiscence de la statue de Sérapis à Alexandrie détruite en 391 par les chrétiens, telle que la présentent Clément d'Alexandrie (*protr.* 4,48), Porphyre (chez Eusèbe, *praep. euang.* 3,11,28) et Théodoret (*hist. eccl.* 5,22,3-6). Personnellement, je verrais plutôt dans cette ekphrasis sinistre et dépréciative (*rudi, nigra, squalent, inmanis, foedo, situ, maestissima, asperat, durae, inclementia, terrorem*) une sorte de négatif du portrait de Jupiter assis sur un trône étincelant, qui impose l'éclat de sa majesté aux autres dieux (comparer VERG. *Aen.* 10,116-117 *solio tum Iuppiter aureo / surgit*; STAT. *Theb.* 1,203-210); l'*inclementia* de Pluton au v. 82 semble bien s'opposer à la *clementia* de Jupiter.

Fultus solio: l'expression peut venir de Stace, *Theb.* 1,526, à propos du trône d'Adraste: *solioque effultus eburno*, imité en *Stil.* 3,199 à propos de la chaise curule: *solio seu fultus eburno*; cf. AVIEN. *Arat.* 188 *solio fultus*, à propos du trône de Jupiter. — Dans le *Rapt*, le verbe *squaleo* et le substantif *squalor* caractérisent les enfers: *Erebi squalor* en 2,331; *squalent rubigine prata*, lors de l'intrusion de Pluton sur terre en 3,239. *Squaleo* est fréquemment associé à *situs* pour désigner un état de pourriture et de saleté: QVINT. *inst.* 10,1, 30 «arma *situ* ac rubigine squalent»; MEROB. *paneg.* 2,64-65: «squalent infor<mia>... / ora situ» et, au sens figuré, PAVL. BIT. *epigr.* 23, CSEL 16, p. 504. Noter l'allitération expressive *squalent... sceptra situ*. — *Nubes*, au sens figuré, désigne l'expression sombre qui voile la face de Pluton; pour cet emploi figuré: HOR. *epist.* 1,18,94; STAT. *Theb.* 4,512 *nubem... frontis*; cf. SIL. 8,611. — La jonction *caput asperat* se lit chez Stace, mais en un autre contexte, à propos d'une tête d'ourse qui hérisse la tête d'un guerrier (*Theb.* 4,304): simple coïncidence, ou Claudien a-t-il voulu transposer l'expression au figuré? Ces v. 81 sqq. ont été imités par le Tasse (*Jérusalem délivrée*, 4,59 sqq.).

3. Claudien file le parallèle avec Jupiter (v. 83-88): le verbe *tonat* évoque le dieu du tonnerre, *Tonans* (VERG. *Aen.* 7,141-142; AETNA 57 «magno *tonat ore* pater»), même si l'expression *ore tonat* n'est pas exclusivement réservée à Jupiter: Virgile l'emploie à propos de la magicienne mandée par Didon, en *Aen.* 4,510 («ter centum *tonat ore* deos»; pour *celso ore*: CARM. epigr. 709,4; *Stil.* 1,45). Le silence qui s'impose aux enfers est analogue à celui qui, dans la demeure céleste, accompagne les paroles de Jupiter: Claudien imite Virgile, *Aen.* 10,101-103 (parenthèse analogue placée entre la phrase qui introduit le discours de Jupiter et le discours lui-même): «eo *dicente* deum *domus* alta *silescit* / et *tremefacta* solo tellus, *silet* arduos aether, / tum zephyri posuere, premit placida aequora pontus» (procédé analogue chez Stace, *Theb.* 1,211-212). Claudien a transposé le tableau dans le monde infernal, mais, à mon sens, sans aucune intention parodique: le parallèle suggère que la puissance de Pluton aux enfers est au moins égale à celle de Jupiter dans le monde d'en haut. L'idée du parallèle entre le Jupiter d'en bas et le Jupiter d'en haut a pu lui être suggéré par Stace (*Theb.* 8,80-83),

mais son modèle direct est Virgile, qui lui-même, d'après Macrobe (*sat.* 6,2,26), imite un passage du *Scipion* d'Ennius.

Claudien évoque les enfers par son portier et par ses trois fleuves. L'expression *ingens ianitor*, empruntée à Virgile (*Aen.* 6,400), désigne Cerbère, le monstre à trois têtes (*latratum triplicem*: VERG. *georg.* 4,483 *tenuit inhians tria Cerberus ora*; *Aen.* 6,417 «Cerberus... *latratu... trifauci* »; cf. OV. *met.* 4,450-451 et 7,413-414; chez les Grecs, Sophocle, *Trach.* 1038) qui garde les enfers. *Ingens*, comme *inmania* au v. 80 désigne quelque chose d'anormalement grand, de monstrueux. — L'accumulation des rejets (4 en 5 vers: *ore tonat*; *atria*; *ianitor*; *Cocytos*) donne au passage un aspect chaotique bien en rapport avec le thème développé. — Le Cocyte (cf. 2,352), l'Achéron (cf. 2,351) et le Phlégéthon (cf. 2,315) sont les trois fleuves des enfers: CIC. *nat. deor.* 3,43. Comme tous les poètes latins, Claudien aime les accumulations de noms propres mythologiques à sonorité grecque; l'adjectif *Phlegethonteus* semble avoir été créé par lui. *Presso lacrimarum fonte* fait allusion à l'étymologie du nom *Cocytos*, qui vient de κωκύειν «quod est gemere et flere» (SERV. *georg.* 4,479 et *Aen.* 6,132; MACR. *somn.* 1,10,11; ISID. *orig.* 14,9,7): SEN. *Herc. O.* 1963 *gementis stagna Cocyti*; STAT. *Theb.* 8,29-30 «adsistunt *lacrimis* atque igne tumentes / Cocytos Phlegethonque et Styx» (passage qui précède le discours de Pluton, dont Claudien s'est inspiré précédemment); CLAVD. *Ruf.* 2,468 «hic [= Cocyte] uoluit *lacrimas*; hic [= Phlégéthon] igne redundat».

Presso: emploi du simple pour le composé *reprimere* (STAT. *Theb.* 2,355 *lacrimas... repressit*; 5,522 *fontes... repressos*). — Dans ce contexte, *resedit* doit vraisemblablement être pris ici au sens propre de «s'abaisse, reflue», plutôt qu'au sens figuré de *quieuit* (VERG. *georg.* 2,480; OV. *met.* 15,272). — *Tacitis* (qui a ici une valeur proleptique: cf. TIB. 1,7,13 *tacitis... undis*) et *obmutuit* font peut-être allusion à l'étymologie du mot Achéron rapportée par Macrobe (*somn.* 1,10,11): «Acherontem [interpretati sunt] quicquid fecisse *dixisse*ue usque ad tristitiam humanae uarietatis more nos paenitet». Pour les grondements du Phlégéthon: VERG. *Aen.* 6,551 *Phlegethon torquetque sonantia saxa.*

4. Scène traditionnelle de l'envoi de Mercure comme messager d'un dieu à un autre dieu: STAT. *Theb.* 7,6 sqq. (Mercure envoyé par Jupiter pour transmettre à Mars ses volontés) ou 1,292 sqq., où Jupiter dit à Mercure: «quare impiger ales / portantes praecede Notos, Cyllenia proles, / aera per liquidum, regnisque inlapsus opacis / dic patruo...». — En dépit de l'argumentation d'Heinsius, il n'y a pas lieu de retenir la correction de l'Isengriniana *I celeres*, qui a pour but de supprimer la coordination *et*, jugée moins élégante que la juxtaposition des deux impératifs; la correction de Burman (*i celer, i*: cf. *6 cons.* 227) est tout aussi arbitraire.

L'une des fonctions d'Hermès-Mercure, divinité à la fois ouranienne et chtonienne en tant que psychopompe (conducteur des âmes), est précisément de servir de lien entre le ciel et l'enfer, de mettre en relations les dieux d'en haut et les dieux d'en bas: HOR. *carm.* 1,10,1 et 19-20 *Mercuri, facunde nepos Atlantis /... superis deorum / gratus et imis* ; OV. *fast.* 5, 665; STAT. *Theb.* 8,48-49 *nuntius ambas / itque reditque domos*; APVL. *mag.* 64,1 *ille Superum commeator et Inferum.* — *Commercia* est un jeu de mots étymologique, puisque le nom de *Mercurius*, dieu du «commerce», est rapproché depuis l'Antiquité de la famille *merx / mercari* (Ernout-Meillet; F. Bömer, *ad fast.* 5,663); pour la fin de vers *commercia mundo (-i)* dans d'autres contextes: MANIL. 2,382; LVCAN. 8,311; VAL. FL. 1,246-247; CORIPP. *Iust.* 111 qui se souvient sans doute de Claudien, même s'il donne à l'expression un autre sens: «omnia uectantes [carinae] *gemini commercia mundi*», à propos de l'ancien port de Julien à Byzance, où les navires transportent toutes les marchandises des deux mondes. L'alliance *commune numen* peut rappeler l'expression proverbiale grecque κοινὸς Ἑρμῆς (= «part à deux»), qui était employée à propos d'une trouvaille (ἕρμαιον) à partager: Aristote, *rhet.* 2,24,2; Jamblique, *myst.* 1,1. Ovide l'avait employée à propos de Proserpine (*met.* 5,566 «nunc dea, regnorum *numen commune* duorum»).

5. Le discours de Pluton à Jupiter est inspiré de Stace, *Theb.* 8,38-47: *magno me tertia uictum / deiecit Fortuna polo, mundumque nocentem seruo... habeo iam quassa gigantum / uincula, et aethereum cupidos exire sub axem / titanas, miserumque patrem... amissumque odisse diem? Pandam omnia regna, / si placet, et Stygio praetextum Hyperiona caelo.* Il clôt la première partie du chant I et en résume le thème principal: la menace de guerre entre l'enfer et le ciel, entre l'ombre et la lumière; le monde retournera au chaos si Pluton n'obtient pas une épouse. Faut-il rappeler, à ceux qui estimeraient futile l'occasion d'un tel conflit, qu'une femme a été cause de la guerre de Troie?

Les deux leçons *frater* et *fratrum* (v. 93) ont le même sens, mais le génitif pluriel après le superlatif apparaît comme une correction banalisante (2,214 *deterrime fratrum*). De même *habes*, moins bien attesté qu'*erit* dans les *uetustiores*, est une correction maladroite, peut-être influencée par le v. 91, qui ne s'accorde pas avec *tibi*.

Page 14:

1. La périphrase *cyclopia tela* désigne les foudres de Jupiter forgés par les cyclopes (Apoll. Rhod. 1,73; VERG. *Aen.* 8,425 sqq.) et la leçon *stringimus*, mieux attestée, doit être préférée à *spargimus* (peut-être suggéré par OV. *fast.* 3,285-286 «ecce deum genitor rutilas per nubila flammas / *spargit* » ou *met.* 1,253 «in totas *sparsurus* fulmina terras»): il s'agit de saisir les foudres et de les brandir. On pourrait presque traduire, par analogie avec l'expression *gladium stringere*, «dégainer les foudres»; au sens figuré, SVET. *Cal.* 53 «*stricturum* se lucubrationis suae telum minabatur». Pour l'idée contraire: OV. *trist.* 2,179 *fulmenque tuum, fera tela, reconde.*

2. Hall préfère la leçon *aures*, bien qu'elle ne soit attestée que par un manuscrit (R_5, XIII-XIVe) et l'Isengriniana, sous prétexte que *deludere* n'a jamais pour objet un phénomène naturel, mais s'emploie en revanche pour l'esprit et les sens de l'homme (VERG. *Aen.* 6,344; 10,642; ENNOD. *carm.* 1,9,16), et que la phrase aurait un sens plus satisfaisant avec *uacuas aures* (HOR. *epist.* 1,16,26; OV. *am.* 3,1,62; *met.* 4,41 et 12,56; LVCR. 1,50; QVINT. *inst.* 10,1,32) qu'avec *uanas (uacuas) auras*. Mais, comme l'observe Tardioli, *auras* «désigne l'atmosphère de la terre, et partant tous les êtres animés qui l'habitent» (cf. *rapt.* 2,295-299); et l'on trouve en *Eutr.* 2,94 une métonymie du même ordre: *patiens... iugi deluditur orbis* (*orbis*, le monde = les hommes). Quant à *uanas* (mieux attesté que *uacuas*, qui semble être une correction provoquée par la non compréhension de *uanas*), il faut lui donner une valeur d'hypallage (d'où la traduction par un adverbe; au sens propre: LVCAN. 4,726): pour le sens, c'est le *tonitrus* qui est *uanus* (cf. VERG. *Aen.* 4,208-210), d'où la correction *uano tonitru* qui se lit dans un manuscrit du XVe s. (Hall O_5) et dans les *Excerpta Laeti*. Qu'*aures* soit dans l'Isengriniana une conjecture, est confirmé par une seconde correction arbitraire: le remplacement de *tonitru* (ici indispensable au sens) par *hominum*.

3. Après avoir rappelé, de manière ironique, sa force (v. 94-98), Pluton déclare qu'il a déjà été lésé lors du partage de l'univers entre les trois fils de Saturne (v. 99-102). Le sens général du passage est clair, mais l'interprétation de *dispendia* est délicate. Jeep et Bährens corrigent respectivement en *stipendia* et *sic praemia*; Goetz et Gustafsson corrigent *tertia* respectivement en *tristia* ou *tetrica*. On pourrait être tenté, avec Birt, de donner ici à *dispendium* le sens de *distributio, dispensatio*, en tenant compte du sens du verbe *dispendo*, et en accordant au poète le droit de donner aux mots un sens original en rapport avec l'étymologie («subir le troisième lot du sort suprême»). Mais, comme cette valeur de *dispendium* ne semble attestée nulle part ailleurs (Axelson 1944, p. 40), sans doute est-il plus prudent de conserver à *dispendium* son sens de «perte, dommage, préjudice» et de considérer avec Parrhasius et bien d'autres (récemment, Hall, Tardioli et Potz) que ce beau *uersus aureus* présente un hypallage. On peut considérer que l'hypallage est double, et traduire: «subir les derniers (au sens figuré) préjudices du troisième lot»; ou — et cette solution me semble la meilleure — ne donner qu'à *tertia* une valeur d'hypallage, d'où la traduction: «subir les préjudices du troisième et dernier lot» (cf. Platnauer). Sur ce thème de la troisième part attribuée à Pluton: Homère, *Il.* 15,187 sqq.; Callimaque, *Hymn. Zeus* 60; CATVLL. 64,346 (cf. *rapt.* 2,167); OV. *fast.* 4,584; *am.* 3,8,50; *trist.* 2,53; *met.* 5,368 et 372; STAT. *Theb.* 8,38; et en particulier SEN. *Herc. f.* 609 et 833, où apparaît l'expression *tertia sors*.

À la laideur des enfers (v. 101 *informes plagas*, qui développe *dispendia*), Pluton oppose la beauté du ciel, orné par le zodiaque, *signifer* (CIC. *Arat.* 317-320 «Zodiacum hunc Graeci uocitant nostrique latini / orbem *signiferum* perhibebunt nomine uero; / nam gerit hic uoluens bis sex ardentia signa»). Peut-être même *signifer* suggère-t-il ici par métonymie l'ensemble du ciel (cf. *Stil.* 1,145). Quant au terme *Triones*, il désigne les deux Ourses, constamment visibles, qui forment pour Jupiter une sorte de couronne (*cingunt*) de lumière et symbolisent l'éclat lumineux dont il jouit en permanence.

À cette première injustice du sort, Jupiter en ajoute une autre, en privant son frère d'épouse. Par contraste avec sa situation, Pluton évoque les amours de ses deux autres frères. D'abord, v. 103-104, Neptune avec Amphitrite, l'une des Néréides et parèdre de Poséidon (Homère, *Od.* 3,90-91; 12,59-60; Hésiode, *theog.* 240 sqq.; Apollodore 1,11 et CLAVD. *nupt.* 175-176); le verbe *complectitur* a été choisi pour faire jeu étymologique avec *Amphitrite*. Ensuite, les amours de Jupiter: ses amours légitimes avec son épouse et sœur Junon, v. 105-106 (*consanguineo*; Homère, *Il.* 14,294-295; VERG. *Aen.* 1,46-47; OV. *met.* 3,266...); et, sous forme de prétérition à la fois courtoise et menaçante, ses (nombreuses) amours illégitimes, v. 105-106. Les *furta* désignent souvent dans la langue galante les amours illégitimes (TIB. 1,8,57; OV. *ars* 1,275; CLAVD. *pr. 6 cons.* 7: R. Pichon, *De sermone amatorio*, p. 158). Pluton se contente de faire allusion à Latone, qui a donné à Jupiter Apollon et Diane; à Cérès, dont Jupiter a eu Proserpine (l'allusion n'est peut-être pas fortuite); et à Thémis (cf. v. 219), qui conçoit de Zeus les trois Heures (Clément Alex., *strom.* 5,731; *hymn. orph.* 42...). D'après Hésiode (*theog.* 901 sqq.), les Parques sont aussi filles de Zeus et de Thémis. La formule allitérante *tibi tanta creandi / copia* (qui imite peut-être le célèbre vers d'Ennius *ann.* 104 (109) *O Tite, tute, Tati tibi tanta, tyranne, tulisti*, souvent cité par les grammairiens) résume le thème; et la fin du v. 108 (imitée par DRAC. *Romul.* 8,86 «reginam interea *natarum turba coronat*»; pour l'expression seule *natorum turba*: SIL. 9, 299; GRATT. 288; DRAC. *Romul.* 8,85) évoque de façon concrète et familière la chance que Jupiter a d'avoir de nombreux enfants.

4. À la situation de ses frères, Pluton oppose fortement la sienne (*ast ego*, v. 109: variation sur le thème de STAT. *Theb.* 8,44-46 et 61), faite de solitude. Le beau *uersus aureus* qui clôt la série de trois vers de type dsss (v. 110) a peut-être été inspiré par l'expression virgilienne *curas solebar* (*Aen.* 9,489). Le v. 111 rompt ce rythme, et Pluton lance son ultimatum (v. 111-116). Il invoque d'abord les garants de son serment. L'expression *horrendae stagna intemerata paludis* renvoie clairement au Styx, le marais qu'on ne profane pas, et par lequel jurent les dieux (Homère, *Il.* 2,755; 14,271; 15,36 sqq.; VERG. *Aen.* 6,323-324; OV. *met.* 2,46...; pour *horrendae* dans ce contexte: VERG. *Aen.* 6,327; STAT. *Theb.* 1,290). En revanche, *primordia noctis* est difficile à interpréter: peut-être l'expression fait-elle allusion à l'état originel du

monde, au chaos qui précéda la séparation des éléments («la nuit élémentaire»? Cf. STAT. *Theb.* 8,100 *testor inane chaos*). Mais, dans le premier livre du *Rapt*, *nox* est synonyme de «ténèbre infernale» (1,55) et *primordia* doit peut-être se comprendre à la lumière du discours de Lachésis (v. 55 sqq.): Pluton y apparaît comme l'origine de tout ce qui vit (d'où «les éléments originels de la nuit»?, comme le suggère Tardioli). En tout état de cause, la formule a une valeur incantatoire et rappelle la terminologie des mystères.

Les v. 113-116 contiennent l'ultimatum proprement dit, qui reprend le thème central du livre 1 : la menace d'un conflit entre le ciel et l'enfer qui ramènerait le monde au chaos primitif. Ce thème est fréquent chez les stoïciens: SEN. *Herc. O.* 1102-1127; 1134-1136; *Phaedr.* 1136; *benef.* 6,22; *dial.* 6,26,6; 12,1,2 et surtout LVCAN. 1,72-80, dont Claudien s'inspire peut-être ici: «sic cum *compage soluta* (cf. aussi STAT. *Theb.* 8,31 et 144)/ saecula tot mundi suprema coegerit hora, / antiquum repetens iterum chaos, omnia mixtis / sidera sideribus concurrent, ignea pontum astra petent... totaque discors / machina diuulsi turbauit foedera mundi» (cf. *Aetna* 202 sqq.; STAT. *Theb.* 8,46-47).

Page 15:

1. *Axis*, l'axe du monde, désigne souvent par métonymie le ciel tout entier (ThLL, s.u., 1636,66 sqq.). À nouveau (voir v. 19 et n. compl. 1 de la page 10), un *uersus aureus* clôt le développement, en l'occurrence, le discours de Pluton et, du même coup, la première partie (infernale) du livre. De part et d'autre du verbe sont rapprochés en une double antithèse symbolique les deux adjectifs (lumière et ombre) et les deux substantifs (ciel et enfer). Dans ce splendide accord final, la place même des mots exprime l'affrontement cosmique du livre 1.

2. Nous passons au monde d'en-haut (*astra*: par métonymie, le ciel, séjour des dieux). La formule de transition épique (Homère, *Od.* 16,11) *uix ea fatus erat* est figée depuis Virgile (*Aen.* 2,692 et 12,650; 1,586 *uix ea fatus erat cum*; cf. 3,655; 6,190; 2,323 et 3,90 *uix ea fatus eram*). Autres formules épiques traditionnelles pour revenir au récit après un discours, dans le *Rapt* : *sic fata* (2,122; 3,108: LVCAN. 7,123 *sic fatur*); *haec fatus* (2, 306: VERG. *Aen.* 6,372 *Talia fatus erat*); *haec fatur* (3,330); *dixerat* (2,88: LVCAN. 6, 624; STAT. *Theb.* 8,80; OV. *met.* 8,142 *uix dixerat*); *dixit* (3,66: VERG. *Aen.* 11,561); *talibus dictis* (2,273); *sic ait* (3,438); *talia uociferans* (2,223: SIL. 7,116); *haec ubi* (3,137: VERG. *Aen.* 6,628 *haec ubi dicta dedit*; LVCAN. 6,719 *haec ubi fata*); *his increpat uocibus* (3,291).

La rapidité de Mercure, lieu commun poétique (VERG. *Aen.* 1,301; 4,238 sqq.; STAT. *Theb.* 1,303 sqq. ...), est ici soulignée par les adverbes *uix* et *iam*, l'asyndète et le contraste des temps (plus-que-parfait et imparfait).

3. La référence manifeste à Properce (3,13,19-20 «*quae* uiua *sequatur*

/ *coniugium*») donne une résonance funèbre aux propos de Jupiter. Properce, en effet, parle de la coutume suivant laquelle les veuves, en Orient, veulent suivre leur époux défunt dans la mort. En choisissant une telle expression pour évoquer le mariage de Pluton, Claudien souligne que, pour la mariée, ce mariage serait une mort au monde d'en haut. L'antithèse *Stygios recessus* / *sole* va dans le même sens.

4. Le v. 121 reste volontairement énigmatique. Jupiter finit par prendre sa décision (*certa sententia*), mais Claudien ne précise pas laquelle pour laisser le lecteur en attente (voir v. 216 sqq.). Du point de vue formel, ce vers est modelé sur VERG. *Aen.* 11,551: «[omnia secum /] *uersanti* subito uix haec *sententia sedit* ». Voir aussi, mais dans un emploi légèrement différent, STAT. *Theb.* 2,368 «iam potior cunctis *sedit sententia* »; et Sidoine Apollinaire, qui semble bien dépendre de Claudien: «tandem nutanti *sedit sententia*» (*carm.* 7,336; les v. 334-335 sont à rapprocher de *rapt.* 1,118-119).

5. Claudien passe sans transition à Proserpine et à sa mère. L'asyndète souligne ici la concomitance et même la concordance entre les différentes scènes qui constituent, chacune, un aspect complémentaire d'une même réalité: l'*ordo fatorum*. Proserpine, qui va désormais occuper le devant de la scène, est l'instrument passif, la victime du destin. Sur le choix de la leçon *Aetna* / *Aetnaeus* ici et tout au long du poème, voir Charlet 1987, p. 25-29. Lors de la rédaction de cet article, je ne disposais pas encore du commentaire de Potz; mais ses observations en faveur de la leçon très minoritaire *Hennaeae* (p. 91-92) n'apportent aucun élément nouveau au problème, et je reste sur ma position.

6. L'amour possessif de Cérès s'exprime par une comparaison homérique avec la vache qui protège farouchement (*torua*) son jeune veau (v. 127-129). Non sans hésitation, j'ai finalement préféré la leçon *uitulum* à *uitulam*. *Vitulam* est donné par la majorité des manuscrits. Mais *uitulum*, attesté dans les trois classes, se lit sur les mss. du XIIe s. (y compris B, manuscrit mutilé et fragmentaire, et pour ce non retenu dans l'apparat), c'est-à-dire les plus anciens. Il peut sembler choquant de comparer Proserpine à un *uitulus* plutôt qu'à une *uitula*; mais la comparaison met l'accent sur l'amour maternel (l'objet de cet amour est secondaire), et Claudien dépend ici d'Ovide qui, racontant le rapt de Proserpine, compare précisément Cérès qui a perdu sa fille à une vache qui cherche son jeune veau (*fast.* 4,459-460): «ut *uitulo* mugit sua mater ab ubere rapto / et quaerit fetus per nemus omne suos». Certains scribes ont pu corriger *uitulum* en *uitulam* pour les raisons de convenance indiquées. À l'inverse, des scribes savants auraient pu introduire la forme masculine pour aligner le texte de Claudien sur celui d'Ovide. Mais, comme la forme masculine est donnée par les manuscrits les plus anciens (L_1 a ensuite *quae*, mais cet accord au féminin peut s'expliquer soit par la proximité de *torua parens*, soit par contamination), la première correction semble la plus probable, et elle s'est largement

diffusée en tant que *lectio facilior*. Le v. 129 rappelle HOR. *carm.* 4,2,54-58 «*uitulus* relicta / matre qui largis iuuenescit herbis / in mea uota, // *fronte curuatos* imitatus ignis / tertium *lunae* referentis ortum» (cf. OV. *hal.* 2-3 «*uitulus*... / *qui nondum* gerit in tenera iam *cornua fronte*»; STAT. *Theb.* 6,267). Ces rapprochements confirment la leçon *uitulus*. Claudien traite la scène de genre du jeune veau protégé par sa mère.

L'adjectif *toruus* s'applique traditionnellement aux bovins (VERG. *georg.* 3,51; OV. *met.* 8, 132; COLVM. 6,20; STAT. *Theb.* 1,131). Ici, il exprime l'air menaçant et farouche de la mère qui protège son enfant, et Claudien a repris une attaque de vers de Stace (*Theb.* 4,249 *torua parens*, à propos de la mère de Parthénopée; 9,571 *torua mater*). Dracontius s'est sans doute, une fois de plus, souvenu de Claudien (8,582): *ast ubi torua parens*..., pour désigner, dans une comparaison épique, la tigresse à qui l'on a pris ses petits. — Par un phénomène de contamination, la clausule *proterit arua* est empruntée à un autre passage d'Ovide (*met.* 2,791, à propos de l'Envie). — Noter au v. 128 l'emploi original de *germina* pour désigner les cornes (*Stil.* 3,290 *frons... germinat*); *cornua* est une glose passée dans le texte ou une *lectio facilior* (VERG. *georg.* 4,299 *uitulus bima curuans iam cornua fronte*). *Lunatae* doit être interprété comme un hypallage.

7. Malgré le rapprochement tentant avec VERG. *Aen.* 7,53 «*iam matura* uiro, iam *plenis* nubilis *annis*» (OV. *met.* 11,191 *pleno maturuit anno*) ou avec STAT. *Ach.* 1,291-292 «et expleto *teneri* iam fine *pudoris* / *uirginitas* matura *toris*» (cf. *Stil.* 1,69 *nubilis interea maturae uirginis aetas*; *Pall.* 125-126: *matura tumescit* / *uirginitas*), il semble prudent de s'en tenir à la leçon presque unanime des manuscrits *iam uicina toro*. *Matura*, donné par le seul W, apparaît comme une conjecture savante à partir des textes cités ci-dessus: si cette leçon était la bonne, pourquoi aurait-elle été remplacée par *uicina*, qui constitue de la part de Claudien une variation par rapport à son modèle virgilien (de même que *toro* par rapport à *uiro*)? *Vicina* a une valeur proleptique: la jeune fille a grandi au point qu'elle est proche de l'âge nubile. Noter l'alliance expressive d'un verbe concret (*adoleuerat*) avec un sujet abstrait (STAT. *Theb.* 2,254 «*thalamis*... casta *adolesceret* aetas»). — *Plenis* .. *annis*: «à mesure que les années avaient été accomplies» (Tardioli).

8. Le terme *pronuba* est astucieusement choisi pour annoncer le mariage: la *pronuba* assiste la jeune mariée (*rapt.* 2,362). La *iunctura* se retrouve chez DRAC. *Orest.* 451 (*pronuba flamma fuit*), mais en un autre contexte, à propos de deux amants réunis par la mort. Claudien décrit avec bonheur le mélange d'attrait et de crainte que la jeune fille éprouve à l'idée du mariage (v. 131-132: thème et variation). Rapprocher *pudorem sollicitat* de 2, 324-325 (*uultibus addunt* / *flammea sollicitum praeuelatura pudorem*). L'alliance *tener pudor* se lit chez OV. *epist.* 2,143.

9. Les soupirants de Proserpine (FIRM. *err.* 7,1,10). Ce thème a

pour fonction d'expliquer la crainte de Cérès et de justifier qu'elle envoie sa fille en Sicile. Ce type de comparaison entre deux adversaires remonte à Virgile (*Aen.* 5,430-431): *ille pedum melior... / hic membris et mole ualens.* Corippe (*Ioh.* 4,541 et 543) semble avoir imité Claudien: «hinc Liberatus erat longa *praestantior* hasta /.../ hic *melior* pilo, curuo nec segnior *arcu*». Mars et Apollon sont décrits avec leurs attributs traditionnels, aussi bien dans la littérature que sur les représentations figurées: Arès est φέρασπις (*hymn. hom.* 2; CLAVD. *c. min.* 53,77-78; *Eutr.* 2,160; *Stil.* 2,369) et Apollon τοξοφόρος (*hymn. hom.* 126; CLAVD. *Stil.* 3,60). Ces deux divinités sont célèbres par leurs aventures amoureuses. Mais, apparemment, Claudien est le premier à les présenter comme faisant la cour à Proserpine. Chaque dieu propose les terres qu'il possède et chacun des deux est soutenu par sa mère:

Rhodopen (v. 135) désigne un mont de Thrace (*pr. rapt.* 2,19), pays du nord, qu'Arès, dit-on, habite avec ses filles les amazones (*rapt.* 2,62 sqq.): Homère, *Il.* 13,301; *Od.* 8,361; OV. *fast.* 5,257; CLAVD. *Ruf.* 1,334 sqq.; *4 cons.* 526; *Eutr.* 2,106 et 163.

Amyclas (v. 135): ville de Laconie où l'on rendait un culte à Apollon Karneios, en rapport avec la mort d'Hyacinthos (Thucydide 5,18; STAT. *Theb.* 4,223 *Apollinae... Amyclae*).

Delon (v. 136): l'île de Délos était l'un des sanctuaires les plus fameux d'Apollon (Homère, *Od.* 6,162 sqq.). Latone y avait accouché d'Apollon et de sa sœur Diane (v. 137 et 3,306): *hymn. hom. Apoll.*

Clarios lares (v. 136): Apollon avait un oracle et un sanctuaire (d'où *lares*) à Claros en Ionie, près de Colophon: *Hymn. hom. Artem.* (8),5; Callimaque, *hymn.* 2,70; VERG. *Aen.* 3, 360; OV. *met.* 1,516; STAT. *Theb.* 8,199...

Héra était la mère d'Arès: Hésiode, *theog.* 921 sqq.; chez Horace, Junon considère Romulus, fils de Mars, comme son petit-fils (*carm.* 3,3,31 *inuisum nepotem*).

Page 16:

1. La blondeur est un attribut traditionnel de Déméter-Cérès, déesse des moissons: Homère, *Il.* 5,500 ξανθὴ Δημήτηρ; *hymn. hom. Dem.* 279; VERG. *georg.* 1,96 *flaua Ceres* en début de vers comme ici; TIB. 1,1,15; OV. *met.* 6,118; *fast.* 4,424 et 616; *am.* 3,10,2 et 43; LVCAN. 4,412. Voir *rapt.* 1,188 et 3,126. — *Despexit* est à rapprocher de 3,416: *o grata superbia matris.*

La parenthèse *heu caeca futuri* (cf. *Eutr.* 2,545-546) s'inspire de STAT. *Theb.* 5,718-719, où la réflexion incidente *pro fors et caeca futuri / mens hominum* vient couper le récit. Stace lui-même s'inspirait du développement sur le destin qui ouvre le chant 2 de la *Pharsale* (LVCAN. 2,14-15 *sit caeca futuri / mens hominum fati*); SIL. 2,206 est moins proche de notre passage.

2. Sur ce passage bouleversé et remanié dans la tradition manuscrite,

les conclusions de Hall 1969 (p. 202-203) me semblent justes. Les v. 139, 140 et 141 ont quasiment le même sens et complètent la phrase commencée au v. 137. Mais ils ne sont pas liés l'un à l'autre. Scaliger et Barth acceptent 140-141, mais suppriment 139. À l'inverse, Heinsius, Gesner, Birt et Koch conservent 139, mais suppriment 140-141. Le v. 139 donne un sens satisfaisant et peut être rapproché de 195-196 (*gaudia... commendo*). Le v. 140 en revanche peut difficilement être accepté seul: il ne mentionne pas la Sicile; *infidis* serait très maladroit à côté de *confisa* et *alendam* surprend pour une jeune fille qui atteint l'âge nubile (cette fin de vers peut venir de *6 cons.* 583 *commisit alendum*, ou d'OV. *met.* 13,431). Le v. 141 introduit une idée nouvelle (*aethera deseruit*). Le complément de *relegat* n'est pas exprimé, mais il est facile à suppléer dans ce contexte (*filiam, natam*), et déjà au v. 136 la personne à qui *Mars donat* et *Phoebus largitur* n'est pas exprimée, non plus que le complément de *poscit* au v. 137 (*nurum* est attribut). Cette petite difficulté plaiderait plutôt en faveur de l'authenticité du vers. L'examen de ces trois vers dans leur contexte permet donc d'éliminer 140, mais non de choisir entre 139 et 141. En revanche, les données de la tradition manuscrite montrent que seul 141 est authentique.

En effet, tous les manuscrits qui omettent les v. 142 sqq. omettent aussi 141 et, inversement, tous ceux qui ont les v. 142 sqq. ont aussi 141 (sauf *un* manuscrit du XVe s., Hall F_9, où la suppression peut être due à une correction volontaire du texte). Le v. 141 existait donc avant la lacune qui caractérise la classe b; il a disparu des mss. de cette classe au moment où est apparue la lacune. En revanche, la présence ou l'absence de 139 ou 140 ne coïncide pas invariablement avec la présence ou l'absence des v. 141 sqq.; ces vers ne sont donc pas antérieurs à l'apparition de la lacune. De plus, quand ils apparaissent, les v. 139 et 140 n'ont pas une position fixe: 139 suit 140 dans plus de 10 *uetustiores*, et il suit le v. 145 dans A_1; 140 suit 141 dans W, et parfois les v. 139-140 n'apparaissent que comme des additions marginales. On peut donc conclure que chacun de ces deux vers a été composé par un scribe, à partir du texte de Claudien lui-même (cf. *supra*), après la perte des v. 141 sqq., pour compléter, dans la classe b, la phrase commencée aux v. 137-138. Par la suite, par contamination, l'un ou l'autre, ou même les deux vers à la fois ont été introduits, parfois déplacés, parfois en marge, dans certains manuscrits de la classe a.

Ingenio confisa loci: cette expression introduit la description de la Sicile qui suit. Thème parallèle chez Stace, *Ach.* 1,211, où Thétis décide de cacher son fils Achille à Scyros: *haec placet, haec timidae tellus tutissima matri.* L'expression *ingenium loci* se lit déjà chez COLVM. 10,51 et se retrouve chez RVT. NAMAT. 1,328 (*sine loci ingenio*); emploi comparable chez Virgile (*georg.* 2, 177 *aruorum ingenia*).

3. Au v. 142 commence un long développement dans le goût alexandrin, composé d'une suite d'ekphraseis ou descriptions géogra-

phiques, scientifiques ou mythologiques, qui forment chacune un petit tableau autonome stylistiquement très travaillé: l'origine de la Sicile (v. 142-146); la Sicile aux trois caps (v. 147-152); l'Etna (v. 153-178). Cette suite de tableautins, orientée vers une longue description de l'Etna et de ses éruptions, ne constitue pas pour autant une digression. Ces descriptions s'intègrent au plan d'ensemble de l'ouvrage: elles tracent le cadre de l'action à venir. Mais, plus qu'un simple décor, elles introduisent un *acteur* du drame. La Sicile, et plus particulièrement l'Etna, vers lequel la description est orientée et auquel Claudien consacre le plus grand développement, n'est pas «L'impassible théâtre que ne peut remuer le pied de ses acteurs»: la Sicile et surtout l'Etna vont désormais jouer un rôle actif dans l'enlèvement de Proserpine. Pour l'instant, Cérès veut y cacher sa fille: aussi la Sicile va-t-elle apparaître comme une citadelle dressée au milieu de mers tumultueuses (c'est cela, le «génie du lieu»!). Quant à l'Etna, j'en dégagerai plus loin le rôle ambivalent.

Origine géographique de la Sicile (v. 142-146). Le développement est introduit comme une ekphrasis traditionnelle: les précisions géographiques sont de règle au début d'un épisode (e. g. OV. *met.* 1,313 sqq.; 2,195 sqq.; 15,332 sqq.). — *Trinacria... fuit... inde... hinc... hinc*: comparer VERG. *Aen.* 1,441 sqq.; 2,21 sqq. et 713 sqq.; 4,480 sqq.; 7,563 sqq.; 8,597 sqq.; OV. *met.* 1,168 sqq.; 8,788 sqq... *Trinacria* (1,191; 2,186; 3,119 et 288) est l'appellation traditionnelle de la Sicile depuis Homère (*Od.* 11,107), en raison de ses trois caps ou «pointes»: τρία ἄκρα (v. 147 sqq. *trisulcam*, allusion étymologique: OV. *fast.* 4,419 sqq.; Diodore 5,2,1...).

L'idée que la Sicile était jadis reliée à l'Italie remonte, selon Strabon (6,11,18), à Eschyle, qui explique le nom de la ville de Rhegium par la racine du verbe ῥήγνυμι (séparer, briser); le thème est un poncif: SALL. *hist.* 4,20 (ap. ISID. *orig.* 14,56) *Italiae Siciliam coniunctam fuisse constat*; Diodore 4; SEN. *nat.* 6,30,3; PLIN. *nat.* 2,88; 3,8; POMP. MELA 2,27. Chez les poètes: VERG. *Aen.* 3,414-419 (dont s'inspire Claudien); OV. *met.* 15,290-293; LVCAN. 3,60-63; VAL. FL. 2,616-618; STAT. *silu.* 1,3,32; SIL. 14,11; CLAVD. *Get.* 220-224. *Abscissos* rappelle le verbe employé par Virgile, *Aen.* 3,418 (cité par SEN. *dial.* 6,17,2: *abscidit*; emplois analogues, mais non à propos de la Sicile, chez HOR. *carm.* 1,3,21 sqq. et PLIN. *nat.* 4,1). Le parallèle avec Virgile (v. 418-419 *aruaque et urbes / litore diductas angusto interluit aestu*) permet de préférer *interluit* (plus poétique) à *interfluit* (prosaïque), formes bien attestées l'une et l'autre dans la tradition manuscrite.

Parua discrimina: un isthme étroit: CIC. *agr.* 2,87 *cum* [duo maria] *pertenui discrimine separarentur* (emplois similaires de *discrimen* chez LVCR. 5,690; OV. *Pont.* 1,8,62). Pour le sens, LVCAN. 1,720 sqq. (à propos de la Sicile): *angusto fretu rapidum mare diuidit undis / Italiae terrarum oras a finibus eius.* V. 146: beau *uersus aureus* en fin de développement.

4. *Italiae pars una fuit*: avec Hall, je conserve le texte transmis par la quasi unanimité des manuscrits, même si sur certains on peut hésiter à lire *una* ou *ima* (choisi par Gesner et Wakefield) et même si trois *uetustiores* (A, R_1, W) donnent *magna*, que Birt retient en s'appuyant sur VERG. *Aen.* 2,6 *pars magna fui* (même groupe en même position métrique; mais aucun rapport de sens entre les deux passages); on pourrait citer aussi SIL. 14,11 *Ausoniae pars magna iacet Trinacria tellus*. Birt avait conjecturé *iuncta*, repris par Koch, qui cite OV. *met.* 15,290-291 (à propos de Zancle), mais ce rapprochement ne prouve rien. L'expression *una pars* se lit chez Claudien (*Ruf.* 1,317) et est bien attestée chez Ovide (*met.* 2,426; 5,577-578; 9,20; 13,51; 14,482; *fast.* 2,156; *trist.* 4,10,34; 5,7,4).

5. La Sicile aux trois caps (v. 147-152). Claudien développe et explique le nom de *Trinacria*: *trisulcam*, en attribut à *illam*, leçon beaucoup mieux attestée que *trisulco*, et plus satisfaisante pour le sens (cf. *Theod.* 203-204 *trifidam... Sicaniam*; LVCR. 1,717 *triquetris oris*; HOR. *sat.* 2,6,55 *triquetra*; Polybe 1,42,3). La tradition manuscrite est ici très hésitante: les rapports syntaxiques ont parfois été perturbés et il y a hésitation entre *raptam* (*-a*) et *ruptam* (*-a*). Ces deux dernières leçons, bien attestées, sont également possibles: *rumpere* peut s'employer avec un ablatif de séparation (VAL. FL. 1,588-589), tout comme *rapere* (OV. *met.* 3,730 «[frondes] alta *rapit* arbore uentus»; *3 cons.* 26-28 «poscere partem / de spoliis, Scythicos arcus aut *rapta* Gelonis cingula»). Mais *raptam* est beaucoup plus riche de sens que *ruptam*, banalement descriptif: terre *ravie* à l'Italie, la Sicile est prédisposée par le destin pour être le lieu du *rapt* de Proserpine. Une fois établie la leçon *raptam*, on doit lire *socia*, épithète de *tellure* et, une fois encore, on lit un beau vers architectural comme les aime Claudien, avec un entrelacement expressif des cinq termes qui désignent les deux terres jadis liées et maintenant séparées.

Avec Hall, je préfère le présent *opponit*, mieux attesté que le parfait *opposuit*. Le rapprochement de Birt avec IVV. 10,152 («*opposuit natura* Alpemque niuemque») n'est pas un argument dirimant.

L'évocation des trois caps est traditionnelle dans une description de la Sicile. Ovide aussi, avant de raconter le mythe de Cérès et Proserpine, commence par décrire la Sicile avec ses trois caps (*met.* 5,346 sqq.; cf. aussi *fast.* 4,479 sqq., mais dans le récit des courses de Cérès), mais en reliant cette description à la présence du géant écrasé par la Sicile (Typhée en l'occurrence). Claudien a séparé les deux descriptions, remplacé Typhée par Encélade (v. 154-159); et surtout, il présente la Sicile comme une citadelle assiégée, mais inexpugnable (*respuit, praetentis rupibus, obiectum Pelorum*), entourée de mers terrifiantes: au sud-est la mer Ionienne (*Ionias iras*); à l'ouest, la mer africaine (*latrat Gaetula Thetis... pulsat*) et au nord-est, la mer Tyrrhénienne (*indignata teneri, concutit ... rabies Tyrrhena*). Le vocabulaire choisi file cette métaphore militaire. Claudien justifie ainsi le choix de la Sicile par Cérès, même si, par le procédé de l'ironie tragique, il suggère discrètement que cette terre était, par sa nature, prédisposée au rapt. Comme l'Etna (voir plus loin v. 153 sqq.), la Sicile est ambivalente: à la fois protectrice et rassurante, mais aussi inquiétante et menaçante.

6. *Stricto sensu*, la Gétulie est une région au nord-ouest de l'Afrique; ici, par métonymie, elle désigne l'Afrique. Par une autre métonymie fréquente en poésie, *Thetis*, fille de Nérée et mère d'Achille, signifie la mer (VERG. *ecl.* 4,32). L'image de la mer qui aboie (*c. min.* 25, 61) vient de Virgile, *Aen.* 7,588 *multis... latrantibus undis*; voir aussi SIL. 3,470; 5,397. Le pluriel *bracchia* (v. 151) fait sans doute allusion aux deux pointes du cap Lilybée près de Marsala.

Indignata, bien mieux attesté que *dedignata* (J_4, E_2, K_1, Ise mg.), donne par surcroît un sens tout à fait satisfaisant. — *Moueri*, à la place de *teneri* (Ise mg.) apparaît comme une conjecture, peut-être à partir de STAT. *Theb.* 8,123. — Pour les tempêtes (*rabies* pour la mer: VERG. *Aen.* 5,802; SIL. 2,290) de la mer Tyrrhénienne, voir e.g. STAT. *Theb.* 6,20.

Page 17:

1. Jusqu'à présent, la description de Claudien a été rapide: en quelques touches, le poète a voulu créer un certain climat pour préparer la longue description de l'Etna qui commence au v. 153. Au cœur de l'île (*in medio*: ce qui constitue une inexactitude, mais Claudien est poète et non géographe), le volcan va lui aussi apparaître comme ambivalent: par son aspect terrifiant, il peut écarter les intrus — et l'on comprend que Cérès y cache sa fille; mais par ses liens avec le monde souterrain, il est le lieu privilégié d'une rencontre entre le monde d'en bas et le monde d'en haut: c'est donc là que le dieu des enfers doit enlever la jeune déesse céleste.

Porrigere s'emploie fréquemment en poésie à propos d'une montagne (VERG. *georg.* 3,351; LVCAN. 2,399; *pr. rapt.* 2,19; *4 cons.* 442. Noter la répétition expressive d'*Aetna* (v. 153-154).

Dès le début de la description, l'Etna est mis en rapport avec le mythe des Géants: *Giganteos numquam tacitura triumphos*, expression qui contamine LVCAN. 8,622 «Romanos *nunquam tacitura* labores», à propos des *saecula*, par HOR. *carm.* 3,1,7 *clari Giganteo triumpho*. Cette association est traditionnelle, en particulier chez Ovide et dans l'*Aetna*, v. 41-73; mais Claudien est obsédé par ce mythe: voir n. compl. 1 de la page 11 et 3,335 sqq. Ici, le rappel d'un mythe de révolte contre les dieux d'en haut prolonge le thème de la première partie du chant (révolte de Pluton contre Jupiter) et prélude à l'irruption de Pluton (qui, après la révolte, se fait avec l'approbation de Jupiter). Ovide décrivait Typhée enseveli sous la Sicile, les pieds au cap Lilybée, la main droite au Pélore, la gauche sous le Pachynum et la tête sous l'Etna (*met.* 5,346-353; *fast.*

4,491 -492). Claudien préfère suivre Virgile et l'auteur de l'*Aetna* (v. 71-73), qui placent Encélade sous le volcan: «Fama est *Enceladi* semustum fulmine corpus / urgeri mole hac, ingentem insuper Aetnam / impositam ruptis flammam *exspirare* caminis, / et fessum quotiens *mutet latus, intremere omnem / murmure Trinacriam* et caelum subtexere fumo» (*Aen.* 3,578-582). Claudien n'est pas très précis sur la position exacte d'Encélade: ici, comme en 3,183 sqq. et en *pr. 6 cons.* 17-18, et comme chez Virgile, il est simplement sous l'Etna; en 2,157 sqq., il porte l'ensemble de la Sicile (mais pour Claudien, l'Etna est au centre de la Sicile!).

2. La clausule *terga reuinctus* (v. 155) est virgilienne: *Aen.* 2,57; mais cf. aussi STAT. *Theb.* 12,667 *post terga reuinctas*; IVVENC. 4,589 *post terga reuinctum*; CLAVD. *Stil.* 1,213 *post terga reuincti*. Ordinairement, le participe *reuinctus* est précisé par un complément de lieu; mais il s'emploie aussi de manière absolue (OV. *met.* 5,22; *ars* 3,429). La leçon des trois mss. apparentés D, J_4 et K_1 *saxo membra reuinctus* apparaît donc, ainsi que le remarque Hall, comme une interpolation ou une correction arbitraire.

3. Comparer avec VERG. *Aen.* 3,580 (n. compl. 7 de la page 14); OV. *met.* 5,349 *flammam... uomit ora Typhoeus*; *Aetna* 73, à propos d'Encélade: *petulans exspirat faucibus ignem*; SIL. 14,578-579 *Aetne, spirantis rogus Enceladi. Inexhaustum*: *Aetna* 41 «*uiuaces* Aetnaei uertices ignes. Le remplacement de *uulnere* par *pectore* (D, J_4,K_1) est une correction banalisante (OV. *met.* 8,356 *spirat pectore flamma*; VAL. FL. 2,25 à propos de Typhée, *sacras reuomentem pectore flammas*) qui vise à supprimer la hardiesse de l'image. De même *fulmen* à la place de *sulphur*; *sulphur* à propos de l'Etna (1,177): *Aetna* 390; OV. *met.* 15, 340. Marius Victor (*Alethia* 2,127-130) a peut-être imité Claudien: «ruptis sic *Aetna* caminis / egerit inmixtis stridentia *sulphura* flammis, / lubrica dum feruent; at cum spirabilis aurae / temperiem sensere...».

4. L'explication des tremblements de terre en Sicile par les mouvements du géant qui y est enseveli est un lieu commun: outre VERG. *Aen.* 3,581 et OV. *met.* 5,354 sqq. déjà cités, Callimaque *hymn.* 4,4,141-143 (où c'est Briarée en se retournant sur son flanc qui fait trembler l'Etna); voir aussi *rapt.* 2,159 sqq. Le verbe *detractare* (ou *detrectare*) se dit souvent des animaux qui essaient de rejeter leur joug: VERG. *georg.* 3,57; OV. *am.* 1,2,14; PROP. 2,3,47 = 3b,3; AVIAN. 28,9. De même Encélade essaie de repousser le poids qui l'accable: il s'efforce de le rejeter à sa droite ou à sa gauche. — Bien que l'adjectif *rebellis* puisse gouverner un complément (STAT. *Theb.* 1,35-36; SIL. 17,347 sqq.), il me semble difficile et peu naturel ici de faire dépendre de lui *in laeuum dextrumque latus*; Hall, en ce cas, lui donne le sens de «twisting defiantly» = «se tournant avec défi».

Au v. 159, comparer l'emploi de *dubiae* à STAT. *Ach.* 1,871, à propos de Troie qui tremble devant Achille: «*dubiis* nutant... Pergama muris».

— La fin de vers est empruntée à Ovide, dans un contexte différent, à propos des dégâts causés par Phaéton (*met.* 2,214 «pereunt *cum moenibus urbes*»); mais Claudien avait sans doute en tête ce passage, car plus loin le v. 165 semble s'inspirer de *met.* 2,213 *materiamque suo praebet seges arida damno.*

5. Description traditionnelle des activités volcaniques de l'Etna (v. 163-178), qui s'inspire de Virgile (*Aen.* 3,571-577 «sed horrificis iuxta tonat Aetna ruinis, / interdum atram prorumpit ad aethera *nubem* / turbine fumantem *piceo* et candente *fauilla*, / attollitque globos flammarum et sidera lambit, / interdum scopulos...»), de Silius Italicus (14,55 sqq.) et de l'*Aetna* (v. 198-200): «pellitur exustae glomeratus *nimbus* harenae; / flagrantes properant moles, uoluuntur ab imo / fundamenta: fragor tota nunc rumpitur Aetna, / nunc fusca pallent *incendia* mixta ruina». Il n'y a pas lieu de remplacer la leçon des mss. *mouet* par celle de l'Isengriniana *uomit* (conjecture savante?): l'Etna donne l'impression de faire naître les nuages (*indigenas*) et de les pousser hors de son cratère. En troublant ainsi la clarté du jour (*piceaque grauatum / foedat nube diem*: *Aetna* 335-336; Strabon 6,2,8), il accomplit dans le domaine des phénomènes physiques et matériels ce que Pluton, dieu des enfers, fera dans le domaine cosmique et métaphysique en venant ravir la jeune déesse céleste: l'invasion du monde d'en haut par le monde d'en bas, perturbation de l'ordre cosmique, s'exprime elle aussi en termes de lumière obscurcie par les ténèbres. De par sa nature, l'Etna s'imposait comme lieu du rapt: 2,72 et comm. ad loc.; Charlet 1987. Et sa description ne constitue pas une digression gratuite. Claudien profite certes de l'occasion qui lui est fournie pour introduire un développement scientifique dans le goût de son public: qu'on songe aux digressions d'Ammien Marcellin sur les comètes ou sur les amours des palmiers. Mais cette digression apparente, même si elle se fait plus technique à partir du v. 171, au point que de nombreux critiques depuis J.C. Scaliger la jugent hors de propos, et que Claverius, Scaliger et finalement Jeep 1871, p. 358-359, ont voulu à tort y voir une interpolation, s'intègre à la symbolique d'ensemble du poème: le rapt de Proserpine s'inscrit dans une lutte cosmique entre le monde d'en bas et le monde d'en haut, entre les ténèbres et la lumière. L'Etna, intermédiaire entre ces deux mondes est un personnage actif dans cette lutte: à la suite d'une tradition didactique assimilant la terre à un être humain, qui s'exprime avec force dans l'*Aetna*, Claudien en fait le sujet de verbes d'action comme *mouet, foedat, lacessit, nutrit*... Le lieu du rapt ne pouvait se placer que sur ses flancs. Sa description prépare donc le récit du rapt au chant 2.

6. La leçon *molibus*, choisie par Heinsius et Hall avec U et P_4, manuscrits non retenus dans sa sélection habituelle, est tentante, car la pierre meulière et les roches de l'Etna font partie, avec le soufre, l'alun, et le bitume, de ce qui alimente le volcan, d'où *damna* (le volcan nourrit

ses éruptions de sa propre substance, à son détriment; thème analogue chez OV. *met.* 2,213): *Aetna* 198-199 (cités n. précédente); 384 sqq. Néanmoins, la leçon *motibus*, attestée par tous les mss. retenus (deux autres ont corrigé en *montibus*: T et L_7), donne un sens satisfaisant et prolonge *mouet*: les éruptions volcaniques sont des mouvements, des poussées: *Aetna* 92-93 «canam quo feruida *motu* / aestuet Aetna».

7. Claudien ne pouvait passer sous silence l'une des «merveilles» de l'Etna: l'union des contraires, avec le mariage en son sommet de la neige et du feu: SEN. *epist.* 79,4 *niues... quas ne aestas quidem soluit: adeo tutae sunt ab igne uicino*; SIL. 14,66-67 *summo cana iugo cohibet, mirabile dictu, / uicinam flammis glaciem*; SOLIN. 5 *mirum hoc est, nec illud minus quod in illa feruentis peruicacia naturae mixtas ignibus niues praefert, et licet uastis exundet incendiis, apicis canitie perpetua brumalem detinet faciem. Itaque in utroque uiolentia nec calor frigore minuitur, nec frigus calore dissoluitur.* Le goût que Claudien partage avec ses contemporains pour les merveilles de la nature s'exprime dans plusieurs de ses *c. min.*: 26 à 29; 49; et surtout 33 à 39 et *c. gr.* 4 et 5 (variations sur un cristal qui renfermait une goutte d'eau: voir P. Laurens, «Poétique et histoire: étude de neuf épigrammes de Claudien», *BAGB* 1986, p. 344-364, notamment p. 357-358). L'oxymore exprime le paradoxe inhérent à la nature des choses. Emanuele Tesauro, théoricien du conceptisme, a cité le v. 170 comme un magnifique exemple de métaphore d'opposition (*Cannocchiale aristotelico*, Venise 1654, p. 535). Claudien s'inspire ici, comme plus tard Sédulius (*carm. pasch.*1, 114-115 «ignibus innocuis... blanditae lambebant robora flammae») d'un vers de l'*Énéide* (2,683-684): «*innoxia* mollis /*lambere flamma* comas» (cf. aussi *Aen.* 3,574; HOR. *sat.*1,5,73).

8. Dans ce passage (v. 171-178), Claudien aborde des thèmes traditionnels traités, après Pindare, par Lucrèce (6,680-702), Virgile, Ovide et surtout l'*Aetna* (v. 1 sqq.): «Quae maiora putas artem *tormenta* mouere / posse manu? Quae tanta putas incendia nostris / sustentare opibus, quantis fornacibus Aetna / uritur ac sacro nunquam non fertilis igni?»; v. 30-31 «tumidis... e faucibus *ignem* / Vulcani *ruere*». Ce rapprochement confirme la leçon *ignis* au v. 172, alors que Hall, après Birt, choisit, avec trois mss. habituellement non retenus (E_2, P_4, R_2), la correction banalisante *amnis*. La force de l'expression tient ici dans une alliance baroque entre l'eau et le feu, comme au v. 170 (glace et feu). Même les vers de Pindare sur l'Etna (*Pyth.* 1,40 sqq.), commentés et cités par Macrobe 5,17,9-12, qu'invoque Birt en faveur d'*amnis*, me semblent plaider en faveur d'*ignis*: s'il y est question de fleuves (ποταμοὶ; AVG. *ciu.* 4,2 *flumina flammarum* à propos de l'Etna), Pindare parle d'abord de *sources de feu* (πυρὸς... παγαί = *fontes ignis* chez Macrobe). Pour l'explication par le thème des vents enfermés dans l'Etna: *Aetna* 94 sqq.; 134-135; 168 sqq. (OV. *met.* 15,346 sqq.). Sur les fissures: *Aetna* 96 sqq.; sur le caractère friable des roches: *Aetna* 421

sqq. Comparer *libertatemque reposcens* à *Aetna* 111-112 *liber spiritus intra effugiens molitus iter*. Dans ce passage technique, ce qui compte le plus par rapport à l'économie du poème, c'est la violence des images, prélude à la violence du rapt qui se produira sur ce volcan violent (accord affectif entre l'action et son cadre) et la mention des fissures, cavités et grottes qui font de l'Etna un lieu de communication entre le monde souterrain et le monde de la lumière.

Tormenta rotant se lit chez STAT. *Theb.* 10,859 (*scopulos... rotant* en 9,469). — *Quae tanta cauernas uis glomerat*: après les discussions de Hertel 1848, Semple 1946, p. 61 sqq. et Meurig Davies 1950, p. 95, Hall (1969, p. 204-205) a eu raison de défendre le texte des manuscrits, en s'appuyant sur VERG. *Aen.* 3,575-577 («interdum scopulos auulsaque *uiscera montis* / erigit eructans liquefactaque saxa sub auras / ... *glomerat*») et LVCAN. 6,294-295 («cum tota *cauernas* / egerit et torrens in campos defluit Aetna»): les *cauernae* désignent les rochers qui forment les «cavernes» de l'Etna (VERG. *Aen.* 3,674 et 8,420).

Page 18:

1. Les v. 177-178 doivent se comprendre à la lumière du commentaire de Servius, contemporain de Claudien, au passage de Virgile consacré à l'Etna (*Aen.* 3,571 sqq.): *item nouimus ex aquae motu creari uentum. Esse etiam concauas terras constat: et, ab ea parte qua Eurus uel Africus flant, habere speluncas et plenas sulphuris, et usque ad mare deductas. Hae speluncae, recipientes in se fluctus, uentum creant, qui agitatus ignem gignit ex sulfure*; et de Justin 4,1,1-15 (*Siciliam ferunt angustis quondam faucibus Italiae adhaesisse diremptamque uelut a corpore maiore impetu superi maris... Est autem terra ipsa tenuis ac fragilis et cauernis quibusdam fistulisque ita penetrabilis, ut uentorum tota ferme flatibus pateat; nec non et ignibus generandis nutriendisque soli ipsius naturalis materia. Quippe intrinsecus stratum sulphure et bitumine traditur, quae res facit ut, spiritu cum igne interiore luctante, frequenter et compluribus locis nunc flammas, nunc uaporem, nunc fumum eructet... uelut ipsis undis alatur incendium... nam aquarum ille concursus... nutrimenta ignis incendat*); cf. aussi *Aetna* 292 sqq.; Strabon 6,2,10. La pression des eaux de la mer (*mare... oppressis aquis*), infiltrées dans le sol par les failles (*ductum per uiscera montis*), produit des vents qui s'enflamment au contact du soufre (*sulphurei... ignescit*) et provoquent les éruptions avec leurs jets de pierre (*pondera librat*); l'eau elle-même sert d'aliment au feu.

2. Représentation traditionnelle de Cybèle, mère de Cérès, qui porte une couronne tourelée (1, 213; 3,271): LVCR. 2,606-609 *muralique... corona* ; VERG. *Aen.* 6,784-785 *mater... turrita* ; OV. *fast.* 6,181 *turrigera Cybele* (voir F. Bömer, *ad fast.* 4,219). Le char de Déméter-Cérès est tiré par des serpents (1,12-14 et n. compl. 3 de la page 9; 3,54): OV. *met.* 5,642-643; *fast.* 4,497 et 561 (F. Bömer, *ad loc.*). Pour *sinuosus*

à propos d'un serpent: VERG. *georg.* 1,244; *Aen.* 11,753. Aux v. 184-185, Claudien doit se souvenir d'une description de serpent par Virgile: «caeruleae cui *terga notae maculosus* et *auro* / *squamam* incendebat fulgor» (*Aen.* 5,87-88; cf. *georg.* 3,427).

3. Sans se soucier de la chronologie mythique traditionnelle qui situe l'invention des céréales *après* l'enlèvement de Proserpine, et en s'appuyant peut-être sur une tradition selon laquelle les Siciliens auraient bénéficié des céréales avant le rapt (CIC. *Verr.* II,4,108; Diodore 5,2,4), Claudien transforme la roue du char de Cybèle en soc, et sa trace en sillon (*sulcatam*) d'où s'élève une moisson miraculeuse. Semblent s'être inspirés de ce splendide tableau Prudence (*c. Symm.* 2,935 «se *uestiat* aequor *aristis*») et Sidoine Apollinaire (*carm.* 2,329-330 «*fecundat iter comitataque* gressum uindemia»). — La fin du v. 188 (cf. *6 cons.* 388) imite VERG. *ecl.* 4,28: «molli paulatim *flauescet* campus *arista*».

4. *Heu quotiens praesaga doli* (cf. VERG. *Aen.* 10,843 *praesaga mali mens*; LVCAN. 7,186 *praesaga malorum mens*; SEN. *Thy.* 963): premier d'une longue liste de pressentiments qui, alternant avec des moments de bonheur et de détente, font croître la tension jusqu'à l'enlèvement au chant 2. Noter le caractère affectif du style, avec la reprise de *quotiens*.

La leçon *aborto*, aussi bien attestée dans les mss. qu'*oborto* (VERG. *Aen.* 11,41 *lacrimis... obortis*; STAT. *Theb.* 6,44), semble plus riche de sens: comme le montre l'apostrophe à la terre de Sicile (v. 194 sqq.), l'optimisme l'emporte encore dans le cœur de Cérès, en dépit de ses pressentiments (s'il en était autrement, elle retournerait aussitôt auprès de sa fille!); elle lutte donc contre des larmes que font naître ses pressentiments et parvient à les faire cesser chaque fois qu'elles apparaissent. Mais la différence de sens entre *oborto* et *aborto* est ici bien ténue. — Pour le sens de *uiolauit*, comparer STAT. *Theb.* 9,713 à propos de Diane: *fletu genas uiolata*. — *Ros* à propos de larmes: OV. *met.* 4,263 (Cérès); 10,360; STAT. *silu.* 5,1,36...

5. L'apostrophe de Cérès à la Sicile à qui elle vient de confier sa fille (v. 194-200) est calquée sur celle de Thétis à l'île de Scyros, où elle vient de cacher Achille (STAT. *Ach.* 1, 384-388: «cara mihi *tellus*, magnae cui pignora curae / depositumque ingens, timido commisimus astu, / sis felix taceasque, precor, quo more tacebat / Creta Rheae: te longus honos, aeternaque congent / templa, nec instabili fama superabere Delo»), contaminée par quelques souvenirs virgiliens: l'apostrophe à la terre d'Italie (*georg.* 2,173-174 *salue... tibi*); la fin de vers *gratissima tellus* (*Aen.* 3,73); l'attaque de vers *praemia digna* (*Aen.* 1,605; cf. OV. *ars* 2,702).

Page 19:

1. Description du sanctuaire de Cybèle (v. 202-213), où Cérès fait son entrée (v. 209). *Religiosa silex* (v. 203) me semble désigner non le rocher sacré du Dindyme (Potz, p. 124), mais la pierre noire (bétyle),

symbole de la Mère des dieux (ARN. 6,196 *silicem pro deum matre*), que les Romains avaient fait venir de Pessinonte à Rome, après avoir consulté les livres sibyllins (204 av. J.C.): F. Bömer, «Kybele in Rom», *RhM* 71, 1964, p. 130 sqq.; Claudien fait allusion au transfert de la déesse de l'Ida au Palatin, ainsi qu'à sa *lauatio*, en *Gild.* 117 sqq. Si, contrairement à la tradition la plus répandue, il place sur l'Ida la pierre sacrée (OV. *fast.* 4,265), c'est parce que cette montagne était consacrée à Cybèle.

Le pin (*pinus*, v. 203) est consacré à Cybèle: dans l'*Énéide* (9,85-89), Cybèle offre à Énée les pins du bois sacré de l'Ida; cf. PHAEDR. 3,17,4; STAT. *silu.* 3,4,12 (*pinifera... Ida*). Le pin symbolisait Attis (OV. *met.* 10,103 sqq.; STAT. *Theb.* 10,170 sqq.; CLAVD. *Eutr.* 1, 279); le 22 mars, couronné de fleurs et de bandelettes sacrées, il était porté en procession vers le Palatin par les dendrophores (ARN. 5,16-17; FIRM. *err.* 27,1; Lydus, *mens.* 4,59). L'ombre (*opacat*, v. 203) est traditionnellement associée au mont Ida: OV. *met.* 11,762 *umbrosa Ida*; *fast.* 6,327 *opacae uallibus Idae.* L'alliance *densae frondes* est virgilienne (*ecl.* 9,60).

2. Théocrite évoque le chant du pin (1,1-2). Selon une légende attestée par Lucien (*dial. deor.* 22,4), Nonnos (*Dion.* 42,259 sqq.) et dans les *Géoponiques* (11,10), la jeune Pitys, pour avoir préféré Pan à Borée, fut précipitée par ce dernier contre un rocher et donna naissance à un pin; le pin gémit au souffle de Borée, et Pan s'en couronne. — L'expression *carmina modulari* est virgilienne (*ecl.* 5,14 et 10,51).

3. Sur les rites orgiastiques de Cybèle (v. 206-208; cf. 2,268-270), voir Catulle 63,20-30, où le terme de thiase (bacchique) est employé comme ici à propos du culte de Cybèle (v. 28). Dans ce contexte d'horreur (*terribilis*), le Gargare, sommet de l'Ida (Homère, *Il.* 8,47-48; VERG. *georg.* 1,103; 3,269; OV. *ars* 1,57; CLAVD. *6 cons.* 389) semble devoir être qualifié par *timidus* plutôt que par *tumidus* (cf. Potz, p. 125; contra Hall 1969, p. 205-206).

4. Les *tambourins* ont été inventés par les Corybantes (Euripide, *Bacch.* 124) et ils étaient utilisés dans le cortège de Cybèle (LVCR. 2,618; CATVLL. 63,21; VERG. *Aen.* 9,619; OV. *met.* 3,537; *fast.* 4,183; CLAVD. *Eutr.* 1,278; 2,281 et 301; *rapt.* 3,131), avec la *flûte* de buis (*buxus*, v. 211 et 3,130: LVCR. 2,620; VERG. *Aen.* 9,619; OV. *fast.* 4,214; *met.* 14,536 sqq.; STAT. *Theb.* 5, 93; VAL. FL. 1,319; CLAVD. *Eutr.* 2,286...) et les *cymbales* (*aera*: LVCR. 2,618; CATVLL. 63,21; HOR. *carm.* 1,16,8; VERG. *georg.* 4,151; *Aen.* 3,111; PROP. 4,7,61; OV. *fast.* 4,184...; CLAVD. *4 cons.* 149-150; *6 cons.* 259-260; à propos de Bacchus, STAT. *Theb.* 2,77-78 *buxus aeraque*).

5. Corybas était fils de Cybèle et Jason (CIC. *nat. deor.* 3,57). Il donna son nom aux prêtres du culte orgiastique d'Asie Mineure, les Corybantes (SERV. *Aen.* 3,111), souvent confondus avec les Curètes crétois (voir 2,270). Les Corybantes dansaient au rythme des tambourins et frappaient de leur épée leur bouclier. Cette danse des armes peut

être un rite de fertilité ou d'initiation (Nilsson, *Geschichte d. griech. Rel.* I, 1955, p. 160).

Page 20:

1. Bien que moins bien attestée dans la tradition manuscrite (Hall cite néanmoins 4 mss. en dehors de Pm), la leçon *peragi*, qui s'appuie sur l'expression virgilienne *iam tempus agi res* (*Aen.* 5, 638; STAT. *Theb.* 5,140 *dum tempus agi rem*) doit être retenue. Cette expression elliptique (s.e. *est*) n'a pas dû être comprise, et la leçon *peragit* s'explique facilement par l'initiale du mot qui suit (*tempus*).

2. Topos de la toute-puissance de l'amour, sur les dieux comme sur les hommes (v. 223-228): Euripide, *fr.* 132; et surtout Ovide, dans un discours de Vénus à son fils Cupidon, pour l'inciter à rendre Pluton amoureux de Proserpine (*met.* 5,366-379) «illa, quibus superas omnes, cape, tela, Cupido... ipsumque Iouem... Tartara quid cessant...». Claudien semble dépendre précisément de ce passage (même thématique dans le même contexte). Pour la puissance d'Éros même aux enfers: Moschos 1,14.

La clausule *tristis Erinys* est empruntée à Virgile (*Aen.* 2,337; cf. CVLEX 246; OV. *epist.* 6,45; OCTAVIA 23). Les adjectifs *tristis, seueri* et *ferrea* (cf. v. 53 et *Get.* 54) soulignent, non sans humour, la difficulté de l'entreprise confiée à Vénus. Sur la métaphore *ferrea corda*, voir A. Hermann, «Das steinharte Herz. Zur Geschichte einer Metapher», *JbAC* 4, 1961, p. 77-107. — V. 228: nouveau *uersus aureus*, admirablement antithétique, en fin de développement.

3. Claudien prend soin de distinguer le rôle des déesses: si Vénus est complice active de Jupiter, Pallas et Diane ne font que l'accompagner, sur l'ordre exprès de leur père, et elles ignorent ce qui se trame. Le Ménale, en Arcadie, est l'un des lieux de chasse de Diane (2,244): Callimaque, *hymn.* 3,224; STAT. *Theb.* 12,125 *Maenaliae... Dianae.* — *Cornu* (v. 230) désigne l'arc de Diane: VERG. *ecl.* 10,59 *Partho... cornu*; OV. *met.* 5,383, à propos de l'arc de Cupidon qui frappe le cœur de Pluton, *curuauit flexibile cornum* (en *fast.* 4,181, l'expression *inflexo cornu* a un tout autre sens). *Addunt se comites*: tournure épique (VERG. *Aen.* 6, 777 *comitem sese... addet*; STAT. *Theb.* 8,184 *additus comes*; cf. VERG. *ecl.* 6,20 *addit se sociam*).

4. La présence de la divinité s'accompagne traditionnellement de manifestations lumineuses: *claruit*, qui n'a aucune raison d'être remplacé par la leçon marginale — conjecture? — de l'Isengriniana *canduit*. Mais ici, l'épiphanie est comparée à une comète (v. 232-236), que les Anciens considèrent comme présage de malheur (*augurium, prodigiale nuntiat*): Homère, *Il.* 4,75-77; VERG. *Aen.* 10,272-273 «non secus ac liquida si quando nocte *cometae* / *sanguinei* lugubre *rubent* (Servius, *ad loc.*, note le caractère particulièrement funeste des comètes *sanguineo rubore*); LVCAN. 1,528-529; SEN. *nat.* 1,1,3-4; 6,3,3; 7,17,2; 7,28,1

(Aristote, *de met.* 1,7,8); PLIN. *nat.* 2,89-96; STAT. *Theb.* 1,708... CLAVD. *Get.* 243 *numquam caelo spectatum inpune cometen.* C'est une nouvelle annonce indirecte de la menace qui pèse sur Proserpine; noter la mention de la couleur rouge (*rubeus*) et du sang (*sanguineo*), dont j'ai montré la valeur symbolique (Charlet 1987, p. 42-44; y ajouter *rapt.* 3, 124-127). L'expression *prodigiale rubens* est reprise par Bernard Silvestre (*De mundi universitate*, éd. Barach et Wrobel, p. 19,150).

Pour la justification de *delabitur* plutôt que *dilabitur* (SEN. *nat.* 7,19, à propos des comètes, *dilabuntur nec diu durant*), voir Hall 1969, p. 207. — Comme en *Ruf.* 1,262, *praepes* a ici le sens de «rapide, ailé», et non le sens technique de la langue augurale («favorable»): le présage, au contraire, est ici défavorable.

Page 21:

1. Description de la retraite de Proserpine (v. 237-245). Le palais où Cérès a enfermé sa fille est d'abord présenté comme une forteresse bien fermée (v. 238-240). Mais c'est aussi une demeure richement décorée (v. 244-245). Claudien s'inscrit dans la tradition de l'ekphrasis alexandrine. I. Gualandri (1968, p. 17 sqq;), à propos de la description du palais de Vénus en *nupt.* 86-96, a comparé la technique de composition de Claudien à celle d'Apollonios de Rhodes (3,36 sqq.) et de Nonnos (*Dion.* 3,131 sqq.). Chez Apollonios, l'arrivée d'Héra et d'Athéna au palais de Vénus précède la description de ce palais construit par Héphaïstos, puis le tableau de la déesse en train de se coiffer (même type de présentation dans l'épithalame de Claudien). Chez Nonnos, l'arrivée de Cadmos chez Électre précède la description de la demeure construite par Héphaïstos, puis celle des jardins. Ici, Claudien décrit l'arrivée des trois déesses (v. 229-237), puis le palais construit par les Cyclopes (v. 237-245), et enfin Proserpine brodant une tapisserie (v. 246 sqq.). Cette tapisserie, dont les sujets, nous le verrons, sont étroitement liés à la thématique du poème, rappelle le voile de Thésée qui, dans la pièce 64 de Catulle, suit la description de la demeure de Pélée (v. 44-47).

2. La mention des Cyclopes confirme l'enracinement du récit dans les traditions siciliennes (intr., p. XXXIV): les Cyclopes travaillaient dans la forge de Vulcain, que Claudien, comme l'auteur de l'*Aetna*, place sous l'Etna (1,172; 3,396-397; STAT. *Theb.* 5,50-51). D'autres traditions la plaçaient dans l'île Lipari, liée à l'Etna par des conduits souterrains: VERG. *Aen.* 8,416 sqq. Malgré l'argumentation de Hall (1969, p. 207), je pense que le verbe *firmata*, au moins aussi bien attesté que *formata* dans la tradition manuscrite, est parfaitement adapté au contexte: les Cyclopes n'ont pas construit une simple maison d'agrément, mais un palais fortifié pour protéger Proserpine: les expressions *ardua moenia, ferrati postes, inmensaque nectit / claustra Chalybs* évoquent une forteresse plutôt qu'une villa de plaisance, et elles sont empruntées à la langue épique (cf. respectivement VERG. *Aen.* 12,745 [TAC. *hist.* 3,30;

STAT. *silu.* 4,4,14]; VERG. *Aen.* 7,622 [HOR. *sat.* 1,4,60; STAT. *Theb.* 10, 510; CLAVD. *Get.* 215]; VAL. FL. 1,593 sqq.). La leçon *fabricata* est une glose banalisante passée dans le texte.

3. Développant l'expression *tanto sudore*, les v. 241-243 présentent le travail des cyclopes. Ils peuvent s'inspirer du passage correspondant de l'*Énéide* (8,403), où *animae* désigne comme ici les «souffles» de la forge, c'est-à-dire l'air chassé par les soufflets: plusieurs mss. glosent ici *animae* par *folles* et cette glose est passée dans le texte de M_1; Geoffrey de Vitry explique «folles instrumenta fabrorum quae uentum recipiunt et emittunt sicut animalia, unde uocat eos animas». Aux v. 416-453, Virgile associe au bruit des soufflets (*folles*) celui des vents (v. 449-450), et il décrit la fusion du métal (v. 445-446). Cette parenté entre les deux textes suffit-elle pour préférer *fornace* (cf. *Aen.* 8,446) à la leçon quasi unanime des manuscrits, *ceruice*? *Fornace* n'apparaît ici que comme variante sur F_8 et dans la marge de l'Isengriniana (suivie par Claverius). À mon avis (contra Hall 1969, p. 208), c'est une correction savante. L'expression *lassa ceruice* reprend *tanto sudore* et évoque la fatigue des cyclopes forgerons, comme chez Stace (*Theb.* 2,599 *lasso Pyragmone*; *silu.* 1,1,4 *lassum Steropem Brontemque reliquit*). Potz (p. 141) rapporte *ceruice* au métal, en s'appuyant sur le commentaire de Geoffrey: *cum enim per calorem ignis ubi dequoquitur metallum soluitur, uidetur madidum et ceruicem quasi lassam deponit et effluit*; je doute d'un tel emploi.

4. Ekphrasis de la tapisserie brodée par Proserpine pour sa mère (*texebat munera*: cf. *c. min.* 48,2): v. 247-270. Avant de commencer la description, Claudien la qualifie d'*inrita munera*: nouvelle annonce du drame (v. 271 *inperfectumque laborem*; 3,156 *interceptas artes*). Bernert (1938, p. 361 sq.) a voulu voir ici un nouveau thème orphique, Coré étant présentée comme tissant dans le fragment 192 Kern. Mais ce type d'ekphrasis est courant depuis la poésie alexandrine (OV. *met.* 6,61 sqq.; Nonnos, *Dion.* 41,277 sqq.: broderie d'Harmonie) et le choix des sujets est en rapport direct avec la thématique du poème. Claudien décrit d'abord l'instauration de l'harmonie dans le monde par la Nature qui sépare les éléments et met ainsi fin au chaos primitif (*ueterem tumultum*): v. 248-258. Puis il décrit à leur place les différentes parties du monde: les cinq zones (v. 259-265), et enfin le royaume des Enfers (v. 266-267). C'est à ce point du travail que Proserpine est interrompue, non sans que Claudien ait explicitement attribué à ce détail une valeur de présage (v. 267 *nec defuit omen*: expression épique empruntée à STAT. *Theb.* 7,586; v. 268 *praescia nam*). Le thème de l'harmonie du monde, établie par une loi intangible (chaque chose doit rester à sa place et n'en point bouger: v. 249 sqq.), est le thème central du poème. Pluton menaçait de replonger l'univers dans le chaos en faisant envahir le monde d'en haut par le monde d'en bas. Proserpine permettra de conjurer cette menace: par son union avec le dieu des enfers, elle rétablira l'harmonie entre toutes les parties du monde. Sur le fond,

Claudien s'inspire du premier livre des *Métamorphoses*, où Ovide décrit la séparation des éléments (v. 21-44), puis les cinq zones du ciel et de la terre (v. 45-51). Baudri de Bourgueil s'est souvenu de cette ekphrasis dans son poème 196, écrit entre 1099 et 1102.

5. Le concept de Nature tient une place importante dans la pensée de Claudien (trois emplois personnifiés dans le *Rapt*; une dizaine dans l'ensemble de l'œuvre), qui influencera sur ce point le Moyen Age (E.R. Curtius, *La littérature européenne et le Moyen Age latin*, traduit par J. Bréjoux, Paris 1956, p. 131-156; Duffey 1983). Mais la conception du poète semble plus influencée par le panthéisme stoïcien (2,369-370 et 3,33 sqq. où Nature est présentée comme Mère universelle; cf. LVCAN. 10,238) que par une pensée spécifiquement orphique (φύσις πρωτογένεια, *Hymn. orph.* 10,4), comme le voudraient Bernert (1938, p. 374) et Potz (p. 144). En *Stil.* 2,6 sqq., c'est à *Clementia*, et non plus à *Natura*, que Claudien attribuera l'ordonnancement du monde à partir du chaos originel. Mais peut-être *Clementia* n'est-elle qu'une qualité de *Natura*.

6. *semina iustis / discessere locis*: comparer AVIEN. *Arat.* 24: «hic dispersa *locis* statuit primordia *iustis*» (Potz a tort de défendre la variante *iussis* attestée par un seul ms. du XIVe: M_3). Le développement qui suit, sur la place des quatre éléments d'Empédocle (*elementorum seriem*: même expression chez AVG. *ciu.* 8,21) peut être comparé à la mise en ordre du monde par le dieu Janus dans la conception de l'augure Messalla rapportée par Macrobe (*sat.* 1,9,14), mais surtout à Cicéron (*Tusc.* 1,40) et à Ovide (*met.* 1,26-31; cf. aussi 15,239-243 et *fast.* 1,103-110).

7. V. 254-258: ekphrasis alexandrine traditionnelle, avec un goût prononcé pour les couleurs vives (la pourpre, v. 255, couleur de la mer depuis Homère, *Il.* 1,350 et 16,391; VERG. *georg.* 4,373 *purpureum mare*) et les matières précieuses (or, gemmes), ainsi qu'un souci de rendre dynamique et vivante la scène représentée. Ainsi, au v. 256, les fils sont animés et peuvent être qualifiés de *caelantia*, bien qu'en toute rigueur l'activité de broderie soit celle de Proserpine (comparer 2,43); il est donc inutile de lire *celantia*, comme l'ont fait certains scribes médiévaux et Barth (voir Hall 1969, p. 209-210).

Page 22:

1. L'illusion de vérité et de vie animée est non seulement visuelle, mais auditive (v. 257-258): les formes et les couleurs sont si bien imitées qu'elles entraînent avec elles l'évocation des qualités sonores de l'objet représenté. Mais ces notations sonores sont encore une fois celles que la tradition poétique a établies: VERG. *georg.* 1,109 *raucum murmur*, à propos d'irrigation (cf. COPA 12; OV. *met.* 13,567); 1,114 *bibula harena* (cf. OV. *epist.* 18,201; *met.* 13,901). L'ekphrasis de Claudien est littéraire: elle s'élabore plus à partir d'autres ekphraseis célèbres qu'à partir des objets ou des paysages eux-mêmes. Mais quelle impression de vie dans l'animation du tissu (v. 261; 265)!

2. La division de la sphère céleste en cinq zones (v. 259-265: voir Semple 1937, p. 161 sqq.; Steiner 1950, p. 38 sqq.), auxquelles correspondent les cinq zones du globe terrestre, remonte à Thalès et aux pythagoriciens. Mais elle a été adoptée par les Stoïciens (Chrysippe: Diogène Laerce 7,156; Posidonios: Strabon 2,2,1 sq.) et s'est diffusée très largement aussi bien chez les poètes que chez les philosophes: CIC. *Tusc.* 1,45 et 68; *rep.* 6,21 (MACR. *somn.* 2,7); LVCR. 5,204-205; VERG. *georg.* 1,231-239; OV. *met.* 1,49-51; TIB. 4,1,151-174. C'est de Virgile et Ovide que se rapproche le plus Claudien.

3. Après la demeure des dieux d'en haut (v. 248 *sedes paternas*), Proserpine passe à celle des dieux d'en bas, le royaume de son oncle Pluton et des Mânes: v. 266-267 (cf. VERG. *georg.* 1,242-243, après la description des cinq zones: *hic uertex nobis semper sublimis; at illum / sub pedibus Styx atra uidet Manesque profundi*). Mais ici, comme le dit expressément Claudien, cette peinture du monde infernal a valeur prémonitoire (*fatales, nec defuit omen, praescia* [la conjecture de Burman *nescia* est déplacée]). Proserpine elle-même le ressent confusément ou inconsciemment, d'où ses larmes soudaines et apparemment inexplicables qui constituent l'*omen* (comme les pleurs des statues et des images divines). L'expression *madere fletu* appartient à la koinè poétique: OV. *trist.* 3,5,12 *osque madens fletu*; STAT. *Theb.* 5,728 *maduerunt lumina fletu*; cf. *rapt.* 3,311 et 442.

4. Évocation traditionnelle de la pudeur virginale (v. 271-275), qui contraste avec le tableau infernal qui suit (v. 276-288). Virgile avait décrit ainsi la jeune Lavinia (*Aen.* 12, 64-69): «accepit uocem lacrimis Lauinia matris / *flagrantis* perfusa *genas*, cui plurimus *ignem* / subiecit *rubor* et calefacta per ora cucurrit. / Indum sanguineo ueluti uiolauerit *ostro* / si quis *ebur* aut mixta rubent ubi lilia multa / alba rosa, talis uirgo dabat ore colores». Pour la comparaison des v. 274-275, outre Virgile (et *Aen.* 1,592 *quale manus addunt ebori decus*): Homère, *Il.* 4,141 sqq.; OV. *am.* 2,5,39-40, après des vers qui évoquent la pudeur, en particulier virginale au v. 36: *aut quod ne longis flauescere possit ab annis / Maeonis Assyrium femina tinxit ebur* ; STAT. *Ach.* 1,307-310.

Page 23:

1. Jeep a supposé que le texte présentait après le v. 275 une lacune, dans laquelle auraient été données quelques précisions sur la rencontre des déesses (1871, p. 356). Hall (1969, p. 210) fait observer à juste titre que ces précisions sont données au chant 3 dans le récit d'Électre (v. 202 sqq.: de même, la métamorphose de Cyané, omise au chant 2, est racontée au chant 3). Mais il trouve maladroit le passage sans transition du palais de Proserpine aux préparatifs de Pluton et, compte-tenu du fait que le chant 1 est plus court que les deux autres, suppose que ce premier livre n'est peut-être pas complet: la mort aurait empêché Claudien d'y mettre la dernière main. Cette hypothèse me semble

d'autant plus gratuite que le chant 1 paraît bien avoir été achevé avant que Claudien se mette à écrire les chants 2 et 3 (intr., p. XXXII). La longueur d'un chant peut varier: le chant 2 compte 76 ou plutôt 77 vers de moins que le chant 3; pourquoi le chant 1 ne compterait-il pas 83 ou 85 vers de moins que le chant 2? Par ailleurs, loin d'être maladroite, la juxtaposition abrupte d'une description de la pudeur virginale de Proserpine avec un tableau des enfers produit un effet de contraste très heureux entre le monde d'en haut et le monde d'en bas. Au moment où elle brode le royaume de son oncle, Proserpine scelle son destin (sa rougeur ne serait-elle pas, inconsciemment, celle de la jeune fille qui sent approcher son mariage et son futur époux? cf. OV. *am.* 2,5,36 cité plus haut). Le poète peut alors très rapidement ramener le lecteur aux enfers pour les préparatifs du rapt. Claudien suggère au moins autant qu'il raconte, et le simple rapprochement de deux expressions, de deux vers, de deux tableaux est parfois plus lourd de signification qu'un développement logique ou chronologique. Claudien n'a voulu expliciter la signification des événements qu'au chant 3, par le discours de Jupiter. Au lecteur habile de comprendre les signes et les suggestions du poète avant l'explication *post euentum*.

2. Motif épique traditionnel (cf. VERG. *Aen.* 4,522 et comm. d'A.S. Pease, Cambridge 1935), la nuit tombe à la fin de chacun des chants du poème (intr., p. XXXII n. 9). L'expression *nox humida* apparaît en même position métrique dans l'épopée virgilienne (*Aen.* 2,8; 5,738; 5,835; cf. OV. *met.* 2,143; *fast.* 2,635; STAT. *Theb.* 10,1; SIL. 13,413). De même, le bige de la nuit fait partie de la machinerie épique virgilienne (*Aen.* 5,721 «*nox atra* polum *bigis* subuecta tenebat»); Lygdamus parle, lui, du quadrige de la nuit (4,17 «iam *Nox* aetherium *nigris* emensa *quadrigis* »). Claudien a substitué la teinte céruléenne (cf. CIRIS 38) à la traditionnelle couleur noire: sans doute a-t-il voulu réserver cette dernière aux enfers (cf. v. 281).

3. Les chevaux de Pluton: v. 279-288. À la menace de guerre contre les dieux d'en haut au début du chant (v. 32 sqq.) correspond à la fin du chant une autre menace: le rapt de Proserpine (v. 288: encore un *uersus aureus* en fin de développement!), qui doit précisément éviter le conflit cosmique. Dans la version des *Métamorphoses*, Pluton excitait ses chevaux «en les appelant chacun par son nom» (5,402-403 *raptor agit currus et nomine quemque uocando / exhortatur equos*); mais Ovide n'avait pas donné ces noms. Claudien a sans doute voulu combler cette lacune, mais les quatre noms propres ont souvent été déformés par les scribes médiévaux. Le premier s'appelle *Orphnaeus*, c'est-à-dire le «sombre» (ὀρφναῖος: Homère, *Il.* 10,83; Apollonios 2,690 ἡ ὀρφναία, la nuit). Le nom du second fait problème: les manuscrits donnent des formes comme *(A)ethonusque* ou *(A)ethoneusque*, ou *aeton* dans un manuscrit du XVe s. (n). Aussi Parrhasius, dans son grand commentaire publié en 1500, a-t-il proposé la correction *Aethon*, adoptée générale-

ment par les éditeurs. Mais Aethon est chez Claudien l'un des chevaux de l'Aurore (*4 cons.* 561); chez Homère (*Il.* 8,185), c'est le cheval d'Hector; chez Virgile (*Aen.* 11,89), celui de Pallas; et chez Ovide (*met.* 2,153), l'un des chevaux du soleil: Αἴθων signifie en effet «embrasé». Ce nom ne convient donc pas à un cheval infernal, à coté du «Sombre» (*Orphnaeus*), du «Nocturne» (*Nycteus*, de νύξ, la nuit) et du «Vengeur» (*Alastor* = ἀλάστωρ). Aussi ai-je préféré, avec Hall, la correction de Jeep *Cthonius*, facile paléographiquement, et qui donne un nom bien en situation: le «Chtonien». Birt hasarde dans son apparat la conjecture *Ptenus(que)*, en rapport avec l'expression πτηνοὶ ἵπποι, les «chevaux ailés, rapides», et avec le qualificatif que lui donne Claudien: *sagitta ocior* (Apollonios 2,600; VERG. *Aen.* 10,248 *ocior... sagitta* à propos d'un navire; comparaison très fréquente chez notre poète: Muellner 1893, p. 45).

Page 30:

1. Aux v. 2 et 16, la tradition manuscrite hésite entre *opus* et *ebur* (ivoire et, par métonymie, plectre d'ivoire ou lyre). Certains éditeurs (Heinsius, Gesner, Burman...) choisissent *ebur* dans les deux cas; Hall préfère *ebur* au v. 2 et *opus* au v. 16. Avec Birt et Koch, je préfère *opus* au v. 2 et *ebur* au v. 16. Dans les deux cas, je suis la majorité des manuscrits: *ebur*, au v. 2, est à peine attesté (outre F_2, qui a aussi la leçon *opus*, Hall ne mentionne que E_2, sous forme de variante, et le Vaticanus Reginensis 1428, du XVe s.); *opus*, au v. 16, n'est donné, outre F_1 (concurremment avec *ebur*), que par W, L_7 et, sous forme de variante, O_2, P_2 et le Darmstadiensis 2640 (XIII-XIVe). Dans les deux cas, les variantes peuvent s'expliquer par des gloses. Mais *opus*, comme complément de *deposuisset*, au sens d'«ouvrage poétique», «poème», est tout à fait satisfaisant (comparer *deponere negotium*, CIC. *Att.* 7,5,5; ou *studium*, CIC. *Sext. Rosc.* 17,49; *Mur.* 21,45): Orphée «négligeait» (*neglectum*, attribut à valeur proleptique) le chant poétique qu'il avait abandonné. L'allusion précise au plectre d'ivoire est beaucoup plus en situation au v. 16 (*lyrae* v. 14; *pectine* v. 15), et l'on ne saurait objecter, comme le fait Hall, le caractère tautologique du v. 16 par rapport au v. 15: depuis Virgile, les poètes aiment pratiquer avec *copia* le «thème et sa variation» (ici même, v. 12), surtout quand la variation ajoute une nuance nouvelle: ici, *festiuo* (mieux attesté dans la tradition manuscrite et mieux en situation que *festino*).

Peut-être peut-on penser que Claudien décrive ici deux opérations distinctes: Orphée jouerait quelques mesures pour donner le rythme de son chant (v. 15), puis il chanterait en s'accompagnant de sa lyre (v. 16). Et si l'on donne à *ebur* (littéralement «ivoire») non pas le sens de «plectre», mais celui (possible lui aussi) de «lyre», on retrouve dans nos deux vers les deux gestes d'Orphée décrits par Virgile: Orphée joue tantôt avec ses doigts (ici, *pollice*), tantôt avec un plectre d'ivoire (*Aen.*

6,647: «iamque eadem digitis, iam pectine pulsat eburno»). Mais la première interprétation semble la plus satisfaisante.

Le rapprochement avec un petit poème de Pétrone sur l'inconstance en amitié comparée au pion qui va et vient sur la table du damier (80,9: «calculus in tabula mobile ducit opus»; certains mss. donnent *nobile*) n'est pas pertinent et ne peut appuyer ni la leçon *opus* ni la leçon *mobile*.

2. Orphée a cessé de chanter. Pour les nymphes et les fleuves, c'est comme s'il était mort: ils prennent son deuil (*lugebant, maesta*). Comparer avec le passage d'Ovide sur la mort d'Orphée: «Te *maestae* uolucres, Orpheu, te turba ferarum (cf. v. 5 *feris*),/ te rigidi silices (cf. v. 7 *duri montes*), tua carmina *saepe secutae / fleuerunt siluae* (cf. v. 7-8 *fleuere...silua... saepe secuta chelym*); positis te frondibus arbor / tonsa comam luxit; lacrimis quoque *flumina* (cf. v. 4) dicunt / increuisse suis obstrusaque carbasa pullo / *Naides* et dryades (cf. v. 3 *nymphae*) passosque habuere capillos» (*met.* 11,44-49). Par cette *aemulatio* avec Ovide, Claudien renforce dans l'esprit de son lecteur cultivé l'impression de deuil donnée par *lugebant*.

3. Le mot grec *chelys*, littéralement «tortue», équivaut au latin *testudo* et signifie par métonymie la lyre (*citharae*, v. 6; *lyrae*, v. 14), montée sur une écaille de tortue, comme l'avait fait Mercure. La forme d'accusatif grec *chelyn* n'est attestée ici par aucun ms.; aussi ai-je préféré, avec l'*Isengriniana*, la forme *chelym* qui, au *y* près, suit les mss. (*chelim*). La leçon *liram* doit être considérée comme une glose passée dans le texte. La Bistonie était une région de Thrace; par métonymie, elle désigne généralement la Thrace elle-même, en particulier à propos d'Orphée (*Bistonius uates*, SIL. 11,473).

4. Inachus fut le premier roi d'Argos (VERG. *Aen.* 7, 372; HOR. *carm.* 2,3,21) et l'on sait que, par la volonté de sa marâtre Junon, Hercule fut soumis aux volontés du roi d'Argos Eurysthée. Le nom d'Alcide, descendant d'Alcée, désigne traditionnellement Hercule (12 fois dans l'*Énéide*), en référence à son grand-père maternel. Claudien fait ici allusion au neuvième travail d'Hercule, selon la classification d'Ausone que nous suivons (*ecl.* 24 Prete; même ordre, sauf pour les deux derniers travaux — 11e Cerbère; 12e pommes d'or des Hespérides —, dans une épigramme de l'*Anthologie de Planude*: 16,92): il ramène à Eurysthée les chevaux du roi de Thrace Diomède, qui les nourrissait de chair humaine (cf. v. 11, où *dira* et *sanguinei* ont valeur d'hypallage: les étables sont ensanglantées par la chair humaine qu'on y mange et c'est le roi qui, par de telles pratiques, est *dirus*); Euripide *Alc.* 503; Quintus 6,245.

Même si, selon certaines versions de la légende, Hercule donna Diomède en pâture à ses chevaux après l'avoir tué, on ne saurait adopter la leçon (moins bien attestée) *sanguine* et corriger *Diomedeos* en *Diomedeo* (Gebhardus). Claudien semble suivre une version analogue à celle attestée par Dion Chrysostome, selon qui Hercule fit savoir à

Diomède qu'il devait nourrir ses chevaux de grain (σῖτον), et non plus de chair humaine (*orat.* 63,6). Hercule est avant tout le héros pacificateur qui élimine les monstres cruels de la terre: v. 10 *pacifero*, épithète rituelle d'Hercule dans les inscriptions (CIL X, 5385,9) et surtout sur les revers monétaires, de Lucius Verus (RIC 510) à la Tétrarchie (Maximien, atelier de Siscia 295-296, RIC 12 A), en passant par Probus (RIC 373 à 383).

Page 31:

1. Le verbe *modulari* désigne habituellement la production d'un son, mais il peut s'appliquer aussi à l'emploi d'un instrument de musique: Lygdamus, à propos d'Apollon (*Hanc* [= lyram]... *plectro modulatus eburno*: 3,4,39) et Paulin de Nole (*lyricas facili modulatus pectine chordas*: *carm.* 27,100). Le vers de Paulin semble bien calqué sur celui de Claudien et, si le futur évêque de Nole a bien imité notre passage, nous aurions, d'après la chronologie de P. Fabre, la date de 403 comme *terminus ante quem* pour cette préface. En tout état de cause, il n'y a pas lieu de retenir la leçon donnée par R_5 et R_7 et conjecturée par Gronovius: *moderatus*.

2. Orphée apparaît ici sous son image traditionnelle, dans la littérature comme dans les arts figurés, de poète et de chanteur dont l'art exerce un pouvoir magique sur la nature (Eur. *Bacch.* 562 sqq.; *Iph. Aul.* 1211; SEN. *Herc. f.* 572; *Med.* 228 et 626; *Herc. O.* 1036 sqq.; *Arg. orph.* 74 et 260). Son action sur la course des fleuves et des vents est notée par Horace (*carm.* 1,12,9-10: [Orphea] *arte materna rapidos morantem / fluminum lapsus celerisque uentos*); le verbe imagé *frenare* s'emploie fréquemment en poésie à propos des vents (VERG. *Aen.* 1,53-54) ou des eaux (*georg.* 4,136). Cette action s'exerce en premier lieu sur les fleuves et montagnes thraces: l'Hèbre, traditionnellement associé à Orphée (*Culex* 117; 278; SEN. *Herc. O.* 1042), dont la réaction est décrite comme un engourdissement par glaciation (Claudien, comme Rut. Nam. 1,186, imite OV. *Pont.* 3,3,26 à propos de l'Hister gelé: «et coit *adstrictis* barbarus Hister *aquis* »); le Rhodope (Apoll. 1,26; SEN. *Herc. O.* 1032 et 1050; SIL.11,459 sqq.; *Arg. orph.* 76 sqq. et, chez Claudien lui-même, *3 Cons.* 113-4: *Rhodopeia saxa Orpheis animata modis*), qui avance et tend, comme des membres, ses rochers (VERG. *Aen.* 3,351 *Rhodope porrecta*). L'Ossa n'est pas en Thrace, mais en Thessalie: Claudien n'est pas géographe! L'alliance *gelidae niues* se lit chez Lucrèce (6,107), Ovide (*fast.* 1,680) et dans l'*Anthologie latine* (475,4). Sidoine Apollinaire a imité les v. 19-20 de Claudien (*carm.* 23, 185-192).

3. L'action d'Orphée sur les arbres et les forêts est non moins traditionnelle que son action sur les vents, les fleuves et les montagnes (HOR. *carm.* 1,12,6-8: *aut super Pindo gelidoue in Haemo, / unde uocalem temere insecutae / Orphea siluae*). L'Hémus, entre la Thrace et

la Mésie, était consacré aux Muses. Ici, Claudien met l'accent sur les diverses variétés d'arbres attirées par le chant d'Orphée : l'art d'Orphée dépasse celui d'Apollon (qui pourtant attire les bêtes sauvages, Eur. *Alc.* 578 sqq.) : *Cirrhaeas artes*. Cyrrha était le port de Delphes, sanctuaire d'Apollon, et *Cirrhaeas*, par hypallage, se rapporte à Apollon (LVCAN. 1,64; 5,95... *Laus Herc.* 16). Le laurier, arbre issu de la métamorphose de la nymphe Daphné (OV. *met.* 1,500 sqq.), était l'arbre consacré à Apollon. Pour l'alliance *pinus amica*, cf. PROP. 1,18,20.

4. L'action d'Orphée, qui adoucit les fauves et les fait cohabiter avec les autres animaux (SEN. *Herc. O.* 1056-1060 : *Iuxtaque impauidum pecus / sedit Marmaricus leo, / nec damae trepidant lupos, / et serpens latebras fugit, / tunc oblita ueneni*) évoque le thème de l'âge d'or (VERG. *ecl.* 4,22 : *nec magnos metuent armenta leones*; cf. HOR. *epod.* 16,33; OV. *met.* 15,99 sqq.; LACT. *inst.* 7,24 en référence à *Is.* 11,6 et 65,25) : son chant rétablit l'harmonie primitive du monde. Claudien rapproche intentionnellement les fauves des bêtes qui auparavant étaient leur proie : les Molosses, chiens d'Épire (VERG. *georg.* 3,405), sont des chiens de chasse (GRATT. 1, 181 et CLAVD. *Stil.* 2, 215). L'adjectif *Massylus* renvoie par métonymie aux célèbres lions d'Afrique (MART. 8, 55; *rapt.* 3,166). L'alliance *uariae tigrides* se lit chez Sénèque (*Phaedr.* 63). Dracontius semble avoir imité Claudien dans une préface des *Romulea* (1,4-11) : *tunc feras reliquit ira... tunc lenta tigris, ceruus audax, mitis ursus adfuit, / non lupum timebat agna, non leonem caprea / non lepus iam praeda saeuo tunc molosso iugiter ; / artifex natura rerum quis negat concordiam, / hos chelys Musea totos Orpheusque miscuit.*

5. Plusieurs textes antiques attestent qu'Hercule a été chanté par Orphée (Diod. 4,486), notamment dans la littérature orphique (Kern 224-225; 296). Selon Servius (*Ad Aen.* 6,392), des vers attribués au poète thrace chantaient la victoire d'Hercule sur les enfers, et Clément d'Alexandrie (*protrept.* 2,17,2 et 18,1) cite des vers attribués à Orphée qui parlent des pommes des Hespérides. La fiction de Claudien était donc fort vraisemblable pour un ancien. Ici, pour remercier Hercule d'avoir libéré sa patrie d'un tyran sanguinaire, Orphée va chanter un hymne arétalogique énumérant les principaux exploits du héros (v. 29-48). Dans la présentation générale (passage du style indirect au style direct) comme dans le détail de l'expression, Claudien s'inspire de l'hymne à Hercule que Virgile avait placé dans la bouche des Arcadiens d'Évandre (*Aen.* 8,287-302).

6. L'expression *nouercales stimulos* (cf. TAC. *ann.* 1,33 à propos de Livie à l'égard d'Agrippine) rappelle la haine implacable de Junon qui poursuit Hercule et qui, par l'intermédiaire d'Eurysthée, le pousse à subir des épreuves (*Aen.* 8,292; *Laus Herc.* 22-28). Les *monstra* du v. 30 ne doivent pas désigner seulement les serpents tués par Hercule au berceau (v. 31-32 : Pind. *Nem.* 1; Theocr. 24,57 sqq.; VERG. *Aen.* 8,288-289, imité par STAT. *silu.* 3,1,47-48 et SIDON. *carm.* 15,136-139; SEN.

Herc. f. 214-221; cf. aussi *Laus Herc.* 28-64: épisode peint par Zeuxis — cf. PLIN. *nat.* 35,63 — et souvent reproduit sur des monnaies, des vases...), mais tous les monstres vaincus par Hercule.

Page 32:

1. Allusion au dixième travail: Hercule tue en Espagne (*occiduo... ab orbe*) le géant Géryon au triple corps (*tergeminique ducis numerosos artus* : LVCR. 5,28; OV. *trist.* 4,7,16; SIDON. *carm.* 13,14. *Dux* rappelle ici que Géryon était berger: TIB. 1,10,10; AVG. *ciu.* 10,17) et emmène ses bœufs (*ducis greges* : OV. *met.* 9,184 sqq.). Le thème est fréquent dans l'iconographie antique (J.H. Croon, *The Herdsmann of the Dead*, Utrecht 1952, p. 13-66; F. Bommer, *Vasenlisten zur gr. Heldensage*, p. 48-52). Sur la signification de la triplicité de Géryon, voir G. Dumézil, *Horace et les Curiaces*, Paris 1942, p. 134. Avec une préciosité très alexandrine, Claudien met en relief cette triple victoire sur un seul ennemi (v. 40). L'expression *uictor ab hoste redis* s'inspire d'Ovide (*trist.* 2,177: «*redeat* superato *uictor ab hoste*») et a été reprise telle quelle, avec la même valeur métrique, par Dracontius (*satisf.* 204; *Orest.* 506 est moins proche).

2. Pour évoquer, de façon elliptique, l'hydre de Lerne, en Argolide (deuxième travail), Claudien s'inspire d'Ovide: «*nec profuit hydrae* / *crescere* per damnum geminasque resumere uires» (*met.* 9,192-193). Le verbe *crescere* fait allusion au fait que les têtes de l'hydre repoussaient doubles chaque fois qu'on les coupait: Eur. *Herc. f.* 419 sqq.; OV. *met.* 9,69-74.

3. Allusion au quatrième travail: en dépit de ses pieds d'airain, la biche du mont Cérynée, en Achaïe, consacrée à Diane, ne put échapper à la poursuite d'Hercule: Pind. *Olymp.* 3,29 sqq.; Eur. *Herc. f.* 375 sqq.; Callim. *hymn.* 5,98 sqq.

4. Le monstre Cacus vomissait le feu par ses trois bouches; il fut tué par Hercule pour lui avoir volé certains des bœufs de Géryon qu'il ramenait d'Espagne (VERG. *Aen.* 8,190-267; LIV. 1,7,4-7).

5. Le roi d'Égypte Busiris avait coutume d'immoler sur ses autels les étrangers qui abordaient dans ses états. Hercule le sacrifia lui-même: Herod. 2,45; Apollod. 2,5,11; OV. *ars* 1,645-650; CLAVD. *Eutr.* 1,159-162.

6. Allusion au massacre des centaures, fils d'Ixion et d'une nuée à laquelle Jupiter avait donné l'apparence de Junon (SERV. *Aen.* 6,286; HYGIN. *fab.* 62. *Nubigenae* : OV. *met.* 12, 211; STAT. *Theb.* 5,263), sur le mont Pholoé. L'épisode est parfois lié à la chasse au sanglier d'Érymanthe (OV. *met.* 9,191-192). Hercule extermina les centaures qui avaient malmené l'un des leurs, Pholos, pour lui avoir accordé l'hospitalité et avoir partagé avec lui une jarre de vin: Eur. *Herc. f.* 363 sqq.; Theocr. 7,149 sqq.; Diodore 4,12; LVCAN. 3, 198; STAT. *Theb.* 3,604; 10,228; *Ach.* 1,168; *Arg. orph.* 381-419... La leçon *rubuit*, moins bien

attestée dans la tradition manuscrite, doit être considérée comme une reduplication du *rubuit* du v. 43 et écartée, même si elle donne aussi un sens satisfaisant (cf. *Ruf.* 2,418 *sic mons Aonius rubuit*).

7. Un quatrain tout entier chante un exploit d'Hercule lié à son onzième travail (la recherche des pommes d'or du jardin des Hespérides): Eur. *Herc. f.* 394 sqq.; *Hipp.* 741 sqq.; Apollod. 2,5,11. Le jardin des Hespérides se trouvait en Afrique. Hercule demanda à Atlas d'aller lui chercher les pommes d'or, pendant que lui-même porterait la voûte du ciel: l'Afrique (*Libyci sinus*) et Téthys, l'épouse de l'Océan dont la demeure se situe aux confins de l'Occident (*Ol.* 35), s'en étonnent. Chez Ovide, Téthys craint que le soleil couchant ne tombe sur elle (*met.* 2,69: *ne ferar in praeceps Tethys solet ipsa uereri*): c'est traditionnellement Téthys qui accueille le soleil couchant en Occident, au large de l'Afrique (VAL. FL. 2,33). Il faut donc préférer la leçon *maxima Tethys*, la mieux attestée par les mss., même si l'orthographe de *Tethys* (place ou absence des *h*) est fluctuante, et qui est un emprunt métrique à Stace (*Theb.* 3,34 et *Ach.* 1,222). La leçon de J_4, *maximus Atlas*, doit être considérée comme la correction banalisante d'un scribe demi-savant. La comparaison avec Atlas, à l'avantage d'Hercule, a été imitée par Sidoine Apollinaire, dans un parallèle entre l'empereur Avit et Alcide: «Haud alio quondam uultu Tirynthius heros / pondera suscepit caeli simul atque nouercae, / cum Libyca se rupe Gigas subduceret et cum / *tutior* (cf. ici *firmior*) Herculeo sedisset machina dorso» (*carm.* 7,581-584). La fin de vers *ceruice pependit* se lit chez Stace (*silu.* 1,2,103) et Valérius Flaccus (1,259), mais en un tout autre contexte.

8. Vers de transition épique après un discours, imité par Sidoine Apollinaire *carm.* 13,5, cité *supra*. L'expression *Thracius uates* à propos d'Orphée se lit chez Sénèque (*Herc. O.* 1100), juste après un chant d'Orphée (v. 1093-1099, précédés d'un rappel lyrique du mythe d'Orphée: v. 1031 sqq.). *Tirynthius* est un qualificatif habituel d'Hercule (VERG. *Aen.* 8,228; OV. *met.* 9,66...), parfois attribué à un autre personnage par comparaison avec Hercule (IVV. 11,61). Sur le sens des v. 49-52, voir *Intr.* p. XXVI-XXVIII.

9. La fin de vers *plectra moues* est empruntée à Stace, chez qui elle s'applique à Péan (*silu.* 1,2,2: *cui, Paean, noua plectra moues?*). Par une construction *apo koinou*, l'ablatif *somno* porte à la fois sur *torpentia* (qui par hypallage qualifie *antra*) et sur *excutis* (cf. VERG. *Aen.* 2,302 *excutior somno*). L'expression *placidos choros* peut, comme chez Properce (4,6,69-70: *citharam iam poscit Apollo / uictor et ad placidos exuit arma choros*), évoquer le thème pacifique du *Rapt* : en dépit de la menace initiale de conflit, le terme du récit devait être le don des céréales à l'humanité, en contraste avec le caractère violent des poèmes politiques et militaires: comparer avec «Terpsichore... /... *molles* duxit in antra *choros*», à propos d'un épithalame (*pr. nupt.* 10). L'expression *ducere choros* est traditionnelle (VAL. FL. 5,344-345 à propos de

Proserpine qui mène des chœurs de danse) et *in orbe* peut se dire d'un mouvement circulaire (PROP. 3,14,10; MANIL.1,299; DRAC. *laud.* 1,171).

Page 33:

1. L'action du chant 1 s'était achevée à la tombée de la nuit; celle du chant 2 commence avec un lever du jour sur la mer Ionienne (v. 1-3). Conformément au destin (v. 6), et en dépit de présages funestes qui créent une attente angoissée du drame (v. 6-10), Proserpine se dirige vers la campagne (v. 5), rassurée par la présence de Diane et Pallas (v. 4-5; 10).

Sur le topos du lever du jour, voir H. Bardon, «L'aurore et le crépuscule, thèmes et clichés», *REL* 24, 1946, p. 82-115): comparer plus particulièrement à Virgile (*Aen.* 7,9: *splendet tremulo sub lumine pontus*), Silius Italicus (2,663-664: *resplendet imagine flammae aequor, et in tremulo uibrant incendia ponto*; 14,566: *tremula uibratur imagine pontus*), Stace (*Theb.* 6,579: *uibraturque fretis caeli stellantis imago*, texte qui, comme le précédent, conforte la leçon *uibratur* que Scaliger avait voulu corriger en *uibrauit*) et Némésien (*ecl.* 2,75-76: «Nondum purpureos Phoebus cum tolleret ortus / nec tremulum liquidis lumen splenderet in undis»). Pour l'emploi de *praemittere* à propos de l'aurore, OV. *fast.* 3,877: *Tres ubi Luciferos ueniens praemiserit Eos* (et LVCAN. 8,778-779); et pour *Ionios fluctus*, STAT. *Theb.* 3,23 *Fluctibus Ioniis.*

2. La leçon *uoluere*, moins bien attestée dans la tradition manuscrite (Hall ajoute sept autres mss.), peut s'appuyer sur l'expression de Virgile *Sic uoluere Parcas* (*Aen.* 1,22), imitée par Stace (*Theb.* 4,781: *Sic Parcae uoluere*; cf. 6,376). Mais, s'il est vraisemblable que l'expression virgilienne soit entrée dans le texte de Claudien par une correction ou une glose de scribe cultivé, il est plus difficile de supposer qu'une expression virgilienne bien connue ait été remplacée dans la majorité des mss. par *iussere*. *Iussere* semble donc la leçon originelle.

Cardine uerso (expression traditionnelle, cf. 1,269): le grincement des portes pouvait être interprété comme un présage sinistre (PROP. 4,8,49: *rauci sonuerunt cardine postes*). Le chiffre trois (*ter*) a une valeur fatidique et magique: E. Tavenner, «Three as a Magic Number in Latin Literature», *TAPhA* 47, 1916, p. 117-143; S. Viarre, *L'image et la pensée dans les Métamorphoses d'Ovide*, Paris 1964, p. 253-254. Pour *ter* répété dans un contexte funeste, voir OV. *met.* 2,270; 10,452-453.

3. Description du cortège (v. 11-70), et d'abord de Vénus (v. 11-17). Souvent décrite par Claudien dans ses épithalames (*nupt.* 99-109; 122-126; *Pall.* 1-7; 10-20; 28), la déesse de l'amour ouvre ici le cortège (*prima*, v. 11), séparée des autres; Pallas et Diane, les deux déesses vierges, la suivent (*post hanc*, v. 18) et rassurent ainsi Proserpine qui marche entre elles (*inter quas*, v. 36).

L'établissement du texte du v. 11 est difficile. *Conscia*, donné par la quasi totalité des mss., ne doit pas être remplacé par *concita* (O_1*a. c.*) ou par la correction de Claverius *callida*. Hall (1969, p. 213) estime que *conscia* est plus faible que *concita* parce qu'il interprète le *uotum* comme celui de Vénus. Mais, comme en 3,244 où *uoto peracto* ne saurait désigner le *uotum* des trois déesses, puisque Diane et Pallas étaient hostiles au rapt, il s'agit du *uotum* formulé par Jupiter pour le mariage de Pluton avec Proserpine (d'où *tanti*: vaste entreprise!), et révélé à Vénus à la fin du chant 1 (v. 214-228). Vénus en est *conscia* dans les deux sens du terme: elle seule, à la différence de Pallas et Diane, *connaît* ce *uotum* (elle en partage la connaissance avec Jupiter), et elle a accepté d'en être *complice* par sa ruse (*dolo*). La présence de deux *conscia* à quelques vers d'intervalle (v. 7 et 11) ne doit pas surprendre chez un poète qui aime insister sur les mots importants, d'autant que le second *conscia* n'a pas tout à fait le même sens que le premier: l'Etna connaît le destin, mais il n'en est pas complice, puisqu'au contraire il tente de l'empêcher par ses avertissements. L'adjectif *conscius* peut se construire avec le génitif ou le datif, d'où l'hésitation de la tradition manuscrite entre *tanti uoti* (ou un génitif substitué à *uoti* non compris: *furti, facti*) et *tanto uoto*. Bien que cette dernière forme soit plus fréquente dans les mss., j'ai préféré le génitif, non sans hésitations, pour me conformer à l'usage de Claudien (*Ser.* 95 *arcani conscia uoti*). Vénus se réjouit ici de sa ruse, comme chez Virgile (*Aen.* 4,128: *dolis risit Cytherea repertis*).

Page 34:

1. Claudien insiste sur la virginité des deux déesses (v. 20 *utraque uirgo*) qui encadrent Proserpine (v. 36) et la rassurent de leur présence, alors que Vénus, dont le rôle est différent, est séparée des trois jeunes filles. Il les décrit ensemble et les présente d'abord par deux périphrases caractéristiques. Diane aime chasser sur le mont Lycée en Arcadie: *parrhasius*, par métonymie, signifie *arcadius* (*Stil.* 1,185; *Get.* 191), la Parrhasie étant au sens propre une région d'Arcadie située entre le Lycée et l'Alphée. Quant à Pallas Polias, elle protège de son javelot Athènes et son acropole: Pandion était le fils d'Érechtée (même emploi métonymique de l'adjectif en *4 cons.* 508 et *Gild.* 406; cf. STAT. *Theb.* 2,720).

2. *Tritonia* est une antonomase classique dans la koinè poétique pour désigner Minerve (*rapt.* 3, 286; *Gild.* 129; *Eutr.* 1,324; *Stil.* 2,332 et 3,261). Mais le sens du mot n'est pas clair (P. Kretschmer, *Glotta* X, 1920, p. 38 sqq.). Peut-être s'agit-il d'une haplologie pour *Trotogenia*, Minerve étant née sur le bord du Triton (P. Fest. 367), fleuve lybien (Eschyle, *Eum.* 292; Hérodote 4, 180), ou béotien (Pausanias 9,33,7) ou crétois (Diodore 5,72), ou source arcadienne (Pausanias 8,26,6).

3. Monstre au corps ailé et à la queue de serpent, Typhon participa à la gigantomachie contre Jupiter (OV. *met.* 5,321 sqq.): F. Vian, «Le mythe de Typhée et le problème de ses origines orientales», *Éléments*

orientaux dans la religion grecque ancienne, Paris 1960, p. 17-37, notamment p. 20 sqq. Dans sa description du bouclier de Pallas, Sidoine Apollinaire fait figurer Typhon et Gorgone dans la gigantomachie (*carm.* 11,15 sqq.). Ici, Typhon figure sur le casque de Pallas (*casside fulua,* alliance qu'on lit chez Ovide, *met.* 12,89 et Silius Italicus 5,78). Cette description en mouvement d'un être à moitié vivant et à moitié mort (*gigant.* 89-91; STAT. *Theb.* 4,168-171), ekphrasis au second degré, est bien dans le goût «baroque» de l'époque.

Les corrections d'Heinsius (*Ima uiget moriens partim partimque superstes*) ou de Gustafsson et Koch, suivis par Hall (*Ima uiget, parte emoriens...*) sont inutiles, car le texte transmis par la tradition manuscrite quasi unanime est parfaitement compréhensible: le second *parte* porte à la fois sur *moriens* et sur *superstes* et, comme je l'ai souvent noté, Claudien évite les répétitions beaucoup moins qu'on ne le pense habituellement. De plus, il n'emploie nulle part ailleurs le verbe *emori.*

4. Description traditionnelle de Pallas avec sa lance et le gorgoneion. *Ferro* (v. 24), leçon de loin la mieux attestée et la meilleure du point de vue du sens, doit être préféré à *gyro,* qui a eu la faveur des éditions anciennes: voir l'argumentation de Hall 1969, p. 214. Claudien recherche ici un effet de grossissement épique (*surgens per nubila*), mais *silua* désigne ici (la longueur d') un arbre: cf. 3,366; au pluriel, VERG. *georg.* 2,26; LVCAN. 2,409; STAT. *Theb.* 2,248; et, au singulier, MART. 11,41,3.

Bien que l'expression *instar habet* apparaisse plusieurs fois chez Ovide (*ars* 3,490; *epist.* 2, 30; et 16,368 mss.) — et peut-être précisément à cause de cela —, on doit préférer ici la leçon *erat,* bien mieux attestée dans les mss. anciens: comment une expression ovidienne bien connue aurait-elle pu être à ce point éliminée des mss. des XIIe et XIIIe s.? À l'inverse, on peut supposer qu'à partir du XIIIe siècle certains scribes qui connaissaient Ovide ont corrigé le trop banal *erat.*

5. L'égide de Pallas portait la tête de la Gorgone Méduse, entourée d'une frange de serpents (*stridentia colla*). La tête de Méduse avait le pouvoir de pétrifier ceux qui la regardaient (*gig.* 91-103); c'est pourquoi Pallas la cache, alors qu'elle montre fièrement ses autres armes (casque et lance, d'où le *tantum*). Dans sa formulation, Claudien imite Virgile: *obtentu frondis inumbrant* (*Aen.* 11,66). Contrairement à Hall, je conserve le génitif latin *gorgonis,* bien mieux attesté ici que la forme grecque *gorgonos* (aux deux mss. cités, Hall ajoute g, G_1 et R_{12}).

6. Sous le nom de Trivia, la déesse des carrefours, Diane est d'abord présentée dans sa ressemblance avec son frère jumeau Phébus-Apollon (comparer la tournure *multus in ore frater erat* à Stace, *Ach.* 1,164-165: *et plurima uultu / mater inest*). Dans l'Antiquité, l'ambiguïté des sexes n'était pas incompatible, tant s'en faut, avec la beauté (HOR. *carm.* 1,5,21 sqq.; OV. *met.* 4,280; STAT. *silu.* 2,6,39; IVV. 15,135 sqq.). À l'aspect terrifiant de Minerve, Claudien oppose en contrepoint l'air

doux de Diane. La description de la déesse chasseresse en marche (v. 30-35) est conforme aux représentations figurées (par exemple la Diane de Gabies ou la Diane à la biche du Louvre); mais elle rappelle aussi la Vénus chasseresse de l'*Énéide* : *Namque umeris de more habilem suspenderat arcum / uenatrix dederatque comam diffundere uentis, nuda genu nodoque sinus collecta fluentis* (1,318-320), peut-être associée à un souvenir d'Ovide (*met.* 11,6: *leues iactato crine per auras*, à propos d'une jeune ciconienne). La référence à la ville crétoise de Gortyne s'explique sans doute par l'assimilation à Diane de Britomartis de Gortyne, divinité des montagnes et de la fécondité, dont l'épithète *Dictynna* est passée à Diane (OV. *met.* 2,441); Britomartis est parfois présentée comme compagne de Diane (Callimaque, *hymn. Art.* 189 sqq.; *Stil.* 3,251 et 303).

Page 35:

1. Dans l'ekphrasis traditionnelle, Claudien introduit une ekphrasis secondaire originale dans le goût alexandrin: il profite du mouvement qu'imprime à la robe la marche de la jeune déesse pour décrire un motif lié à la légende d'Apollon et de Diane (avant leur naissance, l'île de Délos errait en mer Égée). La fin de vers *circumflua ponto* se lit, dans un contexte analogue, chez Silius Italicus (1,289) et Valérius Flaccus (5,443).

2. Même schéma de description par analogie hypothétique chez Ovide: *et posset (Syrinx) credi Latonia, si non / corneus huic arcus, si non foret aureus illi* (*met.* 1,696-697; cf. 10,515-516). Le récit d'Électre au chant 3 présentera au contraire Proserpine avec les attributs de Pallas et de Diane (v. 216-219).

3. Les v. 41-43 rappellent le principe fondamental de l'esthétique antique: l'art doit imiter le plus fidèlement possible la vérité de la nature: Platon *Phaedr.* 275 d; Theocr. 15, 80 sqq.; voir J. Bompaire, *Lucien écrivain, imitation et création,* Paris 1958, p. 15 sqq.

4. Sous prétexte de décrire la robe de Proserpine artistement ouvrée, Claudien introduit, comme Catulle dans sa pièce 64, une nouvelle ekphrasis dans l'ekphrasis: les enfants d'Hypérion, le Soleil et la Lune, à leur naissance, dans les bras de Téthys (v. 44-54). Faut-il voir dans le choix de ce motif une influence orphique (Bernert 1938, p. 361, qui cite le fr. 192 Kern)? À la différence de la tapisserie brodée par Proserpine à la fin du chant 1, l'ekphrasis ne semble être ici qu'une scène de genre un peu humoristique dans le goût alexandrin. L'association traditionnelle du soleil et de la lune, qui, ailleurs, peut être symbole d'éternité ou d'immortalité (alternance constante du jour et de la nuit: *aurorae noctesque duces,* v. 46), fait ici l'objet d'une scène intimiste et réaliste où le poète semble s'amuser à souligner la *faiblesse* du *jeune* bébé, en contraste avec la puissance qu'il aura comme «Soleil adulte» (v. 49-52). Toutefois, une telle présentation pourrait suggérer que la frêle jeune fille

qui la porte deviendra, tout comme le soleil et la lune, après le rapt vers lequel elle marche, une divinité puissante, en l'occurrence, la reine des enfers.

Page 36:

1. Dans le second récit du rapt, Claudien mentionnera les Sirènes parmi les compagnes de Proserpine (3,205-254); ici, seules des nymphes accompagnent les déesses (v. 55-70). Divinités des eaux et des sources, auprès desquelles étaient élevées des statues de Coré, les nymphes sont liées au culte de Déméter et de Perséphone: selon Porphyre, Perséphone avait été élevée par des nymphes (*de antr. nymph.* 6,7).

La formule épique *comitatur euntem* (cf. *6 cons.* 321), qui remonte à Virgile (*Aen.* 6,863 *comitatur euntem*, à propos de Marcellus; OV. *met.* 4,484 et *Pont.* 2,2,81), est associée à un autre souvenir virgilien: «Pulcherrima Dido / incessit, magna iuuenum *stipante caterua*» (*Aen.* 1,496-497) ou «Tandem progreditur magna *stipante caterua*» (*Aen.* 4,136). Ce rappel suggère un parallèle entre Perséphone et la *pulcherrima Dido*.

2. L'évocation des Naïades donne à Claudien l'occasion d'introduire un catalogue des fleuves de Sicile (v. 57-61), à comparer avec Virgile (*Aen.* 3,689-702) et Ovide (*fast.* 4, 467-468 à propos des errances de Déméter), mais aussi avec Silius Italicus: *ab amne trahens nomen Gela... qui fontes, uage Chrysa, tuos* [potant], *et pauperis aluei / Hipparin, ac facilem superari gurgite parco / Pantagiam, rapidique colunt uada flaua Symaethi* (14, 218 et 229-231).

Le Pantagias coule près de Léontini (Vibius Seq. *flum.* 68). Le marais de Camerina (*Camarina,* SIL. 14,198) était célèbre: un oracle de Delphes interdisait de le bouger (SERV. *Aen.* 3,701). L'Alphée, fleuve d'Élide venu jusqu'à Syracuse pour s'unir à la nymphe Aréthuse, est étranger à la Sicile (*aduena*: STAT. *Theb.* 4,239); selon la légende, ses eaux alimentaient la source d'eau douce Aréthuse (VERG. *ecl.* 10,1-5; *Aen.* 3,694-696; OV. *met.* 5, 572 sqq.; PLIN. *nat.* 31,55; SEN. *nat.* 3,26,5...). Voir A. Tomsin, «La légende des amours d'Aréthuse et d'Alphée», *AC* 9, 1940, p. 53-56.

3. Cette comparaison avec les Amazones (v. 62-66) est à rapprocher de Virgile (*Aen.* 11,659-663: «*quales* Threiciae cum flumina *Thermodontis* / pulsant et pictis bellantur Amazones armis,/ seu circum *Hippolyten,* seu cum se Martia curru Penthesilea refert magnoque ululante tumultu / feminea *exultant* lunatis agmina *peltis*»), Properce (3,14,13-14: «*qualis Amazonidum* nudatis bellica mammis / *Thermodontiacis* turba lauatur aquis») et Stace: «Credas ad *Tanain* ferumque Phasim / *Thermodontiacas* calere *turmas*» (*silu.* 1,6,55-56); «*quales* Maeotide ripa, / cum Scythicas rapuere domos et capta *Getarum* / moenia, sepositis epulantur Amazones armis» (*Ach.* 1,758-760 = 2,84-86). Malgré le rapprochement avec l'alliance virgilienne *lunatis peltis,* qui désigne le bouclier

échancré des Amazones (cf. *supra* et *Aen.* 1,490; SIL. 2,76), la leçon *aduncis* ne saurait être préférée à *ademptis*: Virgile comparait Camille et ses compagnes avec les Amazones *au combat*. Ici, comme dans le deuxième texte de Stace, la comparaison porte sur les Amazones *après* le combat (*post proelia*): elles ont déposé leurs armes (leurs peltes) pour faire la fête (Stace: *sepositis armis* ; CLAVD. *nupt.* 255-256: «candidus *positis* exercitus *armis exultat*»). Minerve a voilé la Gorgone (v. 25-26); l'arc de Diane est au repos (v. 31-32); Proserpine n'a pas d'arme (v. 39): Claudien présente un cortège pacifique. Les jeunes déesses ne vont pas chasser, mais cueillir des fleurs. Les Amazones qui leur sont comparées sont décrites pour leur beauté (*pulchra cohors*) et non dans leur appareil guerrier. La fin de vers *exultat demptis* se lit chez Ovide, mais dans un autre contexte (*am.* 1,10,29).

Comparer le v. 66 à OV. *met.* 12,611 *Thermodontiaca... bipenni* (*Thermodontiaca... pelta* chez SIL. 2,80). Les Amazones habitaient près du fleuve Thermodon, en Cappadoce (VERG. *Aen.* 11,659) et elles étaient armées d'une hachette.

4. Une deuxième comparaison clôt le premier mouvement (v. 67-70). La Méonie est une partie de la Lydie arrosée par l'Hermus, fleuve aurifère (OV. *met.* 11,142-145 *auro madidis... glaebis*; PLIN. *nat.* 33,4; Strabon 13,4,5). Claudien évoque souvent l'Hermus et le Pactole: *Ol.* 51 sqq.; *Theod.* 39 et 287; *Stil.* 2,346; 3,61-62. Les nymphes de Méonie rendent à Bacchus les honneurs qui lui sont dus (sur ce sens de *refero*, cf. VERG. *Aen.* 5,605 «tumulo *referunt sollemnia*»).

5. L'hymne homérique situait l'anthologie et le rapt dans la plaine mythique de Nysa; la tradition orphique, au bord de l'océan. Claudien a choisi la version sicilienne, mais il place la scène sur l'Etna, et non dans la campagne d'Henna (intr., p. XXXV). Ici, la leçon *(h)enna* n'est attestée que par O_2 et O_3. L'expression *curua in ualle* est virgilienne (*Aen.* 2,748).

6. La demande de l'Etna, inventée semble-t-il par Claudien (v. 73-87), se présente sous la forme d'une véritable prière (*precor*, v. 78) à une divinité: apostrophe *pater* (v. 73); rappel de ses bienfaits dans une relative (v. 74-75), suivi de la demande (v. 76 sqq., avec de nombreux traits de style eucologique: impératifs, subjonctifs à la deuxième personne du singulier, anaphores de *nunc, quidquid*...).

L'appellation religieuse traditionnelle *pater* reprend au v. 73 son sens plein: soufflant dès le 8 février (PLIN. *nat.* 16,93) ou le 9 (OV. *fast.* 2,148-150; voir aussi 5,195 sqq.; COLVM. 11,2,15), le Zéphyre marquait par son arrivée le début du printemps. C'est un vent fécondant (v. 74-75): Homère *Il.* 16,150-151; Aristote *hist. anim.* 6,19; VARR. *rust.* 2,1,9; CATVLL. 64,282; VERG. *georg.* 3,271 sqq.; COLVM. 6,27,4 sqq.; PLIN. *nat.* 8,67 et 16,93 (*genitalis spiritus mundi*); SEN. *nat.* 5,16,4; AVIEN. *orb. terr.* 1140-1141; *hymn. orph.* 81.

7. La leçon *meatu*, qui était donnée aussi par le *codex Bartholinianus*

(perdu), me semble préférable, bien que *uolatu* soit mieux attesté dans la tradition manuscrite. L'un des deux termes est manifestement une glose passée dans le texte. On conçoit que *meatu*, plus difficile à comprendre, ait été glosé puis remplacé par le banal *uolatu*; l'inverse serait surprenant. De plus, *meatus* peut se dire du mouvement des vents (*rapt.* 1,174): LVCR. 6,301; LVCAN. 9, 453; STAT. *Theb.* 3,504.

Page 37:

1. Sur l'éternel printemps de la Sicile, en relation avec ses fleurs et le rapt de Proserpine (*uernus*, v. 90; cf. 3,223-225), voir Diodore 5,4,3; CIC. *Verr.* II,4,106 sqq.; OV. *met.* 5,391. Le thème de la rosée revient fréquemment dans le poème: 1,191; 2,104 et 122; 3,232; 252 et 403).

2. Sur la fertilité (en fleurs) de l'Hybla, comparer ce passage du *Peruigilium Veneris* qui l'associe comme ici à la campagne de l'Etna (v. 49-52): *Iussit Hyblaeis tribunal stare diua floribus: / praeses ipsa iura dicet, adsidebunt Gratiae. Hybla, totos funde flores, quidquid annus adtulit! / Hybla florum sume uestem, quantus Aetnae campus est!*

3. Dans son mouvement anaphorique, l'évocation des senteurs orientales peut avoir été inspirée par Sénèque (*Herc. f.* 909-911): *Quicquid Indorum seges, / Arabesque odoris quicquid arboribus legunt, / conferte in aras* . À son tour, l'attaque du v. 82 *quidquid odoratus* semble avoir été reprise par Avit, dans sa description du paradis terrestre (1, 207). Claudien aime l'exotisme des noms propres géographiques. La Panchaïe (VERG. *georg.* 2,139: «totaque *turiferis Panchaia pinguis harenis*») est une partie de l'Arabie Heureuse (PLIN. *nat.* 6,154;12,52), et l'Arabie est par excellence le pays thurifère (VERG. *georg.* 1,57; 2,117; *Aen.* 1,16-17... CLAVD. *Stil.* 1,58); mais c'est aussi un pays utopique dont la fécondité évoque celle de l'âge d'or (LYGD. 2,23; PLIN. *nat.* 7,197; 10,4). L'Hydaspes est un fleuve du bassin septentrional de l'Indus, région célèbre pour ses aromates (OV. *fast.* 3,720 et 731; CLAVD. *c. min.* 27,98 *Indus odor*). De ce goût pour les beaux noms géographiques, on ne peut cependant pas tirer argument, comme le fait Hall (1969, p. 216), en faveur de la leçon donnée en marge de l'*Isengriniana* au v. 83, *Sabaeis* au lieu de *colonis*: c'est *alcs*, le phénix, qui est mis en parallèle avec *Panchaia* et *Hydaspes*. *Sabaeis* ressemble fort à une conjecture savante à partir d'un passage du poème consacré par Claudien au phénix (*c. min.* 27,43-44: «tumulum texens pretiosa fronde *Sabaeum* / conponit, *bustumque* sibi partumque futurum». La variante *harenis* semble avoir été inspirée par le passage de Virgile imité au v. 81 et l'expression *ab extremis colonis* désigne l'extrémité du monde habité, depuis les colonies les plus lointaines: *c. min.* 31,15 *uenit et extremo Phoenix longaeuus ab Euro*. Claudien, qui revient souvent sur le mythe du phénix (voir l'introduction de l'édition du *Phoenix* = *c. min.* 27 par M. L. Ricci, Bari 1981), fait ici allusion aux plantes aromatiques dont l'oiseau constitue son bûcher (OV. *met.* 15,398 sqq.; LACT. *Phoen.* 79-88).

De la même façon, l'autre leçon marginale de l'*Isengriniana* (*busto*, v. 84) est aussi une conjecture, ingénieuse certes (car Claudien, dans son poème sur le phénix revient avec insistance sur le thème paradoxal de cette vie qui renaît de la mort), mais inutile, tout comme la conjecture d'Heinsius *leto* (adoptée par Koch et Platnauer). La leçon *saeclo*, bien attestée par les mss. et préférable, semble-t-il, au génitif *saecli* (malgré le parallèle avec *c. min.* 27,41 *reducisque parans exordia formae*: cf. *Eutr.* 2,150 *aliis exordia sume rapinis*), donne un sens satisfaisant: *saeclum* désigne la durée de chaque vie renouvelée de l'oiseau *longaeua*. Chez Ovide, ce cycle de renouvellement est de cinq siècles (*met.* 15,395 *quinque saecula*); pour Claudien, de 1000 ans (*c. min.* 27,27).

4. Avec *uenas* se poursuit la description anthropomorphique de l'Etna personnifié, acteur du drame. Cette personnification d'une montagne peut avoir été favorisée par les théories philosophiques antiques qui assimilaient la terre à un être animé (doctrine d'Empédocle enseignée à Pythagore, cf. OV. *met.* 15,342 sqq.) et qui décrivaient ses «veines» comme parcourues par l'eau, et ses «artères», par l'air (Praxagoras, Érasistrate: cf. SEN. *nat.* 3,2, 1 et 15,1; 6,14,1).

5. Ce vers décrit précisément l'action du Zéphyre, appelé aussi *Fauorinus*, nom que les Latins rapprochaient de *foueo* (Ernout-Meillet, p. 221): la tiédeur de son souffle faisait fondre la neige et donnait ainsi le signal du printemps.

6. Sur la valeur fécondante du Zéphyre (et des vents en général), voir n. compl. 6 de la p. 36. Après Claudien, le verbe *maritare* est fréquemment employé dans la langue poétique pour signifier «féconder»: MAR. VICT. *Aleth.* 3,64 (*et semine rura maritant*); 395-396; DRAC. *Rom.* 3,3-4 (imitation directe de Claudien, à propos du ciel: «*rore maritat* / arua suo»); AVIT. *carm.* 1,278; ENNOD. *carm.* 1,3,1-2. En prose, SIDON. *epist.* 9,16,12: *prius ... quam duodecim menses Fauonius flatu... pluuiisque maritaret.*

7. Ekphrasis de la terre printanière qui se couvre de fleurs (v. 90-93). Ici, Claudien ne met plus l'accent sur les parfums, mais sur les couleurs (à l'inverse de Dracontius, qui néanmoins l'imite, *Rom.* 10,115: «quem [Cupidon] *sequitur uernalis* odor»). Le printemps est lié à la couleur rouge (*uernus rubor*, v. 90): VERG. *ecl.* 9,40 *uer purpureum* ; *georg.* 2, 319 *uer rubens* (cf. 4, 306); STAT. *silu.* 3,3,130 *uerna purpura.*

8. Le sens de *medio sereno* est controversé. Baehrens a proposé de corriger *medio* en *nimbo* (qui contredirait *sereno*); Birt proposait le singulier (insolite en ce sens) *radio*. Heinsius a défendu la leçon isolée de P_4 *madido* (qui semble avoir été interpolée à partir de *madidantes* au v. 88). Hall (1969, p. 218), après avoir conjecturé *nitido*, conserve, à juste titre, la leçon quasi unanime de la tradition manuscrite (comparer la fin de vers avec *4 cons.* 543: «ut tibi seruatum scirent *conuexa serenum*»). La construction doit être rapprochée de STAT. *Theb.* 2,42: *medio natat umbra profundo.* On peut comprendre soit que le ciel se dégage en

éclaircissant son centre, soit même, comme le pense Hall, que le ciel se dégage tout entier, *medio* désignant la partie comprise entre les deux extrémités des *conuexa (caeli)*.

Le v. 91*, qui, sauf erreur, ne se trouve dans aucune édition imprimée, pas même dans celle de Hall qui a pourtant sélectionné J_4 parmi ses manuscrits de base, est donné sous la forme transcrite (le point indique clairement que *sidera* est en rejet), sans glose, à la vingt-quatrième et dernière ligne du f° 10v. Si ce vers est authentique, il faut supposer que Martinus de Vicomercato avait à sa disposition un manuscrit d'une valeur inestimable, plus complet que les autres manuscrits, qui descendraient tous d'un archétype défectueux. Claudien aime le verbe *flaueo*: il l'emploie cinq fois, trois fois dans des poèmes politiques (*Stil.* 1,203; 3,18; *Get.* 327 *-tes saetas*) et deux fois dans le *Rapt*, en 2,121 (*flauentes agros*, expression proche du *flauens terra* qu'on lit ici) et 3,126 (*-tia serta*). Mais le v. 91* est-il pour autant authentique? Personnellement, je ne le pense pas. On constate que dans la tradition manuscrite du *Rapt*, partout où il y a eu une lacune (après 1,138 et 3,279) et même là où il a semblé (à tort) qu'il y en avait une (après 2,117), il s'est trouvé des scribes savants pour compléter le texte à la manière de Claudien. Ici, le caractère elliptique du style de Claudien (*inbuit* a pour sujet le Zéphyre) a pu dérouter un scribe savant, qui a supposé une lacune et a voulu la combler. N'oublions pas que certains scribes, dont Martinus de Vicomercato lui-même qui athétise 3,280-360, ont eu une véritable réflexion critique sur le texte de Claudien.

9. Ce n'est pas par hasard que la première fleur nommée soir la rose, et qu'elle soit immédiatement associée au sang: voir au v. 122 le choix de la leçon *cruoris* et Charlet 1987. Rapprocher l'expression de MAR. VICTORIN. gramm. VI, p. 105: «lactea *sanguineis* lilia mixta *rosis*».

Page 38:

1. Contrairement à ce que dit J. André (*Étude sur les termes de couleur*, p. 109), il est difficile de donner à *ferrugine*, qualifié de *dulci*, à propos de la violette et après un emploi de *niger* pour une autre plante, le sens de «noir» et de voir dans ce vers une glose poétique de l'expression technique *uiola nigra*. Nonius glose *ferrugineus* par *caeruleus* (p. 549,2). Le terme *ferrugo* doit donc indiquer ici la nuance de bleu propre à la violette.

Inbuit est préférable à *induit*, correction banalisante: VAL. MAX. 8,11 ext. 7 *spongeam* [pictoris] *omnibus inbutam coloribus*; AVIEN. *Arat.* 128; 727; 1576.

2. L'éclat bigarré des fleurs de l'Etna est comparé aux étoffes les plus colorées (v. 94-96), aux plumes du paon (v. 97) et, finalement, à l'arc-en-ciel (v. 98-100). Les anciens aimaient les ceintures ornées de pierreries; celles des grands et des souverains étaient somptueuses: STAT. *Theb.* 12,527; CLAVD. *Stil.* 2,88-89. Claudien choisit volontairement pour

point de référence l'Orient connu pour son luxe et ses bijoux. Ce vers a peut-être été imité par Corippe (*Ioh.* 4,496 à propos d'un guerrier): *cingula gemmiferis stringit fulgentia bullis.*

3. *incipiens hiemps* ne désigne pas l'automne, comme le pensait Parrhasius, mais «la tempête commençante» qui se couronne d'un arc. Les Anciens pensaient que, par ses deux extrémités, l'arc-en-ciel puisait de la mer et de la terre l'eau qu'il transformait ensuite en pluie (d'où ici l'expression *semita humida*): ainsi il était un présage d'orage: PLAVT. *Curc.* 131; VERG. *georg.* 1,380; HOR. *ars* 18 *pluuius arcus*; TIB. 1,4,44 *nimbifer arcus*; SEN. *nat.* 1,87 «et bibit ingens arcus, ut ait Virgilius noster, cum *aduentat imber*»; STAT. *Theb.* 9,405 *imbrifer arcus.* Le choix de cette comparaison avec l'arc-en-ciel, après une mention des tissus teints, a peut-être été inspiré par Ovide (*met.* 6,61-65): *Illic et Tyrium quae purpura sensit aenum / texitur... / qualis ab imbre solet percussis solibus arcus / inficere ingenti longum curuamine caelum; / in quo diuersi niteant cum mille colores ...*; et surtout 5,609-610: «Illa [Iris] *uiam* celerans per mille *coloribus arcum* /... cito decurrit *tramite* uirgo».

4. Le verbe *interuirere* n'est pas virgilien, mais apparaît chez Stace (*Theb.* 4,98 à propos d'un serpent dans l'herbe). Plutôt que de voir dans ce verbe une allusion au fait que le vert est la couleur centrale du spectre solaire, nous préférons construire *inter-* avec *nimbis*: Claudien, après avoir mentionné la diversité chromatique de l'arc-en-ciel, ne retient qu'une seule couleur (Hall 1969, p. 219). Comme souvent, Claudien clôt un développement par un *uersus aureus.* Mais cette dernière comparaison n'est peut-être pas seulement un moyen élégant de marquer la fin d'un mouvement (depuis Homère, les comparaisons épiques jouent souvent un rôle dans la composition de chaque chant). Comme le remarque P.G. Christiansen (1969, p. 110), la comparaison entre la beauté des fleurs bigarrées et l'arc-en-ciel suggère l'imminence du drame et annonce symboliquement le rapt: de même que l'arc-en-ciel, si beau, est le signe d'un orage ou d'une averse imminente, de même ces fleurs, dont la beauté ressemble à celle de l'arc-en-ciel, constituent une menace, le signe d'un malheur imminent. Séduite par elles, Proserpine a quitté sa retraite et sera une proie facile pour son ravisseur, dont l'arrivée sera décrite comme un cataclysme naturel (v. 179 sqq.); le rapt lui-même sera autorisé par l'éclair et le tonnerre de Jupiter (v. 228-231). Cet arc-en-ciel de fleurs annonce bien un orage, et même un cataclysme.

5. Après les fleurs, Claudien décrit le site de la cueillette (v. 101-117). La scène se situe, comme nous l'avons dit, sur les pentes de l'Etna, et non près d'Henna. Mais le paysage décrit n'a rien de spécifique. Claudien reprend les éléments traditionnels du *locus amoenus* alexandrin: l'ombre des arbres qui tempère l'ardeur du soleil, la douceur du gazon, la fraîcheur de l'eau vive: E.R. Curtius, *Littérature européenne et Moyen Age latin*, trad. fr. J. Bréjoux, Paris 1956 [première édition allemande, Berne 1948], chap. X, le paysage idéal; A. Grilli, *Il problema*

della vita contemplativa nel mondo greco-romano, Milan-Rome 1953, p. 180 sqq.; G. Schönbeck, *Der locus amoenus von Homer bis Horaz*, Heidelberg 1964. Aussi peut-il pratiquer la contamination et emprunter certains traits au paysage décrit par Cicéron (*Verr.* II,4,106-107) et surtout Ovide (*fast.* 4,427-428: *Valle sub umbrosa locus est aspergine multa / uuidus ex alto desilientis aquae*; *met.* 5,388-390: *suisque / frontibus ut uelo Phoebeos submouet ictus. / Frigora dant rami*), bien que ces deux auteurs situent la scène près d'Henna. C'est sans doute ce souci de syncrétisme descriptif qui amène Claudien à mentionner le lac Pergus (v. 112-117), assurément plus loin des contreforts de l'Etna que de la ville d'Henna, en s'inspirant directement d'Ovide (*met.* 5,385 sqq.): *Haud procul Hennaeis lacus est a moenibus altae / nomine Pergus, aquae.../ silua coronat aquas cingens latus omne...* (voir aussi FIRM. *err.* 7,1). Le lac Pergus est associé à la légende du rapt: cela suffit pour que Claudien en parle sans se soucier de la géographie. Rien ne prouve au demeurant qu'il connaisse personnellement la Sicile et les lieux dont il parle. Les v. 101-103, qui donnent une vue d'ensemble du paysage avant l'énumération de ses éléments particuliers, *peuvent* correspondre aux premiers contreforts vallonnés de l'Etna... comme à tout paysage de coteaux: comparer le paysage bucolique décrit par Virgile dans la neuvième églogue (v. 7-8: «qua se subducere *colles* incipiunt *mollique* iugum demittere *cliuo*»), ou le site d'Ilerda dans la *Pharsale* (4,11-12: «*colle tumet* modico, *lenique excreuit in altum*/ pingue solum tumulo»). De même, les ruisseaux d'eau vive des v. 103-104 font penser à la campagne de Tibur chantée par Horace, avec ses «uda / *mobilibus* pomaria *riuis*» (*carm.* 1,7,13-14). Aucun détail précis ne prouve que Claudien décrive un paysage réellement vu. Son ekphrasis s'appuie sur des souvenirs littéraires.

6. L'expression *uiuo pumice* est ovidienne (*fast.* 2,315; *met.* 3,159). Les Anciens considéraient la pierre comme vivante tant qu'elle n'avait pas été arrachée du sol, d'où l'expression si fréquente en poésie *uiuum saxum* (VERG. *Aen.* 1,167; 3,688; OV. *fast.* 5,661; *epist.* 6,88; *met.* 5,317; 7,204; 13,810; 14,713): voir le commentaire aux *Fastes* de F. Bömer (t. II, p. 105-106).

7. Ici encore (v. 107-111), Claudien ne décrit pas une forêt réelle, mais reconstruit à partir de souvenirs littéraires, surtout virgiliens (*georg.* 2,442-453 notamment) une forêt imaginaire de caractère composite: comparer avec STAT. *Theb.* 4,98-106. Claudien donne à chaque arbre son attribut traditionnel: *apta fretis abies* (v. 107; VERG. *georg.* 2,68 *et casus abies uisura marinos*); le bois de sapin était très utilisé dans la construction navale. *Bellis accommoda cornus* (v. 107; VERG. *georg.* 2,447 *bona bello cornus*): le bois de cornouiller était utilisé pour faire des flèches et des javelots (PLIN. *nat.* 16,186).

8. Le chêne rouvre était consacré à Jupiter (VERG. *georg.* 3,332 *Iouis... quercus*; 2,15-16; OV. *met.* 1,106); Claudien a mentionné plus

haut les chênes sacrés de Dodone (voir à 1,31). Symbole d'immortalité parce qu'il reste toujours vert, le cyprès est un arbre funéraire planté près des tombeaux: VERG. *Aen.* 2,713-715 *Est... tumulus.../... iuxtaque antiqua cupressus* (SERV. *ad loc.*: *funebrem arborem*; HOR. *epod.* 5,18: *cupressus funebris*).

9. Claudien pense-t-il aux vers fameux d'Horace (*epod.* 16,47: *mella caua manant ex ilice*) ou d'Ovide (*met.* 1,112: *de uiridi stillabant ilice mella*) à propos de l'âge d'or (cf. PRVD. *cath.* 11,74)? Le laurier est l'arbre de Phébus-Apollon, le dieu qui prédit l'avenir (OV. *fast.* 3,139; CLAVD. *6 cons.* 28). Virgile appliquait l'expression *praescia uenturi* à la Sibylle, prêtresse d'Apollon (*Aen.* 6,66; emploi différent chez Valérius Flaccus 5,53, à propos des prévisions météorologiques: *uenturi praescia caeli*).

Page 39:

1. Selon Tardioli (*ad loc.*), *pallescere* a ici le sens de «s'assombrir» (cf. PROP. 1,13,7). Les eaux du lac proches du bord sont assombries par l'ombre des arbres qui entourent le lac; plus loin, «au large» (*in altum*), les eaux sont transparentes. Comparer les v. 114-117 à AVSON. *Mos.* 59-60: *sic demersa procul durante per intima uisu / cernimus arcanique patet penetrale profundi.*

2. Le v. 118 n'apparaît, à des places différentes (parfois en marge), que dans 19 des 56 manuscrits *uetustiores* (Hall 1969, p. 219-220). Depuis M. Bonnet (1875, p. 8), les éditeurs le considèrent à juste titre comme inauthentique. Il s'agit d'un vers de transition maladroitement ajouté par un lecteur surpris du caractère abrupt avec lequel Claudien passe de la description du site à la cueillette proprement dite. Le faussaire, qui semble être un maître d'école du XIIe siècle (*Intr.* p. L-LI: cet ajout semble caractériser, avant contamination, une branche de la classe a), s'est inspiré des v. 123-124: «uarios tunc cetera saltus / inuasere *cohors*»; la fin de vers *florida serta* semble originelle, mais elle a été refaite en *florea rura*, sur le modèle virgilien (*Aen.* 1,430).

3. L'image des chevaux des astres est traditionnelle dans l'Antiquité (ThLL, s.u. *equus*, 736). Non moins traditionnelle est l'association du cheval de Lucifer et de la rosée: OV. *ars* 3,180 *roscida luciferos cum dea iungit equos*; *fast.* 3,314 *Hesperus et fusco roscidus ibat equo* (chez Properce 3,2, 8, l'alliance *rorantis equos* désigne les chevaux de Galatée). L'expression *praeuectus equo* est un cliché épique (VERG. *Aen.* 7,166; LVCAN. 7, 342; SIL. 5,170; 7,117; 9, 572; 17,124). Dracontius a imité le passage de Claudien (*Rom.* 10,470-471: «Exilit interea tecturus *Lucifer* astra / Puniceo *praeuectus equo*»).

4. La bonne leçon est ici *cruoris* et non *doloris*: Claudien fait allusion non pas à l'anémone née du sang d'Adonis, mais à la rose, née du sang de Vénus, selon une légende bien attestée dans l'Antiquité tardive. Claudien place le rapt de Proserpine sous le signe de la rose et du sang:

la jeune fille, telle une rose, doit être cueillie dans le sang par son ravisseur (intr. p. XLV et Charlet 1987).

5. Traditionnellement, les abeilles symbolisent l'activité: Homère, *Il.* 2,87-90; VERG. *georg.* 4,159-162; *Aen.* 1,430 sqq.; OV. *ars* 1,95. Ici, la comparaison est bien choisie, puisque l'activité des jeunes déesses (la cueillette) les porte de fleur en fleur, comme des abeilles qui butinent. Mais encore une fois la description a valeur symbolique et prémonitoire: l'activité de Proserpine qui, avec ses compagnes, «ravit» les fleurs (*raptura*, v. 125; *spoliatur*, v. 128; *spoliis*, v. 139) annonce à son insu son propre rapt. Et c'est pourquoi cette cueillette, activité pourtant bien paisible et pacifique, est assimilée à une action militaire (*cohors*, v. 124; *castra mouent*, v. 126; *exercitus*, v. 127). Claudien prépare le lecteur à la violence du rapt, d'où les références épiques et guerrières à l'*Énéide* (l'expression *cerea castra* apparaît comme ici dans une comparaison en *Aen.* 12,589) et à la *Thébaïde*: le v. 127 est calqué sur *Theb.* 11,247 «pulsis *exercitus obstrepit* armis», où *exercitus* est employé au sens propre; chez Claudien, l'adjectif composé semi-épique rare *mellifer* (OV. *met.* 15,383) s'accorde bien avec la tonalité guerrière du passage.

Le thym est la plante mellifère par excellence, et le miel de l'Hybla était réputé (voir *supra* v. 79). Aussi le thym de l'Hybla est-il devenu proverbial: VERG. *ecl.* 7,37; OV. *trist.* 5,13,21-22; *Pont.* 2,7,26; 4,15,10; MART. 5,39,3 (Otto, *Sprichwörter*, p. 168).

6. Claudien s'est peut-être inspiré d'un vers de Némésien décrivant l'automne (*aucup.* 2,1): «cum nemus omne suo uiridi *spoliatur honore*». L'hémistiche du v. 128 a été textuellement repris par Corippe, à propos du peuple qui cueille des fleurs pour décorer Constantinople en l'honneur de Justin II (*Iust.* 3,64).

La cueillette des fleurs printanières (v. 128-141) est une scène de genre traditionnelle. L'*Hymne* mentionne les roses, les crocus, les violettes, les iris, les jacinthes et le narcisse (v. 6-8); puis, dans le second récit, les mêmes fleurs moins la violette remplacée par le lys (v. 426-428). Mais Claudien rivalise ici avec le récit des *Fastes*: «*Haec implet* lento *calathos e uimine nexos*,/ *haec* gremium, laxos degrauat illa sinus. / *illa* legit calthas, *huic* sunt *uiolaria* curae, / *illa* papaueras subsecat ungue comas: / *has, hyacinthe*, tenes; illas, amarante, moraris: / pars thyma, pars casiam, pars meliloton amant./ Plurima lecta *rosa* est; sunt et sine nomine flores. / Ipsa crocos tenues *liliaque* alba legit.» (4,435-442). Claudien a recomposé la scène très librement, notamment dans le choix des fleurs mentionnées.

Dans un premier temps, il a concentré l'action sur quatre personnages (v. 128-130 *haec... hanc... haec... haec*): on est tenté d'y voir les quatre déesses. En ce cas, Proserpine ne pourrait-elle pas être la troisième, un peu comme dans la marche où, derrière Vénus, elle était encadrée par Diane et Minerve? Il est d'autant plus tentant d'appliquer à Proserpine l'expression *haec graditur stellata rosis* qu'il est écrit d'elle un peu plus loin (v. 140-141): *seseque ignara coronat / augurium fatale tori*. Proserpine ne se couronnerait-elle pas elle-même, présage inconscient, de roses, fleurs de Vénus et fleurs nuptiales? Le terme *fatale* peut avoir un double sens: le mariage de Proserpine est «fatal», voulu par le destin; mais c'est aussi une mort au monde d'en haut. Le présage est donc à la fois l'annonce de son mariage et l'annonce de sa mort; la couronne est à la fois la couronne nuptiale et celle des morts (Aristophane, *Eccl.* 538; Euripide, *Hel.* 525-526; voir Baus, *Der Kranz in Antike und Christentum*, Bonn 1940, p. 113-114).

Dans un deuxième temps (v. 131-136), il accorde une importance particulière à l'hyacinthe et au narcisse. Le narcisse joue un rôle déterminant dans l'hymne homérique: au moment où Perséphone arrache un narcisse que la terre avait fait croître pour la circonstance, le sol s'ouvre et laisse passer le char de Pluton (v. 8-14 et 428-430). Mais ici, c'est à l'origine métamorphique des deux fleurs (OV. *met.* 3,339-510; 10,162-219) que s'intéresse Claudien: les légendes de Narcisse et d'Hyacinthe, beaux jeunes gens (v. 133) fauchés à cause de l'amour dans la fleur de l'âge, annoncent par leur thématique le rapt de Proserpine et sa mort au monde d'en haut. La tonalité affective donnée au passage par l'apostrophe du poète lui-même (v. 131 *Te quoque*...: cf. OV. *met.* 10,162 *Te quoque Amyclide*) attire l'attention du lecteur. Montrant bien que pour lui leur signification est la même, Claudien entremêle savamment les deux légendes: les secondes personnes renvoient à Hyacinthe (*Te*... *tu*... *te*... *te*), alors que Narcisse est présenté à la troisième personne (*Narcissum*... *hunc*... *hunc*... *hunc*).

Hyacinthe était fils de Diomédé et Amyclas, héros éponyme d'Amyclées en Laconie (v. 133); aimé d'Apollon, il fut tué par le rebond du disque qu'avait lancé le dieu (v. 134); Apollon lui rendit les hommages funèbres (v. 135-136) et inscrivit les lettres AI-AI (transcription d'un cri de douleur; d'autres y voyaient l'initiale du nom d'Hyacinthe Y: PHILARG. *ad Verg. Aen.* 3,63) sur la fleur issue de son sang: *Ipse suos gemitus foliis inscribit et AIAI / flos habet inscriptum funestaque littera ducta est* (OV. *met.* 10,215 -216; cf. ici v. 131).

Narcisse est né de Liriopé et du dieu Céphise, rivière de Béotie (*Helicon* au v. 134 est donc une approximation géographique: Claudien est coutumier du fait); il meurt de son amour pour sa propre image réfléchie par une source (OV. *met.* 3,407 sqq.; ici, v. 135). La description du deuil de son père Céphise (v. 136) s'inspire peut-être du passage de Stace où les Faunes brisent leurs chalumeaux en signe de deuil après la mort d'un serpent sacré («*fracta* gemuistis *arundine* Fauni», *Theb.* 5,582). Mais ici *harundine* désigne non des chalumeaux, mais les roseaux qui traditionnellement couronnaient les fleuves (voir *Ol.* 217; *Stil.* 3,305): Céphise brise sa couronne de roseaux. Scaliger compare ainsi les passages d'Ovide et de Claudien (*poet.* 5,16): *Vterque speciose, tamen laxius Ouidius, compositior Claudianus. Neque enim prata floribus, sed et flores pingit coloribus fabularum.*

7. Ovide associait déjà dans le même contexte le lys et la violette (*met.* 5,392: *aut uiolas aut candida lilia carpit*). Comme lui, Claudien est sensible à un contraste chromatique traditionnel: STAT. *silu.*1,2,22 *uiolis... lilia mixta*; cf. NEMES. *ecl.* 2,44 *mihi lilia fusca uidentur*. La blancheur du lys fait contraste avec la couleur sombre de la violette. Comme le montre un vers de Virgile, la violette dite «noire» (*uiola nigra*) est d'un ton pourpre foncé: *uiolae sublucet purpura nigrae* (*georg.* 4,275); voir *supra* v. 93 et note.

Page 40:

1. Claudien a énuméré les fleurs cueillies. Maintenant il décrit plus précisément les *gestes* des jeunes déesses: Proserpine (v. 139-141); Minerve (v. 141-147) et Diane (v. 148-150). La description de Proserpine n'est pas sans analogies avec les représentations figurées de la scène (R. Förster, *Der Raub*, p. 187-190; P. Fargues 1933, p. 292 -293, qui cite un sarcophage où «Proserpine cueille des fleurs avec l'ardeur que lui prête Claudien. Elle est agenouillée et se penche vers une corbeille»). Cette ardeur toute particulière de Proserpine (v. 137) était déjà notée par Ovide dans son récit des *Métamorphoses*: *Aequales certat superare legendo* (5,394); en revanche, la description du panier (v. 138 -139) se rapproche plus de celle des *Fastes* (4,435 cité *supra*) que de celle des *Métamorphoses* (5,393-394: *calathosque sinumque / inplet*).

2. Tout en rappelant l'aspect traditionnellement belliqueux de Pallas-Athéna (comparer les v. 141-143 à Hésiode, *theog.* 886 sqq.; *tuba* désigne la trompette guerrière et, par métonymie, le combat lui-même), Claudien veut présenter une déesse adoucie et «pacifiée». Depuis le début du chant 2, les moments de tension et d'inquiétudes (présages funestes qui annoncent le rapt) alternent avec des moments de détente et de bonheur. Ici, il y a quelque ironie tragique à décrire le désarmement et l'insouciance de la déesse (v. 144-147: noter les rapprochements expressifs *Ferratus lasciuit* et *pacato fulgore*) au moment précis où le rapt vient d'être annoncé (v. 141) et où une vigilance armée serait donc nécessaire: Pluton approche (cf. v 152 sqq.).

3. Comme Minerve, Diane est d'abord présentée dans son aspect traditionnel: la déesse qui chasse sur le mont Parthénios (entre l'Argolide et l'Arcadie) avec sa meute (VERG. *ecl.* 10,57: *Parthenios canibus circumdare saltus*). La concision de Claudien (*Parthenium odorem* signifie «l'odeur des bêtes du Parthénios») a pu gêner la compréhension du passage: la leçon *odoris* (J_4 et quatre autres *uetustiores* non retenus) est sans doute une correction inspirée par Virgile (*Aen.* 4,132 *odora canum uis*). Claudien décrit ensuite, en contraste, sa participation détendue aux ébats champêtres de Proserpine (v. 149-150). Avec Birt et Hall, je choisis la leçon *nec* (*h[a]ec* est une faute facilement explicable), et il est inutile de supposer, comme le fait Jeep, une lacune devant *libertatemque*. Le verbe *scrutari* appartient au vocabulaire de la chasse (PLIN. *nat.* 8,147: *scrutatur uestigia*).

Page 41:

1. À la différence d'Ovide (*met.* 5,395-408: 14 vers; *fast.* 4,445-450: 6 vers), Claudien s'étend longuement sur toutes les circonstances du rapt: l'arrivée difficile de Pluton dans le monde d'en haut (v. 151-203); le rapt lui-même, avec l'intervention des déesses et de Jupiter (v. 204-246); les plaintes de Proserpine et la réponse apaisante de Pluton (v. 247-307). En contraste avec le charmant tableau de la cueillette rappelé au v. 151, Claudien insiste sur la violence de Pluton, sur l'horreur d'une intervention qui perturbe l'ordre cosmique en mêlant le monde d'en bas au monde d'en haut, en souillant la lumière par les ténèbres (v. 152-203). Comme il sera dit dans le second récit du rapt (3,234-235), c'est la nuit en plein midi. *Ecce repens* et les infinitifs de narration soulignent la rapidité de ce changement. Le tremblement de terre s'explique de façon rationnelle par l'éclatement du verrou rocheux de la Sicile; mais il est surtout le signe de la perturbation de l'ordre cosmique.

2. La tradition plaçait sous la Sicile un géant prisonnier, dont les mouvements expliquaient les tremblements de terre: soit Encélade, précipité par Athéna lors de la gigantomachie (1,154-159; 3,350; VERG. *Aen.* 3,578 sqq.; AETNA 71 sqq.; STAT. *Theb.* 11,8 et 12, 275; SIL. 14,580); soit Typhée (Pindare, *Pyth.* 1,25 sqq.; OV. *fast.* 4,491-492; *met.* 5,346 sqq.; VAL. FL. 2,23 sqq.; SIL. 14,196); soit même Briarée (Callimaque, *hymn.* 4, 143). Certains sarcophages montrent comme ici Encélade piétiné par les chevaux de Pluton: Fargues 1933, p. 293, qui cite Foerster, p. 193 et 204. Pour l'expression *inmania membra*: OV. *met.* 12,501. Noter la complaisance de Claudien pour les scènes de genre.

3. Les leçons *sulcis* et *actum,* tirées d'un manuscrit (ou des conjectures?) de Cujas, sont mauvaises: *fessis* et *axem* donnent un sens satisfaisant. Les serpents, dont est pourvu Encélade en tant que fils de la terre (VERG. *georg.* 2,153-154; *Aen.* 2,208; OV. *fast.* 5,37; AETNA 46-47...), s'efforcent de bloquer l'essieu du char (la fin de vers évoque STAT. *Theb.* 10,479: «sanguineus lauat imber et *impedit axes*»); mais ils s'épuisent dans cette tentative.

4. Cette longue comparaison militaire (v. 163-167), tirée de l'art des sièges (cf. SIL. 1,366-367), est bien en situation ici. La métaphore amant-soldat étant fréquente dans la poésie latine (OV. *am.* 1,9), peut-être faut-il y voir, avec Christiansen (p. 108), des connotations sexuelles en rapport avec l'«assaut» et la défloration de Proserpine par Pluton. Mais, au premier degré, elle assimile le monde d'en haut, royaume de Jupiter, à une place-forte dans laquelle veut pénétrer Pluton. Avec Birt et Paladini, je conserve la leçon *inclusos* transmise par tous les mss.: bien que les murailles soient closes (le composé a la valeur du verbe simple. Paladini: «le chiuse mura»; Claverius avait conjecturé *transiliit clusos*), le soldat parvient à les franchir (*transilit*) sous terre, par un chemin secret (*arcano limite*). Platnauer comprend, de façon compliquée, que les

murs sont «investis» par l'ennemi. Hall retient la leçon (conjecture?) de l'*Isengriniana*: *elusos* (à rejeter, même si elle peut être mise en parallèle avec *deceptas... arces*: «les murs dont ils se sont joués par un chemin secret»). On écartera de même la conjecture *illusos* (Heinsius) ou *inlusos* (H.H. Huxley, *CR* 10, 1960, p. 8-9).

Page 42:

1. Claudien transpose ici un détail du récit d'Ovide (*met.* 5,420-422): «Haud ultra tenuit Saturnius iram... in gurgitis ima contortum ualido *sceptrum* regale lacerto condidit».

2. Le mouvement de la phrase a un modèle chez Virgile (*Aen.* 7,515-516): «*contremuit* nemus et siluae *insonuere* profundae; / *audiit et* Triuiae longe lacus, audiit amnis...»; cf. *Ol.* 36-38: «*Audiit et* gelido *si quem* Maeotico pascit / sub Ioue, uel... *si quis*... te, Nile, bibit». Au v. 173, la leçon *tonuere*, finalement retenue par Hall (1985) à la suite d'Heinsius (cf. VERG. *Aen.* 3,571; STAT. *Theb.* 3,595; SIL. 14,61; VAL. FL. 4,507; et aussi *Ruf.* 2,182), est moins bien attestée dans la tradition manuscrite: en dehors de *J p.c.*, Hall cite six autres manuscrits.

3. Claudien combine au v. 178 une imitation de Stace (*Theb.* 4,239: «qui te, flaue, *natant*... Alphee») et une de Virgile (*georg.* 2,451-452: «nec non et torrentem undam leuis innatat *alnus* / *missa Pado*». Pour *alnum*, voir *pr. rapt.* 1,3 et note.

4. Nouvelle comparaison épique. Claudien suit ici une légende thessalienne, attestée par Hérodote (7,129,5) et Philostrate (*imag.* 2,14), qui explique la séparation de l'Olympe et de l'Ossa ainsi que la formation de la vallée de Tempé. Lucain attribue cette transformation non à Neptune (symbole d'une tempête?), mais à Hercule (6,343-349).

5. La leçon *fractoque*, même si elle est moins bien attestée dans la tradition manuscrite (néanmoins, outre J_2 *a.c.*, Hall cite six autres *uetustiores*, et le *Bartholinianus* donnait aussi cette leçon), semble devoir être préférée au banal *factoque*: on conçoit que, comme sur J_2, des scribes aient corrigé *fracto* en *facto*; l'inverse est moins probable. De plus, l'emploi particulier de *frango* est à mettre en parallèle, comme le fait Heinsius, avec AETNA 380: «Quidquid in obliquum est, *frangunt* iter».

6. Même bouleversement de l'ordre du cosmos lorsque la Terre lance ses fils les Géants contre le ciel (*gig.* 9-12): *Pallescunt subito stellae flectitque rubentes / Phoebus equos docuitque timor reuocare meatus. / Oceanum petit Arctos inocciduique Triones / occasum didicere pati.* Comme nous l'avons vu (n. compl. 1 de la p. 11), les liens thématiques entre la *Gigantomachie* et le *Rapt* sont étroits. La perturbation de l'ordre immuable des astres (*fides*) est pour Claudien la conséquence de l'intrusion contre nature du monde d'en bas dans le monde d'en haut.

7. *C. min.* 40,16 (*claraque se uetito proluet Vrsa mari*) et OV. *met.* 2,172 («[Triones] *uetito* frustra temptarunt *aequore* tingui»), dans un

contexte comparable (les astres sont effrayés par l'arrivée du char du Soleil conduit par Phaéton). La Grande Ourse reste constamment au dessus de l'horizon et ne touche donc pas l'océan: Homère, *Il.* 18,489; *Od.* 5,275; VERG. *georg.* 1,246; OV. *fast.* 2,192; *met.* 13,726-727...

Page 43:

1. Sans doute l'axe du ciel, plutôt que l'axe du char du soleil. L'adjectif *rutilus*, qui désigne un rouge particulièrement éclatant (J. André, *Étude sur les termes de couleur*, p. 86), est placé de manière expressive à côté d'*obscurat*. *Discolor* (cf. *Gild.* 193) désigne une «couleur différente» de celle des *rutilos axes*, donc une teinte sombre, qui caractérise tout ce qui appartient au monde infernal (*caligo* au v. 193 et en 3,90; l'expression *longa caligine* sera reprise par PROSP. *ingr.* 910; VEN. FORT. *Mart.* 1,6), par opposition au monde de la lumière.

2. Depuis la seconde sophistique, les écrivains aiment les accumulations d'images (Fargues 1933, p. 325). Claudien associe ici cinq images traditionnelles pour suggérer la rapidité du char de Pluton (v. 198-201: il n'y a pas lieu de suspecter, avec Reinhardt, l'authenticité des v. 200-201): comparaison avec un fleuve en crue (LVCR. 1,280 sqq.; STAT. *Theb.* 3,671...); avec un javelot (VERG. *Aen.* 5,242; 10,248; 12,856; OV. *met.* 7,777; 10, 588...); avec la flèche du Parthe (LVCAN. 1,229-230; SIL. 10,10-12; PRVD. *ham.* 533); avec l'Auster (cf. 2,308 sqq.); avec la mobilité d'une pensée inquiète (Homère, *Od.* 7,36; LVCR. 3,182-185; CIC. *Tusc.* 1,43: *nihil est animo uelocius*).

3. Comme le note Tardioli, l'écume sanglante sur le mors des chevaux est un lieu commun (VERG. *georg.* 3,203; LVCAN. 4,778; STAT. *Theb.* 6,397). Mais ici, au moment précis du rapt (v. 204), cette notation est capitale pour la symbolique du poème (cf. note à 2,122-123). Corippe a repris l'expression *sanguine calent* dans la description d'une scène de massacre (*Ioh.* 4,155-156).

4. Les v. 204-213 décrivent l'attitude des compagnes de Proserpine devant le rapt (chez Ovide, *met.* 5,397-398, Proserpine appelle aussi ses compagnes, mais surtout sa mère). Dans le second récit, celui d'Électre au livre 3 (v. 234-259), le rapt se produit en pleine obscurité et il n'y est pas question de la résistance de Pallas et de Diane (*Delia*): quand la lumière revient, les deux déesses s'en vont (3,244-245). Les nymphes, elles, assistent à la métamorphose de Cyané, avant de s'en aller à leur tour; et les Sirènes vont sur le Pélore. Différents, les deux récits de Claudien se complètent: celui du chant 2, plus épique, montre en détail la lutte des protagonistes, l'opposition des déesses vierges et la *violence* du ravisseur bestial et *sanglant* (v. 212: sur la symbolique du sang, Charlet 1987). Au chant 3, la narratrice ne peut pas raconter à Cérès ce qui s'est réellement passé: la déesse doit chercher sa fille sans savoir qui l'a ravie et la métamorphose de Cyané incite au silence les autres témoins du drame. Le récit baigne donc dans l'incertitude et le mystère,

même si les images de mort suggèrent la descente de Proserpine aux enfers.

5. Le caractère elliptique de cette comparaison (v. 209-213 *ille uelut...*) ne doit pas conduire à supposer une lacune (Jeep). Hall met à juste titre en parallèle STAT. *Theb.* 4,363-368: *Ille uelut pecoris lupus expugnator opimi /pectora tabenti sanie grauis...* Le thème de la comparaison est banal depuis Homère (Fargues 1933, p. 322-323): *Il.* 17,61; *Od.* 22,409; Apollonios 4,486-487; Quintus 1,315 sqq.; VERG. *Aen.* 12,4-8: *Poenorum qualis in aruis /... leo gaudetque comantis / excutiens ceruice toros...* (cf. ici v. 212-213 et SEN. *Oed.* 920 *concutiens iubam*) *et fremit ore cruento*; *rapt.* 3,165 sqq.; *3 cons.* 77; *Ruf.* 2,253; *Gild.* 358 sqq.; *Eutr.* 1,389; *Get.* 325. L'expression *rabiem exegit* (v. 211) renouvelle, dans une autre liaison syntaxique et un autre sens, une *iunctura* virgilienne (*Aen.* 2,356-357: «quos improba uentris / *exegit* caecos *rabies*»).

Page 44:

1. La vive apostrophe de Pallas à Pluton (v. 214-220; une incise du genre *Pallas ait* est assez rare chez Claudien: cf. 3,124; voir Fargues *Eutr.* 1,350) développe l'un des thèmes centraux du poème: l'opposition entre le monde d'en haut (la lumière, la vie) et le monde d'en bas (la nuit, la mort). Chacun doit rester à sa place (SIL. 14,242-244: «Hac Stygius quondam stimulante Cupidine rector / ausus adire diem, maestoque Acheronte relicto / egit in *inlicitas* currum per inania terras»). Toute violation de la frontière entre ces deux mondes entraîne une souillure: *incestare*, v. 217 (STAT. *Theb.* 11,119-120 *incestare diem* à propos des Furies).

2. Avec Hall, et contre Birt, je préfère *tuae* (en accord avec *Eumenides*) à *tua* (en accord avec *sede*): mieux attestée, la leçon *tuae* est meilleure métriquement (Hall 1969, p. 223) et représente, du point de vue de la construction, la *lectio difficilior* (*quae... Eumenides... tuae*), mais néanmoins possible (la conjecture d'Heinsius *quo te* pour *quae te* au v. 215 est inutile). Généralement, les poètes ne distinguent pas les *Eumenides*, les *Dirae* et les *Furiae* : *Dirae in caelo, Furiae in terris, Eumenides apud inferos: unde et tres esse dicuntur. Sed haec nomina confundunt poetae* (SERV. *Aen.* 4,609).

3. Pallas est devant les chevaux de Pluton pour les empêcher de passer, comme sur un sarcophage du Vatican (C. Robert, *Die antike Sarcophag-Reliefs,* t. III, 3e partie, Berlin 1919, n° 382, pl. CXXIII). Mais généralement, dans les représentations figurées de la scène, elle se tient derrière le char de Pluton (Fargues 1933, p. 293). Sur les «hydres de Gorgone», voir OV. *met.* 4,801-803: *Gorgoneum crinem turpes mutauit in hydros. / Nunc quoque, ut attonitos formidine terreat hostes, / pectore in aduerso, quos fecit, sustinet angues.*

Page 45:

1. Hall cite sept autres mss. attestant la leçon *fulminis*; plusieurs mss. qui donnent *luminis* glosent ce mot par *fulmen* (F_2 *Pm*). Les foudres de Zeus aux six rayons sont traditionnellement représentés avec des ailes: Aristophane, *Aues* 1714; VERG. *Aen.* 5,319 *fulminis ocior alis*; VAL. FL. 2,97 *fulminis alis*. Ces ailes sont dites ici «pacifiques» car, en approuvant le mariage de Pluton, le foudre de Jupiter garantit la paix, un moment compromise, entre le monde d'en haut et le monde d'en bas.

2. Les paroles de Diane (v. 234-246) contrastent avec celles de Pallas. Il n'y est plus question de lutter contre l'enlèvement: entretemps, Jupiter a approuvé ouvertement le mariage. Diane ne peut que dire à sa sœur un adieu douloureux, et sa plainte prend un ton funèbre qui rappelle certaines épigrammes de l'*Anthologie Palatine*. La formule d'adieu *sis memor o longum uale* (VERG. *ecl.* 3,79: «et *longum,* Formose, *uale,* uale... Iolla»; Alcuin, *carm.* 57,52: «*sis memor* et nostri semper ubique *uale* ») ressemble au χαῖρε ou *conclamatio* adressée au défunt quand il quitte sa maison funéraire. Comparer les paroles d'Énée devant le cadavre de Pallas (*Aen.* 11,97-98: «Salue aeternum mihi, maxima Palla, / *aeternumque uale*». En partant pour les enfers, le monde de la mort, Proserpine est comme morte pour le monde d'en haut.

3. *Spumat aper* est une expression virgilienne (*Aen.* 1,324; cf. aussi IVV. 5,116 ms.; SEN. *dial.* 3,1,6; LVXOR. *Anth.* 304,17). Licentius, ami d'Augustin, l'associe comme ici au rugissement du lion (AVG. *epist.* 26, v. 20: «*Spumat aper,* fluit unda, *fremit leo,* sibilat anguis»). Sur la question controversée des rapports entre Licentius et Claudien et les conséquences chronologiques qu'on peut en tirer, voir t. 2, *intr. ol.* En dépit du rapprochement avec *rapt.* 1,287 (*saeuumque fremebant*), la leçon isolée de *A s(a)euumque,* défendue par Heinsius, ne saurait être retenue.

4. Comparer STAT. *Theb.* 8,196 (*mutisque diu plorabere Delphis*) et 7,410, dans des circonstances comparables (*Apollineae tacuere oracula Cyrrhae*). La cessation d'activité est une des manières dont les Romains marquaient un deuil public.

5. *Interea* est une transition fréquente chez Virgile (*Aen.* 3,568; 6,703; 8,213; 9,159 ...). La suite du vers rappelle le v. 204 *rapitur Proserpina curru,* avec l'expression poétique traditionnelle *uolucer currus* (HOR. *carm.* 1,34,8; VERG. *Aen.* 10,440; STAT. *silu.* 3,4,36).

Page 46:

1. La tradition manuscrite est ici très partagée. Birt et Paladini retiennent *tendit,* moins bien attesté. Mais le choix entre *fundit* et *rumpit* (*rupit,* dans deux autres mss. cités par Hall) est très difficile. En faveur de *fundit,* on peut invoquer les parallèles avec SIL. 16, 437 *questus ad sidera fusi* et CORIPP. *Ioh.* 8,296 *fundit inanes* (*preces*) en clausule (Corippe imite souvent Claudien). Mais l'expression *questus rumpere* est

virgilienne (*Aen.* 4, 553), a été reprise par Valérius Flaccus (1,508: «meritos fas et mihi *rumpere questus* »; 4,42 *Tum rumpere questus*) et l'on peut mettre en parallèle SIL. 4,458: *gemitumque ad sidera rupit*.. De plus, Claudien aime l'autre expression virgilienne *rumpere uoces* (*Aen.* 2,129; 3,246; 11,377): *Gild.* 235; *Get.* 520.

2. Les plaintes oratoires de Proserpine vont de son père Jupiter, responsable du malheur injuste qui la frappe (v. 250-264), à sa mère Cérès, dont elle a négligé les conseils, mais qui est la seule à pouvoir lui prêter secours (v. 265-272).

3. Nouvelle allusion à la gigantomachie, qui eut lieu, selon la légende, près de Phlégra en Macédoine: PLIN. *nat.* 4,36; CLAVD. *rapt.* 3,201; *gig.* 4; CORIPP. *Ioh.* 1, 453, qui imite notre passage («*Saeua* Giganteo dum staret *Phlegra tumultu*»). Les Géants cherchèrent à mettre l'Ossa sur le Pélion (*Stil.* 1,12: *imponam glaciali Pelion Ossae*) et à faire rouler l'Olympe sur l'Ossa: VERG. *georg.* 1,281-282; PROP. 2,1,19; OV. *fast.* 1,307; *am.* 2,1,13-14; AETNA 49; SEN. *Ag.* 337; STAT. *silu.* 3,2,65 sqq. En dépit de l'argumentation d'Heinsius et de Hall, suivis par Tardioli, qui comparent le v. 255 à Lucain 7,145 («non aliter *Phlegra rabidos* tollente gigantas», *rapidos* C), on ne saurait défendre ici la leçon *rabido*, attestée par *un seul* manuscrit, F_8. *Rapido* donne un sens satisfaisant.

4. Il n'y a pas lieu, avec Heinsius, de préférer *noxae*, moins bien attesté (même si Hall cite au total 7 mss.), à *culpae*. Heinsius, qui s'appuyait sur SEN. *Phoen.* 9, pensait que *culpae* était une glose de *noxae*. Mais la clausule *conscia culpae* se lit chez STAT. *Ach.* 1,562 et VAL. FL.4,356 (plus tard PAVL. NOL. *carm.* 27,565; cf. PRVD. *cath.* 3,121 *conscia culpa*), et elle forme une allitération heureuse avec *conata* et *cuius*.

Au v. 259, Claudien associe plusieurs souvenirs virgiliens. Les mots de Proserpine rappellent la punition d'Esculape par Jupiter pour avoir ressuscité Hippolyte: comme elle, mais pour l'avoir mérité, Esculape fut précipité aux enfers (*Aen.* 7,773: «fulmine Phoebigenam Stygias *detrusit* ad undas»). De même l'expression *immanis hiatus* (v. 187 *immenso hiatu*) évoque «atris *inmanis hiatibus* hydra» (*Aen.* 6,576) et surtout «spelunca alta fuit uastoque *inmanis hiatu*» (*Aen.* 6, 237; cf. Euripide, *Iph. Taur.* 626), à propos de l'entrée des Enfers, avec tout ce que l'adjectif *immanis* suggère chez Virgile de monstrueux et d'horrible.

Page 47:

1. Comme chez Ovide, et comme c'est naturel, Proserpine appelle sa mère à son secours: *matrem... clamat* (*met.* 5,397) et surtout «*io* carissima *mater* / auferor» (*fast.* 4,447-448). La fin de vers *in uallibus Idae* rappelle Ovide (*am.* 1,14,15: «cliuosae madidis *in uallibus Idae*»; *fast.* 6,15: «*in* aquosae *uallibus Idae*»; Claudien a seulement changé l'épithète. La Mygdonie désigne par métonymie la Phrygie dont elle est

une province. À côté du tambourin et des cymbales (1,209-211; *Eutr.* 2,281), le culte métroaque utilisait la flûte (*buxus*, v. 268: cf. 1,211; *Eutr.* 2,286). La structure de phrase *seu... seu* (cf. *Ruf.* 1, 334-337) appartient au style eucologique (HOR. *carm. saec.* 15-16; *carm.* 3,21; APVL. *met.* 11,2; AMBR. [?] *hymn.* 7,5 sqq.: E. Norden, *Agnostos Theos*, p. 143-147; en grec, *e. g.* Théocrite 1,123-124).

2. Le temple de Cybèle sur le mont Dindyme en Phrygie était célèbre. Les mutilations et les cris des Galles (dont Claudien se moque en *Eutr.* 1,277 sqq.) sont bien connus (J. Carcopino, *Aspects mystiques de la Rome païenne*, Paris 1942, p. 84 sqq.) et Claudien imite ici Lucain: «crinemque rotantes / *sanguineum* (-*nei* mss. et SERV. *Aen.* 10,220) populis *ulularunt* tristia *Galli*» (1, 566-567). La clausule *Dindyma gallis* a été reprise par Florus de Lyon (milieu du IXe s.), *carm.* 29,19 (MGH, PAC II,558)

3. Birt «corrige» *detergit* en *deterget* (en fait, cette leçon est donnée, avec *detergit*, par *un* ms., G_1, en s'appuyant sur *Theod.* 191 et *Eutr.* 1, 268 (cf. aussi *Eutr.* 2,375). Mais, dans ces trois passages, les formes de 3ème déclinaison sont très bien attestées dans les mss., concuremment avec celles de la seconde. Avec Hall, j'opte donc pour *detergit*.

4. Dans sa réponse (en chiasme) aux plaintes de Proserpine (v. 277-306), Pluton développe une argumentation analogue à celle que lui prête l'hymne homérique (v. 361-368): par sa naissance, il est un mari digne de Proserpine (v. 277-281; cf. OV. *fast.* 4,598 sqq.) et celle-ci deviendra grâce à lui une reine puissante (v. 294-306). Claudien ajoute une évocation des enfers qui, à côté d'éléments traditionnels (l'Élysée, le Léthé, les Parques), présente le monde d'en bas comme une réplique du monde d'en haut, en plus beau d'après Pluton (v. 282-293), qui s'appuie sur la description virgilienne des Champs-Élysées: «*Largior* hic campos *aether* et *lumine* uestit / purpureo, *solemque suom, sua sidera* norunt. / Pars in *gramineis...*» (*Aen.* 6,640 sqq.; cf. Pindare, *Olymp.* 2,109 sqq.; VAL. FL. 1, 843-845).

Page 48:

1. Quel est ici le sens d'*orbes*? On peut hésiter entre «disques», «globes» (des planètes, comme l'expliquent les gloses de certains mss.: le ciel infernal porte, à l'instar du ciel d'en haut, des étoiles et des planètes; Paladini traduit «altri mondi») et «révolutions» (les révolutions des astres infernaux sont différentes de celles des astres célestes: cf. Tardioli; Platnauer traduit: «other courses»).

2. Selon Pluton, l'âge d'or qui régnait au temps de son père Saturne, avant que ce dernier soit détrôné par Jupiter, s'est réfugié pour toujours (d'où v. 286-287) aux enfers, c'est pourquoi la nature est plus belle et les *flores*, *perpetui* (comparer les v. 287-288 à OV. *met.* 1,108: «mulcebant *zephyri* natos sine semine *flores*»).

3. L'expression traditionnelle *mollia prata* (LVCR. 2,29; VERG.

georg. 2,520; OV. *ars* 1,279; STAT. *silu.* 2,1,107) désigne les fameuses prairies des Champs-Élysées (VERG. *Aen.* 6,642; 653; 656; 674...). Il peut être tentant, en rapprochant notre passage d'un vers de Virgile (*georg.* 2,200: *non liquidi gregibus fontes, non gramina derunt*) et du discours de Polyphème à Galatée pour la séduire (OV *met.* 13,810 sqq. et notamment 819-820: *nec tibi de(e)runt / arbutei fetus*), d'adopter avec Heinsius et Hall la leçon *de(e)runt*. Mais ici (contrairement à Lucain 1,349 dont Hall invoque le parallèle), *de(e)runt* est à peine attesté dans les mss.: Hall ne mentionne que trois mss., habituellement non cités, du XIIIe-XIVe ou du XIVe siècle.

4. Claudien s'inspire du fameux rameau d'or décrit par Virgile (*Aen.* 6,136-144): *Latet arbore opaca* (en 6,673, comme ici, *lucis... opacis*) / *aureus... ramus,/ Iunoni infernae dictus sacer... Hoc sibi pulchra suom ferri Proserpina munus/ instituit... simili frondescit uirga metallo* (cf. LVCAN. 9,350); *Aen.* 195: *diues ramus* (cf. OV. *met.* 14,113-114). Servius commente ainsi le passage: *licet de hoc ramo hi qui de sacris Proserpinae scripsisse dicuntur quiddam esse mysticum adfirment, publica opinio hoc habet et ad sacra Proserpinae accedere nisi sublato ramo non poterat.* Sur le rôle du rameau d'or dans les mystères de Perséphone, voir P. Boyancé, *La religion de Virgile*, Paris 1963, p. 160-161. L'éclat de cet arbre d'or, symbole de lumière et de vie, compensera pour Proserpine la perte de la lumière céleste.

5. Formule de renchérissement qui apparaît chez Lucain (9,783) et se retrouve fréquemment en tête de vers dans la poésie tardive (SEDVL. *carm. pasc.* 3,338; SIDON. *carm.* 5,198; DRAC. *Rom.* 2,43).

6. Comparer les V. 294-297 à SIL. 13,527-529: «Huc, *quidquid terrae, quidquid freta et igneus aer / nutriuit* primo mundi genitalis ab aeuo / (Mors communis agit) descendunt *cuncta*» (cf. aussi OV. *met.* 10,17-18). L'expression *liquidus aer* se lit chez Virgile (*georg.* 1,404), de même que la périphrase *maris aequor(a)* (*Aen.* 2,780; cf. HOR. *carm.* 4,5,10). En revanche, en faisant d'*aequora* le sujet de *uerrunt*, Claudien retourne l'expression traditionnelle *mare* ou *caerula* (acc.) *uerrunt* (LVCR. 1,278; CATVLL 64,7; VERG. *Aen.* 3,208 et 290...). Le parallèle entre le v. 297 et Juvencus 1,401-402 («*cuncta* tuo *concedere* / *regno*») peut être fortuit.

7. La représentation du monde qui sous-tend le texte (cf. *3 cons.* 162-174) est celle de Posidonios et de Cicéron dans le *Songe de Scipion* (17,17). Macrobe l'attribue aux Chaldéens (*somn.* 1,19,1 sqq.): entre la sphère des fixes, siège de la divinité suprême, et la terre, il y a sept planètes avec chacune leur orbite: Saturne, Jupiter, Mars, le soleil, Vénus, Mercure et enfin, en septième (*septimus*), la lune (voir P. Boyancé, *Études sur le Songe de Scipion*, Bordeaux-Paris 1936, p. 60 sqq.). Comme Cicéron (*ibid.*: *Infra autem* [lunam] *iam nihil est nisi mortale et caducum praeter animos munere deorum hominum generi datos; supra lunam sunt aeterna omnia*) et Macrobe (*somn.* 1,21,33:

omnia haec quae de summo ad lunam usque perueniunt, sacra incorrupta diuina sunt, quia in ipsis est aether semper idem nec umquam recipiens inaequalem uarietatis aestum. Infra lunam et aer et natura permutationis pariter incipiunt et sicut aetheris et aeris, ita diuinorum et caducorum luna confinium est), Claudien considère que le cercle de la lune marque la frontière entre le monde divin de l'éther, de l'éternité, et le monde de l'air, de la corruption et de la mort (v. 299, avec le rapprochement expressif *aeternis mortalia*). Tous les êtres «sublunaires» (v. 298; l'expression *lunaris globus* reparaît chez DRAC. *Rom.* 9,20) sont promis à la mort et donc finiront par appartenir à la reine des enfers.

8. Le thème de l'égalité de tous devant la mort et du jugement dans l'au-delà est un lieu commun: Lucien, *dial. mort.* 15,2; 25,2; SEN. *epist.* 91,16; CLAVD. *Ruf.* 2,473-476. La pourpre est l'attribut des rois et des empereurs (OV. *met.* 7,102-103: *rex.../ ... purpureus*; HOR. *carm.* 1,35,12: *purpurei... tyranni*).

Page 49:

1. Ici commence la théogamie. Les âmes s'assemblent pour voir leur future reine (v. 308-312); cette scène se rencontre dans certaines représentations figurées (Fargues 1933, p. 294; Förster, p. 243). Homère (*Il.* 2,466; 5,146 sqq.), puis Virgile (*Aen.* 6,309-310: *quam multa in siluis autumni frigori primo / lapsa cadunt folia*) avaient déjà comparé les âmes des défunts aux feuilles mortes; de même chez Quintus de Smyrne, les Danaens «tombent plus drus que des feuilles ou des gouttes de pluie» (1,345-346).

2. L'idée d'une multitude est souvent exprimée chez les poètes par une comparaison avec les grains de sable (Homère, *Il.* 2,800; Catulle 7,3) ou avec les flots de la mer (Théocrite 16,60; OV. *trist.* 5,2,27). Mais Claudien doit se souvenir ici d'un passage des *Géorgiques* : «neque enim numero comprendere refert: / quem qui scire uelit, Libyci uelit aequoris idem / discere quam multae Zephyro *turbentur harenae*,/ aut, ubi nauigiis *uiolentior* incidit Eurus / nosse quot Ionii ueniant ad litora *fluctus*» (2,104-108). L'expression allitérante *frangere fluctus* se trouve dans le *Panégyrique* de Pline (81,4), mais en un contexte différent.

3. Le Phlégéton est le fleuve de feu (*Phlegethon, flagrantibus*: figure étymologique) qui borde le Tartare (VERG. *Aen.* 6,550-551; cf. *rapt.* 1,24 et 3,390; *Ruf.* 1,120). Claudien semble s'inspirer d'un passage de Lucain consacré au soleil (1,656-657): s'il accablait de ses rayons le lion de Némée, «*toto fluerent incendia* (même association des contraires, l'eau et le feu) mundo,/ succensusque tuis *flagrasset* curribus aether».

4. *Propere* et *properi* donnent le même sens. Nous avons choisi la forme la mieux attestée dans la tradition manuscrite. *Lecta*, bien mieux attesté que *lecti*, doit être conservé. Ce n'est pas tout le peuple qui accueille Proserpine, mais seulement les Justes (*pii*, v. 365), les habitants des Champs-Élysées (*matres Elysiae*, v. 322-323), les «élus», ceux qui

ont été «choisis» par le juge des enfers. Les impies bénéficieront d'une suspension de leurs peines *pendant* le mariage (v. 330 sqq.), mais ils n'en resteront pas moins dans le Tartare.

5. Le mouvement de la phrase, avec la reprise *pars... pars*, peut rappeler un passage de la catabase virgilienne (*Aen.* 6,642-644: «*pars*... exercent membra... *pars* plaudunt»). La description des v. 318-319 associe un nouveau souvenir virgilien (*Aen.* 6,652-653: «soluti / per campum pascuntur equi») à une imitation précise de Stace (*Theb.* 3,413-414): «*pars meritos uertunt* ad molle *iugales* / gramen».

Page 50:

1. Comparer Lucain 2,360-361: «*timidum* nuptae leuiter *tectura pudorem* / lutea demissos uelabrunt *flammea uultus*» (cf. MART. CAP. 9,903: «*flammea* uirgineum quae obnubere sueta *pudorem*». Le *flammeum* est le voile de la mariée, de couleur orange; l'époux le retirait lors de l'arrivée de l'épouse dans sa nouvelle maison.

2. *Pallidus* est l'épithète traditionnelle du monde infernal: LVCAN. 1,456 *pallida regna* ; cf. VERG. *Aen.* 4,26 *pallentes umbras*... Mais ici, comme l'expriment des rapprochements de mots expressifs, le monde de la grisaille et de la tristesse va se réjouir: l'enfer tout entier célèbre la noce. Les justes participent au repas (v. 327-328); les réprouvés bénéficient d'une suspension de peines (v. 330 sqq.). On peut interpréter cet arrêt des châtiments par une sorte de retour de l'âge d'or, où *poena metusque aberant* (OV. *met.* 1,91); mais il est troublant de constater que, parallèlement chez les chrétiens, sans doute à partir de conceptions juives, existe une croyance hétérodoxe à une suspension des peines des damnés la nuit de Pâques, quand le Christ descend aux enfers (voir «Prudence et la Bible», *Rec Aug.* 18, 1983, p. 87-90).

3. L'expression *nox aeterna* remonte à Virgile (*georg.* 1,468 à propos des présages qui accompagnent la mort de César; *Aen.* 10,746 à propos de la mort). Elle a été associée au chaos par Sénèque, pour désigner les puissances infernales (*Med.* 10), voire les enfers eux-mêmes (*Herc. f.* 610, imité par PRVD. *cath* 9,81 et PAVL. NOL. *carm.* 31,340). Bien que Pluton ait évoqué plus haut (v. 282-284) le soleil et les astres des enfers, ceux-ci sont ordinairement présentés comme privés de lumière (*rapt.* 1,99 *luminis expers*; VERG. *Aen.* 6,534: *tristis sine sole domos*). Pour l'emploi de *rarescere*, comparer STAT. *Theb.* 11, 73-74: *quantumque profundae / rarescunt tenebrae*.

4. Lors de la descente aux enfers d'Orphée, sous l'effet de la stupeur ou de l'émotion, la roue d'Ixion s'arrête, Tantale cesse de poursuivre l'eau fugitive, les vautours ne déchirent plus le foie de Tityos (VERG. *georg.* 4,481-484; OV. *met.* 10,41-46; cf. aussi, mais sous forme de requête, PROP. 4,11,23-26). Ici, même résultat, mais pour une cause différente: le mariage de Pluton suspend momentanément les châtiments des criminels, dont Claudien cite trois des plus célèbres.

Ixion, roi des Lapithes, avait voulu violer Junon. Pour le punir, Jupiter l'attacha à une roue par des serpents: VERG. *georg.* 3,38-39; *Aen.* 6,601; TIBVLL. 1,3,73-74; SEN. *Herc. f.* 750). Tantale, qui avait servi aux dieux son fils Pélops, fut condamné à subir aux enfers une soif perpétuelle: l'eau se dérobait sans cesse à lui (TIBVLL. 1,3,77-78; OV. *met.* 4, 458-459; SEN. *Herc. f.* 753-755). Claudien aimant, comme bien des poètes latins depuis Virgile, reprendre le même thème sous une forme différente, il n'y a pas lieu de rejeter l'authenticité du v. 367 (Heinsius), ni de suspecter celle des v. 365-366 (Hall 1969, p. 226).

Le géant Tityos avait outragé Latone, aussi deux vautours déchiraient-ils son foie sans cesse renaissant (VERG. *Aen.* 6,595-600: «Tityon... per tota... *nouem* cui *iugera* corpus / porrigitur,... immanis *uoltur*.../ immortale iecur tondens.../ uiscera.../ ... nec *fibris* requies datur ulla renatis»; TIB. 1,3,75-76: «porrectusque *nouem* Tityos per *iugera* terrae / adsiduas atro uiscere pascit aues»; cf. LVCR. 3,984 sqq.; OV. *met.* 4,457-458; SEN. *Herc.f.* 756).

Page 51:

1. Les *Eumenides* ou *Furiae* poursuivent les crimes et se caractérisent par leur *furor*. Le v. 343 marque donc chez elles un changement complet (comme chez OV. *met.* 10,46, où elles se mettent à pleurer). Tardioli considère *feroci crine* comme un ablatif de qualité: les Furies ont des serpents en guise de cheveux, d'où l'adjectif *feroci*. Mais les v. 345-346 indiquent que ce sont précisément les serpents de leur chevelure qui boivent le vin; il semble donc préférable de considérer *crine* comme un ablatif de moyen (les Furies boivent par leurs cheveux-serpents), et de donner à *-que* une valeur explicative. La place du groupe *flexisque minis... canentes* incite à le rapporter aux Euménides; Tardioli propose de le rattacher aux cérastes (variété de vipères), en expliquant que «le goût du vin leur fait abandonner leurs sifflements menaçants, qui deviennent une douce mélodie»; le rapprochement avec STAT. *Theb.* 9,153 et *silu.* 5,1,27-28, cités par Hall pour un autre objet, n'est pas un argument en faveur de cette interprétation.

2. Le lac Averne, lieu de communication avec les enfers, dégageait des exhalaisons qui tuaient les oiseaux, d'où son nom *Aornos* (LVCR. 6,738-748; VERG. *Aen.* 6,237-242; SEN. *nat.* 2,21), et d'où l'apostrophe aux oiseaux qui rompt le récit à la troisième personne. *Innocuae* a ici, comme en *Get.* 12 (*nauis innocuae*) un sens passif: les exhalaisons méphitiques ayant été suspendues, les oiseaux peuvent franchir *sans dommage* le lac Averne. *Flumen* pourrait surprendre à propos d'un lac; mais les lacs passaient pour être alimentés par des rivières souterraines (SEN. *nat.* 3,19,4) et l'Averne recevait les débordements de l'Achéron (SERV. *Aen.* 6,107).

3. Tardioli note à juste titre que si «les fleuves de vin et de lait apparaissent dans le monde de l'au-delà» (Lucien, *hist. uer.* 2,13: *orac. Sib.* 2,318), c'est «le thème de l'âge d'or retrouvé que traite ici le poète»

(cf. *rapt.* 3,25-26). La nature participe à la joie de la fête en retrouvant sa fécondité originelle; de même pour l'intronisation des consuls Probinus et Olybrius (*Ol.* 250-251), ou pour le mariage de Stilicon (*Stil.* 1,84 sqq.): sur le mythe de l'âge d'or chez Claudien, voir I. Gualandri 1968, p. 44-45). Les fleuves de lait et de vin font traditionnellement partie de cette fécondité mythique dans l'imaginaire de l'antiquité tant païenne que judéo-chrétienne (la terre promise où coulent le lait et le miel: *exod.* 3,8). Claudien se réfère à des traditions (*ferunt, perhibent*), mais les prodiges ici rapportés pour le mariage de Proserpine ne sont attestés dans aucun autre texte connu.

4. Les hommes, eux aussi, bénéficient de la joie des enfers: les Parques (habituellement, c'est Atropos qui coupe le fil des destinées humaines) et la mort suspendent momentanément leurs funestes activités (Claudien met l'accent sur les morts d'enfants et sur les morts violentes du marin en mer ou du soldat au combat). La fête doit être universelle pour cette réconciliation du monde d'en haut et du monde d'en bas par le mariage du dieu infernal avec la jeune déesse ouranienne.

Page 52:

1. Le «vieux» Charon lui aussi, le «portier» des enfers (Euripide, *Alc.* 252; VERG. *Aen.* 6,298 et 326), prend un aspect insolite: tel une divinité fluviale couronnée de ses roseaux (VERG. *Aen.* 10,205 à propos du Mincio: *uelatus harundine*; EPICED. Drusi 223-224 à propos du Tibre: «tum salice implexum muscoque et harundine crinem / caeruleum magna legit ab ore manu»), il se met à chanter dans sa barque vide (*uacuos*: brachylogie et hypallage), puisque la mort ne sévit plus. Une fin de vers analogue *carmine remi* se lit en 3, 258.

2. Claudien en vient aux cérémonies nuptiales proprement dites (v. 361-372). Hespérus ou Vesper, l'étoile du soir, était invoqué le soir des noces (CATVLL. 62,1 sqq.); de même que les enfers ont *leur* soleil, ils ont *leur* étoile du soir (*suus*). Son approche est décrite comme chez Virgile (*ecl.* 6,86: «inuito *processit Vesper* Olympo»).

3. Au début de la cérémonie nuptiale, l'*auspex* interprétait les présages pour savoir si les dieux approuvaient le mariage (cf. VERG. *Aen.* 1,345-346); pour l'expression, comparer, dans un autre contexte, STAT. *Theb.* 11,705 *omina sanxi.* Les dieux qui sanctionnent le mariage (cf. *Pall.* 129: Vénus, au moment de la *dextrarum iniunctio*, «his ultro *sancit conubia* dictis») sont généralement Vénus, Junon, Jupiter (parfois Peithô ou Artémis). Ici, c'est une divinité infernale, la Nuit, qui doit remplir cet office.

Dans ce contexte, les mots *genialia* ou *genitalia* sont quasiment synonymes et le choix entre les deux formes est difficile. Hall préfère *genialia* parce que le terme se lit souvent dans la langue profane, dans un contexte nuptial. Mais en *Ruf.* 2,96 la tradition manuscrite hésite entre les deux formes, et, ici, la leçon *genitalia* est mieux attestée, même si Hall cite pour *genialia* neuf autres manuscrits.

4. Le chant des Justes, dont Claudien ne donne que le début, se présente ici comme une *adlocutio sponsalis*, apostrophe aux mariés traitant de leur union et de leur descendance (voir le rhéteur Ménandre, Spengel III, p. 407). L'*adlocutio sponsalis* s'intègre généralement à un discours ou à un poème nuptial, mais on en a quelques exemples isolés: en grec, Page, *Lit. pap.* III, n° 139; en latin, ANTH. lat. 22 et 29 Riese. Ménandre précise par ailleurs que, pendant la consommation du mariage, on peut prendre des guirlandes et des torches, danser et crier «Hymen».

5. La leçon *ducite* est mieux attestée que *discite* (leçon donnée au total, d'après Hall, par 8 mss.), et l'expression *ducere somnos* est classique en poésie (VERG. *Aen.* 4,560; HOR. *epod.* 14,3). Toutefois, le parallèle avec l'*Épithalame de Palladius et Célérine* (Vénus y dit au v. 130: «Viuite concordes et nostrum *discite* munus») et le *Panégyrique de Stilicon* (2, 74: *primos in coniuge disceret ignes*) incite à préférer *discite*.

6. On sait que, d'après la tradition la plus répandue, Proserpine est restée stérile. Mais il est normal, le jour des noces, de souhaiter une longue postérité aux nouveaux époux: cela fait partie des usages. Par ailleurs, selon certaines traditions orphiques, Coré-Perséphone est la mère des Furies, d'Eubouleus (*hymn. orph.* 29,6; 70,3-4) et des «neuf filles aux yeux gris qui font naître les fleurs» (Kern 197 *ap.* Proclus).

Page 58:

1. Le thème de l'assemblée des dieux est traditionnel dans l'épopée (Scaliger, *poet.* 5,16, très élogieux pour Claudien... dont il amende pourtant le texte; Fo 1982, p. 189-197). Après Homère (notamment *Il.* 4,1 sqq. et surtout 8,1 sqq.), il a été repris chez les Latins par Ennius (*ann.* 175-176 et 491 V.), Virgile (*Aen.* 10,1 sqq.: «Panditur *interea* domus omnipotentis Olympi...»), Ovide (*met.* 1,163 sqq.) et Stace (*Theb.* 1,197-210, proche de notre passage). Ce qui frappe, plus encore que l'ekphrasis précieuse et érudite, c'est l'insistance sur le respect de la hiérarchie. Ce sens de la hiérarchie apparaît déjà chez Ovide (*met.* 1,171-174) et Stace (*Theb.* 1,205-208), mais non avec la même insistance que chez Claudien (v. 9-16): *nec confusus honos, ordine sedes prima, tractum secundum, series extrema, concessa sedendi gloria, plebeio stat more*. Cette dernière expression est significative: les hommes voient les assemblées des dieux à leur image, et un citoyen du Bas-Empire ne pouvait concevoir la cour céleste moins hiérarchisée que celle de l'empereur. La mer n'ayant été que le deuxième lot lors du partage du royaume de Saturne, il est normal que les divinités marines n'occupent que le second rang, après les dieux célestes. Encore y a-t-il entre elles une hiérarchie! Sidoine Apollinaire imitera Claudien sur ce point: comparer les v. 11-15 à *carm.* 7,26-28 et 39-41 (voir note c). Ce sens de l'ordre et de la hiérarchie revient de manière obsessionnelle chez Claudien: le monde ne peut subsister que dans le respect des lois qui en ont établi l'ordre (chant

1); toute société humaine ou divine ne peut survivre que dans le respect des hiérarchies.

Thaumantida: Iris, fille de Thaumas et d'Électre (Hésiode, *theog.* 266), est la messagère des dieux: de Zeus-Jupiter (Hom., *Il.* 2,786; 8,400; 15,158; Hésiode, *theog.* 784; VERG. *Aen.* 9,804) ou d'Héra-Junon (VERG. *Aen.* 4,694; 5,606; 9,1 sqq.). Mercure avait été choisi par Pluton sans doute en raison de sa fonction de psychopompe, pour porter le message des Enfers à Jupiter (1,76-93). Jupiter choisit Iris pour prévenir ceux des dieux d'en haut qui ne résident pas dans l'Olympe: les dieux des eaux. Iris, qui se déplace sur l'arc-en-ciel (2,98-100), est dite «ceinte de nuages» (Virgile avait déjà employé l'expression *cinxerunt nimbi*, mais dans un autre contexte: à propos d'une tempête en préparation: *Aen.* 5,13).

2. Le choix entre les leçons *Zephyros* et *Zephyris* est difficile. Hall opte pour *Zephyris*, attesté par 5 manuscrits qui ne font pas partie de sa sélection de base (ni de la mienne; mais il n'a pas remarqué que cette leçon est donnée aussi en variante par deux manuscrits de sa sélection), parce que Claudien, tout comme Virgile (*Aen.* 3,89) ou Lucain (1,475), construit habituellement *inlabor* avec le datif (*Stil.* 3,367; et aussi, même si l'emploi n'est pas exactement le même, *rapt.* 3,330 et *Gild.* 226). Mais, dans ces conditions, l'acc. apparaît comme la *lectio difficilior*. Or cette *lectio difficilior* est beaucoup mieux attestée dans la tradition manuscrite, et elle peut se prévaloir, comme le remarque Birt (index), d'un parallèle chez Stace, où Jupiter envoie son messager Mercure en lui disant (*Theb.* 7,6): «i, medium rapido *Borean inlabere* saltu» (cf. aussi SIL. 8,454; AVIEN. *orb. terr.* 173; *Arat.* 740-741). C'est pourquoi, avec Birt, je retiens *Zephyros*, la leçon *Zephyris* représentant à mes yeux une correction banalisante.

3. Expression analogue pour désigner le séjour de Jupiter à propos d'un *concilium deorum* chez Stace (*Theb.* 1,203): *stellanti locat solio*. De même (v. 203-205), Jupiter donne aux dieux la permission de s'asseoir: «nec protinus ausi / caelicolae ueniam donec pater ipse *sedendi* / tranquilla iubet esse manu» (cf. aussi VERG. *Aen.* 10,5 *considunt tectis bipatentibus*).

4. Nérée, fils de Poséidon, est généralement considéré comme un dieu bienveillant: Pindare, *Pyth.* 3,92 εὔβουλος ; TIB. 3,7,58 *placidum per Nerea*. Phorcus, frère de Nérée (Hésiode, *theog.* 270; 333 sqq.) est associé à la vieillesse: ses filles, les Γραῖαι (les «vieilles») sont vieilles depuis leur naissance. D'où la mention de ses cheveux blancs. Mais la tradition manuscrite est très divisée sur l'adjectif qui qualifie ses cheveux. Birt et Hall choisissent, après *placidus*, l'épithète morale *reuerenda(que)*. Hall (1969, p. 228) s'appuie sur des parallèles avec Prudence (*perist.* 11,137-138), Ambroise (*epist.* 16,5) et Rufin (*hist. mon.* 9; *hist.* 3,6,7). Mais, précisément, dans la mesure où l'adjectif *reuerendus* est fréquemment associé à *canities* chez les auteurs tardifs chrétiens

(*uenerandaque*, donné par les mss. de Hall F_7 R_{28} et ψ_1 peut de la même façon être mis en parallèle avec SEN. *Herc. f.* 1248-1249; GREG. TVR. *Mart.* 1,6), la correction des scribes médiévaux a dû se faire en ce sens et l'adjectif *(et) lucida* doit être, comme l'ont pensé Barth et Gesner, la leçon primitive. Elle est renforcée par les variantes *et lurida* (donnée aussi par A et P_3); *et lubrica* R_4; *et liuida* L_2; *et candida* L_1 (= glose synonymique): APVL. *met.* 5,16 *candenti canitie lucidus.* La leçon marginale de l'Isengriniana *(et) caerula*, retenue par Heinsius et Burman, apparaît une nouvelle fois comme une conjecture gratuite (et bizarre: comment imaginer une *canities caerula*?).

Page 59:

1. Ce long discours (v. 19-66), peut-être placé au centre de l'ouvrage tel qu'il avait été conçu (en quatre livres? voir p. XXXI), en constitue en tout cas le sommet: par la bouche de Jupiter, Claudien explicite la signification du rapt. L'importance de ce discours est soulignée par un style solennel (phrases longues et complexes, d'allure périodique) et affectif (prosopopée de la Nature, interrogations, anaphores...). Il commence par un plaidoyer de Jupiter (v. 19-32), qui justifie la fin de l'âge d'or. Le règne de Saturne (v. 21-26) est évoqué par les thèmes traditionnels de la fécondité miraculeuse du sol (Hésiode, *erg.* 111 sqq.; VERG. *ecl.* 4,18 sqq.; HOR. *carm.* 2,19,10-12; Aetna 10 sqq.; OV. *met.* 1,89-112... CLAVD. *Ruf.* 1,381 sqq.). Mais c'est avant tout au Jupiter des *Géorgiques* (1,121-168: nombreux parallèles précis) que ressemble le Jupiter de Claudien (cf. aussi MANIL. 1,73-88, et notamment 80; Diodore 1,8): la fin de l'âge d'or doit éviter aux hommes la paresse, par la nécessité du travail, et aiguiser, par le besoin, leur intelligence créatrice. Comme Virgile, mais à la différence d'Hésiode (*erg.* 47 sqq.), Claudien ne présente pas le travail comme une vengeance divine (v. 27-28): dans sa vision providentialiste, il rejette (v. 27-28) l'idée d'un dieu jaloux ou malfaisant (*Get.* 171-172; *c. min.* 22,39). Et il va plus loin que Virgile en gommant ce que peut avoir de rebutant le travail (*labor improbus*!).

Mais cela ne suffit pas, la Nature Mère (pour l'importance de ce concept dans la pensée de Claudien, n. compl. 5 de la page 21; Stace fait intervenir la Nature auprès de Jupiter dans la gigantomachie: *Ach.* 1,488) pousse Jupiter à la phase active de son plan providentiel (v. 33-48). Le don des céréales doit permettre aux hommes de sortir de la vie animale pour parvenir à la civilisation.

En conséquence (*ideo*, v. 48), Cérès doit d'abord souffrir à rechercher sa fille: la joie des retrouvailles l'incitera à donner aux mortels les moissons (v. 48-54). Un tel plan exige un silence complet de la part des dieux pour obliger Cérès à une quête personnelle et douloureuse (v. 55-64): dans la conception providentialiste de Claudien, les dieux doivent souffrir (Proserpine, puis surtout sa mère Cérès) pour le bonheur des hommes: *humanum genus*, v. 34. Noter dans tout le passage le grand nombre de références aux hommes: *mortalia* et *mortalibus* (v. 19 et 39); *populos* et *populis* (v. 22 et 53), *humanas* (v. 29). Sur les emplois d'*humanus* chez Claudien: Charlet 1990.

C'est le dit de Jupiter (*fata*), sanctionné, selon la tradition homérique, par le signe de tête qui ébranle l'univers: v. 65-66.

Page 60:

1. L'origine céleste de l'âme en tant qu'elle participe du feu divin, peut-être d'origine pythagoricienne, est affirmée tant par les stoïciens (SEN. *epist.* 66,2; Épictète 1,9; Marc-Aurèle 7,9,3; 10,8,6) que par les platoniciens et néoplatoniciens (Platon, *Phédon* 114 B-C; *Timée* 41-43; Plotin 5,1,1). Aussi cette idée est-elle largement répandue chez les païens au IVe siècle: Julien, *Disc. sur la Mère des dieux* 165 C-D et 172 B-C; AMM. 18,3,8 «homines... quorum *mentes cognatas* caelestibus arbitramur»; et christianisée chez certains (PRVD. *cath.* 3,186-190; 10, 1-4).

Commun aussi à la pensée antique, le thème de la station debout de l'homme, qui lui permet de relever la tête pour regarder le ciel, et le différencie par là des autres animaux (v. 42 sqq.): LVCR. 5,1204-1208; CIC. *leg.* 1,26; OV. *met.* 1,84-86 («pronaque cum spectent animalia cetera terram, / *os homini sublime* dedit *caelumque tueri* / iussit et *erectos ad sidera tollere uultus*»); Aetna 223-226; cf. aussi SEN. *nat.* 7,1,1.

Page 61:

1. Le serment par lequel Jupiter interdit aux dieux d'informer Cérès (v. 55-64) a pour modèle le discours où Zeus défend aux autres dieux d'intervenir dans les combats entre Troyens et Danéens (*Il.* 8,5-27). — *Imperii molem*: même expression à propos de l'état romain dans la prière finale de Velleius Paterculus (2,131). — *Pacemque profundam* (PANEG. 10 [2],14,4 *pace profundissima*) *rerum*: les *foedera mundi*, pacte qui assure la cohésion et la paix de l'univers (1,63 et n. compl. 1 de la page 12) sont invoqués par Jupiter, car c'est pour les préserver que les destins ont permis le rapt.

2. L'établissement du texte des v. 58-60 est difficile. Au v. 58, Hall, après Birt, retient la variante *natarumue*, avec sept *uetustiores*, dont aucun n'appartient à sa sélection habituelle. Il n'y a aucune raison de ne pas conserver la leçon la mieux attestée: *-ue* est une correction entraînée par *uel*; mais *-que* est parfaitement possible dans cet emploi.
Au v. 59, la variante très minoritaire *conceptum* (au total, d'après Hall, 5 *uetustiores*; *ille*, à la place de *illa*, est donné par trois de ces *uetustiores*, plus R_6 et? B; O_2 porte *ipse*), retenue par Heinsius et Burman, peut difficilement être défendue, en dépit du commentaire transmis par O_2 et P_2 (Hall 1969, p. 229): même si l'indétermination masculine de *quis diuum* au v. 55 est reprise aux v. 61 (*genitum*; seuls L_5 et L_7 donnent *genitam*) et 62 (*languidus* ou *saucius*), il est clair que le v. 59 se réfère à Pallas-Athéna, seule enfantée par la tête de Jupiter.

Au v. 60, Hall retient la leçon *iratam*, attestée par un seul manuscrit, et *aegida*, donnée au total par 8 *uetustiores*, mais aucun de la classe *a*. Avec Parrhasius, Heinsius et Burman, je préfère les leçons de très loin les mieux attestées, mais plus difficiles qu'*iratam aegida* (*lectio facilior*). *Procul*, construit avec *aegide* (cf. VERG. *georg*. 2,459) = *non iuuante aegide*. Même si ce dieu, comme Pallas qui l'a reçue de Jupiter, possède l'égide, celle-ci ne lui servira à rien (SIL. 9,478 «*Aegide praecellant quantum* horrida *fulmina* disces»). Une autre interprétation, à mon avis moins satisfaisante, serait «elle (Pallas) sentira ma colère si elle s'écarte de son égide» (Tardioli, p. 544), ou encore «...my anger expressed afar off by the thunder of my aegis» (Hall 1969, p. 229).

3. Sanction traditionnelle des discours de Zeus-Jupiter depuis Homère (*Il*. 1,528 sqq.). Hall (1969, p. 230) préfère la leçon très minoritaire *nutu* (six *uetustiores* au total), en s'appuyant sur un parallèle virgilien (*Aen*. 9,106 «adnuit, et totum *nutu* tremefecit Olympum») et ovidien (*fast*. 2,489-490 «Iuppiter adnuerat: *nutu* tremefactus uterque / est polus»), et en refusant les nombreux parallèles qui appuient la leçon la mieux attestée *motu*, sous prétexte qu'en ce cas *motus* est toujours précédé du verbe *adnuere* ou d'une idée similaire, alors qu'ici on ne lit que *dixit*: CATVLL. 64,204-206 «adnuit.../ quo *motu* tellus atque horrida contremuerunt / aequora»; OV. *am*. 3,2,58 «adnuit et *motu* signa secunda dedit»; *met*. 8,780-781 «adnuit his capitisque sui pulcherrima *motu* concussit... agros»; STAT. *Theb*. 7, 3-4 «concussitque caput, *motu* quo celsa laborant / sidera». Cette objection ne me semble pas fondée (*nutus* lui aussi est précédé d'*adnuit* dans les exemples cités par Hall) et, dans la mesure où *nutus* est le terme le plus spécifique et le plus attendu en ce contexte, le remplacement (minoritaire toutefois) de *motus*, moins précis, par *nutus* s'explique beaucoup plus facilement que l'opération inverse.

4. Cf. 1,210 et n. ad loc. L'emploi d'*armisonus* est ici original: *armisona* est une épithète épique de Pallas depuis Virgile: *Aen*. 3,544; VAL. FL. 1,74; SIL. 13,42; STAT. *Theb*. 1,535; SIDON. *carm*. 6,1. Seul Silius Italicus l'avait employée en un autre contexte, pour qualifier une tempête (15,39 *armisonae... procellae*).

5. Thème épique traditionnel du songe (Fo 1982, p. 239-249). Claudien mêle les deux traditions du rêve prémonitoire et de l'apparition en songe, en contaminant de façon originale trois modèles principaux: le songe d'Atalante, inquiète sur le sort de son fils Parthénopée, qui voit déchiré le chêne qui lui était cher et qui apprend, à sa demande, que Bacchus et les Ménades sont responsables de cette destruction (STAT. *Theb*. 9,586-598: comparer avec les v. 74-79). L'apparition d'Hector à Énée (VERG. *Aen*. 2,270 sqq.): même contraste entre le personnage tel qu'il apparaît et son aspect antérieur; même prise de parole par celui qui rêve et même demande de la raison d'un tel état; plusieurs points communs: *puluere*, v. 273 et *rapt*. 77; *squalentem*

barbam, v. 277 et *squalebat... caesaries*, v. 86-87. La description de Didon terrifiée par une série de présages qui lui annoncent le départ d'Énée (VERG. *Aen*. 4,450 sqq.); Tardioli relève à juste titre une série de points communs (p. 546): le vêtement de Cérès noircit (v. 72), comme l'eau sacrée sur les autels de Didon (v. 454 *latices nigrescere sacros*; cf. Artémidore, *oneir*. 2, 3,84); allusion aux Furies (v. 473 et 79); Énée apparaît à Didon (v. 465 *ipse*), comme Proserpine à Cérès (v. 80 *ipsa*); même type de transition (*praeterea fuit*, v. 657 et *stabat praeterea*, v. 74); peut-être peut-on rapprocher aussi l'expression *timorem / ingeminant* (v. 69-70) d'*ingeminant curae* (*Aen*. 4,531) et *terrorem ingeminat* (*Aen*. 7,578).

La première image (v. 71) est en rapport avec la maternité de Cérès: celle-ci est frappée dans ses entrailles parce que Proserpine en est issue (Tardioli, p. 546). Les pressentiments de Thétis qui craint pour son fils Achille prennent une forme analogue chez Stace (*Ach*. 1,131 sqq.): «namque modo *infestos utero* mihi contuor *enses*...» (cf. Artémidore, *oneir*. 1,46,40). Dans sa formulation, Claudien peut combiner une *iunctura* et une clausule des *Amours* d'Ovide: 2,10, 31 (parallèle militaire: «induat [miles] *aduersis* contraria pectora *telis*») et 2,14,27 (à propos d'avortement: «uestra quid effoditis subiectis *uiscera telis*»).

L'orne ou frêne est «stérile» parce qu'il ne produit pas de fruits comestibles (VERG. *georg*. 2,111). En tant qu'arbre *infelix*, il est de mauvais augure (Artémidore, *oneir*. 2,25,113). Il est ici, comme le laurier aux vers suivants (symbole de la femme dans les rêves: Artémidore, *oneir*. 2,25,13), et comme ailleurs la rose, un symbole végétal de Proserpine. Κόρη était interprété comme un féminin de κόρος (le rejeton), et, dans la mesure où Cérès est la mère des céréales, sa fille est, elle aussi, végétale: C.G. Jung et Ch. Kérényi, *Introduction à l'essence de la mythologie*, trad. fr., Paris 1953, p. 144. La métaphore traditionnelle (3,380; VERG. *Aen*. 7,60; STAT. *Theb*. 9,586) du feuillage chevelure (*incomptos ramos*; cf. VERG. *Aen*. 8,128) facilite l'assimilation du végétal à la femme. La stérilité évoque l'idée de mort et d'enfer: les arbres des enfers sont habituellement qualifiés de stériles: STAT. *Theb*. 2,12 (*luci*); *silu*. 2,1,204 (*ramos*). Peut-être l'adjectif suggère-t-il aussi la stérilité de la nouvelle épouse de Pluton.

Le laurier est peut-être choisi ici comme symbole de gloire (Tardioli, p. 548), dans la mesure où Proserpine était *gloria matris* (2,36). Mais il symbolise tout particulièrement la jeune fille: *fronde pudica* (STAT. *Theb*. 1,554-555; OV. *met*. 10,92 *innuba laurus*). L'expression *uirgineos thalamos*, tout en explicitant la signification virginale du laurier, introduit l'idée du mariage. À côté des termes violents *caesam*, *debellauisse*, le verbe *foedari* suggère, plutôt qu'une image de deuil (en ce sens CATVLL. 64,224), la perte de la virginité dans la violence. Proserpine est prise par son ravisseur comme un végétal, arbre ou fleur, est abattu ou fauché (Charlet 1987).

En outre, le renversement des lois naturelles (l'arbre *infelix* fleurit, alors que le laurier, arbre pérenne, meurt) a valeur de présage sinistre.

Page 62:

1. Les Dryades (3,271 et 381) sont les nymphes des bois; porter la main sur un arbre, c'est attenter à la dryade qui l'habite: *hymn. hom. Aphr.* 257 sqq. et surtout OV. *met.* 8,757 sqq., à propos du mythe d'Érysichthon. Comme le note Tardioli (p. 549), Claudien avait sans doute en tête ce dernier passage: v. 743 «*Stabat*... quercus»; 766 «deterrere *nefas* saeuamque inhibere *bipennem*». La mention des Furies et du Tartare est évidemment prémonitoire.

2. Le thème de l'apparition en songe permet un progrès dramatique par rapport aux simples rêves prémonitoires: l'avertissement est maintenant sans ambages (v. 80). Concourt puissamment à cette dramatisation l'antithèse entre la beauté rayonnante que Cérès connaissait à sa fille et une image claustrée, terne, pâlie et même assombrie: Proserpine est passée de la liberté sous la lumière d'en haut à la prison dans les ténèbres d'en bas: allusion explicite aux enfers au v. 90. Mais l'état négligé de la chevelure est à lui seul un signe de deuil: cf. par exemple STAT. *Theb.* 3,135 et SIL. 2,668 *squalentem... comam*; et la pâleur caractérise les enfers (2,326 *pallida regio*). — Emploi analogue d'*ingerere* à propos des songes chez Lucain (7,785 *ingesta Tartara somnis*) et Macrobe (*somn.* 1,1,2 «rerum facies non dissimilia significans a Tulliano Scipione per quietem sibi *ingesta* narratur»).

3. Les sentiments altèrent le teint par leur influence sur les mouvements du sang (QVINT. *inst.* 11,3,78). — *Gelu pallet* (thème traditionnel): OV. *fast.* 4,918 «marmoreo *pallet* adusta *gelu*». Pour l'alliance *exhaustus rubor* (Heinsius voulait à tort corriger en *exustus*, leçon en fait donnée par un ms. du XIVe s., Hall R_{29}): RHET. Herenn. 4,10,14 *exhausto rubore*.

4. La neige (1,272) et le givre sont des points de comparaison habituels pour décrire l'éclat de la blancheur (attribut de la beauté féminine selon les canons antiques): Homère, *Il.* 10,437; OV. *am.* 3,7,8... CLAVD. *nupt.* 265; *6 cons.* 476.

Page 63:

1. VERG. *Aen.* 9,97 «*cui tanta* deo permissa *potestas*». Reinhardt a voulu corriger *me* en *te*: correction inutile et banalisante. À travers la fille, c'est la mère, et sœur de Jupiter, qui est atteinte (Parrhasius), exactement comme le voulait Jupiter (3,48 sqq.).

2. Jeu de mot traditionnel: LVCR. 2,103-104 «*fera ferri* / corpora»; CIC. *Quinct.* 1,3,3 *ferus ac ferreus*; TIB. 1,10,2 *ferus ac uere ferreus*. — La clausule du v. 96 est à rapprocher d'une clausule ovidienne (*met.* 9,460, à propos de Byblis qui s'abuse sur la nature de ses sentiments pour son frère Caunus): *fallitur umbra*.

3. La réponse de Proserpine est d'un style très affectif. Mais elle reprend un certain nombre de topoi et de tours traditionnels. Rapprocher la fin de vers *nataeque peremptae* d'OV. *met.* 13,521-522 à propos de Polyxène: «nec te, mea *nata, peremptam* / aspicit». — *Inmemor* : de même, l'ombre d'Achille s'adressant aux Achéens (OV. *met.* 13,445). — *Fuluus* est un adjectif de couleur habituel pour les lions: VERG. *Aen.* 2,722; CLAVD. *3 cons.* 77; *Ruf.* 2,79; *c. min.* 42,1. Le lion est par excellence l'animal sauvage; mais l'amour maternel qui pousse la lionne à protéger ses petits menacés est quasi proverbial: Homère, *Il.* 18,318; OV. *met.* 13,547-548 (Hécube comparée à une lionne, dans l'épisode de Polydore qui succède à celui de Polyxène déjà deux fois mentionné: Claudien doit avoir en tête ce passage); VAL. FL. 3,737-738; STAT. *Theb.* 10,414 sqq.; SIL. 10,125 sqq. — *Tantane... obliuia*: à rapprocher d'OV. *trist.* 1,8,11 «*tantane te,* fallax, *cepere obliuia nostri*»; STAT. *Theb;* 5,625 «*tantane* me tantae *tenuere obliuia* curae». La formulation de Claudien a été reprise littéralement par Avit (6,324 *Tantane te nostri tenuere obliuia*). — *Nomen dulce tibi*: rapprocher de VAL. FL. 4,161 *nomen... praedulce mihi* (à propos d'un ami, Otrée). — *Choreis indulges*: même expression, dans un contexte similaire, à propos des Phrygiens adonnés au culte de la Mère Idéenne, chez Virgile (*Aen.* 9,615 «iuuat *indulgere choreis*»). Déjà Euripide, dans le chœur d'*Hélène* (v. 1301 sqq.), présente Déméter-Cybèle charmée par les chœurs de danse, après le rapt de sa fille. — *Matrem omnem*: SEN. *Med.* 928 «*mater tota* coniuge expulsa redit». — *Caspia tigris*: nouvelle comparaison traditionnelle avec un fauve, à rapprocher des reproches d'Ariane à Thésée (CATVLL. 64,154 «quaenam te *genuit... leaena* »), ou de Didon à Énée (*Aen.* 4,366-367): «duris *genuit* te cautibus horrens / Caucasus *Hyrcanae*que admorunt ubera *tigres*». L'expression *Caspia tigris* vient de Stace (*Theb.* 10,288-289); elle sera reprise par Ennode (*carm.* 1,9[43],63) et Maximien (*eleg.* 1,272).

4. Si les propos de Proserpine rassemblent des lieux communs, le geste que lui prête ici Claudien est original (Fo 1982, p. 248-249): dans la tradition des songes et apparitions, c'est celui qui est visité qui essaie d'embrasser le spectre. Ici, au contraire, c'est l'ombre qui tente de toucher le vivant, geste qui traduit tout l'amour filial de Proserpine, et en même temps son désarroi: *tendere palmas* est l'attitude de celui qui prie ou qui supplie (VERG. *Aen.* 1,93). L'obstacle des chaînes est lui aussi original, et bien en situation: ordinairement, c'est l'inanité du spectre qui empêche le vivant de le toucher. De même, ce n'est pas un bruit *extérieur* qui éveille Cérès, mais un bruit interne au songe. *Somnum soluere*: OV. *met.* 3,630-631 *solutus... sopor.*

Page 64:

1. Les v. 124-132 introduisent une nouvelle série de présages, cette

fois diurnes. L'expression *triste augurium* est empruntée à l'*Énéide* (5,7), où elle désignait les funestes pressentiments d'Énée quittant Carthage. La clausule *triste minatur* sera reprise par Corippe (*Ioh.* 2,328). — La couronne symbolise la puissance (Tardioli, p. 556): sa chute est signe d'une «déchéance» (VERG. *ecl.* 6,15-16) ou d'un malheur: ainsi la couronne de Cérès tombe quand les barbares envahissent la Phrygie (*Eutr.* 2,282-290). Ovide avait transposé le thème dans le domaine amoureux (*am.* 3,10,36, où Cérès néglige ses responsabilités par amour pour Iasius): «*deciderant* longae spicea *serta comae*». Pour *flauentia*: 1,138 et n. compl. 1 de la page 16. — L'apparition de sang (v. 127-128) est, elle aussi, un signe funeste: VERG. *georg.* 1,485; *Aen.* 4, 455; OV. *met.* 15,790; LVCAN. 1, 547-548; STAT. *Theb.* 4,374. Ici même: 1,233 (voir Charlet 1987, p. 43-44). — Même présage des pleurs (v. 128) en 1,192-193 et 268. Claudien imite ici la description des pleurs d'Énée (*Aen.* 1,465): «*largo*que umectat *flumine uoltum*». Pour l'emploi de *prorumpere* à propos des larmes: PLIN. *epist.* 3,16,5. — Se frapper la poitrine (v. 129) est un signe de deuil ou de désolation: VERG. *Aen.* 1,481 *tunsae pectora palmis*; OV. *am.* 3,9,10 «*pectora*... infesta *tundat* aperta *manu*»; LVCAN. 2,38. La variante *m(a)erentia* a pu être inspirée par VERG. *Aen.* 1,197 (cf. CORIPP. *Ioh.* 2,300). — Les deux derniers présages (v. 130-131) sont en rapport direct avec les attributs de Cérès: la flûte et le tambourin des rites phrygiens (voir 1,209-211 et 2,268). Didon avait perçu un autre présage sonore funeste (*Aen.* 4,462-463): «sola... culminibus *ferali* carmine bubo / saepe queri...». Cette suite de présages se conclut sur une plainte de style affectif. *Ah uereor*: CALP. *ecl.* 3,34.

Page 65:

1. Le retour de Cérès en Sicile contraste avec son départ (1,179 sqq.). L'attelage, qui était *uolucer* (1,182), est maintenant *tardus* (3,138), et la sécurité (*secura* 1,180) a fait place à la crainte (3,141). Hall (1969, p. 232) plaide pour la conjecture d'Heinsius *sat* au lieu de *sed / set*. Mais, dans ce contexte, il n'y a pas lieu de modifier la leçon des manuscrits *sed nulla ruenti mobilitas*: la scène est vue par les yeux de Cérès et, pour quelqu'un de pressé comme elle (*ruenti*), rien ne bouge, le char n'avance pas. — Pour la formule de transition épique après un discours *haec ubi*, voir n. compl. 2 de la page 15.

Le choix entre *dracones* et *iugales* (v. 138) est très difficile: les deux leçons sont bien attestées et il est difficile de dire laquelle des deux est la glose de l'autre. J'ai finalement préféré *dracones*, peut-être un peu mieux attesté, mais, en faveur de *iugales* on pourrait invoquer le parallèle avec Dracontius, *Rom.* 6,78 (*ire iugales*, en même position métrique, à propos de Cypris).

2. Tout ce passage (v. 141-145) est inspiré par l'*Achilléide* de Stace: l'attaque de vers *cuncta pauet* se lit en 1,563, à propos de Déidamie, et la

comparaison épique s'inspire, comme le notait déjà Claverius en 1602, des v. 212-215 du même chant, où Thétis, inquiète pour son fils Achille, est comparée à une mère oiseau: «qualis uicino *uolucris* iam sedula *partu*, / iamque *timens*, qua fronde domum suspendat inanem, / prouidet hinc *uentos*, hinc anxia *cogitat angues*, / hinc *homines...*» (pour l'oiseau qui craint le serpent pour ses petits, cf. aussi HOR. *epod.* 1,19-20). — De nombreux éditeurs (Hall en dernier lieu) choisissent *decusserit* au v. 144. Cette leçon donne un sens excellent... mais elle n'est attestée, selon l'apparat de Hall 1985, que par des manuscrits du XVe siècle et *un* de l'extrême fin du XIVe: le Laurentianus Gaddianus 91 sup. 34, daté de 1394. J'ai donc préféré conserver la leçon de tous les *uetustiores*.

Page 66:

1. Descriptions analogues de l'effroi (VERG. *Aen.* 2,120-121): «*obstipuere* animi gelidusque per *ima cucurrit* / *ossa tremor*»; ou de la douleur (OV. *met.* 13,538-540, à propos d'Hécube qui vient de perdre ses enfants Polyxène et Polydore): «*obmutuit* illa dolore / et pariter *uocem lacrimasque* introrsus *obortas* / deuorat ipse dolor». — L'expression *succidui gressus* s'inspire peut-être de Stace, à propos du cortège de Bacchus (*Theb.* 4,663): *succiduique gradus*. Balbi, lexicographe du XIIIe s. (*Catholicon*), cite le début du v. 153 pour illustrer le lemme *succiduus*.

2. La douleur de Cérès est calquée sur celle d'Hypsipyle chez Stace (*Theb.* 5,593-594): «*non uerba* in funere primo, / *non lacrimas habet*: ingeminat misera *oscula tantum*». *Figere oscula* (*Eutr.* 2,67-68) est une expression poétique courante: LVCR. 4,1179; VERG. *Aen.* 1,687; 2,490... (cf. ThLL, s.u. *figo*, 710,77-78; 711,15-21; 712,11-12). Les baisers de Cérès rappellent peut-être le traditionnel baiser aux morts (Tardioli, p. 561): Euripide, *Med.* 1207; VERG. *Aen.* 4,684; PROP. 2,13,29; TIB. 1,1,62... — L'emploi que fait ici Claudien du verbe *abrumpere* est à rapprocher de VAL. FL. 7,388 («illa nihil contra *uocesque abrumpit inanes*») et STAT. *Theb.* 6,185 («*abruptis*... obmutuit ore *querellis*»).

Page 67:

1. Dans cette comparaison de type homérique qui exprime la stupeur et la douleur de Cérès (v. 165-169), Claudien rivalise avec Stace (*Theb.* 3,45-52): «haud aliter saltu deuertitur orbus / *pastor* ab agrestum nocturna strage luporum, / cuius erile *pecus* siluis inopinus abegit, imber et hibernae uentosa cacumina lunae: / luce patent caedes; domino perferre recentis / ipse timet casus, haustaque informis harena / questibus inplet agros, *stabuli*que silentia magni / odit et amissos longo *ciet* ordine *tauros*». La substitution de *iuuencos* à *tauros* est particulièrement heureuse pour suggérer la disparition d'un être jeune comme Proserpine.

2. En introduisant ici le personnage de la nourricce, à laquelle il donne le nom d'une des compagnes de Proserpine dans l'*Hymne homérique à Déméter* (v. 418), Claudien va pouvoir se livrer, après un prélude de caractère affectif (v. 173 sqq.), à une brillante variation sur le thème du rapt, rapporté cette fois par un témoin, et vu par les yeux d'une personne intimement liée à Proserpine (v. 196-259): la version *descriptive* du chant 2 va être complétée et éclairée par une version *pathétique* soulignant la volonté des dieux et l'enchaînement des destins. Le récit de Claudien s'écarte ici des autres versions (*hymn. hom. Dem.* 25; 252 sqq.; 438; OV. *met.* 5,489 sqq;; *fast.* 4, 576 sqq.). La présence des Nymphes de l'Océan doit-elle être mise en rapport avec le fait que, dans certaines versions (*Arg. orph.* 1196), le rapt se produit au bord de l'Océan (Tardioli, p. 563)?

3. Bien que la leçon très minoritaire *diffusa* puisse s'appuyer sur 2,248 (*caesariem diffusa Noto*) et VERG. *Aen.* 1,319 (*comam diffundere uentis*), Hall (1969, p. 233) a raison de défendre la leçon *laceras effusa comas*: rapprocher OV. *met.* 13,688-689 «*effusae*que *comas* et apertae pectora matres / significant luctus»; LVCAN. 9,171-172 «solutas / in uultus *effusa comas*»; VAL. FL. 3,314-315 *laceras... fusa comas*. La reprise *comas* / *canos* n'a rien de choquant: STAT. *Theb.* 11,582-584 «ueteri stat sordida tabo / utraque *canities*, et durus sanguine *crinis* / obnubit furiale caput».

Page 68:

1. Nouvelle allusion au thème de la gigantomachie (v. 181-188): voir 1,42 sqq et n. compl. 1 de la page 11. Typhée (2,22) a été vaincu par Zeus (Hésiode, *theog.* 820-821) et les poètes le placent soit en Asie Mineure (Homère, *Il.* 2,781 sqq.), soit sous la Sicile et le sud de l'Italie, jusqu'à Cumes (Pindare, *Pyth.* 1,15-16; *Ol.* 4,3-4), sous l'Etna (OV. *met.* 5,346 sqq.; *fast.* 4,491-492; *Pont.* 2,10,23), sous la Sicile (VAL. FL. 2,23 sqq.) ou encore sous l'île d'Inarime (Ischia). C'est cette dernière tradition, qui remonte à une mélecture d'un passage homérique (*Il.* 2,783) et qui est attestée par Virgile (*Aen.* 9,716), que suit ici Claudien, comme en *pr. 6 cons.* 17-18.

Alcyonée, l'un des Géants (Pindare, *Isthm.* 6,47), fut vaincu par Héraclès aux Champs Phlégréens, près de Pouzzoles (Pindare, *Nem.* 4,25 sqq.; Apollodore 1,6,1). Claudien lui attribue ce que Virgile dit d'un autre Géant, Orion (*Aen.* 10,763-765): «magnus Orion / cum *pedes* incedit medii *per* maxima Nerei / *stagna* uiam scindens...». Pour Encélade, voir 1,155-159 (noter la participation active de l'Etna). Pour Briarée-Égéon et les hécatonchires, voir 1,46 (et 3,345).

2. Construction analogue chez VERG. *Aen.* 10,503-504 «magno cum *optauerit emptum* / intactum Pallanta»; SIL. 5,601 *emptum uolet*; SIDON. *epist.* 7,14 «*emptum* maximo *uelim*». On la trouve aussi dans la langue juridique: PAVL. *dig.* 9,2,33 «ueluti si filium tuum naturalem quis occiderit quem tu magno *emptum uelles*».

Page 70:

1. En dépit de l'argumentation de Hall en faveur d'*adfatu* (1969, p. 234: parallèles avec *Ruf.* 2,367-368: «Rufinus... quo fallere cuncta solebat / callidus *adfatu*»; et STAT. *Theb.* 8, 244-245 «sociumque benignos / *adfatus*... passum»), je préfère conserver la leçon la mieux attestée par les manuscrits, et qui donne un sens excellent: Vénus «souffle» à l'oreille de Proserpine ses mauvais conseils, elle lui «inspire» le désir de sortir de sa retraite pour cueillir les fleurs de l'Etna.

2. Comme en 2,190 et en *Gild.* 501, je préfère la forme *Bootem.* Dans ces trois passages, l'accusatif grec *Booten* n'est en effet attesté que par un seul manuscrit du XVIe s. (Laur. 33. 2), et seulement en *rapt.* 3,225 (Hall 1986, p. 220).

3. Employé absolument et en rejet, *persuadet* prend ici un relief remarquable. Comme le note Tardioli (p. 571), ce verbe «caractérise fondamentalement la figure de Vénus»; chez les Grecs, Peithô, la Persuasion, figure dans le cortège de Vénus, à côté de Désir (Eschyle, *Suppl.* 1036 sqq.; cf. Pindare, *Pyth.* 4,219; 9,39).

4. Ovide soulignait déjà l'insouciance de la jeune Proserpine (*met.* 5,400-401): «tantaque *simplicitas puerilibus* adfuit annis, / haec quoque *uirgineum* mouit iactura dolorem». L'adjectif *lubricus* qualifie souvent *aetas* (TAC. *ann.* 13,2), *iuuentus*, *adulescentia* (ThLL, s.u., 1689,34-36); cf. TAC. *ann.* 6,49 *lubricum iuuentae*; 14,56 *lubricum adolescentiae.* L'expression *teneri mores* sera reprise par Ennode dans son épithalame (*carm.* 1,4 [388],65).

5. La plupart des éditeurs, depuis Parrhasius (1500), lisent *albet*, en s'appuyant sur le parallèle avec VAL. FL. 2,72-73 «Iamque sub Eoae dubios Atlantidis ignes / *albet ager* » (cf. aussi HOR. *carm.* 1,4,4 «nec prata *canis albicant* pruinis» et OV. *fast.* 3,880). Mais Hall (1969, p. 234) a raison de conserver la leçon des manuscrits *alget*, qu'il met en parallèle avec VERG. *georg.* 3,324-325 («*frigida rura* / ... dum gramina canent»); et CALP. *ecl.* 5,54 («*frigida* nocturno tanguntur pascua *rore*»). Le fin du vers a elle aussi une tonalité géorgique: comparer *georg.* 4,32 «irriguum... *bibant uiolaria* fontem».

6. La mention du soleil à midi est traditionnelle dans l'épopée (Hom. *Il.* 8,68; *Od.* 4,400; VERG. *Aen.* 8,97 et aussi *georg.* 4,401 et 426-427; OV. *met.* 2,417...), et Claudien rivalise peut-être précisément avec le vers de Virgile (*Aen.* 6,536): «iam *medium* aetherio cursu traiecerat *axem*»; mais la notation prend ici un sens symbolique: c'est au moment où le monde d'en haut est dans la lumière la plus vive que le Maître des Ténèbres vient l'envahir, apportant avec lui la nuit infernale (2,188 sqq.). Noter le contraste *sol* / *nox.*

Le tremblement de l'île rappelle celui de l'orne antique auquel Virgile comparait Ilion chancelante (*Aen.* 2,629): «et *tremefacta* comam concusso uertice *nutat*». — En dépit de l'argumentation d'Heinsius (1650, *Notae*, p. 233) et de Hall (1969, p. 234), je ne vois aucune raison dirimante pour préférer au texte transmis par la grande majorité des manuscrits la leçon *pulsu strepituque*, qui n'est attestée que par deux manuscrits, l'un du XIII-XIVe (W) et l'autre du XIVe (b_1). Certes, *pulsus* s'applique fréquemment aux pas d'un cheval (VERG. *Aen.* 6,591...) et l'expression *strepitus rotarum* se lit chez César (*Gall.* 4,33,1) et chez un poète qui imite souvent Claudien, Dracontius (*Rom.* 7,88 même fin de vers que chez Claudien). Mais pourquoi Claudien n'évoquerait-il pas le bruit des chevaux et la poussée des roues du char (VAL. FL. 6,168-169: «ipse *rotis* gemit intus ager, tremebundaque *pulsu* / *nutat humus*»)? La leçon *cursuque* (très fréquente dans les premières éditions: Vic., Parrh., Iunt., Ald. Ise.) a pu être inspirée par *Ol.* 101 *cursuque rotarum.*

Page 71:

1. Dans ce récit de l'enlèvement (v. 237-241), où Électre ne peut rapporter que *ses impressions*, et non les faits réels qu'elle n'a pas vus, domine une impression de mort qui suggère le monde de l'au-delà: mort portée par le ravisseur (*mortifer* — cf. 2,202 —; *Mors*) et mort de la nature, en particulier végétale, qui symbolise celle de Proserpine, rose brutalement fauchée et expirante (*expirare* est anthropomorphique: Charlet 1987). *Liuor* est une couleur des enfers (1,22). Pour *squaleo* à propos de la nature: VERG. *georg.* 1,507 *squalent... arua* (LVCAN. 1,205; 5,39); *squalidus* qualifie la rouille (*rubigo*) des charrues chez Catulle (64, 42).

2. Sur le rôle de Cyané dans le mythe (2,61): OV. *met.* 5,409-437 et 465-470; Diodore 5,4; Nonnos, *Dion.* 6,128 (voir intr. p. XLIII). *Ceruix iacebat*: LVCAN. 4,754 *fessa iacet ceruix* (mais en un autre contexte, à propos d'un cheval); STAT. *Theb.* 10,306-308 «huic languida *ceruix* / in laeuum cogente deo mediaque *iacebant* / colla replicta lyra» (à propos d'Alimène massacré). — La fin de vers *laesa ueneno* (v. 250) peut s'inspirer de STAT. *Theb.* 1,171-172 «atque aliquis cui mens humili *laesisse ueneno* / summa» (à propos d'un thébain qui parle de la situation de sa patrie); ou de SIL. 13,536 «fraudum il*laesa ueneno*» (à propos des agriculteurs aux enfers).

Page 72:

1. Après un moment d'hésitation (v. 260-261), Cérès va se tourner vers le ciel (v. 261-329). Même réaction de stupeur chez la Cérès d'Ovide (*met.* 5,509-510): *mater ad auditas stupuit ceu saxea uoces / attonitaeque diu similis fuit* ». Pour l'emploi de *suspensus* dans un contexte de crainte: VERG. *Aen.* 2,9 «quae me [= Didon] *suspensam* insomnia *terrent*».

2. Il faut conserver ici la leçon de très loin la mieux attestée, *uultu*, même non qualifié par une épithète (*contra*: Hall 1969, p. 235 qui, après Heinsius, plaide en faveur d'*ultro* en citant 3, 357 et VERG. *Aen.* 4,304).

L'expression *torquens lumina* se lit chez Virgile (*Aen.* 7,448-449), à propos d'Allecto.

3. Longue comparaison de type homérique (v. 263-268), qui développe un topos: l'amour maternel qui pousse la tigresse à rechercher les petits qu'on lui a enlevés: STAT. *Theb.* 4,315-316 *raptis uelut aspera natis / praedatoris equi sequitur uestigia tigris*; cf. aussi PLIN. *nat.* 8,8; MELA 3,5,43; SOLIN. 21; et surtout AMBR. *hex.* 6,4,21, où le chasseur lance une sphère de verre pour arrêter la tigresse devant son propre reflet réduit qu'elle prend pour son petit. Claudien (*uitreae formae*) pense-t-il lui aussi à une sphère de verre ou, plus généralement, à un miroir? Faut-il, avec P.G. Christiansen (1969, p. 105), interpréter ce miroir comme le symbole du silence des dieux sur l'identité du ravisseur, qui ralentit Cérès dans sa recherche?

Le Niphate est un mont d'Arménie, le Keleshin-Dagh (*Eutr.* 1,16). En *3 cons.* 72, le même nom désigne un fleuve de cette région. — *Hyrcana* (*Ruf.* 1,227): l'Hyrcanie, près de la Caspienne (3,105 et n. compl. 3 de la page 63) était célèbre pour ses tigres: Aristote, *hist. anim.* 8,28 607 A; PLIN. *nat.* 8,66; VERG. *Aen.* 4,366-367; STAT. *Theb.* 12,170...

Le Zéphyre a un pouvoir fécondant (2,73 sqq. et n. compl. 6 de la page 36). Oppien (*cyn.* 3,353 sqq.) dit que le tigre est aussi rapide que le Zéphyre son père. La rapidité du Zéphyre (*Stil.* 3, 252; *6 cons.* 476; *c. min.* 27,21) est aussi légendaire que celle de la tigresse (PLIN. *nat.* 7,25; LVCAN. 5,405 [cf. *Ruf.* 1,90]; SIL. 12,458 sqq.) — ici bien en situation. Rapprocher les v. 266-267 de Stace, *Theb.* 2,128-129: «qualis ubi audito uenantum murmure *tigris* / horruit *in maculas*». *Maculae* désigne le pelage tacheté du tigre (Hall 1969, p. 236). Le participe-adjectif *uirentibus* (*Theod.* 306; *Stil.* 3,345) doit désigner les reflets verdâtres de la peau sombre de l'animal (Tardioli, p. 577-578).

4. Même si, comme le note Hall (1969, p. 236), l'adverbe *nimium* , que Claudien aime, n'apporte pas grand-chose de nouveau en déterminant *hausura*, il me semble inutile de corriger le texte (*iamiamque* Claverius suivi par Hall) ou de choisir une leçon très minoritaire, sans doute correction savante, comme *uiuum-* ou *timidum-* (Birt). La forme virgilienne *hausura* (*Aen.* 4, 383) semble préférable à la leçon majoritaire *haustura.* — Claudien imite ici la comparaison de Stace citée à la n. précédente (*Theb.* 2,132): «[tigris] spirantem fert *ore uirum*».

5. Cérès ressemble à Didon (VERG. *Aen.* 4,300-301): «*totam*que incensa per urbem / *bacchatur*». L'emploi en apposition d'un participe comme *uociferans* est caractéristique de Virgile et des historiens (A.M. Guillemin, *L'originalité de Virgile*, Paris 1921, p. 30).

6. *Turrita* (1,181 et 213; *Stil.* 3,170): cf. VERG. *Aen.* 6,784-785 *mater /... turrita.* Claudien a été imité par Sidoine Apollinaire qui, dans son catalogue des dieux (*carm.* 7,31), reprend la fin de vers *turrita Cybele.*

7. Birt et Hall (1969, p. 236-237) ont raison de conserver la leçon la

mieux attestée par les manuscrits: CIC. *Flacc.* 2,3 *iura ceciderunt* (LVCR. 5,328; SIDON. *epist.* 4,17,2 *Latina iura ceciderunt*; cf. aussi CLAVD. *Gild.* 44-45).

8. Allusion ironique aux amours furtives de Mars et Vénus (Homère, *Od.* 8, 329). L'expression *Lemnia uincula* (STAT. *silu.* 1,2,60) renvoie au filet dans lequel Vulcain, le dieu de Lemnos, attrapa les deux amoureux (Homère, *Od.* 8,266 sqq.; OV. *met.* 4,169 sqq.). *Castumque cubile*: même fin de vers, mais sans valeur ironique, en 3,163 (voir n. a p. 67). — Le nom de *Cytherea* est parfois interprété non en relation avec Cythère, mais avec la racine grecque **keuth*, «cacher»: F. Buffière, *Les mythes d'Homère et la pensée grecque*, Paris 1956, p. 61 et 305. Au v. 276, Claudien fait peut-être écho à l'indignation de Lucain devant les indécences de Cléopâtre (10, 68-69): «*hoc animi nox* illa dedit quae prima cubili / miscuit incestam ducibus Ptolomaida nostris».

Page 73:

1. Claudien réunit le temple d'Artémis en Scythie (Euripide, *Iph. Taur.* 127 sqq.; OV. *met.* 14,331 «*Scythicae* stagnum nemorale *Dianae*»; SIL. 4,369 et 8,362) et le culte sanglant de l'Artémis taurique (Euripide, *Iph. Taur.* 243; Pausanias 3,16,7 sqq.). Peuplade à l'extrémité septentrionale du monde connu, les Scythes sont un symbole de barbarie et de brutalité (*fesc.* 1,25 *quis uero acerbis horridior Scythis*). Par une généralisation abusive, mais explicable par la passion, Cérès associe Minerve aux sacrifices humains qu'on rendait à Diane. *Sitientibus aris* peut être rapproché de Catulle 68b,39 /79 *desideret ara cruorem*.

2. *Quies* semble avoir ici le sens de «retraite, lieu de repos» (LVCR. 1,405 *intectas fronde quietes*, à propos du gîte d'un animal). Pour Tardioli (p. 585), *quies* fait «peut-être allusion au fameux «repos» des dieux (d'où leur indifférence à l'égard du monde): LVCR. 2,646 sqq.; 3,18 sqq.; 5,168 sqq.; 6,68 sqq...». — L'expression *rabies liuoris* se lit en *fesc.* 3,10 «quae iam *rabies liuoris* erit?».

Page 74:

1. Heinsius, Burman et Hall (1969, p. 237-238) rejettent le texte des manuscrits *miseranda* au profit de la leçon (glose?) marginale de l'Isengriniana *deiecta*, sous prétexte que le premier hémistiche contient déjà l'adjectif *miser*, et en s'appuyant sur certains parallèles (*3 cons.* 77; *Ruf.* 1,255-256 et surtout *Get.* 376 «non *deiecta* malis, mixta sed nobilis ira», et STAT. *Theb.* 3,315 «res super Argolicas haud sic *deiecta* uidebis»). Mais la répétition *miseros* ... *miseranda* dans ce contexte est expressive. Aussi est-il prudent de conserver le texte transmis par tous les *uetustiores* sauf un, L_2, dont la variante (*ueneranda-*) est beaucoup plus proche de *miseranda-* que de *deiecta-* . — L'expression *supplex miseranda* est empruntée à Stace (*Ach.* 1,50 à propos de Thétis suppliante). — La tournure *aduoluor genibus* est commune (ThLL, s.u.

896,80 sqq.): e.g. LIV. 8,37,9 *genibus se omnium aduoluens*; 28,34,3; 39,14,1...

2. Si la leçon *nunc* était mieux attestée (au total, Hall ne peut citer que cinq *uetustiores*), je serais tenté de suivre l'argumentation de Hall (1969, p. 238) et d'inclure les mots *largis — madescunt* dans les propos de Cérès («voici qu'une pluie de larmes inonde son visage»). Contre une remarque du narrateur interrompant le discours de Cérès, Hall objecte que Claudien a déjà mentionné les larmes des déesses (v. 293-294). Mais il s'agissait alors de Diane et de Minerve, et la mention des larmes de Latone (*ora* est un pluriel poétique), en réaction aux propos de Cérès qui a su toucher en elle la fibre maternelle (l'instinct et la fierté maternelles de Latone sont bien connus), est un élément nouveau qui fait rebondir le discours de Cérès (*quid?*).

Le vocabulaire de Claudien est ici traditionnel: CATVLL. 68b,13 *imbre madere genas*; OV. *trist.* 3,5,12 *osque madens fletu*; *met.* 10,45-46 *lacrimis... maduisse genas...*

Il n'y a aucune raison sérieuse de mettre en cause l'authenticité du v. 312 (Claverius, Barth, Heinsius, Jeep), qui n'est omis par aucun des manuscrits conservés qui donnent les v. 280-360.

Page 75:

1. L'interrogation du v. 315 (cf. v. 430) est à rapprocher du récit ovidien (*met.* 5,437-438): «interea pauidae nequiquam *filia* matri / omnibus est *terris*, omni quaesita *profundo*» (cf. aussi 462). — *Per deuia rerum* (*Get.* 174): LVCAN. 4,161 *terrarum in deuia* (6,331); 5, 133 *mundi* (PAVL. NOL. *carm.* 16,21; CORIPP. *Ioh.* 1,25).

2. Claudien exprime l'ampleur des courses projetées par Cérès par une série d'expressions polaires aux noms géographiques évocateurs qui désignent les limites du monde connu aux quatre points cardinaux: l'ouest (*Hiberae Tethyos*, la mer d'Hibérie; l'emploi métaphorique de *gremio* régénère la métonymie traditionnelle *Tethys* = la mer); l'est (*Rubro profundo*: la mer Rouge, au sens étendu où l'entendent les Anciens); le nord (*Rheni... Riphaea*: les monts Riphées de Scythie, cf. VERG. *georg.* 1,240; 3,382; 4,517-519); le sud (*Syrtis*: HOR. *carm.* 1,22,5 *per Syrtes iter aestuosas*; *Noti*: l'Auster ou vent du sud, cf. 1,92 et 2,248); le nord (*Boreae*: vent froid du nord, cf. 1,70; VERG. *ecl.* 6,51; *georg.* 1,93); l'ouest (*Atlas*: VERG. *Aen.* 4,247-248; OV. *met.* 4,628 sqq.); l'est (*Hydaspes*: 2,82; par provocation, Cérès *éclairera* l'orient d'où vient le jour).

3. En dépit de l'argumentation d'Heinsius et de Hall (1969, p. 239), reprise par Tardioli (p. 592), il ne me semble pas nécessaire de remplacer la leçon unanime des manuscrits conservés *flumen* par *flauum*, leçon que Claverius (1602) croit avoir lue sur un manuscrit semble-t-il perdu («in uetustissimo codice qui nomen Saletani praetulit, uix est ut aliter legas quam 'flauum acin'»), même si la juxtaposition de *flumen* à un nom

propre appartient plus à la prose qu'à la poésie, si le *a* de *Acin* est habituellement long (mais il est bref en ANTH. lat. 151 Riese [= 140 Sh. B.],2), et si *flauus* est une épithète traditionnelle des fleuves (ThLL, s.u., 888,20-38 et Shackleton Bailey, *Propertiana*, p. 80). Peut-être est-ce pour cette raison que l'œil de Claverius a cru lire *flauum*... L'Acis prend sa source à l'Etna; avant d'être fleuve, il aimait Galatée, mais fut victime du jaloux Polyphème (OV. *met.* 13,750 sqq.).

4. La formule *lucus erat*, variante de *est locus* (Fo 1982, p. 141 : ENN. *ann.* 23 V. ...), est, elle aussi, traditionnelle: VERG. *Aen.* 8,597 *est... lucus*; OV. *fast.* 6,411 *lucus erat...*; et surtout LVCAN. 3,399 sqq. (le bois sacré de Marseille) *lucus erat...*, passage dont Claudien s'inspire manifestement (cf. aussi Reposianus 33 et *Aegr. Perd.* 25). Comparer les v. 334-335 à LVCAN. 3,400-401: (lucus) «obscurum *cingens conexis* aera *ramis* / et gelidas alte summotis solibus umbras».

5. L'ekphrasis du *lucus*, bois sacré qui inspire une peur superstitieuse (cf. LVCAN. 3,399 sqq. et STAT. *Theb.* 4,419 sqq.) est pour Claudien l'occasion de traiter l'un de ses thèmes quasi obsessionnels: la gigantomachie (voir 1,42 sqq. et n. compl. 1 de la page 11; et 1,154 *Aetna Giganteos numquam tacitura triumphos*). Le lien entre les deux thèmes réside dans la notion de trophée qu'on avait coutume d'attacher aux arbres (VERG. *Aen.* 10,423; 11,5-11; STAT. *Theb.* 2,707-712...); ici, les trophées de Jupiter sont ceux de la gigantomachie (VAL. FL. 2,17 sqq. décrit les dépouilles de Pallène = Phlégra). Sur la Gigantomachie, voir les études de F. Vian: *Répertoire des Gigantomachies*, Paris 1952; *La Guerre des Géants, le mythe avant l'époque hellénistique*, Paris 1952; «La Guerre des Géants devant les penseurs de l'antiquité», *REG* 65, 1952, p. 1sqq.

Page 76:

1. Claudien rivalise ici avec la description du champ de bataille de l'*Énéide* (12,36 «campique ingentes *ossibus albent*») ou celle de l'antre de Cacus chez Ovide (*fast.* 1,557-558 «ora super postes adfixaque bracchia pendent / squalidaque humanis *ossibus albet* humus»); cf. aussi TAC. *ann.* 1,61 *albentia ossa.* Fils de la Terre, les Géants ont pour jambes des serpents (cf. 2,161; *gig.* 89).

2. Claudien s'inspire peut-être ici de la description d'Ajax, fils d'Oïlée, touché par la foudre lancée par Pallas (VERG. *Aen.* 1,44): *illum exspirantem transfixo pectore flammas* (Tardioli, p. 597). La peau est raide parce qu'elle a été pétrifiée par la Gorgone: *Ruf.* 1,280 *rigida cum Gorgone*; *gig.* 91 sqq. et 112. — *Suspirant fulmine*: comparer SIL. 12,136 «tellus... *uapore suspirans*».

3. Claudien dresse une sorte de catalogue funèbre des Géants (v. 345-352). Sur Égéon-Briarée (1,46 et 3,188): VERG. *Aen.* 6,287 *centumgeminus Briareus*; 10,565-568 «*Aegeon* qualis, centum cui bracchia dicunt / centenasque manus... /... Iouis cum fulmina contra / tot paribus

streperet clipeis, tot *stringeret enses*». Avec Heinsius, je préfère la leçon *fronte*: les arbres ont un «front» (cf. 3,374, où la tradition manuscrite, comme souvent, hésite entre *front-* et *frond-*). En faveur de *fronde*, on pourrait invoquer le parallèle avec STAT. *Theb.* 2,709 *frondibus incuruis*, à propos d'un vieux chêne auquel on va suspendre un trophée.

Page 77:

1. La leçon *feritura* suppose un abrègement irrégulier du *i*. Claudien ayant habituellement une prosodie très classique, Hall rejette cette leçon et, parmi les nombreuses conjectures proposées pour éviter cette irrégularité prosodique, retient celle de Scaliger: *petit ira*. Toutefois, comme l'abrègement du *i* de *feritura* est attesté en poésie tardive (DRAC. *laud.* 3,106; MAXIM. *eleg.* 5, 97), j'ai préféré, avec Jeep, Birt et Koch, ne pas corriger le texte.

2. La flexibilité est la qualité première des rames: CATVLL. 64,183 *lentos remos*; VERG. *Aen.* 3,384 *lentandus remus*; CLAVD. *Theod.* 42 *lentandis tonsis*.

3. Le mouvement de la phrase rappelle une comparaison de l'*Énéide* (9,679-682): «quales aeriae... / consurgunt *geminae* quercus *intonsa*que caelo / attollunt *capita*...». Le choix du cyprès peut s'expliquer à la fois parce que cet arbre est associé à Cérès (VERG. *Aen.* 2,713-715 «est ... tumulus templumque... /... Cereris, iuxtaque antiqua *cupressus* / religione patrum multos seruata per annos») et à Proserpine (STAT. *Theb.* 4,459-461 «minor ara profundae / erigitur Cereri; frondes atque omne *cupressus* / intexit plorata latus»), et à cause de sa valeur funèbre (2,108 et n. compl. 7 de la page 35). L'adjectif *inuiolata* renvoie au caractère pérenne du cyprès (STAT. *Theb.* 6,99 *brumae... inlaesa cupressus*); mais, en ce contexte, il doit aussi faire allusion au caractère inviolé, jusqu'alors, de ce bois sacré.

La première comparaison, avec les cyprès de l'Ida, doit s'inspirer de *georg.* 2,84 (*Idaeis cyparissis*), même si Virgile parle de l'Ida de Crète, alors que Claudien a en vue l'Ida de Phrygie (*Simois*), plus connu pour ses pins. La seconde comparaison (v. 372-373) fait allusion aux bois de lauriers qui poussaient sur les rives de l'Oronte, à Daphné, au sud d'Antioche (Pausanias 8,23,5; et 8,20,2 pour la légende de Daphné sur l'Oronte). Il y avait à Antioche un sanctuaire d'Apollon Daphnéen entouré de très hauts cyprès (AMM. 22,13; Philostrate, *uit. Apoll. Tyan.* 1,16). Faut-il supposer avec Cameron (1965, p. 470 sqq.) que Claudien ait séjourné dans cette région? Sur la richesse des gens qui habitaient les rives de l'Oronte (*diuite ripa*: *3 cons.* 70 *quas ditat Orontes*): Pausanias 6,2,7; AVIEN. *orb. terr.* 1092 sqq. — La leçon *frontibus* est attestée aussi par 7 autres *uetustiores* (confusion fréquente *front*/ *frond-*: cf. v. 346 et n. compl. 3 de la page 76).

Page 78:

1. Comme l'observe M. Tardioli (p. 603-604), le v. 377 constitue un magnifique tricolon en *gradatio* pour le nombre de syllabes et la force des images présentées, avec mise en valeur du terme final *bipenni* (comparer *Gild.* 181). Le parallélisme des cola est souligné par des homéotéleutes. Cérès retrousse sa robe pour libérer ses mouvements (*cincta sinus*); ce faisant, elle ressemble à Diane (OV. *met.* 10,536 «*uestem* ritu *succincta* Dianae»; cf. *rapt.* 2,33), mais aussi à une sorcière (HOR. *sat.* 1,8,23-24 «nigra *succinctam* uadere *palla* / Canidiam») ou surtout à une furie (cf. v. 386 sqq.): Virgile avait décrit Tisiphone *palla succincta cruenta* (*Aen.* 6,555).

2. Quoique moins bien attesté, le pluriel *comas*, plus naturel en latin, est confirmé par le parallèle avec le passage de Lucain qu'imite Claudien (3,443 *posuere comas*, à propos des arbres abattus par César; cf. VERG. *Aen;* 12,209 *posuitque comas*, à propos du sceptre de Latinus). La métaphore anthropomorphique de la chevelure des plantes remonte à Homère (*Od.* 23,195), et elle est fréquente en poésie (*pr. Ruf.* 1,8; *nupt.* 246; *c. min.* 31,40): VERG. *Aen.* 2,639 (même contexte d'un arbre abattu); HOR. *carm.* 1,21,5; OV. *fast.* 3,237; STAT. *Theb.* 3,257; *silu.* 3,3,98 et 5,2,70; SIL. 4,622 (cf. ThLL, s.u., 1752,75 sqq.).

3. L'expression *retro solutis crinibus* peut évoquer le deuil et la douleur de Cérès (3,177; cf. SIL. 12,598 *solutis crinibus... matres*), mais aussi le délire d'une Ménade (3,102-103; *4 cons.* 608-609 *crinemque solutae / Maenades*) ou d'une bacchante (3,269): de même les Troyennes, possédées par les Furies, *uentis dant colla comasque* (*Aen.* 7,394); Agavé *mouit(que) per aera crinem* (OV. *met.* 3,726).

4. La longue comparaison avec Mégère (v. 386-391), préparée par la description de Cérès, ne vise pas seulement à mettre en parallèle deux femmes animées de *furor* qui allument des torches: en assimilant Cérès à une Furie, Claudien souligne le caractère impie (*ad crimina*) de la révolte de Cérès contre Jupiter et l'ordre du monde: comparer la révolte des Furies au début de l'*In Rufinum* (v. 25 sqq.), et en particulier Mégère (v. 74 sqq.). En outre, la référence aux Furies renvoie au monde infernal devenu celui de Proserpine. Claudien s'inspire ici de Stace (*Theb.* 4,53-57 à propos du fleuve Elissus où aiment se baigner les Euménides): «Stygias lustrare seueris / Eumenidas perhibetur aquis; huc mergere suetae / ora, et anhelantes tuto *Phlegethonte* cerastas: / seu Thracum uertere domos, seu tecta *Mycenis* / inpia *Cadmeum*ue larem». Renchérissant sur ce passage, Claudien invente, semble-t-il, le motif baroque des torches qui alimentent leur flamme aux flots du Phlégéthon (fleuve de feu, il est vrai): cf. *Ruf.* 1,119-121 (à propos de Mégère: «*Phlegethonta* sonorum / poscit et ambusto flagrantis ab aggere ripae / ingentem piceo *succendit gurgite pinum*»). — *Pleno fluctu*: comparer PROP. 1,20,43-44 *flumina... /... plena.*

Animare est un synonyme expressif de *flammare*, eu égard au fait que le feu est considéré comme vivant (Hall 1969, p. 240-241). — L'if est considéré par les Anciens comme un arbre vénéneux (CAES. *Gall.* 6,31,5; VERG. *ecl.* 9,30; *georg.* 4,47; PLIN. *nat.*16,20 *letale quippe baccis... uenenum inest*; COLVM. 9,4; STAT.*Theb.* 6,102; *silu.* 5,3,8 *funestam... taxum*), d'où le qualificatif *pestiferas* ... et le choix d'un tel arbre par les Furies (STAT. *Theb.* 4,485; 8,9;11,93 sqq.). — *Torua Megaera*: même qualificatif chez Stace (*Theb.* 1,712; 4,636). — *Cadmi moenia*: Thèbes fondée par Cadmus, dont la descendance sera poursuivie par les Erinyes (Penthée, Oedipe...: *Ruf.*1,83-84). — *Thyesteis ... Mycenis* (même *iunctura* chez LVCAN. 1,544): Mycènes et la race des Atrides, elle aussi poursuivie par les Erinyes: en *Ruf.* 1,82-84, Claudien fait allusion à Agamemnon et à l'union incestueuse de Thyeste avec sa fille Pelopia, dont est né Égisthe. À l'origine du cycle tragique des Atrides, il y a le repas impie où Atrée fit manger ses enfants à son frère Thyeste (*Ol.* 171; *Gild.* 399 sqq.).

5. *Fronte* renvoie aux cyprès, dont la «tête» est dirigée vers le cratère pour faciliter l'embrasement (même *iunctura*, mais en un autre contexte, chez SIL. 5,94). La variante *auersa fronte* s'appliquerait à Cérès «détournant la tête» (Hall 1969, p. 241). — *Cauernas*: voir 1,171 et n. compl. 8 de la page 17. — *Flammarum* peut porter sur *undanten* (par analogie avec *abundare*), ou sur *hiatum* (Hall 1969, p. 241). — *Tonat* à propos d'un volcan: VERG. *Aen;* 3,571 *tonat Aetna*; 8,419 (Etna); STAT. *Theb.* 3,595-596 «igneus... / *mons tonat* » (à propos de l'Etna ébranlé par un mouvement d'Encélade); VAL. FL. 4,507-508 «Sic ubi... *tonuit* cum forte Veseui /... apex».

Page 79:

1. *Phaethon* ne désigne pas ici le fils du Soleil, mais le Soleil lui-même, comme chez Virgile, *Aen.* 5,105: chez les Grecs, le participe φαέθων est une épithète du soleil (Homère, *Il.* 11,735...; Hésiode, *theog.* 760; Sophocle, *El.* 824...). Le «suc mystérieux» est sans doute le suc d'ambroisie dont se repaissent les chevaux du Soleil (OV. *met.* 2,120 *ambrosiae suco saturos*). Claudien a vraisemblablement en tête le passage de la *Thébaïde* où Iris, pour conserver les cadavres des guerriers d'Argos, «*arcanis roribus* artus / ambrosiaeque *rigat sucis*, ut longius obstent / exspectentque rogum» (12,138-140). L'ambroisie donne l'immortalité, donc la durée. — Le char de la Nuit (1,276 et n. compl. 2 de la page 23) est tiré par de jeunes taureaux (*c. min.* 27,60), et la Lune est associée au symbole du taureau (Porphyre, *antr. nymph.* 18; *abstin.* 4,16).

2. Ce long discours pathétique (v. 407-437) exprime la souffrance et les regrets de Cérès. De même qu'Eurydice, dans la *Thébaïde*, opposait la réalité à ses espérances (6,138 sqq.: *non hoc... / speraui...*), de même Cérès oppose les torches qu'elle vient d'allumer et qui ont l'allure de

torches funèbres aux torches nuptiales souhaitées (maintenant, après coup... mais non au début du poème: comparer les v. 412-413 et 1,125-138!) pour sa fille (v. 407-410): même opposition entre les torches des funérailles et la torche nuptiale chez OV. *fast.* 2,557-562; pour les Romains, la vie s'inscrit entre ces deux flambeaux (PROP. 4,11,46 *uiximus insignes inter utramque facem*). L'association du lit nuptial et des flambeaux (v. 409) est, elle aussi, traditionnelle: VERG. *Aen.* 4, 18 *thalami taedaeque*; OV. *met.* 1,658 *thalamos taedasque*; STAT. *silu.* 5,3,240; CLAVD. *3 cons.* 154-155 *per... thalamos.../ per taedas.* — *Festae faces* à propos du mariage: *nupt.* 202; *4 cons.* 644 (*-as taedas*). — Le v. 411 reprend le thème des destins: 1,219; 3,65 et 301. La formule *nullo discrimine* est courante depuis LVCR. 5,1314: ThLL, s.u. *discrimen*, 1358,14-20 (notamment *c. min.* 7,4); ajouter CARM. *prou.* 39.

Page 80:

1. Les regrets de Cérès (v. 412-418) s'inspirent des propos d'Adraste et de ceux d'Isménis devant le cadavre de son fils (STAT. *Theb.* 2,157-158 et 9,382-384): «quantis conubia nostra *procorum* / turba petant *studiis*»; «tu nobile quondam / undarum nemorumque *decus, quo sospite maior* / diua, et Nympharum longe regina ferebar» (ce dernier parallèle peut expliquer la variante *ferebar* donnée par F_1 et deux autres manuscrits: E_2 [variante] et R_2); cf. aussi *Theb.* 7,363-364 «o mihi sollicitum *decus* ac *suprema uoluptas,*/ Antigone». — *Prima uoluptas*: même clausule, mais en un autre contexte, chez OV. *rem.* 403 et GRATT. *cyn.* 283.

2. Mouvement analogue, chez Stace, dans la plainte d'Hypsipyle, dont le jeune enfant, laissé seul quelque temps, vient d'être tué par un serpent (*Theb.* 5,622-623): *quos arguo diuos?/ Ipsa ego te (quid enim timeam moritura fateri?) / exposui fatis.* Cérès rappelle son attitude insouciante sur l'Ida, occupée qu'elle était à son culte alors qu'on enlevait sa fille (2,267-272: appel de Proserpine à sa mère; 3,48-49 «Cerem, quae... ignara malorum / uerberat Idaeos... *leones*» [cf. 1,211]; 3,67-68 «at procul *armisoni* Cererem sub rupibus antri *securam* placidamque...»; 3,102-103 «tu saeua *choreis* / indulges? *Phrygias* uel nunc *interstrepis urbes*?». — La fin du v. 423 est peut-être une réminiscence phonique de VERG. *Aen.* 9,651: «et saeua *sonoribus arma*» (à propos des armes d'Apollon qui a pris l'apparence de Butès).

INDEX NOMINVM

CORRIGENDA

P. IX, note 1, l. 5 : lire « voir n. 25 »

P. 52, traduction, v. 367 : lire « à la fois frère et gendre »

P. 79, traduction, v. 403 : lire « et la Lune ses taurillons »

P. 115, note 2, l. 2 : lire « STAT. *Theb.* 12, 677 ».

P. 131, note 1 à la p. 32, l. 7 : lire « F. Brommer ».

P. 170, note 2 à la p. 67, l. 1 : lire « la nourrice ».

P. 177, note 3, l. 9 : lire « et note complémentaire 8 de la page 38 ».

TABLE DES MATIÈRES

*Ce volume,
le deux cent quatre-vingt-dix-neuvième
de la série latine
de la Collection des Universités de France,
publié aux Éditions Les Belles Lettres,
a été achevé d'imprimer
en mai 2023
sur les presses
de La Manufacture Imprimeur
52205 Langres Cedex, France*

*N° d'édition : 10656
N° d'impression : 230434
Dépôt légal : mai 2023*